Robert Avé-Lallemant

Reise durch Nord-Brasilien im Jahre 1859

Robert Avé-Lallemant

Reise durch Nord-Brasilien im Jahre 1859

ISBN/EAN: 9783743331754

Hergestellt in Europa, USA, Kanada, Australien, Japan

Cover: Foto ©Andreas Hilbeck / pixelio.de

Manufactured and distributed by brebook publishing software (www.brebook.com)

Robert Avé-Lallemant

Reise durch Nord-Brasilien im Jahre 1859

Reise durch Nord-Brasilien

im Jahre 1859.

Von

Dr. Robert Avé-Lallemant.

Zweiter Theil.

Leipzig:
F. A. Brockhaus.
1860.

Reise durch Nord-Brasilien.

Zweiter Theil.

Inhalt.

Am Amazonenstrom.

Erstes Kapitel.

Abfahrt von Pernambuco. — Die Küste von dort bis Pará. — Parahyba do Norte. — Rio-Grande do Norte. — Ceara. — Maranhão. — Das Leuchtfeuer von Salinas 3

Zweites Kapitel.

Ankunft in Pará. — Stadt und Umgegend. — Das Pfingstfest in Cametá am Tocantins. — Rückkehr nach Pará 24

Drittes Kapitel.

Der Amazonenstrom bis zur Mündung des Rio-Negro. — Ankunft in Manáos 67

Viertes Kapitel.

Manáos am Rio-Negro und Aufenthalt daselbst. — Lebenszustände der Indianer am Rio-Negro 121

Fünftes Kapitel.

Der Solimöens. — Fahrt bis Tabatinga an der Grenze von Peru. — Coary. — Teffé. — Fonteboa. — Tonantins. —

Seite

Das Fort von S.-Antonio am Rio-Iça. — S.-Paulo oder
Olivença. — Ankunft in Tabatinga 203

Sechstes Kapitel.

Tabatinga und die peruanische Grenze. — Handel daselbst. —
Rückkehr über S.-Paulo und Teffé nach Manáos......... 229

Siebentes Kapitel.

Rückkehr von Manáos nach Pará und Pernambuco. — Irrfahrt
zum Rio-da-Madeira. — Serpa. — Noch einmal Pará. —
Colonie daselbst. — Die Zwischenhäfen. — Ankunft in Pernambuco 253

Achtes Kapitel.

Letzter Aufenthalt in Pernambuco. — Rückkehr des Verfassers auf
dem englischen Dampfboot Tyne über St.-Vincent und Lissabon
nach England und über den Continent nach Lübeck 313

Nachwort 344

Am Amazonenstrom.

Erstes Kapitel.

Abfahrt von Pernambuco. — Die Küste von dort bis Pará. — Parahyba do Norte. — Rio-Grande do Norte. — Ceara. — Maranhão. — Das Leuchtfeuer von Salinas.

Kaum einige Stunden bedurfte ich in Pernambuco, um einzelne Angelegenheiten, meine weitere Reise betreffend, anzuordnen, in der Hoffnung, daß ich am Ende derselben noch einmal mehrere Tage dort verweilen würde.

Am 31. Mai, nachmittags 5 Uhr, sollte der Oyapock, mit dem ich von Maceio nach Pernambuco zurückgekehrt war, seine fernere Reise nach Pará über die Nordhäfen fortsetzen, und ich machte mich bereit, wieder an Bord zu gehen.

Das gab aber einige Schwierigkeiten. Die volle Springflut eines Wintermonats mit bedeutendem Ostwind trieb gewaltige Wogen gegen das Recife des Hafens an. Haushoch spritzte der weiße Schaum am Felsendamm in die Höhe, und ungehindert rollten die höhern Wellen darüber hin in den Hafen hinein. Das verursachte allerlei Anstoß im Hafen. Auch der Oyapock hatte einige Schwierigkeit gehabt. Ihm war selbst ein Ballastboot mit Kohlen untergegangen, da er sehr dicht beim Leuchtthurm liegen geblieben war. Viel trauriger war ein anderes Unglück. Der Kapitän eines der außerhalb des Hafens im offenen Meere auf dem sogenannten Lameirão ankernden Schiffe wollte an Bord gehen, schlug beim Verlassen des Hafens um und ertrank mit zwei Matrosen und einem Passagier.

So kamen denn die Passagiere des Oyapock, wie dicht er auch am Ufer lag, nicht ohne einige Noth an Bord. Der heftige Wellenschlag und besonders die bedeutende Strömung des die Umgegend von Pernambuco überschwemmenden Regenwassers gefährdete und hinderte die heranrudernden Boote; und wirklich hatte auch mein Bootsmann beim Anlegen an den Oyapock die Gefälligkeit, mir einen Mantelsack mit Wäsche in das Wasser zu werfen, den er jedoch wieder auffischte.

Nach 5 Uhr war unsere Reisegesellschaft mit mehr oder minder bedeutender Havarie an Bord gekommen, und der prächtige Dampfer machte sich los. So heftig aber war die Strömung in die See hinaus, daß sich das lange Fahrzeug nicht umwenden konnte, sondern rückwärts bis nördlich vom Leuchtthurm trieb und dann, keine 20 Fuß von der berüchtigten Klippe Tartaruga entfernt, geradeaus das Weite suchte. Mächtig bäumte sich das Dampfroß der Meere — denn so erschien mir wirklich in dem Augenblick unser Schiff — auf gegen die Wellen. Mit einiger Mühe ging unser Lootse vom Bord, und bald lagen die Brandungen, das malerisch schöne Pernambuco und Olinde, einst die Königin jener Gewässer, jetzt ein Name ohne Bedeutung, weit hinter uns, und nur ein noch weit in den Abend und in die Ferne hinausblinkendes Drehfeuer erinnerte uns daran, daß wir einen bedeutenden Hafen verlassen hatten.

Von Pernambuco nördlich beginnt ein neuer Abschnitt des brasilianischen Kaiserreichs. Pernambuco und Olinde bilden den östlichsten Punkt des südamerikanischen Continents,

den Punkt, in welchem der Südwesten am weitesten nach
dem Nordosten, nach Europa und dessen Segensspendungen
die Hand ausstreckt. Aber ganz verschieden sind diese Segens=
spendungen nach Norden und Süden von diesem merkwür=
digen Promontorium ausgegangen. Von jeher suchte Europa
den kühlern Süden der weiten Küste und baute schnell ein
Culturmonument nach dem andern auf von Olinde bis zu
den Gestaden des Rio=de=la=Plata, jene Monumente, deren
hohen Werth, deren gewissenhafte Pflege die dort wohnenden
und in einer von Europa politisch unabhängigen Lage und
Verfassung lebenden Völkerstämme noch immer nicht sorgsam
anerkennen und weiter entwickeln wollen.

Wenn aber dennoch von Olinde nach dem Süden zu ein
unverkennbarer Europäismus vorherrscht und wenigstens dem
offenen Bekenntniß nach ausgesprochen wird, ist die Entwicke=
lung von Pernambuco nach Norden und Nordwesten hin eine
ziemlich verschiedene geworden und geblieben. Der heißere,
ungesundere Nordwesten hielt, wie anziehend und gewinnver=
sprechend auch die dortigen Districte waren, dennoch die
europäischen Normannen der damaligen Zeit, Spanier, Por=
tugiesen und Holländer, fern, und kaum zeigte sich in einzel=
nen Punkten irgendeine kräftige Entwickelung nach nordischen
Normen.

Man hätte nun erwarten sollen, daß das von Europa
ausgehende und längs der Südküste sich entwickelnde Leben
rückwirkend auf den Norden von Brasilien, auf die vom Cap
Roque nordwestlich liegenden Districte bedeutenden Einfluß
gehabt hätte. Manchen Einfluß allerdings, sehr bedeutenden
aber eigentlich nicht!

Bevor die Kraft des Dampfes Strömungen und Gegen=
winden auf weiten Meeren Trotz bot, litt jener Norden Bra=
siliens unter einem höchst eigenthümlichen Verhältniß der
physischen Geographie, dessen nachtheiliger Einfluß zwar nicht

gehoben werden kann, aber dennoch durch regen Dampfschiffs=
verkehr vermindert worden ist und immermehr vermindert
werden wird.

Die gewaltige oceanische Masse, die sich im Meerbusen
von Guinea durch den Zusammenfluß dortiger vom Süden
und Norden kommender Strömungen anhäuft, folgt nicht mit
gleicher Schnelligkeit dem Aequatorialumschwung der Erde,
sondern wälzt sich in voller Menge nach Westen. Hier wird
sie von den ersten Vorposten des südamerikanischen Conti=
nents, dem Paulsfelsen, der Insel Fernando de Noronha
und den flachen Klippen der Roccas gespalten und einestheils
zu einer Nordwestrichtung gezwungen, andererseits nach Süd=
westen und Süden abgelenkt; erstere ist die heftigere, gleich=
mäßigere, letztere die weniger starke und selbst manchen Mo=
dificationen unterworfene Strömung.

Die Strömung von Pernambuco nach dem Süden variirt
je nach Lokalitätsverhältnissen und Witterungszuständen zwi=
schen 46 bis 24 englischen Meilen in 24 Stunden. Das
war gerade das Verhältniß, was auf den verschiedenen
Schiffen, mit denen ich in jenen Gewässern gefahren bin,
beobachtet ward. Reisen mit Segelschiffen, selbst mit guten,
von Rio nordwärts längs der Küste können, wenn nicht
ausgezeichnete Windverhältnisse vorherrschen, deswegen recht
lange dauern. Denselben Weg, den ich im April 1859 mit
dem trefflichen Dampfschiff Cruzeiro do Sul von Rio nach
Bahia in 69 Stunden machte, habe ich im Januar und Fe=
bruar 1855 auf dem guten Segler Galathée, einer franzö=
sischen Corvette, in 18 Tagen zurückgelegt. Wir verloren
nördlich von den Abrolhos in 24 Stunden 44 englische Mei=
len durch die Nordsüdströmung. Und doch hatten wir nicht
gerade Windstillen, wenn auch eben keine günstigen Winde.

In den sogenannten Wintermonaten des Südens, wo
auch der Südostpassat weiter nach dem Norden greift, wird

— so sagen die längs der Küste segelnden Schiffer — diese Strömung rückläufig, denn der Wind drücke die Wassermassen nach dem Norden. Und allerdings scheint das richtig zu sein, daß die große Spaltung der ostwestlichen atlantischen Aequatorialströmung viel weiter südlich vor sich geht, als ich oben angegeben habe. Fast möchte man sagen, die Sonne zöge, je nachdem sie mehr nördlich oder südlich stände, das ganze Verhältniß der intertropicalen atlantischen Winde und Strömungen nach sich. Im südlichen Winter greifen die Südostpassate weiter nach dem Norden und über den Aequator hinaus als im Sommer. Und so strömt auch schon tiefer aus dem Südosten das oceanische Wasser von Afrika nach Südamerika hinüber, wird schon südlich von Pernambuco, ja bedingungsweise wol selbst südlich von Bahia, aufgefangen und in großer Menge nördlich, ja selbst nordöstlich geleitet, um dann nordwestlich abzufließen. So entsteht allerdings eine modificirte, von Bahia nach Norden strebende Rückströmung, welche jedoch gewiß nur sehr relativ von den Südwinden abhängig ist, wohl aber, wie es mir scheint, mit dem Vorherrschen jener Südwinde aus einer Quelle fließt, aus großen solarischen Anziehungen nach dem Norden hinwärts, ebenso wie sich das ganze Verhältniß im Südsommer bedeutend nach dem Süden hinzieht. Reichlicher strömt dann Luft und Meer gen Süden.

Bedeutender und regelmäßiger als jene Strömung ist nun die vom Cap Roque nach Nordwesten eilende. Sie ist nur unter guten, günstigen Bedingungen mit Segelschiffen zu besiegen, sodaß von jeher die dortigen Küsten wenig aufgesucht wurden und erst neuerdings durch eine regelmäßige Dampfschiffahrt in genauern Verkehr mit den europäisirten Küsten von Brasilien gezogen sind, erst neuerdings auf das engste mit ihnen zusammenhängen.

So glaube ich recht zu haben, wenn ich sagte, daß mit

dem Verlassen vom Hafen von Pernambuco für uns ein neuer Abschnitt des brasilianischen Küstengebiets beginnt, als dessen Grenzmarke in der Regel das Cap Roque genannt wird, ein Grenzstein, zu dem ich viel eher das Recife von Pernambuco auswählen möchte, oder das auch historisch so classische Olinde.

Mit halber Kraft lief unser Oyapock die Nacht hindurch. Unter trübem Nebelregen graute der 1. Juni hervor aus Wolken und Meer, als wir uns an einer Flußmündung zwischen ganz flachen Ufern befanden, an deren Südseite ein kleines, gut angebrachtes, aber schlecht erhaltenes Fort liegt, etwa 24 deutsche Meilen von Pernambuco nördlich zu Westen. Es war die Mündung des Rio-do-Parahyba do Norte, eines unbedeutenden Flusses, der einer kleinen Provinz den Namen gegeben hat — do Norte genannt, um den Fluß von dem gleichnamigen südlichen zu unterscheiden, der nördlich vom Cap Frio sich ins Meer ergießt.

In westlicher und südwestlicher Richtung fuhr der Oyapock den Fluß hinauf zwischen Jungleufern, welche kaum hier und da einen festen Punkt mit einer kleinen Anpflanzung zeigen. Alles ist Mangle, Salzwasser und enge Flußverbindungen untereinander. So ging der Oyapock 3 Leguas, und warf mitten auf dem salzigen Fluß, der bis hierher und noch weiter hinauf als eine Meeresbucht angesehen werden muß, seinen Anker, während die Flut ablief und bald graue, ekelhaft stinkende Schlammflächen bis in die Nähe des Dampfers bloßlegte. Von der Stadt Parahyba do Norte war absolut nichts zu sehen; ja kein Haus, kein Anbau war zu erkennen zwischen dem dichten Junglegebüsch, in welchem nur Tausende von Taschenkrebsen umherliefen. Einige Canots kamen aus einzelnen Armen des Flusses zu unserm Dampfboot herangerudert. Aber ein arger Regen, der nur auf Minuten nachließ, hinderte allgemein an der Fahrt nach der eine halbe

Legua vom Schiffe entfernt hinter den Büschen liegenden
Stadt, und das um so mehr, da der Oyapock schon nach
wenigen Stunden seine Reise fortsetzen sollte, um mit guten
Flutverhältnissen wieder die offene See erreichen zu können.

Noch hatte ich keine Provinzialhauptstadt mit so insipider
Umgegend gesehen; sowol vom Bord aus wie am Bord
selbst kam mir immer lebhafter die Ueberzeugung, daß Europa
von hier etwas ferner läge. Unsere Reisegesellschaft war
nicht eben sehr erbaulich, und eine unverkennbare Ungeschliffen-
heit lag auf den meisten der Mitreisenden. So brachten wir
einen abgeschmackten Tag, wie ich noch keinen auf meiner
Reise erlebt hatte, zwischen den Jungleufern und Morästen
von Parahyba do Norte zu, und am meisten tröstete und
freute mich das, daß unser Aufenthalt dort nur momentan
war.

Wirklich fuhren wir schon um 5 Uhr von unserm urzu-
ständlichen Ankerplatz fort. Das Wetter war viel besser und
selbst klar geworden. Hinter den grünen Manglegebüschen
sahen wir die Stadt Parahyba do Norte auf einem Hügel
hervorragen, die mit einigen Kirchen und hübschen Gebäuden eine gute Wirkung hervorbrachte. Dann gingen wir den
stillen Fluß hinunter, auf welchem wir einige Schiffe ankernd
antrafen, und näherten uns so seiner Mündung.

Tief in dichtem Palmenhain versteckt, recht eigentlich ein
indisches Idyll, liegt unmittelbar vor der Festung der Ort
Cabedello mit einer kleinen, ärmlichen Kirche; eine Menge
Volks, namentlich Wäscherinnen und halbnackte Kinder liefen
mit den Taschenkrebsen um die Wette am Ufer umher. Mit
einem riesigen Baume, der den Habitus eines wilden Feigen-
baums an sich trägt, endigt das hübsche, umschattete Tropen-
bild, was wirklich an liebliche Schilderungen aus Paul und
Virginie erinnert.

Das Fort selbst ist eingefallen, ein rechtes Jammerbild,

dessen ehemalige Bedeutung und Stärke unverkennbar ist. Dann ging es auf die stille See hinaus; denn in jenen Gegenden scheint alles still und friedlich zu sein. Bei der dort ankernden rothen Tonne an der eigentlichen Barre des Flusses gingen wir im Nordostcours und mit halber Kraft seewärts, um erst am nächsten Morgen das nahe Porto do Natal, die Hauptstadt der Provinz Rio-Grande do Norte zu erreichen. Schon um 9 Uhr abends sahen wir ein festes, klares Licht westlich; doch liefen wir die ganze Nacht nördlich; und als am 2. Juni der Tag graute, waren wir dicht beim Cap S.-Roque. Wir kehrten demnach wieder um und durchschnitten eine hellgrüne See, welche westlich von monotoner Sandküste begrenzt war. Um halb 8 Uhr kamen wir zur Barre des Rio-Grande do Norte. Ein kaum aus dem Wasser herausragendes Recife schützt hier das Ufer vor den Wellen des Oceans und gewährt Schiffen von mittlerm Kaliber eine freie Einfahrt. Auf dem Riff selbst liegt das Fort der Heiligen drei Könige, klein, aber in gutem Zustande. Hinter wüsten Sanddünen ragte die kleine Stadt hervor unter einigen schlanken Palmen und von hübschem Ansehen aus der Ferne.

Einlaufen konnte der Oyapock nicht. Ein Boot trug die Post ans Land und hatte Mühe den stark auslaufenden Fluß hinaufzukommen, dessen Hauptmündung durch ein zweites, dem Ufer näheres Riff ziemlich enge wird. Unser Dampfer aber schwankte einsam hin und her, in der Flut bedeutend nördlich treibend, bis ihm eine Gesellschaft kam. Der Dampfer Parana zeigte sich im Norden und gelangte bald bis zu uns herab; schnaubend spielten die beiden Schiffe umeinander herum.

Ein Kanonenschuß und bald ein zweiter suchte unser Boot wieder herauszurufen zur Abreise, allein lange vergeblich, bis es denn endlich um Mittag aus dem Riff hervorkam, sodaß wir uns wieder in Bewegung setzen konnten, nachdem wir noch dicht unter dem Spiegel des Parana durchgegangen waren, um ihm Depeschen nach Rio mitzugeben. Beim Herablassen und Bemannen des Boots, welches diese Depeschen trug, fiel ein Matrose ins Wasser, ward aber augenblicklich wieder hervorgezogen, und wir gingen unsern Marsch Nord zu West weiter.

Eigenthümlich hellgrün, ja fast milchfarben war das Meer, soweit man sehen konnte, und kaum in einzelnen größern Partien bewegt. Dicht bei einer kreuzenden Brigg zogen wir vorbei und längs einer öden Küste von Sandhügeln, deren unbedeutende Vegetation fast an Afrika erinnerte. An einzelnen Stellen ist der Sand von einer rothen Lehmwand wie von einem Bollwerk getragen; selten zeigt sich ein kleines Palmetum von Kokos und läßt auf eine kleine Ansiedelung schließen. Hier zeigte mir der Kapitän einen etwas höhern Punkt, oben mit dichterm Gebüsch bedeckt, unten mit einem Sandhügel weiter ins Meer hineinragend, das eigentliche Cap Roque, ganz unscheinbar, ja unkenntlich; denn die Küste streicht noch in derselben Richtung, Form und Verfassung wie vorher nach Norden fort, immer das öde Sanddünenbild wiederholend. Hinter einer besonders öden Sandspitze findet sich eine kleine Bucht mit wunderhübschem Kokoswald, unter diesem ein einsames Städtchen Toiros oder Touros mit schneeweißer Kirche, die man weit hinaus im Meere erblickt. Dann lief der Onapock nach Nordnordwest, und die plötzlich nach Westen abfallende Küste entschwand unsern Augen. Eine ruhige Fahrt durch die laue Nacht folgte. Die gleichmäßige Meeresströmung nach Nordwesten begünstigte unsern Lauf.

Kein Land war in Sicht, als der 3. Juni heraufdagte. Der Dampfer lief Westnordwest auf ruhiger, blauer See, welche von einem frischen Südwestwind leise bewegt war.

Dieser Südwestwind um Cap Roque herum ist ein höchst

bemerkenswerthes Phänomen. Während auf offener See die Passatwinde aus Nordost und Südost je nach Zeit und Umständen sich um die Meeresherrschaft streiten und den Schiffen, die in ungeschickter Weise den Aequator über 30 Grad westlich von Greenwich schnitten und dann noch von der Meeresströmung gegen Nordwest getrieben wurden, es fast unmöglich zu machen drohen, auf kurzem Wege das Cap Roque zu umsegeln, kommt diesen Schiffen, wenn sie vor den Augen der Kritik mit ihrem Logbuch etwas ins Gedränge gerathen, manchmal im schlimmsten Moment ein dienstfertiger Südwestwind zu Hülfe, und es gelingt ihnen dann wol, in kurzer Zeit so viel Länge östlich zu segeln, daß sie noch geschickt zwischen den Roccas und Fernando de Noronha hindurchschlüpfen und den Süden gewinnen können. In seinen Segelinstructionen macht Maury, der unverwüstliche Amerikaner, auf diese Windesverfassung dicht an der Küste aufmerksam und zwar mit vollem Recht. Doch sollten Schiffe, die vom Nordosten kommen und in passender Länge den Aequator schneiden können, es nie auf diese Nothhülfe in kritischem Moment ankommen lassen, zumal in den Sommermonaten des Nordens nicht, wo die Strömung nach Nordwest und der Südostpassat weiter nach Norden greifen, als das in den Wintermonaten der nördlichen Hemisphäre der Fall zu sein pflegt.

Um 7 Uhr morgens tauchte wieder Land auf, die Spitze von Mataeri oder Cascavel, nordwestlich vom Hafen Aracaty, an welche sich wieder ein gelbes Sandufer anlehnt. Auf einem kleinen Vorsprunge steht hier ein niedriger Leuchtthurm, welcher das südöstliche Ende des als Bucht kaum anzuerkennenden Ufers oder Hafens von Ceara kennzeichnet. Um ein großes Lager von reinem Sand lief hier der Oyapock herum und ging vor dem ganz offen am Meere auf fester Sanddüne gelegenen Ceara, der Hauptstadt in der Provinz gleichen Namens, vor Anker neben zwei englischen Barkschiffen.

Einen wirklich hübschen Anblick gewährt Ceara vom Meere aus. Seinen Mittelpunkt bildet ein sehr stattliches Fort, weswegen der Ort auch früher vorzugsweise Villa do Forte genannt ward. Dicht daneben paradirt eine ganz neue weiße Stadtkirche, und auf der andern Seite ein neues, noch nicht ganz fertiges Hospital, von dem die eine Hälfte zu einem Lyceum benutzt werden soll. Ganz am Ende findet sich noch eine Cadêa, ein Zuchthaus. Neben und über den Häusern ragen Kokospalmen in Menge empor.

Aber in noch größerer Menge häuft sich der Sand überall an. Ohne daß man bisher einen rechten Grund angeben konnte, woher dieser Sand käme, wächst er an allen Stellen, besonders vom südöstlichen Ende der Bucht, fast zusehends aus dem Meere auf, sodaß man nicht sowol an eine Anspülung, als vielmehr an eine Hebung der Küste denken möchte, auf jeden Fall aber ein Bild aus dem südlichen Rio-Grande erlebt.

Da durch dieses Heranwachsen von Sand die wichtigsten Interessen der Stadt und mit ihr der ganzen Provinz gefährdet werden, so hat man zur Begutachtung und respectiven Abhülfe einen tüchtigen jungen Ingenieur, P. Berthot, kommen lassen, welcher selbst nach genauerer Untersuchung der Umstände mancherlei Zweifel über Abhülfe hegte. Doch scheint mir die Gefahr nicht gar so groß zu sein, denn in der That ist von einem Hafen von Ceara gar nicht die Rede, sondern nur von einer ganz offenen Bucht, die nicht einmal so geschützt ist wie die von Maceio, aber freilich in einer Gegend liegt, wo Stürme selten und schlimmer Seegang fast unbekannt ist. Eine gewisse Aehnlichkeit der Lage und selbst der Städte ist zwischen Maceio und Ceara unverkennbar.

Eine Menge von Jangadas umzog bald unser Schiff und

tanzte mit wunderbarer Leichtigkeit an demselben auf und ab.
Auf einer derselben kamen verschiedene brasilianische Gelehrte,
die Theilnehmer an jener mit glänzenden Mitteln ausgerüste=
ten brasilianischen Expedition, um ihren Genossen, den Dr.
Capanema zu begrüßen. Zu sechs Menschen außer den bei=
den Jangadeiros fuhren wir, auf einer kleinen Erhöhung in
der Mitte stehend und uns alle festhaltend an einem Stock
auf dem Floß, mit solcher Jangada ans Land, anfangs alle
etwas mißtrauisch gegen das Fahrzeug, bald aber mit viel
besserm Muthe ausgerüstet. Und in der That erreichte unsere
Jangada das Ufer ohne Schwierigkeit. Da freilich, wo die
Brandung auf den Sand aufrollt, scheint es schlimm aus=
sehen zu wollen; doch springt ein Jangadeiro ins Wasser
und zieht den Strick am Vordertheil des Flosses fest an und
somit die Jangada zum Ufer hinauf, sodaß wir trockenen
Fußes landen konnten.

Durch eine kleine Sandwüste ging ich zur Stadt hinauf
und durchritt dieselbe gleich darauf mit dem Astronomen der
Expedition, Herrn Gabaglia. Die Straßen sind ganz nach
den Haupthimmelsgegenden wie nach dem Kompaß angelegt
und zum Theil mit hübschen Häusern besetzt. Einige Stra=
ßen haben ein gutes Pflaster, welches jedoch bei andern
Gassen nur erst in Barrikaden besteht. Auch drängen sich
an die europäisirte Stadt ganze Reihen von grauen Hütten
an, in welchen Farbige von allen Graduationen ihr Leben
hinfaulenzen. Eigenthümlich romantisch sieht solch Faulenzen
allerdings aus, zumal wenn das Häuschen unter Palmen
liegt, dicht umschattet von Anonengebüschen, welche den Leu=
ten ohne alle Mühe ihre süßen, meistens mit Erhebungen
versehenen Früchte — fruta do conde oder atta, auch pina
genannt — darbieten, oder in einer andern Species, deren
Frucht Gaviola genannt wird, eine noch viel größere, lieblich
süßsauere Frucht zur Reife bringen. Mitten in solchem

Bosquet von Anonaceen, welches vom Ricinus und dem Genipapeiro, dessen duftende, grünlich gelbe Cinchonenblüte ich hier zahlreich fand, noch dichter und schattiger wird, liegt kräftiges gelbes Volk den ganzen Tag in der Hängematte und thut absolut nichts. Kein Wunder, wenn dicht dabei ein großes Waisenhaus für Knaben sich findet, in welchem auf Staatsunkosten die Absenker jener in Faulheit vergehenden Leute erzogen werden. Das Institut ist ganz neu und macht der Provinz die größte Ehre, — den faulen Aeltern aber, die ihre Kinder dort ohne Noth hinschicken, statt sie mittels leichter Arbeit selbst zu erhalten, die allergrößte Schande.

Auch die Apparate der wissenschaftlichen Commission besah ich und das kleine, zweckmäßige Observatorium des Dr. Gabaglia. Alles ist aufs reichlichste geliefert; und es wird diese ganz aus brasilianischen Elementen bestehende Wissenschaftscommission ganz gewiß glänzende Resultate erzielen, wenn die Gesundheit der einzelnen Mitglieder unerschüttert bleibt.

Diese letztere wünschte ich vor allem meinen lieben Reisegenossen, als wir uns trennten und ich auf einer Jangada wieder an Bord des Oyapock hinausfuhr; denn einige von ihnen waren nicht stark, und doch erfordern solche Arbeiten in Nordbrasilien eiserne Naturen und sind immer gefährlich.

Sonst scheint mir Ceara eine gesunde Lage zu haben. Es liegt hoch und kann von allen Winden bestrichen werden. Angenehm fiel mir das Trinkwasser auf; es ward in der Nähe in einer kleinen Lagoa geschöpft und war klar und geschmacklos, Eigenschaften, wie sie sonst nicht eben häufig beim Trinkwasser in den Küstenstädten von Nord-Brasilien vorkommen.

Ceara exportirt Kaffee, Baumwolle und Zucker; doch geht es ihm wie allen kleinern Städten in der Nähe größerer: sein Handel wird von Pernambuco gedrückt. Zudem leidet die in vielen Strichen sonst fruchtbare Provinz an einem großen Uebel, an temporärem Wassermangel und Verdorrung alles organischen Lebens. Pflanzen und Thiere kommen um bei solchen Gelegenheiten, und die Menschen flüchten sich in die Stadt, um dort ihr Leben zu fristen. Man hat deswegen ernsthaft vom Anlegen gebohrter Brunnen gesprochen, die mir jedoch hier recht eigentlich im weiten Felde zu liegen scheinen, trotz vorhandener Bohrapparate.

Doch mag dem sein, wie ihm wolle, immer ist Ceara ein wichtiger Punkt auf der Nordostküste Brasiliens, weswegen er auch in mannichfacher Verbindung mit den Nachbarprovinzen steht. Gerade wie Maceio von Pernambuco und Bahia aus wird Ceara von den Küstendampfbooten, die einerseits von Pernambuco nach Norden, andererseits von Maranhão nach Südosten bis Granja gehen, regelmäßig besucht, wozu noch alle 14 Tage die Hauptlinie von Rio=de=Janeiro aus hinzukommt.

Gegen Abend ging der Oyapock weiter und war mitten in einer Regennacht schon weit im Meer, als um halb 1 Uhr das ganze Schiff bei jedesmaligem Umdrehen der Räder einen heftigen Stoß bekam. Es war Geschrei auf dem Verdeck, Zurufen und augenblicklich auch Geschrei in den Kajüten, obgleich das Wetter so ruhig wie nur denkbar war und im schlimmsten Falle die Küste nur einige Stunden weit entfernt sein konnte. Man ließ den Dampf aus den Kesseln gehen und hielt die Maschine an, um an einem der Räder, an welchem sich eine kleine Havarie fand, eine Ausbesserung vorzunehmen. So still lag der Oyapock, daß er auf einem Flusse nicht hätte ruhiger sein können. Nach einigem Hämmern schien der Schade gebessert. Indeß wiederholte sich derselbe Krankheitsproceß nach einer Stunde noch einmal und nun dauerte die Ausbesserung über eine Stunde. Dann war aber auch alles in Ordnung, und beruhigt setzten wir unsere Fahrt fort.

Am 4. Juni morgens war unser Cours, der in der Nacht vorsichtig vom Lande ablenkte, wieder westlich bei einem frischen Südostwinde. Um halb 10 Uhr erblickten wir die Landspitze von Jericoacoara und erkannten um 4 Uhr die Ufer um die Mündung des Parahyba, jenes Stroms, dessen Gebiet von der Provinz Piauhy gebildet wird und hier nicht weiter besprochen werden kann.

Das Land flachte sich mehr und mehr ab; ein stiller Abend und eine milde Nacht folgten dem erscheinungslosen Tage; man erblickte das Licht des Leuchtthurms von Sta.-Anna, durch welches die Einfahrt in die Bucht von Maranhão bezeichnet wird. Wir liefen am folgenden Tage früh Süd-westcours bei Südsüdostwind; immermehr Land kam zum Vorschein und gestaltete sich zu einer tiefen Bucht, einer Einfahrt, auf deren Südostseite ein kleines Fort, S.-Marcus, auf dem Hochufer liegt, während auf dem fernen Ufer der andern Seite das Städtchen Alcantara zu erkennen ist und zwischen beiden das Meer auf der sogenannten Marcusbank heftig aufbrandet.

Noch um ein Strandfort, das der Ponta da Areia, führte uns unser Cours herum, wo mitten im Wasser ein durchgebrochenes Schiff gestrandet lag, — und im schönsten Morgenglanze lag die Stadt Maranhão vor uns.

Der Eindruck konnte nicht günstiger sein. Der schönste Sonntag lag auf Land und Meer. Auf mäßiger Anhöhe dehnte sich die Stadt, an drei Seiten vom Wasser umspült, mit schönen, selbst prächtigen Gebäuden aus. Vor allen Baulichkeiten machten sich eine Batterie, der Regierungspalast, die Hauptkirche und eine hübsche kleine Kirche ganz am Ende der Stadt kenntlich. Unter der prangenden Stadt ankerten

fünf brasilianische Kriegsschiffe und eine hübsche Handels=
flotte; Wimpel und Flaggen wehten weithin, und ich mußte
mir gestehen, daß nach den drei großen Handelsstädten Rio,
Bahia und Pernambuco diese Stadt Maranhão unbedingt
den nächsten Platz verdiente und gar prächtig aussähe.

Und dieser günstige Eindruck wird keineswegs gestört beim
Landen; vielmehr nimmt er noch an Bedeutung zu. Einen
freundlichen Gruß bekam ich gleich beim Aussteigen aus
meinem Boote vom Arzt und zweiten Offizier des Kriegs=
dampfers Tieté, jenes Schiff, welches die Regierung im März
nach dem Mucuri schickte, um dort unglückliche, betrogene
Colonisten zu retten. Oben ist die Geschichte weiter erzählt,
mir eine für mein ganzes Leben schmerzhafte.

Ein wohlgehaltener, gepflasterter und selbst mit Fliesen
belegter Damm führt hinauf auf den langen Gouvernements=
platz, einen stillen und doch freundlichen Spaziergang mit
wunderhübscher Aussicht und stattlichen Gebäuden ringsher.
Von dort gehen nun regelmäßige Straßen, meistens in
rechten Winkeln sich schneidend, aus, mannichfach auf= und
absteigend und ebendeswegen von entschiedener Reinheit und
Sauberkeit. Sämmtliche Straßen laufen von Süden nach
Norden, von Osten nach Westen, und machen einen guten
Eindruck.

Bei der geraden, wenn auch auf= und absteigenden Rich=
tung und der Reinheit der Straßen fällt vor allem eins
höchst angenehm auf. Ich glaube mit ziemlicher Bestimmt=
heit sagen zu können, daß von allen Städten Brasiliens keine
einzige im Verhältniß zu ihrer Größe so viele schöne und
große, ja oft palastähnliche Häuser hat wie Maranhão. Die
Stadt scheint sich zur Zeit der portugiesischen Herrschaft zu
großen Dingen berufen gefühlt zu haben und prangt noch
unter der Herrlichkeit einer leider vergangenen Zeit. An
allen Ecken und Enden fiel mir diese Herrlichkeit auf, wenn

auch das mir als etwas Trübseliges erschien, daß an so manchen Stellen, namentlich an den Grenzen der Stadt solide schwarze Mauern vom Beginn großer Bauten redeten, ohne zu einer Vollendung gekommen zu sein.

Geradeaus führte mich die Rua do Sol östlich durch die Stadt. Dort trifft man einige hübsche Plätze, ein ziemlich großes Theater und zuletzt eine große Kaserne, vorn mit einem stattlichen Platze, hinten vom freien Felde eingefaßt, wo in einem Anlauf von Patriotismus die bewaffnete Macht der Provinz das Andenken der Kaiserkrönung Peter's II. mit einem geschmacklosen Denkmal gefeiert hat. Ich hielt es zuerst für das Mal einer gewonnenen Schlacht.

Doch darf ich hier vom freien Felde nicht reden. Vielmehr beginnt dort gleich jene liebliche, grüne Wildniß, aus der mannichfache Landwohnungen und Pflanzungen herausragen, gerade als ob sie nur zum Schmuck des großartigen Naturparks dort angelegt wären. Mit Freuden und Entzücken schaut man hinein in die weiche, gründuftige Landschaft.

Und doch ist der kleine Weg von der Rua do Sol durch die Rua dos Remedios noch belohnender. Durch eine stille Straße kommt man nördlich zu einem grünen Platze, welcher schroff nach dem Hafen abfällt. Einige liebliche Gärten und mehrere stattliche Häuser begrenzen ihn zum Theil. Schneeweiß steht hier die kleine Kirche der Nossa Senhora dos Remedios, protectora do commercio e navegação, anno 1804, wie über dem Eingange steht, — eine Art von Kirche von Boa=Viagem! Ein offener Pavillon steht daneben, unter welchem, wenn er auch eben nicht sehr rein gehalten ist, man gern ausruht, um ein mit allen nur möglichen Reizen geschmücktes Bild zu genießen.

Stattlich dehnt sich nach links Maranhão aus, stattlich oben und doch zugleich so idyllisch ärmlich unten am abge=

legenen Strande, wo eine kleine Canotwirthschaft und Fischer=
welt ihr Wesen treibt! Geradeaus ist der schöne Hafen mit
hübschen, großen Schiffen; nach rechts streckt sich wieder ein
stiller, vielfach geschlängelter, vielfach sich theilender Meeres=
arm in die grüne Einsamkeit hinein. Und so weit man auch
sonst sehen mag, glänzende Flut und düsterndes Grün ist die
Losung. So im Norden der Stadt.

Südlich von ihr trifft man den andern Meeresarm. Hier
liegt unter der hervorragenden Pantaleonkirche die kleine, be=
scheidene Kirche S.=Tiago. Ein liebliches Pflanzendunkel
umschattet den Tempel. Mangabäume, mächtige Tamarinden,
Artocarpus, Spondias hoch herausragend, und am Boden
kleine Cassien und ein bescheidenes Plumbago, — so sieht
die einsame grüne Welt dort aus, die man, zumal an einem
heißen Tage, gewiß gern aufsucht.

In der Nähe liegt dort auch das Hospital, ein großes,
unordentliches Haus mit etwa 40 Kranken, welches noch gar
vieles zu wünschen übrig läßt und den Kranken, wie es
scheint, wenig Trost und Hülfe, den Besuchenden wenig Be=
lehrung, aber manchen Anstoß gewährt.

In den Straßen von Maranhão trieb sich einige Sonn=
tagswelt umher. Eine Menge farbiger Frauen und Mäd=
chen, aus mindestens drei Menschenrassen zusammengesetzt,
lief auf und ab und schien nicht eben große Schüchternheit
zu kennen. Die Hitze von Maranhão, welches 2½ Grad
südlich vom Aequator liegt, entschuldigt hinlänglich das starke
Entblößen von Schultern und Brust und den Armen bis zur
Schulter hinauf, wodurch die oft wirklich schönen Formen
dieser farbigen Frauen ungemein vortheilhaft heraustreten.
Doch ist ein thurmartiger Kamm, den sie durchweg oben auf
dem Kopfe tragen und vielfach mit Blumen schmücken, ganz
geschmacklos. Sein unvermeidliches Paradiren auf den Köpfen
der Frauen aus dem Volke erinnerte mich fast an die

Schnabelmütze der Leute in Madeira, wie mich denn überhaupt manche Stelle in Maranhão an das liebliche Funchal erinnert hat.

Aber auch das erinnerte mich lebhaft an Funchal, daß ich in Maranhão zu einer englischen Familie von vollendeter Erziehung kam, in deren Hause der ganze Reiz einer feinen europäischen Gesittung überall herrscht, welcher Reiz durch die seltene Schönheit und Anmuth der jugendlichen Hausgebieterin noch vielfach erhöht ward. Ich werde nicht an Maranhão zurückdenken können, ohne mich mit aufrichtigem Danke und herzlicher Freude einer in jeder Beziehung ausgezeichneten Familie zu erinnern, welche mir dicht am Aequator einige Stunden des erquickenden, gesitteten Nordens bereitete und gern gönnte.

Vom freundlichen europäischen Familienhause ging ich unverzagt wieder in die Seemannsscenerien des südamerikanischen Dampfers hinein. Es war aber nicht ganz leicht an Bord zu kommen wegen der kräftig hereinlaufenden Flut. Die Stadt Maranhão liegt auf einer dicht längs des Festlandes sich hinerstreckenden Insel, welche auf ihrer Nordostseite, ebenda, wo die Bucht und Stadt von Maranhão sich befinden, von starker Flut bespült wird. Die regelmäßigen Fluten wachsen bis zu 18 Fuß an; zur Zeit von Springfluten steigt das Wasser bis 21 Fuß, sodaß die größten Schiffe nicht nur einlaufen, sondern auch mit großer Leichtigkeit auf das Trockene gebracht werden können, ein Umstand den die brasilianische Marine namentlich zur Kupferung ihre Schiffe gut zu benutzen weiß.

Gar zu gern wäre ich 14 Tage in Maranhão geblieben um einiges vom Innern, vom Festland der Provinz kennen zu lernen. Namentlich hätte ich gern eine Fahrt auf dem Hauptflusse der Provinz, dem Itapicuru, gemacht, auf welchem eine Dampfschiffahrt etwa 60 Leguas aufwärts bis zum Ort Carias führt, von wo dann ein kurzer Landweg die Provinz Piauhy erreicht und deren Hauptorte Oeiras und die neue Hauptstadt Therezina. Doch mußten alle weitern Wünsche der Art eben fromme Wünsche bleiben; ich kam an Bord unsers Oyapock und mit ihm liefen wir, fünf bis sechs Passagiere, denn das letzte Gros unserer Reisegesellschaft war in Maranhão geblieben, um 9 Uhr zum Hafen der freundlichen Stadt hinaus. Die kleinen Strandfeuer von Ponta da Areia und S.-Marcus zeigten uns den Weg, und bald wogten wir auf offenem Meere.

Der Morgen des 6. Juni traf uns in westlichem Cours bei frischem Südwestwind; eine kühle, reine Luft umgab uns; im Süden lag flaches Land, welchem wir je nach Nothwendigkeit im Laufe von West zu Nord, Westnordwest u. s. w. auswichen. Möven zogen in keckem Fluge über der See dahin; ganze Scharen von Tachypetes oder Tropikvögeln mit tiefgetheiltem Gabelschwanz zogen unter den schwimmenden Wolken ihre Kreise; einige Schmetterlinge flatterten am Schiffe vorbei, um im Meere umzukommen; sogar eine Fledermaus kam angeschwirrt. So verging mit kleinen Scenerien der Tag, um uns eine prachtvolle Nacht heraufzuführen. Etwa einen halben Grad südlich vom Aequator strich unser Dampfer ruhig durch das grüne Meer. Im goldigen Glanze hing der Halbmond über uns; und fast in ganz gleicher Höhe einander gegenüberstehend strahlten der Große Bär und das Südkreuz mit den zwei prachtvollen Sternen des Centauren. Gleichsam auf dem höchsten Rande des Erdsphäroid stehend war es uns vergönnt, in die tiefsten Regionen beider Pole hineinzuschauen, dort hinauf bis zum röthlich schimmernden Nordstern, dort hinunter bis in den Süden, wo um den sternenöden Pol die Capschen Wolken in stillem Wandel ihre Kreise ziehen.

Und dennoch wurde um 9 Uhr abends meine Aufmerksamkeit von einem andern Lichte noch mehr angezogen. Wir sahen im Westen zu Süden das Leuchtfeuer von Salinas, ein weit hinscheinendes Licht, über 7 deutsche Meilen südlich von der Mündung des großen Parástroms entfernt, nicht sowol ein Wegweiser, welcher in die Mündung des Stroms führt, als vielmehr ein Warnzeichen, alles Näherkommen bis auf den nächsten Morgen, bis zum vollen Tage aufzuschieben, wenn man nicht Schiff und Mannschaft an der Mündung des Riesenstroms in Gefahr bringen will.

So liefen denn auch wir, nachdem wir das Licht erblickt hatten, in die See hinaus, um am folgenden Morgen die Küste und die Mündung des Gran-Pará zu gewinnen.

.

Zweites Kapitel.

Ankunft in Pará. — Stadt und Umgegend. — Das Pfingstfest in Cametá am Tocantins. — Rückkehr nach Pará.

Das ungeheuere Wassergebiet, welches wir im Begriff sind zu betreten, beginnt im fernsten Westen von Süd-Amerika. An 1000 geographische Meilen und noch mehr haben einzelne von den Cordilleren jener fernen Gegenden herabstürzende Gewässer zu laufen, ehe sie den Atlantischen Ocean gewinnen. Von Schneegipfeln erzeugt endigen sie unter der glühenden Sonne des Aequators; nur ein einziger Strom der ganzen Welt, der Yang-tse-kiang in China, darf sich einiger weniger Meilen größerer Länge rühmen, — größerer Wassermassen keiner. An tausend Namen von Bächen und Flüssen werden genannt, die die Hauptströme des großen Wassernetzes bilden, welches sich unter dem Aequator und südlich von demselben nach Osten hinbewegt. Ungeheuere Ausdehnungen selbst von diesen Hauptzuströmungen sind noch unbekannt; vieles, was der messenden Geographie angehören sollte, ist noch immer im Gebiete der Mythe, der Indianererzählung und reiner Fiction liegend.

Eine undurchdringliche Hyläa beschattet den Spiegel der meisten Ströme und bildet gewaltige Ebenen mit ewigen Urwaldungen, welche mit dem strömenden Wasser das Bild des Unendlichen gewähren. Oder ungeheuere Felsmassen, Schlünde und tiefeingeschnittene Thäler bilden den Rahmen, welcher mehr als eine dieser Zuströmungen einfaßt, zumal an ihrer Wiege am Fuße der Cordilleren.

Doch kann ich hier keine Skizze des g a n z e n Amazonenstroms geben. Als Reisender und Darsteller meiner Reise darf ich hier nur das berichten, was ich selbst gesehen habe.

Am 7. Juni, morgens ganz früh, liefen wir in westlichem Course gegen die Mündung des Gran-Pará, der flachen Küste folgend, die sich im Süden in der Entfernung einiger Meilen von uns hinerstreckte. Das tiefe Blau des Oceans war in reines Seegrün übergegangen; dem Seegrün folgte ein graues Wasser; es verkündete die Einwirkung des mächtigen Stroms.

Zwei bis drei Meilen vom Lande entfernt brandet die See hier gegen eine lange Sandbank, Espadarte, Schwertfisch genannt; vier Meilen fern vom Continent liegt das tückische Riff von Tijioccas halb unter Wasser; zwischen beiden lief unser Dampfer geschickt hindurch, während nördlich von der Tijioccasbank eine Brigg von einem Lootsenkutter in freies Fahrwasser geleitet ward, zwischen dem „Schwertfisch" aber und dem Festlande kleinere Barken friedlich dahinsegelten.

Diese Sandbänke und Riffe bezeichnen die Mündung des Gran-Pará. Bei ruhigem Wetter rauscht der Strom und der Ocean nur mäßig gegen diese Untiefen. Im Sturm aber donnert eine mächtige, weit sichtbare Brandung darüber hin und zeigt den Schiffern so sicher wie ein Lootse den Weg vom Ocean in den Fluß hinein.

Wohl wühlte der Dampfer mit aller Macht und Schnelligkeit sich durch die graue Flut; wohl erkannten wir links von uns nach Südost und Südwest hin einzelne Uferstreifen, Baumgruppen und Inselpartien; aber zu einem Flusse, der zwei Ufer hat, wollte sich dieses graue Meer lange nicht gestalten. Nach einigen Stunden erst entdeckte ich mit einem guten Fernrohre und von höherm Standpunkte auf dem Schiffe in der Entfernung einiger deutscher Meilen einen Uferstreifen im Nordosten, und das Meer ward zu einem Strom, welcher dreiviertel deutsche Meilen in der Stunde zurücklegt, mit sich führend eine ungeheuere Süßwassermasse. Wahrlich, wenn man sie so dahinströmen sieht, diese Wassermasse, man möchte sich schon überzeugt halten, hier sei die ununterbrochen gebärende Mutter der Meere, und der Continent sei nicht aus dem Ocean aufgestiegen, sondern vielmehr dieser aus ersterm ausgeflossen.

Der nach Nordost hin erscheinende Uferstreifen gehört einer großen Insel an, welche den eigentlichen Amazonenstrom von dem Gran-Pará trennt, ein unverkennbares Delta, welches beide Ströme, als sie noch im vollsten Zusammenhange eine einzige Wassermasse bildeten, angespült haben. Das ist die Insel von Marajó, ja nicht etwa zu verwechseln mit der Insel von Maranhão. Die Existenz dieser Insel ist nun Ursache geworden, daß man den Gran-Pará vom Amazonenstrom, wie sehr sie auch zusammenhängen, getrennt hat und erstern als den Ausfluß des Tocantins ansieht, dem der Amazonenstrom einen Arm zusendet, wie wir weiter unten sehen werden. Trennen wir auf diese Weise den Gran-Pará vom Amazonenstrom, so bekommen wir für die Breite seiner Mündung immer 8 deutsche Meilen, und für die des Amazonenstroms, wenn wir vom Cabo do Norte bis zur Ponta Imiritahy rechnen, etwa 40 deutsche Meilen. Nimmt man aber die Insel Marajó und einige andere nördlich von ihr gelegene Inseln für Deltabildungen der vereinten Ströme, und gibt man ihnen eine gemeinsame Mündung, so würde diese von Tijioccas bis zum Cabo do Norte nicht weniger als 50 deutsche Meilen Breite haben.

Um Mittag erreichte der Dampfer eine Inselkette, welche den breiten Strom der Länge nach theilt oder vielmehr einen schmalen Südoststreif von demselben abschneidet. Hier begrüßten wir ein kleines, rundes, mitten im Wasser liegendes Fort, von welchem wir nach Pará signalisirt wurden.

Wir gingen diesen Seitenstreifen des Flusses, welcher Guajará genannt wird, weiter hinauf und kamen der Stadt Pará immer näher, nachdem wir sie in der Entfernung einer starken Meile erblickt hatten. Bald gingen wir vor ihr zu Anker.

Auch Pará, eigentlich Sta.-Maria de Belem do Pará, eine Stadt von etwa 25000 Einwohnern, macht einen stattlichen Eindruck vom Flusse aus, wenn auch alles alt an der Stadt aussieht. Alte Kirchen ragen prächtig heraus aus dem Ort; das Zollhaus selbst ist ein altes Kloster von großen Dimensionen. Glänzend sieht der Palast des Präsidenten aus; er ist unbedingt eins der besten Gebäude in Brasilien; besonders möchte ich dem Kaiser solch ein Schloß wünschen in Rio-de-Janeiro.

Und so machen auch die Straßen von Pará einen guten Eindruck. Viele große, vornehme Häuser, wirkliche Paläste in kleinem Maßstabe sieht man, aber alle aus alter Zeit, wo Portugal nach Brasilien übersiedelte und Pará eine Hauptstadt werden sollte.

Und doch entsetzte mich eins! Man hatte mir in Pernambuco ein Hotel in Pará als das beste angezeigt. Als ich in die Thür hineinkam, prallte ich wirklich zurück; das Hotel glich ganz den Portugiesenherbergen, den Courtiços in Rio. Schmutz und widerlicher Geruch machten mich förmlich übel. Sonst war kein Hotel im Orte, wenigstens kein besseres!

Um Raths zu erholen, ging ich zum einzigen deutschen Handlungshaus, was in Pará existirt, zum Hause der Herren Tappenbeck & Co. Dort aber brauchte ich kaum meinen Namen zu sagen, so ward ich von Herrn Tappenbeck und dessen Associé, Herrn Brambeer, so freundlich und dringend zum Bleiben und Bewohnen ihres Hauses eingeladen, daß ich, wie ungern ich auch soviel Güte und freudige Bereitwilligkeit annahm, schon bleiben mußte. Meine Sachen wurden geholt, und nach wenig Minuten war' ich bei den so gütigen und zuvorkommenden Landsleuten in der schönsten Straße von Pará installirt, eine Schicksalsfügung, für die ich den beiden genannten Herren nie genug danken kann, wie wenig Gewicht sie selbst auch auf ihre Güte und Gastlichkeit gelegt haben.

Die eigenthümliche Welt, die mit Pará beginnt und sich längs des weiten, dort beginnenden Süßwassernetzes nach fast allen Himmelsgegenden hinzieht, ist schon manchmal beschrieben worden als eine Welt wunderbaren Zaubers. Und in der That bietet sie so vielseitige Reize, so mannichfache Schönheit, daß, wenn irgendwo in der Welt, ganz besonders hier das Herz und der Geist gleich erquickt werden.

Freilich ist die urzuständliche Natur in der Nähe der Stadt selbst von der um sich greifenden Cultur schon mannichfach zurückgedrängt worden, obgleich sie überall, gleichsam triumphirend über Kunst und Cultur, ihre herrlichsten Repräsentanten zurückgelassen und selbst neue aufgepflanzt hat.

Wenn man aus den stillen Straßen von Pará, in welchen wegen der Aequatorialhitze alle unnöthige Bewegung und Kraftanstrengung wohlweise vermieden wird, hinauskommt auf das Land, die sogenannte Rocinha, so findet man hier ziemlich alles in einen weiten Park umgeschaffen. In rechten Winkeln durchschneiden sich prachtvolle Alleen, eingefaßt von Terminalien, deren schichtenweise Zweiglagerungen erquickenden Schatten geben, oder von Eriodendren, deren Riesenstämme, obgleich manch Jahrhundert an ihnen gebaut zu haben scheint, noch in einem Kindesalter sich befinden. Oder es spielt ein erquickender Seewind mit hohen Casuarinen und ruft auf südamerikanischem Boden in neuholländischen Baumgipfeln nordische Heimatsklänge im Gemüth des deutschen Wanderers hervor. Auf mächtigen Säulenschaften rauschen die Fächerblätter der edeln Mauritia; schlanker und biegsamer wankt die anmuthige Euterpe im Winde umher, während manches Astrocaryum, eine mit Stachelringen wohlgeharnischte Palme, trotzig und doch anmuthig hinüberschaut zu den beiden Palmenrivalinnen. Die üppigsten Pisange umschatten zierliche Landhäuser; die Tacsonia Maracuya, eine Passiflora, mit riesigen Früchten, klimmt von Spalier zu Spalier und zeigt unter dunkelm Laube die herrliche Blüte. Und nun Mangiferen, Artocarpus und eine ganze Schar von Anonaceen, Orangen, Kaffeebüschen, von allem, was die Tropenwelt nur an üppiger Vegetation hervorzubringen vermag; das alles drängt sich um die hübschen Landhäuser zusammen, in welchen die Paráenser der Tropenhitze zu entgehen suchen.

Besonders gegen die Kirche von Nazareth hin erreichen Landhäuser und Vegetation ihre volle Schönheit. Eine kleine Kirche mit grünem Platz bietet hier alljährlich ein großes Fest, infolge einer wunderbaren Rettung aus Schiffbruch und Todesnoth, bewirkt durch die Heilige Jungfrau. Deswegen wird auch bei diesem Fest ein Schiffsboot in feierlichem Zuge nach Nazareth hinausgetragen und der Mutter Gottes dargebracht. Da strömt denn die ganze Stadt hinaus und vergnügt sich schweißtriefend in der tropisch-europäischen Welt. Dort habe ich Landhäuser vom besten Geschmacke gesehen und mich zurückversetzt in die vollste Cultur des Nordens.

Und unmittelbar daneben Mr. Henderson's Cottage!

Mr. Henderſſon iſt ein engliſcher Kaufmann, der der launi=
ſchen Fortuna und dem Mercur Lebewohl ſagte, um der
Hamadryadenwelt zu huldigen. Durch feuchten, faſt über=
ſchwemmten Wald führt ein einſamer Weg; man kommt zu
einer Lichtung im Walde, einem kleinen Wieſenteppich, un=
regelmäßig eingefaßt von Palmen und blühenden Caſſien, in
deren offenen Korollen die Bienen zu Tauſenden ſummend
ſchwärmen. Sonſt liegt tiefe, wohlthuende Stille auf dem
Walde, durch welchen noch keine Meßſchnur einen geraden
Weg gezogen hat. Alles iſt Natur, Friede, Ruhe auf allen
Wipfeln. Und dennoch iſt auch hier, ohne den Naturfrieden
zu ſtören, europäiſche Geſittung eingedrungen. Die Wald=
hütte enthält einfachen engliſchen Hausrath und einen ge=
wählten Bücherſchatz, welcher ſeinen Beſitzer als einen Philo=
ſophen ankündigt, aber als einen chriſtlichen Philoſophen;
neben Humboldt's „Anſichten der Natur" und andern Wiſſen=
ſchaftsbüchern lagen mannichfache Bibelausgaben; und der
Ton guter Geſittung und Geſinnung hallte wider im kleinen
Waldhäuschen.

Sogar einen Botaniſchen Garten hat die Stadt Pará!
Das iſt freilich ein Garten ohne Glashaus, und ſelbſt der
Boden iſt ungünſtig; aber dennoch wuchert eine herrliche
Vegetation aus der Erde, wenigſtens nicht geringer als die
im Freien, welche ſich von hier Hunderte von Meilen in das
Innere erſtreckt. Ich will dem Botaniſchen Garten von Pará
und ſelbſt ſeinem wackern franzöſiſchen Gärtner nicht unrecht
thun, aber faſt ſcheint mir ſolch ein Garten ein fruchtloſes
Beginnen. Zwar hat man Dracänen hineingepflanzt, Yucca,
Agaven und Cactus, zwar ſieht man allerlei Formen von
ſeltenen Bäumen, eine kleine Fächerpalme, aus deren Blatt=
rippen man die Chilehüte macht, und dergleichen mehr, aber
der botaniſche Garten außerhalb dieſes kleinen, wunderlichen

Pflanzenzwingers ist doch viel größer, viel erhabener, viel mächtiger und viel anziehender.

Und wer von dieser Größe, dieser Erhabenheit, dieser Allmacht der Natur von Pará ein volles Bild gewinnen, wer einen vollen Zug thun will aus dem Füllhorn, aus welchem in ununterbrochenem Strome die Pflanzenwelt ihre Segnungen ausgießt, der gehe an den riesigen Strom und fahre längs desselben zu irgendeinem Punkte der Inselwelt, des Festlandes, und sehe sich um nach allen Seiten, soweit ihm das Umsehen im Dunkel der Waldungen erlaubt ist. Oder er ziehe mit mir den Paráſtrom hinauf und wenige Meilen in die Mündung des Tocantius hinein! Nur auf zwei oder drei Tage ziehe er mit mir!

Das Pfingstfest in Cametá! Das ist ein lieblicher Gedanke, ein wunderbarer Traum, der nie wieder verschwindet aus der Erinnerung dessen, der ihn wachend geträumt hat.

Es war der Sonnabend vor Pfingstsonntag, am 10. Juni! Meine lieben paráenſer Landsleute hatten mich um 9 Uhr abends an Bord des Flußdampfers Cametá gebracht, wo wir bis 10 Uhr der Abfahrt harrten. Dann klimperte die Ankerkette ihr Abendlied; gräßlich schrillend unterbrach die Signalpfeife die stille Feier der Nacht, und von der ansteigenden Flut begleitet rauschte unser Fahrzeug den mächtigen Arm des noch viel mächtigern Flusses hinauf an der Stadt vorbei, deren Kirchengiebel und Glockenthürme seltsam in die Mondnacht hinausdüsterten.

Unkenntlich im leichten Nachtdunst lagen Festland und Inseln; tiefe Einsamkeit umgab uns; nur hier und da blinkte ein Licht auf dem einen oder andern kleinen Fahrzeuge, welches im breiten, fließenden Landsee ankerte. Auf dem überdachten Verdeck schlief ich ein. Das Rasseln der Ankerkette weckte mich. Der Kapitän wollte eine Stunde warten, um die erste Heftigkeit der eintretenden Ebbe verlaufen zu lassen. Wir lagen vor Anker auf dem weiten Flusse.

Seltsam war der Anblick. Ringsher war ruhiger Wasserspiegel. Die Mondnacht hatte jegliche Welle eingesungen, und unbelauscht badeten sich die Gestirne der Nacht in der Tiefe der Flut. Kein Ufer war zu sehen; der ferne Saum desselben war vom leichten Nebel verhüllt; wir waren auf einem scheinbaren Süßwassermeere. Wirklich ist hier die breiteste Ausdehnung des Stroms von der Stadt Pará südlich, gleich unterhalb des Vereinigungspunktes vom Tocantins mit dem seitlichen Arm des Amazonenstroms, den dieser letztgenannte Strom dem Pará zusendet und so die große Insel Marajó bilden hilft. Darum heißt diese breite Süßwasserfläche auch Bahia de Marajó, eine wirkliche Binnenbucht, ein von Ebbe und Flut vielfach bewegter Landsee, hoch aufwogend im Sturme, spiegelglatt in heiterer Mondnacht.

Vor Tagesanbruch zog unser Dampfer seinen Weg weiter. Zwischen fernen Inseln vor uns kündete eine Lücke, in welcher Himmel und Wasser sich berührten und zwischen sich keinerlei Land entdecken ließen, den Eingang, die Barre des Tocantins an.

Tief im Süden der Provinz Goyaz auf den dortigen, keineswegs hohen Gebirgen, von denen nach Süden hin einige Hauptquellen des Parana hinabströmen, entspringen etwa zwischen 16—18° südl. Br. aus vielen kleinern Zusammenströmungen zwei bedeutende Flüsse, welche, wie mannichfach auch ihre Windungen sein mögen, dennoch durch volle 10 Breitengrade in eigenthümlichem Parallelismus, etwa wie im Süden der Uruguay, der Parana, der Paraguay das auch thun, nebeneinander nördlich laufen, bis der östlichere, der eigentliche Tocantins, den westlichern, den Araguaya, in sich aufnimmt, ohne nach dieser Vereinigung den Lauf irgendwie zu ändern, sodaß das ganze Gebiet des Tocantins zwar 16 Breitengrade lang ist, aber nirgends über fünf Längengrade breit sein mag.

Eine weit ausgedehnte Inselwelt bezeichnet den Eintritt des Tocantins in den Pará, oder vielmehr des sogenannten Tocantins in den sogenannten Pará; denn letzterer ist, wie ich schon andeutete, Fortsetzung des erstern, und beide sollten nur einen Namen führen, — eine weitausgedehnte Inselwelt, scheinbar ganz unbewohnt, scheinbar eine ununterbrochene Palmenwelt, — und doch nur scheinbar; denn wir werden gleich sehen, wie mannichfach dennoch auch schon Menschenwohnungen hinter dem ersten Palmensaum im Walde zerstreut liegen, und wie diese Palmenwelt in ihrem Innern tausendfache andere Pflanzenformen zuläßt und schützend einschließt.

Und dennoch möchte man, wenn man an dieser Inselwelt im Morgenglanze dahinfährt, nur von einer Palmenwelt träumen, ja nur von einer einzigen Palmenart reden. So weit man blickt, — und man blickt meilenweit an den nahen und fernen Inseln und dem Festlande dahin, — so weit man mit bloßem oder bewaffnetem Auge umherspäht, alles scheint ein unmeßbarer Palmenhain zu sein, aufgebaut wie ein Tempel von einer einzigen Palmenspecies.

Schaft an Schaft gedrängt, in wundersam gleichmäßiger Dicke und Höhe, und fast nirgends einem niedrigern Baumwuchs Raum gebend, ragt am Pará, am Tocantins und den benachbarten Igarapés oder Wasserpfaden kühn und majestätisch die Mauritia flexuosa, die Meritipalme aus dem Spiegel der Gewässer hervor, in so ungeheurer Menge, daß ich dieselbe nur mit unsern dichtesten nordischen Fichtenwaldungen vergleichen kann. Der von mir im Süden von Brasilien schon öfter gesehenen und angeführten Mauritia vinifera ganz ähnlich — doch ist mir letztere kleiner vorgekommen, und immer sah ich sie nur in ganz kleinen Gruppen —, sucht die Mauritia flexuosa sich bis in das Wasser der Ströme hineinzudrängen, sodaß sie bei einigem Steigen dieser ganz in den Wellen steht. Herrlich glänzen im Morgensonnenstrahle die mächtigen Säulenschafte, die, statt von unten nach oben an Dicke abzunehmen, eher nach oben zu leicht an Umfang zuzunehmen scheinen. Nur wenige, aber mächtige Blätter zieren den 60—80 Fuß hohen Stamm, wenn es auch einige Exemplare gibt, die sonderbarerweise ganz isolirt aus der geraden Linie der Palmenwedel 10—20 Fuß hervorragen mögen und vielleicht 100 Fuß hoch sind. Der nackte Blattstiel ist 6—8 Fuß lang, kräftig und schwer; auf ihm sitzt die fächerförmige Blattfläche, einige Fuß im Durchmesser, aus deren Parenchym mannichfache Fadensubstanz gewonnen werden könnte, die jedoch dem Tucúm und der aus Bromeliaceen gewonnenen Grana oder Carua nachzustehen scheint im Werthe und in Dauer. Die Frucht ist eigenthümlich schuppig, fast wie ein feiner Tannenzapfen, und ist genießbar; sie soll auch mit Wasser zerknetet und in Gärung gebracht ein angenehmes Getränk liefern. In großen Trauben hängt die Frucht oben um die Stämme.

Doch denkt am untern Tocantins und am Pará niemand an diesen Nutzen der Mauritia. In der öffentlichen guten Meinung und der Volksliebe ist sie vollkommen verdrängt von einer andern Palmenart.

Assai-i, Assai-i-si! Wie still die Straßen von Pará auch sein mögen, wie todtenstill sie auch manchmal in der Glut des Mittags erscheinen können, so hört man doch alle Augenblicke einen durch alle Modulationen der Tonleiter hindurchgehenden Ruf: Assai-i, Assai-i-si. Jeder Unbefangene glaubt in dem Ruf irgendein Heil für das Volk zu finden; und wenn er nun die schwarze oder nußbraune Assaischreierin anruft und das Geheimniß untersucht, so findet er in einem Topfe eine weinrothe Sauce, eine Pflaumenbrühe.

Ganz dasselbe, was in Rio-Grande do Sul und den spanischen Republiken die Mate ist, bei den Waschfrauen im Norden der dünne Kaffee und in der hysterischen Damenwelt der Thee, das ist am Parástrom diese weinrothe Sauce. Sie ist noch mehr als das, sie ist ganz direct das Hauptnahrungsmittel des Volks.

Wenn man den dichten Waldungen der Mauritien näher kommt und genauer in die ungeheuere Menge der Säulenschafte hineinblickt, so entdeckt man in großer Anzahl eine zweite, unendlich viel dünnere, zartere und wirklich liebliche Palmenform, dieselbe, die ich an den Flüssen der Provinz Bahia, am Rio-Pardo, Jequitinhonha und Mucuri schon gesehen und erwähnt habe, die dünne, schlanke Jussarapalme, Euterpe edulis. Wie eine dünne, oft leicht gebogene Stange hebt sich der Baum 20—30 Fuß vom Boden empor. Wo der graue Stamm plötzlich endet, um sich in einem grünen Schaft, den dicht um den Mittelkeim herumliegenden Blattscheiden, noch ein Ende zu verlängern, da bricht unterhalb dieses grünen Schafts, welcher bei der viel kräftigern Euterpe oleracea, der Palmitopalme, im Innern den Palmenkohl enthält, die Blüte wie ein aus vielen einfachen Aehren zusammengesetzter Büschel hervor, wie eine vegetabilische Kieme, die sich erquickt und belebt an Luft und Feuchtigkeit. Während ich aber an den genannten Flüssen der Provinz Bahia meistens nur zwei Blütenbüschel fand, bringt unter dem gesegneten Himmel von Pará die Jussarapalme drei bis vier Büschel zur Zeit hervor. Die weiblichen Blüten reifen zu einer kleinen blauen Beere, welche in großer Menge an den Blütenschaften hängt und mit nichts besser als mit großen Schlehen verglichen werden kann.

Ueberall entdeckt man diese beerentragende Palme versteckt im Schatten anderer Bäume; zu jeder Jahreszeit trifft man in der Provinz Pará reife Beeren. Ohne Mühe klettern kleine Knaben am Stamme, der unter der Last hin- und herschwankt, ohne zu brechen, in die Höhe und schneiden die reifen Trauben ab. Die Beeren werden abgestreift und einige Stunden oder weniger Zeit in Wasser macerirt. Dann werden sie mit den Händen so lange geknetet, bis alles Fleisch abgewaschen und mit dem Wasser zu einer weinrothen Sauce geworden ist und nur die grünen Kerne übrig bleiben.

So gewinnt man das Assai-i. Man mischt es mit geröstetem Maniocmehl und versüßt es mit etwas Zucker; so erhält man einen halbdünnen Brei, den ich beim ersten male gleich ungemein schmackhaft fand und mit gutem Gewissen unsern schwarzen Kirschen vergleichen möchte.

Morgens, mittags und abends und wenn möglich auch um Mitternacht genießt das Volk von Pará sein Assai-i. Aus den benachbarten Flüssen Guamá und Mojú, deren Ufer besonders reich an dieser Euterpenart sind, von den einzelnen Inseln und selbst dem fernern Marajó kommt der nöthige Vorrath zur Stadt, denn ohne solch Assai-i wüßte die Stadt Pará nichts anzufangen. Glücklicherweise gibt es aber, wie schon gesagt, im ganzen Jahre um Pará reife Assaibeeren.

Aber wir müssen uns zu unserer Fahrt zurückwenden. Ganz im Süden, etwa 6 Leguas von der sogenannten Barre des Tocantins, entdeckten wir am Walduser, auf der linken Seite des Flusses, eine Stadt, deren rothe Dächer und hervorspringende Kirche einen freundlichen, überraschenden Eindruck machen, denn man erwartet in diesen Wasserlabyrinthen, an diesen Palmenwänden keine ordentliche Stadt mehr, besonders keine mit Ziegeldächern versehene.

Dieser hübsche Eindruck aber ward etwas gestört, als wir vor Anker gingen und einen genauern Blick auf die Stadt warfen.

Cametá liegt auf einem etwa 20—25 Fuß hohen Baranco

des Flusses, welche Ufererhebung, aus Thon und Sand bestehend, lothrecht vom Wasser aufsteigt. Nur zur Zeit der Ebbe — denn bis hierher und noch weiter hinauf bringt die Flut — bleibt unten noch ein flacher Uferstreif unbedeckt, zu welchem von oben eine Menge von Holztreppen hinabführen. Unvorsichtigerweise hat man sich mit den Häusern der Stadt so dicht an den Rand des Flusses herangewagt, daß schon vielen Gebäuden große Gefahr droht. Theils nimmt die Flut unten einzelne Parcellen des Ufers mit sich, theils spült der Regen vom obern Rande so viel los, daß viele Häuser schon dicht am Rande stehen und von untergesetztem Gebälk getragen werden. Ja an einer Stelle besteht die öffentliche Straße aus einer Holzbrücke, einer Galerie von Bretern.

Dadurch gewinnt nun die Stadt Cametá ein sehr sonderbares Ansehen. Ueberall sieht man Holztreppen, Holzpfeiler, Holzbalcons, Holzbrücken. Und da sich alle diese Holzbauten nicht eben in einem neuen Zustande befinden und auch gewiß nicht immer von einem Zimmermann oder Baumeister errichtet worden sind, so bilden sie eine förmliche Holzconfusion und geben dem Orte Cametá das Ansehen einer Malaienstadt, die zum Theil auf Stelzen steht.

Aber noch sonderbarer sieht die Population aus. Unser Dampfer, das einzige Ereigniß, was einiges Leben in Cametá hineinbringt, rief die ganze Bevölkerung an den Uferrand und an die Fenster. Von allen Balcons und Brücken schauten die Einwohner herab; in allen nur möglichen Menschenfärbungen zeigten sie sich; oder vielmehr kam es mir vor, als ob ich vor lauter farbigen Leuten keine weißen Menschen zu sehen bekommen könnte.

Ich hatte eigentlich ein kleines Vorurtheil vor der Bevölkerung von Cametá bekommen. Meine Mitreisenden waren blasse, welke, meistens unangenehme Menschen; das Schicksal wollte es, daß unter den acht bis zehn Mitreisenden ein Zwerg und ein Toller waren. Auch hatte man mir vorhergesagt, ich würde meistens Farbige im Orte treffen.

Ich wollte mich eben vom freundlichen Commandanten des Dampfers auf die wenigen Tage unsers Bleibens in Cametá verabschieden, als ein wohl aussehender Mann mit einem Boot an Bord kam, und ich in ihm denselben Herrn Louis Jean La Roque kennen lernte, an den ich drei Briefe aus Pará abzugeben hatte. Alles, was man mir von diesem Manne gesagt hatte, und der Eindruck von Wohlwollen und offener Freundlichkeit, den er mir machte, ließen mich mehr als gern darin einstimmen, daß ich sogleich mit ihm fahren und bei ihm die wenigen Tage meines Bleibens in Cametá wohnen sollte.

Wir fuhren also bis an das untere Ende der Stadt zurück, stiegen eine etwa 20 Fuß hohe Holztreppe hinauf, und ich stand in einer so reizenden Scenerie, wie sie wirklich nicht mit Worten wiedergegeben werden kann.

Ein kleiner, terrassenartiger Platz, mittels eines langen und breiten Balcons über den Flußrand hinaus verlängert, — am Rande des Platzes ein riesiger Mangabaum und hinter demselben ein reizendes Haus, zu dessen Einrichtung der Besitzer sich während eines zehnjährigen Aufenthalts in England genug Geschmack und im regen Handelsleben am Tocantins genug Vermögen erworben hatte, — dieses Haus an zwei Seiten umgeben von einer so breiten Veranda, daß sie zwei zusammenhängende, ringsher offene Zimmer bildet, — dann daneben ein Garten, dem Walde abgewonnen, in welchem noch einzelne Gruppen, mit Stacheln wohlbewehrte Astrocaryen und eine parasitirende, üppig hohe Guttifere, welche eine Palme erwürgt, ein mächtiges Eriodendron und eine Popunhopalme vom Urwald reden, während sorglich angepflanzte Gartenblumen weithin ihre Düfte spenden, —

und von dieser zauberisch schönen Warte hinab der volle Blick den Strom hinauf, den Strom hinab und den Strom hinüber, auf dessen anderm Ufer eine Insel vor der andern die ganze, riesige Breite des Tocantins verbirgt, — alles das eingefaßt vom Zauberring des Urwaldes, überbaut vom tiefblauen Himmel, dessen reines Gewölbe von all den mächtigen Säulenschaften der Mauritien getragen zu werden schien, das war mein Pfingstquartier am untern Ende von Cametá, ein so zauberisches, wie ich bis dahin noch keins innegehabt hatte.

Unter dem dunkeln Schatten des Mangabaums habe ich vor diesem Naturbilde unnennbare Wonnestunden wachend verträumt, mochte nun morgens die Sonne hinter den Palmeninseln der Ferne aufgehen, oder mittags der Nordostwind vom fernen Meere herein Labung und Erquickung wehen, oder abends, zwei goldene Mondabende, der singende Fluß das Bild des reinen Himmels zitternd wiedergeben und mit den Palmen um die Wette leise dazu rauschen.

War es nun die wundervolle Gegend, oder das prachtvolle Wetter, oder die Stimmung, die das Pfingstfest mit sich bringt, oder war es alles drei zusammen, was mich eigenthümlich anregte: unter dem Einfluß dessen, was um mich und in mir vorging, gewann die seltsam colorirte Einwohnerschaft in und um Cametá einen eigenthümlichen Reiz für mich.

Für Anordnung und Leitung des Pfingstfestes wählt man in den brasilianischen Städten, namentlich auf dem Lande, eine sogenannte Imperatriz (Kaiserin), die sich dann selbst nach Gefallen einen Imperador als Gehülfen auserwählt. So ein Imperador war nun auch in Cametá. Er war ein Bekannter von Herrn La Roque, und aus Höflichkeit mußte dieser sich am Vorabend des Pfingstsonntags dort zeigen. Ich schloß mich ihm mit großer Freude an.

Wir kamen an, als man gerade eine Art von Procession mit Lichtern zur Kirche anordnete. Eine ganz gute Musik ging voran. Ihr folgten einige zu höchst bunten Engeln umgekleidete Mädchen. Dann kam die Imperatriz, ein erwachsenes, junges, gut aussehendes Mädchen mit ungeheurer Krone aus Pappe, Bändern und Vergoldungen bestehend. Ganz Cametá folgte und füllte die hübsche, reinliche Kirche mit seltsamen Figuren.

Die weibliche Population bildete die überwiegende Majorität. Kaum eine ganz weiße Frauenerscheinung sah ich, dafür aber alle nur möglichen Schattirungen von Weiß durch Gelb und Braun zum tiefsten afrikanischen Schwarz. Offenbar war der Hauptstamm, aus dem diese seltsame Frauenwelt hervorgeknospet war, der indianische, der reine echte Stamm der Tapuis.

Wie sehr sich auch diese so zahlreiche Indianerwelt an den meisten Stellen, wo ihr der herandringende Europäismus zu nahe kam und den offenbarsten Sieg davonzutragen drohte, tiefer an den Flüssen hinaufziehen und das ganz regellose Waldleben dem gesetzlichen in Städten, Ortschaften oder deren Nachbarschaft vorziehen mochte, so haben sich doch gar viele der Cultur genähert und sich ihr angeschlossen, soweit sie ihnen eben gebracht wurde. So wohnen in und um Cametá noch viele ganz reine Tapuisfamilien, manche von fast schwarzbrauner Färbung und echt indianisch-mongolischem Habitus, aus einer Quelle entstanden mit den Chinesen in der fernen Ostwelt, stille, ruhige Naturen, die den Schatten gleich hinter den Meritipalmen am Ufer lieben und ihr bedeutungsloses Dasein harmlos abspinnen. Von diesen bemerkte ich fast keinen in der Kirche, selbst unter den Frauen nicht. Eine ihnen ganz eigenthümliche Blödigkeit hatte sie zurückgehalten.

Desto zahlreicher war die europäisch-indianische Mischung in ihren verschiedenen Abstufungen vertreten in der Kirche, und noch viel mehr am folgenden Tage durch die ganze Stadt, die den herrlichsten Pfingstsonntag feierte, — jene seltsame Mischung, deren Angehörige Mamelucos genannt werden.

Noch war der Tag nicht völlig angebrochen, als ich mich in der stillen Flut des Flusses bewegte, ohne einen Concurrenten irgendwo beim Baden zu entdecken. Aber schon kamen aus nahen und fernen Palmenwinkeln einzelne Canots mit Tapuifamilien angezogen, vom weißen Segel getrieben oder dem kurzen Ruder mit tellerrundem Blatte, womit diese Ruderer ungemein hastig das Wasser durchschneiden.

Mit welcher Freude durchmusterte ich die Tapuigruppen in den Canots mit meinem kleinen Fernrohr! Meistens rudern zwei Männer vorn und hinten, der letzte Jacoman, Steuerer, genannt; oder es steuert auch eine Frau mit einem festen Ruder von tellerrunder Form. In der Mitte sitzt die Familie, immer mehr Frauen und Mädchen als Männer und Knaben, in weißen, oben offenen Hemden und einem blauen oder sonst dunkeln Rock um die Hüften. Die ältern Frauen rauchen meistens bei solchen Gelegenheiten aus langen, dünnen, in der Regel bunten Holzröhren mit kleinem Mundstück von Blei und einem kleinen schwarzen Thonkopf, der oft vergoldet ist. Kleinere, nußbraune Kinder, meistens ganz nackt bis zu sechs oder acht Jahren hinauf, sitzen zwischendurch. So fahren sie mit ruhigem, stillem Ernst durch den goldenen Morgen zur Kirche; kaum je schien es mir, als ob sie miteinander sprächen. Desto hübschere Gruppen bilden diese schweigenden braunen Menschen. Eine junge Frau sah ich, die mit kundiger Hand steuerte, während sie im linken Arme ihr kleines, nacktes Kind hielt und stillte. Auf dem Rande des Canots saß ein halberwachsenes Mädchen; die konnte es nicht über das Herz bringen, daß der schöne Fluß in der Morgenfrühe so unbenutzt vorbeirennen sollte. Sie hatte den

Rock bis über das Knie aufgeschlagen und plätscherte mit den zierlichen Beinen im Wasser umher. Wahrhaftig, es war eine lebendige Fischerscene aus dem Golf von Neapel! Oder ein Bild vom fernen Taiti!

Mit Herrn La Roque machte ich einen Spaziergang in den Wald, der sich mit seinen Vorposten bis an das Gartenthor meines Gastfreundes drängt. Schmale Fußsteige führen überall hinein in das Dickicht. Kaum einige Schritte braucht man zu thun, so steht man vor der indianischen Wohnung, vor der die stillen, bescheidenen Bewohner freundlich grüßen und gern ihre kleine Anpflanzung zeigen, wenn man das eigentlich eine Anpflanzung nennen will, wo man kaum eine unbedeutende Lichtung entdecken kann. Hier wuchert dann wol der Calebassenbaum mit seinen runden Früchten, deren ausgehöhlte Schale meistens das ganze Hausgeräth bildet, — hier wächst der Orangenbaum mit der düstern Mangifere wetteifernd den hohen Palmen zu, welche dem Tapui mindestens die Hälfte, ja die größere Masse seiner Lebensbedürfnisse fristen. In dichten Gruppen steht am klaren Waldbach die schlanke Jussara und bietet in Menge die reifen Beeren zum Assai. Dicht neben ihr prangt eine der edelsten, wenigstens seltsamsten Palmenformen, die ich bisher sah, die Bacabapalme.

Oenocarpus disticha hat man mit rechtem Geschick eine Palme genannt, die ganz wie die Urania unter den Musaceen nur nach zwei Seiten und nach oben Blätter entwickelt. Der stolzirende Pfau kann seinen Schweif nicht schöner zum regelmäßigen Fächer ausbreiten, als die Bacabapalme ihre gefiederten Blätter treibt. In der wundersamsten Harmonie wächst oben aus schlankem Palmenstamm erst ein Blatt nach links, dann eins nach rechts und so fort abwechselnd, bis der mathematisch genaue Halbkreis fertig ist, in dem sich die Blattspitzen zueinander stellen. Diese Zweizeiligkeit ist höchst eigenthümlich, ein Eigensinn der Natur, den sie, wie ich schon oben sagte, ganz genau so in der Bildung der Uranien dargestellt hat; und wir müssen sie mit diesem Eigensinn schon laufen lassen und uns freuen über die herrliche Bildung.

Aus den Früchten der Bacaba läßt sich ein öliger Saft herauswaschen, der ganz nahrhaft und süßlich wohlschmeckend sein soll. Doch läuft hierin die schlanke, kleine Euterpe edulis mit ihrem unverwüstlichen Assai allen andern Palmen den Rang ab. Sie ist und bleibt die Wohlthäterin des Tapui in seiner kleinen Waldwohnung; man will keine andere neben ihr anerkennen.

Doch ist damit keineswegs der ganze Reichthum der indianischen Waldwohnung angedeutet. Zu dichtem Gebüsch zusammengedrängt wuchert überall im Walde der Cacaobaum. Weithin glänzt die gelbe, große Fruchtkapsel. Sie enthält außer den bekannten Bohnen eine säuerliche Pulpa, die man mit Zucker conservirt in fester oder gelatinöser Form. Die Bohnen brauchen nur gereinigt zu werden, eine Arbeit, die von den kleinsten Kindern im Schatten verrichtet werden kann und eine Art von geselligem Vereinigungspunkt bildet, wozu sich die Waldnachbarn mit ihren Familien gegenseitig förmlich einladen. Die Bohnen halten für so geringe Arbeit immer einen bedeutenden Preis und werfen fleißigen Sammlern immer einen hübschen Gewinn ab.

Und doch steht der Gewinn, der aus dem Cacaopflücken entsteht, kaum in einigem Verhältniß zu jenem, der aus der Siphonia elastica fließt.

Die Siphonia elastica, der echte Gummibaum, Seringueira, wächst überall im Walde um Cametá, eine schlanke, zu hohen Bäumen aufwachsende Euphorbiacee aus dem Tribus der Crotoneen, also ganz nahe verwandt mit dem Ricinusgebüsch, der Maniocpflanze und der Jatropha, — leicht zu erkennen an den immer zu dreien auf einem langen Stiele zusammengestellten lanzettförmigen Blättern, welche an ihrem gemeinsamen Vereinigungspunkte einige kleine Drüsen, meistens zwei oder drei zeigen, wie sich solche bei vielen, namentlich baumartigen Euphorbiaceen finden. Häufig stehen die gemeinsamen Blattstiele dieser Dreiblätter wieder zu dreien zusammen. Der ganze Baum hat einen schlanken Habitus und meistens nicht übermäßig viel Laub.

Desto größer ist der Reichthum, der in seinem Innern fließt. Kaum ein Blatt braucht man abzubrechen, kaum mit dem Daumennagel die Rinde etwas zu verwunden, so fließt hastig aus der Wunde eine weiße Milch heraus, welche aufgefangen in ein aus frischem Lehm gemachtes Gefäß und dann über eine beliebige Form gestrichen und im Rauche von den brennenden Nüssen der Attaleenpalmen getrocknet und geschwärzt, das bekannte Gummi-elasticum liefert, jenes berühmte, so vielfach angewandte Product, welches noch durch kein Surrogat aus seiner Alleinherrschaft hat verdrängt werden können und deswegen immer bedeutend preishaltig ist. Mit fleißigem Gummisammeln kann hier ein thätiger Mensch reich werden, ohne sich viel mit Arbeit zu plagen.

Nur erinnern darf ich neben diesem Reichthum an die verschiedenen Arten von Anonaceen mit zuckersüßen Früchten, nur erinnern an die zu mächtigem Baume aufwuchernde Pacouri, jene Platonia insignis, vielleicht die höchste unter den Clusiaceen oder Guttiferen, deren Früchte ein angenehmes Essen liefern, besonders aber mit Zucker eingemacht hoch geschätzt sind und weit versandt werden, sodaß man sie schon in Europa kennt.

Ueber alle diese, ja über alle Laubgipfel des Waldes ragt nun hoch hervor die Bertholletia excelsa, aus der Familie der Lecythidaceen, aber dennoch wesentlich verschieden von der Lecythis ollaria, wie man auf den ersten Blick, den man auf beide Bäume wirft, erkennen kann. Denn während die Lecythis ollaria, die echte Sapucaia, einen mächtigen, fast walzenrunden Stamm mit rauher Rinde liefert, welcher schnurgerade emporstrebt zu 70—80 Fuß, ohne einen einzigen Ast abzugeben, und dann erst eine im Verhältniß zum Stamme auffallend kleine Laubkrone bildet, löst sich der gewaltige Stamm der Bertholletia excelsa schon früher zu Aesten und einer schönen, weitausgedehnten Krone auf. Auch sind die Blätter beider verschieden, erstere kleiner, letztere größer und dichter zusammengedrängt. Bei der Sapucaia bleibt der große, plumpe Fruchttopf am Aste sitzen; der nach unten gekehrte Deckel fällt ab, und ihm folgen die mit einer lederartigen Schale bedeckten Nüsse bald nach, während der Topf sitzen bleibt am Aste, ja oft auf Monate. Nicht so die Bertholletia. Hier fault, wenn die Frucht reif ist, der Fruchtstiel ab, und die kugelrunde Frucht fällt, ohne aufzuspringen, zur Erde. Zwar zeigt sich am obern Ende der Kugelfrucht die Zeichnung eines Deckels; ja man findet sogar manchmal in seiner Mitte ein kleines Loch, die offene Narbe der zerfallenden Mittelsäule in der Frucht; aber die Kugel öffnet sich nicht gutwillig, sondern bedarf, um sich zersprengen zu lassen, einiger tüchtiger Arthiebe. Springt sie dann auf, so fallen jene allbekannten länglich dreieckigen Nüsse mit harter, rauher Schale heraus, die in allen Handelsstädten unter dem Namen von Paranüssen verkauft werden. So gewaltig ist die Gesammtfrucht, daß sie beim Herunterfallen tief einschlägt in den Boden.

So der Reichthum, der um die Wohnung des Waldbewohners herumwuchert, der mannichfachen Blütenpracht hoch oben auf den Gipfeln von einzelnen Leguminosen, im Gebüsche zahlreicher Apocyneen, auf anmuthig kleinen Melastomen gar nicht zu gedenken.

Und dazu noch die liebliche Zusammenstellung dieser Einzelformen! Unser Weg führte uns über eine lange, unschein-

liche Brücke, unter welcher ein kleiner, klarer Bach hindurch=
eilte, — die Brücke von Curimão. Von ihr zu beiden Sei=
ten hin kann man eine kleine Strecke in den Wald hinein=
sehen, zwischen lieblichen Palmen und mannichfachen Laub=
bäumen hindurch, während freundliche Sonnenblicke durch die
vom kühlen Winde bewegten Blätter beider Pflanzengruppen
hindurchgleiten bis auf den Boden des klaren Wassers. Das
ist die ganze Herrlichkeit der einfachen Holzbrücke von Curi=
mão, und doch möchte ich jedem nur ein Moment der An=
schauung von dieser Brücke hinab gönnen. Er würde solch
Moment nie wieder vergessen.

Aber bei all dieser Naturschönheit kommt kein höherer
Aufschwung in der Seele des Waldbewohners zu Stande;
bei allem Reichthum um ihn herum ist und bleibt er arm;
denn er kennt keine Freude am Besitz. Ganz regelmäßig
trifft man, wenn man an diese manchmal ganz netten, von
hohem Palmbach überbauten Waldhäuser tritt, den Mann
faul sich in der Hängematte schaukelnd; oder er treibt sich
im Walde, in der Stadt, auf dem Flusse umher. Eine
ältere Frau kommt meistens zum Vorschein und schwatzt gar
zu gern mit dem Fremden, während braune, meistens ganz
nackte Jungen mit frischen Schelmengesichtern, glänzend
schwarzem, kurzem Haar, derben und zugleich ungemein wohl
proportionirten Körperformen umherrennen oder zuthulich
dem Ankommenden entgegenkommen und gern mit ihm reden.

Vor der Thür aber liegt auf einer Matte im Schatten
des vorspringenden Daches die Tochter, oft ein so reizendes
Geschöpf, wie die braune Kleopatra nicht reizender sein konnte,
zumal dann, wenn schon europäisches Blut in die Familie
eingeflossen ist, halb verlegen, halb neugierig den Fremden
anblickend, der durch den Wald gegangen kommt, ohne
eigentlich etwas Besonderes zu wollen; wie man denn im
heißen Klima nicht begreifen kann, wie jemand mehr als

die allernothwendigsten Bewegungen macht und zum Vergnügen umhergeht.

Die gemischte Frauenrasse von Cametá! Eine eigene, vielfach anregende Studie könnte der Reisende über diese hellbraune und dunkelbraune Welt machen, ohne damit das anziehende Thema erschöpft zu haben.

In den meisten Weltgegenden, namentlich in größern Handelsstädten ist den Frauen und Mädchen gemischter Rassen das trübe, traurige Los geworden, neben den rein europäischen Descendenten eine zweite, viel geringer geachtete und selbst verachtete Klasse zu bilden, namentlich in sittlicher Beziehung. Fast überall hat man sie zu Bajaderen und Töchtern wilder Leidenschaften machen wollen und nie daran glauben können, daß auch in diesen Menschenklassen sich gute Gesinnung und Gesittung entwickeln und behaupten könne.

Ich will nicht in Abrede stellen, daß Hunderte von malen bei diesen gemischten Rassen Leidenschaft in jeder Beziehung den Sieg davontrage über Grundsatz und Wollen oder gar Dürfen. Es liegt in ihnen allerdings ein gewisser Epikuräismus. Eine Freude, ein Vergnügen bis zum vollsten Zuge aus dem Becher des Genusses mag ihnen erlaubt erscheinen, solange niemand ein Unrecht, Schade, eine Beeinträchtigung entsteht aus solchem Genuß und Vergnügen.

Je weiter nun das Menschengemisch von Europas strengern Formen und Anforderungen fern liegt, desto selbstverständlicher erscheint ihm das Nachgehen natürlicher Anforderungen und Leidenschaften. Wenn wir die Geschichte fast aller Südseeinseln lesen, wenn wir die ersten Naturklänge von dorther vernehmen, wie sie von einem Wallace, von Byron, Cook, King und allen Nachfolgenden zu uns gebracht worden sind, so wissen wir wirklich nicht, was wir dazu denken und sagen sollen. Mich hat immer eine tiefe Wehmuth erfaßt, wenn ich von jenen Inseln, von Hawahi und

Taiti las, auf denen ein durch und durch poetisches Naturleben zu herrschen scheint und unmittelbar daneben eine bewußtlose, grausige Verderbtheit liegt, — eine tiefe Wehmuth, wenn ich las, wie dort die reizende Tochter der Eilande dem ankommenden Europäer nach kurzem Besinnen mit Leib und Seele und allem Sein und Sinnen in die Arme sinkt, und der schmuzige Matros um einen eisernen Nagel als Gegengeschenk von derselben lieblichen Creatur mit all ihrer Gunst beschenkt wird.

Viel weniger farbenreich, ja viel einfacher mag am Tocantins die indianische Menschenwelt den Europäern entgegengetreten sein. Und so ist denn auch als unvermeidliche Folge davon die gemischte Population eine viel einfachere, ruhigere, bescheidenere geworden. Wenigstens schien mir die Welt von Cametá eine solche zu sein. Still und ruhig und doch voll Freude ging alles der Feier des Pfingstfestes nach, einer dem andern ganz gleich, keiner gering geschätzt um seine Farbe, sein Herkommen, mochte nun mehr europäischer Ausdruck, mehr indianische Form oder selbst mehr afrikanische Färbung den Ton angeben. Nirgends war lauter Lärm, nirgends eine Unordnung, nirgends auch nur die geringste Verletzung von Sittlichkeit und Schicklichkeit. Gewiß mit vollem Recht sagte mir der feingebildete Dr. Peiroto, Municipalrichter der Stadt, daß weder bei solchen Gelegenheiten, noch im Gange des gewöhnlichen Lebens irgendetwas Polizeiwidriges vorfiele, und daß er vielleicht das friedlichste Völkchen, was man nur finden könnte, zu bewachen hätte, ein Völkchen von großen, sehr ausgewachsenen Kindern.

Und ich glaubte ihm vollkommen. Die ganze Menschenwelt war auf der Straße; aber keiner hatte vorher sein Haus verschlossen oder die Thür angelehnt. Männer und Frauen, junge Mädchen und junge Leute gingen durcheinander, ganz wie es der Zufall fügte, aber keiner kam dem andern zu nahe ober kränkte ihn. Wirklich, diese farbige Menschenwelt hatte etwas Anmuthiges an sich.

Wenn man nun wissen will, was dieser eigenthümlichen Menschenwelt ein ganz besonderes Gepräge gibt, so sind das zwei Factoren, das Faulenzen und das Baden, beide für Cametá so wesentlich wie das Doppelgepräge für eine Denkmünze.

Faulenzen und Baden! Wenn die Faulheit nicht das erste aller Laster wäre, so würde ich dreist behaupten, in Cametá wäre sie eine graziöse Tugend. Und wenn das Baden nicht solche Tugend wäre als Mutter der Reinlichkeit, so möchte ich wol glauben, daß sie in Cametá zum Laster, zum zeitraubenden Laster wird.

Kein Arbeitsgeräusch stört in Cametá die öffentliche Ruhe. Wo man hingeht und hinschaut, wird man gar leicht eine Hängematte schwingen sehen, in welcher sich eine vom Nichtsthun ausruhende Creatur eine mäßige Bewegung macht. Diese Hängemattenwirthschaft ist ganz allgemein ausgedehnt. Die Hängematte ist Bett, Stuhl, Sofa, und darum in manchen Zimmern, wenn man überhaupt von solchen reden will, die einzige Mobilie, die immer benutzte, immer bewegte. Nicht von der Arbeit ruht man in ihr aus, sondern vom Baden. Nirgends, kaum auf den Inseln der Südsee, mag das Baden so professionsmäßig getrieben werden wie am Tocantins. Hier badet alles; und wenn man dem Baden zusieht, so möchte man glauben, die Leute am Tocantins seien eigentlich Wassermenschen, die nur zu einzelnen Zeiten auf das Trockene steigen.

Diese Badescenerien sind so eigenthümlich, daß wir ihnen einige Worte schenken müssen.

Unwiderstehlich ist die Anziehungskraft des herrlichen Flusses. Ganz absichtslos sieht man häufig einzelne Männer,

Frauen, Knaben und Mädchen an denselben herankommen: Der Mann will in ein Canot steigen; aber kaum spült die Welle bis an seine Füße, und er wirft die leichte Kleidung ab, um sich selbst ins Wasser zu werfen. Die Frau kommt ihre Gartentreppe hinunter, um irgendein Stückchen Zeug, eine Calebasse, einen Topf auszuspülen; und nur eben an die Fingerspitzen leckt die kühle Flut, so wird auch die Frau das schneeweiße Hemd von sich werfen und mit dem einfachen Rock oder ganz unbekleidet ins Wasser springen, einige Züge schwimmen und davongehen, im Gehen sich das Hemd überwerfend.

Wenn eine Mutter ihren Jungen an den Fluß hinunterschickt zu irgendeiner Handreichung, so kann sie fest darauf rechnen, daß der Bursche ungerufen nicht wiederkommt. Schnaufend, plätschernd und jubelnd schwimmt er mit den Altersgenossen seiner eigenen Amphibiennatur umher; sie tauchen sich, verschwinden, sind über dem Wasser, unter dem Wasser; und um recht tief, recht lange unten im Grunde zu bleiben, nehmen sie vom Ufer zwei große Thonklumpen in die Hand; damit versenken sie sich; man sieht oft mit Angst hin; aber solch braunes Völkchen ertrinkt nicht. Wie oft sah ich braungelbe Bürschchen von acht bis zehn Jahren, wenn die Flut recht hoch war, hoch von einer Treppe, einem Pfahl, einem Geländer kopfwärts herunterstürzen. Wie oft trieben sie ihr Spiel im Wasser mit Nachahmen der sogenannten Tummler, welche im Moment des halben Heraustauchens, was sie in einem halben Bogen und im Fortbewegen thun, schnarchend Luft holen. So auch diese Knaben. Im Halbbogen tauchten sie auf, holten schnarchend Luft und waren wieder verschwunden. Ganz kleine Kerle aber, die noch nicht legitim sind im wilden Badetumult der größern, begnügen sich damit, unter großer Mühe in ein Canot zu klettern und vom äußern Ende desselben in das Wasser zu springen. Mit vier bis fünf Zügen sind sie wieder am Ufer, um unter vieler Arbeit dasselbe Experiment zu machen.

Selbst junge Mädchen von 12 bis 14 Jahren nehmen noch unbefangen am gemeinsamen Baden theil, liebliche Jussarapalmen, an deren oberm Stamm die Blütenknospen mächtig emporschwellen, um zur vollsten Entwickelung zu gelangen, während die erwachsenen jungen Mädchen in kleinern Rudeln einige Schritte weiter gehen, um am Waldrande zu baden. Vier solche schlanke Euterpenmädchen fand ich einmal in einer stillen Waldesbucht sich baden, als ich auf einsamem, kaum gangbarem Pfade spazieren ging. Bis zu den Hüften stieg den lieben, hellbraunen Kindern die lockende und kühlende Flut, an der sie gar nicht satt werden konnten. Dann schwamm wol die eine oder andere in ruhigen Zügen um die Gruppe herum, und das feine, schwarze, üppige Haar floß über den übersluteten Rücken hin. Oder zwei faßten sich kichernd und ringend, um sich unterzutauchen, gingen aber im gleichen Kampfe beide unter und blieben ein Moment ganz verschwunden, bis sie, vom Wasser fortgetragen, einige Klafter abwärts einzeln wieder zum Vorschein kamen und schnaufend zu den Gefährtinnen zurückschwammen, wo sie dann alle ans Ufer gingen, niederhockten und vor dem Ankleiden aus dem üppigen schwarzen Haar seitlich über die Schulter hin das Wasser ausdrückten, welches perlend über den schönen Rücken hinabrollte.

Solch eine einzige Gruppe an der Flut des Tocantins, unter Palmen und dunkelm Cacaogebüsch, ist ein gar liebes Bild, ein stilles, heiliges Waldgemälde.

Und doch sah ich eins, was noch reizender war. Eine junge Frau gemischter Rasse kam mit einem lieben kleinen nackten Kerl von etwa sechs Jahren an den Fluß. Nur mit einem blauen Röckchen um die Hüften ging die schlanke Frau in das Wasser, und in unendlicher Anmuth umschwammen

4*

sich Mutter und Kind, bis die Mutter dicht am Ufer niederhockte, damit der kleine Fratz ihr den Rücken waschen sollte. Das that er auch, aber wenn er drei bis viermal mit der kleinen Hand über die schöne Wellenlinie des Rückens gefahren war, gab er der Mutter mit voller Hand einen Schlag, daß es weithin klatschte. Die junge Mutter drehte sich dann schnell um und drohte scherzend, und das Kind wollte umfallen vor Lachen. Das dumme Spiel, was eben nur für Mutter und Kind Sinn und Verstand und endlose Wonne hat, trieben sie lange fort.

Dieses Baden und Schwimmen und Tauchen hat nun eine doppelte Folge. Das Personal von Cametá, namentlich das weibliche, ist das reinlichste, was ich in meinem Leben getroffen habe, und kann allen andern weniger badenden Menschengeschlechtern recht zum Vorbild und Muster dienen. Heller oder dunkler, diese Frauen und Mädchen haben eine Reinheit der Haut an Armen, Schultern, Hals und Gesicht, die wirklich selten, aber in Cametá ganz allgemein ist. Ihre Haut duftet förmlich den Wasserdunst des Flusses aus, ohne auch nur im geringsten, wie es am Aequator und bei der gemischten Klasse sonst wol häufig vorkommt, einen Geruch von Transspiration zu verrathen. So dicht zusammengedrängt gingen wir am Pfingstfest in der Straße, so angefüllt war die Kirche, so ganz nahe bei mir vorbei zogen die zahlreichen Menschen, und doch verrieth niemand irgendwelchen Hautdunst, als nur den der vollen Frische und Reinheit.

Aber auch eine seltene, wenigstens für heiße Gegenden seltene Frische der Form und des ganzen Tonus ruft das viele Baden im Flusse hervor. Das heiße Klima und eine gewisse Naivetät bewirken eine große Freiheit der Toilette bei Frauen und Mädchen. Selbst in Häusern, welche Wohlhabenheit und Erziehung verriethen, sah ich bei den jungen Mädchen, die dem Pfingstpersonal in der Straße zusahen, eine zierliche Nachläſſigkeit, die man in einer Weltſtadt für wilde Koketterie halten würde, die mir aber wie die unbefangenſte Natur erſchien. Ob ein Modeladen in Cametá iſt, oder eine pariſer Schneiderin den Mädchen die Kleider zuſchneidet, weiß ich nicht. Doch hatten ſie meiſtens wenig Zeug für den obern Theil des Kleides genommen, Aermel waren kaum zwei bis drei Finger breit, alles ſaß weit und loſe, locker und luftig, und die ſchönen, von keinem Schnürleib eingezwängten und gehaltenen Frauenformen wurden ebenſo frei vom kühlenden Nordoſtwinde umſpült und friſch gehalten wie von den Wellen des palmenreichen Tocantins. Mir ſchien eben, wie geſagt, eine unendliche Naivetät in dieſer ſonſt vollkommen geſchmackvollen Kleidung zu liegen; lebhaft erinnerte ſie mich daran, daß die Großmütter von manchen dieſer ſelbſt ſehr hellen, faſt ganz europäiſch ausſehenden Mädchen vielleicht kaum mit einigem Federſchmuck behängt auf demſelben Tocantins gefahren waren, an welchem die Enkelinnen jetzt die Uebergangsperiode zu einer vollkommen europäiſchen Kleidung durchmachten.

Höchſt merkwürdig iſt es, wie in Vermiſchung mit europäiſchem Element auch Form und Farbe ſich ſchnell aufklärt. Ich habe Töchter von echten Indianerinnen und europäiſchen Vätern geſehen, die wirklich faſt ganz hell waren. Aber dennoch verrathen noch die feingeſchnittenen, ſcharf ſchwarz gezeichneten Augenbrauen, die langen, ſeidenen Augenwimpern und das ſchwarze Auge, aus dem eine ſeltſame wehmüthige Sehnſucht herausblickt, dazu eine gewiſſe ſchmächtige Zierlichkeit der Schultern mit ſchönen, reichlichen Buſenformen und unendlich kleine Füße und Hände die Enkelin, ja die Tochter der Indianerin. Das Schönſte an dieſer Enkelin, dieſer Tochter iſt das ſchwarze Haar. Während die echten Indianer ſehr dichtes, ſchwarzes, aber ſtraffes Haar haben, wird es bei den Mädchen gemiſchten Urſprungs, den

Mamelucas (während die aus indianisch-afrikanischer Mischung entstandenen Frauen Misticas genannt werden im Norden von Brasilien), fein und von seidenartigem Ansehen. Der Ueberfluß dieses schwarzen, in reichen, halblockern Massen um den Kopf geschlungenen Haars ist prächtig, ein wahrhaftes Diadem auf brauner Stirn.

So gab mir denn das Anschauen von Fluß, Wald und Menschheit in Cametá mannichfache Belehrung; war doch Cametá recht eigentlich der Eingang in die indianische Welt des Amazonenstromgebiets und ihre Mischung mit der europäischen.

Und ebendeswegen mischte sich mir in all den Zauber dieser eigenthümlichen Welt, in wie prächtigen Farben, in wie schönen Formen sie sich auch mir gerade am Pfingstfest zeigen mochte, eine eigene Wehmuth.

Auch hier wird einst, auch hier am breiten, ungezügelten Tocantins, die Zeit kommen, wo die blassen Gesichter, die im Tropenklima noch blasser und elender aussehen, numerisch vorherrschen werden, wie sie denn ja schon lange durch Ueberlegenheit herrschen; — kommen wird die Zeit, wo die braunen, stillen Menschen ganz verschwinden werden. Cametá wird dann größer, eine bedeutende Stadt werden mit allen Schattenseiten und Vorzügen einer großen Stadt. Und aus den zierlichen Mädchen, die jetzt noch in unbefangener Naivetät ihre halbindianischen Reize verrathen und errathen lassen und sich selbst wol einem Einzigen in bleibender Treue hingeben, ohne den Formensegen einer hohlen, schlecht verwalteten Kirche zu solchem Natureheleben nothwendig zu finden, werden gewandte, schlaue Krämerinnen und Verkäuferinnen derselben Anmuth, die mir eben solchen Eindruck machte, wie die Anmuth der Mauritien und Euterpen.

Das waren die Empfindungen, die mich in den letzten Augenblicken, welche ich unter dem dunkeln Manga-

baum im Garten des Herrn La Roque zubrachte, durch=
zogen.

Wir stiegen die Treppe hinunter in das Boot. Mein
neuer, biederer Freund begleitete mich an Bord; wir schieden,
ich von ihm, um ihn mit seiner reizenden Wohnung nie wie=
der zu vergessen.

Mit vollem Strome schoß unser Dampfer den mächtigen
Tocantins hinunter. Da lag links noch die kleine, freund=
liche Albea dos Parijós, eine ehemalige Mission, in welcher
man den Tapuistamm der Parijós zu cultiviren suchte; und
weiterhin das noch kleinere Pacajá. Vor den kleinen Kirchen
beider wehten weiße Pfingstflaggen. Dann ging alles in
dichten Wald über; nur einzelne graue Wohnungen waren
zwischen den Mauritiastämmen zu erkennen, — Cametá sank
unter, und an seiner Stelle berührte wieder der Flußhorizont
den Himmel hinter uns. Ein offenes Meer schien dort zu
liegen.

Weit auf that sich der Busen von Marajó. Der Dam=
pfer durcheilte ihn, während wir schliefen. Als der Tag an=
brach, erkannten wir die zackigen Kirchengiebel von Pará und
gingen eine Stunde darauf an das Land.

Mir war aber seitdem zu Muthe, als ob ich das tro=
pische, halbindianische, halbeuropäische Idyll von Cametá nie
wieder vergessen könnte, nie wieder vergessen dürfte, einen
Naturlaut, wie er nie wieder seitdem von mir vernommen
worden ist, was auch noch später an einharmonischen Accor=
den aus dem Wälde, von den Inseln, über den Strömen zu
mir herübergetragen ward. Man sagte mir auch gleich, daß
ich solch eigenthümliches Zusammentreffen von beginnender Cul=
tur und Gesittung mit unberührter Natur wie in Cametá
wol nicht wieder treffen würde.

Da ist keine Romantik, die mit Glacéhandschuhen im
kleinen Nachen über den Lac d'Enghien dahinrudert, wie ich

das bei Paris gesehen habe, keine Vierländertracht, die an den Straßenecken von Hamburg Rosen verkauft und unter dem niedlichen Maskenanzuge manche andere Intrigue macht, — auch nicht die geringste Romantik in Bildung und Literatur, wie sie allein dem überbildeten Europa noch schmackhaft erscheint.

Ob Lesen, Schreiben, Rechnen schon durchweg in Cametá vorkommt, weiß ich nicht. In den nächsten Waldwohnungen bringt die Jugend es nicht einmal zum Zählen.

Ich stand vor solcher Waldwohnung dicht am Flusse; eine ältere Frau zeigte mir die umstehenden Waldbäume. Da kam aus einem Fußsteig ihre Nichte gegangen, ein hübscher, lebendiger Kindeskopf auf den prächtigen Schultern und dem schlanken Körper einer aufblühenden Jungfrau, die lieblichste Anomalie, die man sehen konnte.

Um mir dieses Waldphänomen klar zu machen, fragte ich sie: „Wie alt bist du?" Nach einigem Stillschweigen und Nachdenken sagte sie halblachend: „Vierzig Jahre!" Ich nahm das für einen Scherz und erwiderte sehr ruhig: „Da bist du noch recht jung; ich bin schon 80 Jahre alt." Ohne den geringsten Ausdruck von Zweifel sah sie mich an. Die ältere Frau aber sagte: „Das Kind hat noch nicht das Zählen gelernt."

Und nun erst merkte ich, daß das große Kind, recht eigentlich in growth a woman but in mind a child, keinen Scherz machen wollte, sondern, um vor dem fremden Manne nicht gar zu dumm zu erscheinen, ihr Alter in Zahlen aussprach. Da erschien es mir, als ob im Hintergrunde des unbefangenen Auges dennoch ein Stück echter Evanatur durchblickte! Wenn man im parfümirten Europa ein Mädchen von 14 Jahren noch zur Klasse der großen Kinder schlagen will, wird es leicht gereizt; denn es möchte lieber 16 Jahre alt sein. Solch ein Empfindungsproceß ging auch wol in jenem hellbraunen Kinde vor. Ganz bestimmt wußte sie nicht den Unterschied zwischen 10 und 40 Jahren, wenn man ihr nicht zugleich den Zahlenunterschied an 10 und 40 Paranüssen oder Cacaobohnen klar machte. Und doch sagte sie in dieser Unwissenheit nicht: ich bin 10 Jahre alt, sondern: ich bin 40 Jahre alt! Sicher ist sicher; für ein wirkliches Kind wollte sie nun einmal nicht gehalten sein, oder vielmehr wollte sie gar nichts; aber die Frauennatur in ihr schob diesmal das Kind beiseite, ohne die Eignerin beider um Rath zu fragen, und gab ein Lebensalter an, in welchem man gewiß kein Kind mehr ist.

Und doch wieder das Kind! In der Hand hatte sie ein Paar zierlicher Schnürstiefel von französischem Herkommen, welche sie halb verstohlen mit sichtlicher Freude anblickte. Offenbar wollte die Familie zur Stadt gehen; das Kind hatte auch einen Oberrock von leichtem Baumwollzeuge an, oben am Halse dicht zugeknöpft und fest um die Hüften mittels eines Bandes zusammengezogen. Von irgendwelcher Unterkleidung schien nicht die Rede zu sein; auch entdeckte ich, als sie sich hin- und herbewegte, keine Strümpfe, aber ein Paar wunderhübsche Füße, deren reizende Form andeutete, daß das Paar Schnürstiefel in der Hand des Mädchens wahrscheinlich das erste wäre, was sie in ihrem Leben bekommen hatte. Das war ihr aber unbequem, und sie wollte ihre neuen Stiefel bis zum nahen Cametá in der Hand tragen; da konnte sie zugleich dieselben besser ansehen.

Sonst war nicht der geringste Schmuck an ihr, nicht einmal eine Blume im Haar, wie sie das sonst wol im Walde und in der Stadt tragen. Vielmehr triefte das volle schwarze Haar noch vom Wasser des eben genommenen Bades; das ganze Kind duftete wie eine Maiwiese nach einem Gewitterschauer. In 14 Tagen sollte sie heirathen! Das sagte sie selbst in der unbefangensten Weise. Und seltsam genug sagte sie nicht: Em quinze dias vou cazar-me, sondern: Quero cazar-me, ich will mich verheirathen. Das Kind, was kurz vorher nicht bis fünf zählen zu können schien, wenigstens nicht bis fünfzehn, hatte offenbar ganz nach eigenem Willen sich schon eine Verheirathung besorgt und wollte nach 14 Tagen heirathen und wird es ganz gewiß, aus reinem Eigensinn eines großen Kindes.

Und so, ganz genau so ist die ganze Uebergangsgeneration am untern Tocantins. Während die ganz reine indianische Form, die eigentlichen wilden Tapuis, sich vor den nahenden Europäern an dem Strome hinaufgezogen haben und dort in den Wäldern tribusweise bis zu 4000 Individuen zusammenleben, wenn man sich auf ihr Zählen verlassen will, ist diese Uebergangsgeneration, heller an Farbe, viel schöner an Form, halb im Walde versteckt in und um Cametá wohnhaft geblieben. Mehr und mehr dringt längs des mächtigen Flusses die Cultur zur kleinen Stadt hinauf; auf schmalen, aber wohl befahrbaren Fußpfaden geht sie von der Stadt zu den einzelnen Waldwohnungen und sucht aus den Kindern des Waldes kräftige, vollgewachsene Gesittungsmenschen zu bilden.

Das gelingt der Cultur auch, gelingt ihr in vielen Beziehungen. Ordentlicher wird das Dach gehalten, schicklicher die leichte Kleidung zugeschnitten, abgerundeter die ganze Lebensform dargestellt. Und doch bleibt ein kindlicher, kindischer Zustand über dieser Form schweben, wie der kindliche Kopf jenes Mädchens über entwickeltern Mädchenformen saß. Wo die Sonne fortwährend lothrecht über dem Walde steht und nur ein wenig bald nach der einen, bald nach der andern Seite sich neigt, wo die Meritipalmen ewig grünen, der dunkle Cacaobaum immer seine goldgelben Früchte bietet und die lieblich schlanke Jussarapalme eine Blüte nach der andern treibt, eine blaue Beerentraube nach der andern reifen läßt zum Affai, da zählt man keine Jahre und nennt kein Alter, und darf sich eben nicht wundern, wenn man große Kinder trifft, die wirklich nicht zählen können.

Ebenso wenig darf man sich wundern, wenn sie nicht arbeiten! In allem Ernste werfe ich hier die Frage auf: Was sollen sie denn arbeiten? Etwa den Wald umhauen, der ihnen alles liefert, Affai, Palmenkohl, Nüsse, Cacao, Gummi und dazu noch schmackhaftes Wild? Die Feier, den Frieden, die stille Harmonie der Natur stören, mit klirrender Axt und prasselndem Feuer stören und zerstören, um geringere Nahrung, und noch dazu eine ihnen ganz fremdartige zu erzielen?

Und sollen sie, wenn man ihnen so den Wald, ihr erstes Lebenselement, und die Faulheit im Walde nimmt, auch noch das zweite Lebenselement, den Fluß und das Baden in demselben aufgeben? Sollen sie vor lauter Arbeitstumult etwa schmutzig und widerlich werden? Dazu, welche tiefe Bedeutung hat das Baden nicht bei ihnen!

Kaum irgendeine Landstraße gibt es, kaum einen Spaziergang. Dazu echauffirt das Gehen und fast ebenso viel noch das Reiten, und ruft Transspiration hervor. Und wer hat am Ende ein Pferd, wenn der Fluß mit seinen weiten Armen die alleinige Landstraße bildet?

So vertritt denn der Tocantins die öffentliche Promenade und das Schwimmen in ihm die Leibesbewegung, gerade in einem heißen Klima die angenehmste. Nicht einmal die Füße brauchen den Körper zu tragen; kaum braucht man Hände und Füße zu regen, um von den Wellen getragen zu werden und hin und her in ihnen zu schweben. Und bei dieser Bewegung wird man nicht einmal warm und geräth in keine Transspiration, ganz abgesehen davon, daß damit ein Theil der Zeit und Langeweile hingeht.

Auch für die jungen Mädchen hat das Bad seine eigene

Bedeutung. Gesellschaft, Ball, Theater und Oper gibt es noch nicht in Cametá. Um nun doch einen Ersatz zu haben für all diese Entbehrungen, gehen sie zusammen zum Baden. Im waldumschatteten Wasser stehend oder umeinander herumschwimmend lachen sie dort miteinander oder klagen sich einander ihr Leid und ihre heimlichsten Herzensangelegenheiten, die eben nur der Tocantins zu hören bekommt. Sie sind da recht eigentlich im indianischen Element, dem sie zur Hälfte gehören nach ihrer Abstammung; und manche mag da wol der Zeit gedenken, wo die Tapuimädchen hier freier als jetzt durch den Wald zogen und kaum mehr als einiger bunter Ararafedern bedurften, um die Toilette fertig zu machen. Im Schwimmen wetteifern sie, nicht im Tanzen; daher darf man sich nicht wundern, wenn sie auf einsamem Waldwege die engen Schuhe in der Hand tragen und sie erst vor der Stadt oder auch vielleicht manchmal gar nicht anziehen.

Doch fürchte ich meine Leser zu lange am Wald und Fluß von Cametá mit Kleinlichkeiten aufzuhalten. Lassen wir das liebliche Palmenleben abgethan sein!

Einige Ausflüge, die ich um Pará herum vorhatte nach meiner Rückkehr von Cametá, mußte ich fast durchweg aufschieben. Doch bot mir eine Nachmittagsfahrt nach S.-João, etwa eine halbe deutsche Meile nordöstlich von Pará, vielfaches Interesse dar. Dort ist eine einfache, aber ausgedehnte Anpflanzung eines gutgezogenen, lebensfrischen Brasilianers, Senhor Bruno. Aus dem der wilden Natur abgekämpften Wiesenteppich ragt in zwangloser Regellosigkeit und dennoch in wohlbeherrschter Ordnung die üppige Kokospalme in allen Altersstufen heraus, zwischen dem Palmetum dunkle Mangabäume und die hohe Spondiasart Cajaseiro, von viel saftigerm Ansehen, als wir sie in Rio kennen. Zum ersten male zeigte man mir auch den hohen, vielverästeten Baum, welcher die Tonkabohne liefert, Dipteryx odorata, eine Papilionacee von den 6—700 Arten, die sich allein im tropischen Amerika finden und wahrscheinlich noch um ein volles Drittel dieser Anzahl sich vermehren lassen. Besondere Aufmerksamkeit erregte mir auch der umgehauene Stamm eines Genipapeiro, der mich wegen seiner Dicke und Unregelmäßigkeit glauben machte, er hätte einer wilden Feigenart angehört. Wol an drei Fuß konnte der Durchmesser des Stamms am untern Ende betragen. Vielleicht möchten wir in dieser Genipa Brasiliensis, deren Blüte von gar lieblichem Duft ist nach Art der Gardenien, das Maximum der Ausdehnung unter den Cinchoneen finden. Duft und Familienverwandtschaft aber rufen in der Erinnerung des nordischen Reisenden das kleine, bescheidene Bild der Asperula odorata, des vielbesungenen Waldmeisters, hervor.

Ein hoher Baum zwischen diesen erschien mir fremd. Eine üppige Belaubung um luftige Zweige, dicke, saftgrüne Blätter ließen fast auf eine Clusiacee schließen. Doch sprach dagegen die Frucht, deren Ansehen mich auf das lebhafteste an unsere Roßkastanie erinnerte. Der Baum heißt Andiroba (Carapa guianensis), aus seinen Kastanien wird ein Oel zum Brennen gepreßt.

Dort Andiroba ein hoher Waldbaum; an beschatteten Flüssen Rhandiroba und auch Andiroba genannt, eine zarte Cucurbitacee eigener Art, ebenfalls mit ölgebenden Mandeln! Ich vermuthe, das Wort Andiroba heißt in der Tupisprache weiter nichts als Oel. Andiroba wäre dann ein Oelbaum, Rhandiroba dann eine Pseudoölpflanze, wie denn der Vorschlag von Rh eine Negation ausdrückt, wie z. B. bei den Botocuden ampiep gut, nhampiep nicht gut heißt.

Wenigstens ist diese Erklärung, wie es mir scheint, die einzige, wenn man in der Sprache des Urwaldes zwei Gewächſe, in Form und Ausdehnung von der allerverſchiedenſten Art, mit gleichem Namen belegt findet.

Recht intereſſant und für den Beſitzer lucrativ iſt auch ein Steinbruch in S.=João, den man im aufgeſchwemmten Boden von Pará kaum vermuthen ſollte. Das Geſtein ſelbſt, wenn es ſo genannt werden kann, iſt ein ungemein lockerer, loſer Sandſtein, faſt nur ein grober, conglomerirter Sand von ſchwarzröthlicher Färbung, offenbar mit ſtarker Eiſenbeimiſchung, welche letztere Beimiſchung an manchen Stellen bedeutendere Schwere und Metallcohärenz hervorruft. Einzelne goldfarbig angehauchte Stellen und rothgrüne Atome laſſen auf Beimengungen von Schwefelkies und andere Kupfermiſchungen ſchließen. Der Stein wird zum Bauen und namentlich zu Straßenbauten vielfach benutzt.

Ein hereinbrechender Regen und beginnende Dunkelheit hinderten uns am Wiederaufſuchen einer mineralogiſchen Ader, die mich eigentlich am meiſten zum Beſuch von S.=João eingeladen hatte.

In Pernambuco fand ich zwiſchen den Haufen von Granitfragmenten und graugrünen Kalkſteinſtücken, mit denen man auf der Boa=Viſta dicht am Waſſer ein großes Lyceum baute, ſchwarze Fragmente von bedeutender Schwere und metallartiger Dichtigkeit. Ebenſo wie mir die Arbeiter den Fundort der andern Steine genau angaben, ſagten ſie mir, dieſe ſchweren, harten Steine kämen von der Inſel Fernando de Noronha. Ich hatte keinen Grund daran zu zweifeln, um ſo mehr, da dieſe ſchwarzen Maſſen die entſchiedenſten Spuren vulkaniſchen Einfluſſes an ſich trugen, wie ſolcher hinreichend auf jener Inſel ſich zeigt. Um ihre Einwirkung an der Bouſſole zu erproben, nahm ich einige Stücke davon mit und fand nun, daß das Ende eines länglich geformten Stücks dieſes ſchwarzen Geſteins die Magnetnadel öſtlich, und wenn ich die Oberſeite deſſelben Endes zu unterſt brachte, westlich abstieß. Ich gab meinem Freunde Dr. Schüch de Capanema ein Stück davon. Dieser zeigte es auf unserer gemeinschaftlichen Reise von Maceio nach Ceara in Rio-Grande do Norte dem dortigen Präsidenten Beaurepaire-Rohan, welcher dem Dr. Capanema berichtete, dieses Gestein käme in einem Steinbruche bei Pará vor. Und wirklich hatte jener Präsident mit Herrn Bruno auf dessen Landsitz die dortige Ader des Gesteins untersucht. Der Besitzer hatte einmal eine Quantität davon dem Feuer ausgesetzt und 40 Procent Eisen erhalten. Eine genauere Untersuchung war erst noch anzustellen.

Vielfache Besorgungen zu meiner Amazonenfahrt machten mich noch am letzten Tage meines ersten Aufenthalts in Pará vielfach umherlaufen und öffneten mir immer neue Einblicke in das eigenthümliche Leben der Stadt, in der wirklich alles originell ist, von den braungelb gemischten Menschen bis zu den schwarzen Geiern, die zahm wie die Hühner auf den öffentlichen Plätzen umherlaufen und in großen Schaaren mit den Tauben auf den Hausgiebeln sitzen. Besonders lieben sie den Platz vor dem Zollhause, der auch an Schmutz seinesgleichen sucht. Der Municipalkammer und Straßenpolizei machen sie bedeutende Ersparnisse durch das Vertilgen von allem nur denkbaren Unflat und genießen auch deswegen das vollste Bürgerrecht in der ganzen Stadt.

Das Zollhaus selbst, vor dem die Urubus Wache halten, ist ein ehemaliges Kloster, vielleicht das größte Gebäude von Pará, mit dicken Mauern und von fester Construction. Sowol unten in den alten Räumen, wie oben wo durch das Einreißen von ehemaligen Zellen prächtige, weite Lokale gewonnen sind, können bedeutende Waarenvorräthe aufgespeichert werden und sind es in der That auch. Und wer sich die Mühe geben will, diese Gänge zu durchschreiten und das Leben und Treiben mit anzusehen, was dort vorgeht, kann sich einen Begriff machen von der Handelswichtigkeit der Stadt Pará, welche das ganze ungeheuere Amazonengebiet mit Waaren versorgt und in Handelsthätigkeit setzt, wie wir das am mächtigen Strome selbst noch sehen werden.

Und dennoch ist der Landungsplatz, an welchem die täglich aus dem Innern kommenden Landesproducte ausgeschifft werden, noch viel interessanter für den Europäer als das große, weite Zollhaus.

Der breite, heiße Strand, an dessen Kai der graue Strom dahinrennt, trägt ein loderes Menschenknäuel, welches man dennoch nicht leicht in seine Elemente abwickeln kann. Gerade wie die Wege sich kreuzen beim Gehen und Kommen dieser seltsamen Lazzaroni, so kreuzen sich auf dem Lebenswege ihre Rassen. Vom pechschwarzen Neger, vom dunkelbraunen Tapui an bis zur fast weißen Mameluca kommen hier alle Farben, alle Formen vor. Die muthwilligste Künstlerlaune eines Malers könnte sie nicht besser durcheinander gruppiren und anstreichen.

Kleine Canots und klotzige Flußschiffe, echte Dschonken des südamerikanischen Yang-tse-kiang, leichte Jachten und schwere Boote liegen am Ufer mit ihren seltsamen Bemannungen oder vielmehr Besatzungen, denn auch Frauen kommen vor auf diesen Schiffen. Und aus all diesen sonderbaren Fahrzeugen kommen halbzerrissene Säcke zum Vorschein, aus denen Cacaobohnen herausrollen, — lose Körbe und offene Fässer, in denen Gummi-elasticum in Form von Hohlkugeln, dicken Platten und schmuzigen Knollen sich befindet, — dann der Páo d'Arco, eine höchst originelle Pflanzenproduction. Während diese schöne Bignonie mit rothen und gelben Blüten den ganzen Wald an einzelnen Stellen, wie z. B. am Abhange der Tabuleiros von Alagoas, weithin schimmern macht und ganz vorzügliches, schweres Nutzholz liefert, liegt der Bast in so feinen, papierartigen Schichten von leichter Spaltfähigkeit aufeinander, daß diese feinen Splintblätter statt des Papiers ganz wie die Deckblätter der Maisähre zum Anfertigen der Cigaritos oder Papiercigarren benutzt werden, welche von allen Altersstufen und beiden Geschlechtern geraucht werden. Ganze Packe dieses Papierbastes kommen des Morgens zur Stadt. Ich konnte die seltsame Bildung mir zuerst gar nicht erklären. Keineswegs kommt dieses Bastpapier von der Bertholletia excelsa, deren Rinde vielmehr ein eigenthümliches Werch zum Kalfatern liefert.

Und nun noch Nüsse, die dreieckigen Paránüsse, und die Pirarucu! Ganz wie die Carnesecca sich zum frischen Fleisch, verhält sich die Pirarucu zum frischen Fisch.

Unkenntlich und dennoch an Form, Substanz und penetrantem Geruch sehr erkenntlich kommt die Pirarucu, „der rothe Fisch", als eine Art länglichen Stockfisches allmorgendlich den Fluß hinunter, um das Volk der untern Klassen zu speisen. Assai und Pirarucu, die Palme am Strande und der Fisch im Wasser, beide Kinder des Stroms, sind am Pará Lebensbedingungen für die Bewohner des Ufers geworden, sodaß die Natur dieser Bewohner selbst eine halb vegetabilische, halb fischartige geworden ist. Was der Mensch ißt, das wird er zuletzt annäherungsweise selbst. Wer immer und lange Assai und Pirarucu gegessen hat, nimmt die Natur der Euterpe und jenes Fisches an; ein echter Sohn des Stroms wird aus ihm, ein mit Lungen athmender Wassermensch.

Mit dem Assai ging es mir wirklich so. Je mehr ich davon aß, desto anziehender ward mir das ungeheuere Wassergebiet am Aequator; und mit rechter Spannung packte ich das zur Fahrt auf dem Amazonenstrome Nöthige zusammen, um mich auf Wochen oder Monate am Strome und seiner Palmenwelt zu erfreuen.

Mit dem Schlage 12 Uhr mitternachts zwischen dem 17.

und 18. Juni sollte der Flußdampfer Marajó seinen Anker lichten. Meine lieben Freunde und Landsleute Tappenbeck und Brambeer kamen von ihrem Landhause zur Stadt, um mich an Bord zu bringen; wirklich, es haben sich sehr selten zwei Landsleute so freundlich und zuvorkommend um mich wie diese beiden bemüht. Selbst um Mitternacht mußten sie mir das Geleite geben.

Wir fuhren den breiten Strom abwärts, um in einströmender Flut den Dampfer zu erreichen. Hier fanden wir schon einige Passagiere und vor allem einen so zuvorkommenden Commandanten, wie man ihn kaum auf einem Packetschiffe erwarten konnte. Ohne weiteres ward ich, als ein vom Baron von Mauá speciell an sämmtliche Gerenten der Amazonenschiffahrt Empfohlener, in seine Kajüte einquartiert, während Herr Marcus Williams, ein ungemein thätiger und am ganzen Amazonenstrom vielfach bekannter Nordamerikaner, der mich ebenfalls an Bord begleitet hatte, sich auf dem Verdeck bemühte, mir noch eine Menge Briefe zu schreiben für die Bewohner der einzelnen Ortschaften am Flusse, und dem ersten Steuermann des Schiffs, einem Nordamerikaner, dringend befahl, sich „nützlich zu machen", — alles in der originellsten Weise; sodaß ein wahrhaft homerisches Lachen jedermann erschütterte und zur höchsten Stufe gehoben ward, als Mr. M. Williams in seinem Amtseifer über den wichtigsten Brief an den Generalvicar der Provinz und Director der Indianer in Manáos, den Conego Joaquim d'Azevedo, statt des Streusandes Tinte schüttete. Glücklicherweise unterbrach ein tüchtiger Regen die Mitternachtsscene, die Freunde kehrten an das Ufer zurück, und der Marajó lichtete die Anker, während ich mich herzlich müde in meine Koje legte und im Wachen und Schlafen von allen Erscheinungen, die am Amazonenstrom meiner harren möchten, träumte in der allerglückseligsten Weise.

Drittes Kapitel.

Der Amazonenstrom bis zur Mündung des Rio-Negro. — Ankunft in Manáos.

Als zur Zeit der Conquista ganz Europa in Spannung gehalten wurde, mit Staunen jede neue Nachricht vom fernen, neuentdeckten Festlande aufnahm und alles, was keine positive Nachricht war, mit Fabeln und Träumen ausschmückte, sodaß es eine Zeit gab, wo man von der Riesengröße der Weiber an einzelnen Zuflüssen des großen südamerikanischen Stroms vollkommen überzeugt war und ganz fest an das Dasein von geschwänzten Menschen im fernen Westen glaubte: damals erkannte man sehr genau die große Bedeutung des Amazonengebiets und wußte an sehr gut gewählten Stellen einzelne Niederlassungen zu gründen, bis die Vertreibung der Jesuiten und dann die Unabhängigkeitserklärung Brasiliens jegliche Kraftentwickelung am Flusse unterbrach und den kaum gepflanzten Keim der Cultur wieder zu ersticken drohte. Die ungeheuere Provinz von Pará, vom Atlantischen Ocean bis zur Grenze von Peru sich ausdehnend, bot nur in ihren östlichen Districten einige Bewegung dar, und auch diese Bewegung keineswegs immer zum Guten. Revolutionäre Bewegungen, unter denen ich nur jene der Cabaneiros nenne, erschütterten jene Gegenden, und eine Art von Colonisationsversuch mit deutschen Kräften, weit entfernt, einigen Nutzen zu stiften, scheiterte so vollkommen, daß auch er in der Geschichte der Colonisation Brasiliens einen schwarzen Flecken bildet, wie alles, was bisher von Rio nördlich mit Deutschen angefangen ist, vielleicht die Colonie Sta.=Izabel in Espirito=Santo ausgenommen.

Noch kein Decennium ist es, daß die Regierung den Entschluß faßte, dem fernen Westen des Amazonenstroms zu Hülfe zu kommen und den dortigen Theil der ungeheuern Provinz Pará zu einer selbständigen Provinz unter dem Namen Altas Amazonas zu erheben. Die kleine Stadt — damals kaum der Schimmer einer Stadt — an der Mündung des Rio=Negro, Manáos genannt nach den dort wohnenden Manáosindianern, bekannter unter dem Namen Barra do Rio=Negro, ward zur Hauptstadt erhoben und mit einem Präsidenten nebst vollständigem Verwaltungskörper versehen.

Das gab dem verwaisten Westen allerdings einigen Impuls. Kaum aber war dieser Impuls für etwas zu rechnen. Immer blieb noch die Provinz fernab liegen mitten in Wäldern und Flußnetzen, ohne nahen Zusammenhang mit der Metropole, ja mit Pará selbst. Fünf Monate gebrauchten sonst die Fahrzeuge, um von der Stadt Pará bis nach Manáos zu gelangen; die Gewalt des Stroms war nur mit Segeln zu überwinden; Ruder und Stangen wollten eben nicht viel helfen gegen die Masse des daherfließenden Süßwassermeeres. So war die Fahrt den Strom hinauf schwieriger als eine Reise nach Ostindien.

Da erkannte auch hier ein Mann von seltener mercantilischer Umsicht und muthigem Unternehmungsgeist bei der gediegensten Bildung, was dem Strome und seiner fernen

Westprovinz noth thäte. Ireneo Evangelista de Souza, Baron von Mauá, dem Brasilien in neuern Zeiten eigentlich allen materiellen Aufschwung verdankt, erkannte es, daß auch dort nur durch Dampfkraft Unmögliches möglich zu machen wäre. Er gründete die Companhia de navegação e commercio do Amazonas unter fast unübersteiglichen Hindernissen; und seit sechs Jahren durchfurchen Dampfschiffe das ungeheuere Amazonengebiet. Zweimal im Monat geht ein Dampfpacketboot von Pará nach Manáos, alle zwei Monate ein Dampfschiff von Manáos nach dem Grenzbetachement von Tabatinga, und ging sogar bis zur peruanischen Stadt Nauta, bis in neuern Zeiten bei der Unbeständigkeit der peruanischen Sachlagen letzterer Ort aufgegeben ward und die Fahrt bei Tabatinga endet, sodaß Manáos recht eigentlich die Mitte der ganzen Dampfschiffahrtslinie auf dem Amazonenstrom bildet.

Doch ist es ziemlich bestimmt, daß die peruanische Fahrt wieder aufgenommen wird; sie hängt zu genau mit der Entwickelung, ja mit dem Leben der peruanischen Districte östlich von den Cordilleren zusammen und rückt namentlich den höchst bemerkenswerthen Handelspunkt Moyabamba, an einem Nebenflusse des in den Amazonenstrom fallenden Rio-Huallaga gelegen, dem Welthandel viel näher. Denn die Verbindung von Moyabamba mit Trurillo auf dem Cordillerenwege ist unendlich beschwerlich, obgleich eine sogenannte Handelsstraße existirt, welche aus dem Thale des Amazonenstroms mit ziemlicher Sicherheit zum Stillen Ocean führt, wie ich denn viele Personen kennen gelernt habe, welche von Lima über Trurillo und Moyabamba nach Pará gegangen sind. Ich selbst hatte diesen Zug vor und würde ihn unbedingt ausgeführt haben, wenn nicht Zeitverluste am Mucuri und dann ernste Kriegsnachrichten aus Europa mich genöthigt hätten, an meinen europäischen Rückzug mit Aufgebung jener Reise zu denken, welche einige Monate hindurch mich als Lieblingsproject vielfach beschäftigte und in gespannter Aufmerksamkeit hielt.

In vollster Glorie erhob sich am 18. Juni die Sonne von Waterloo hinter den im Nebelduft des Morgens schwimmenden Mauritiawaldungen. Mitten auf der weiten Süßwasserbucht Bahia do Marajó befand sich unser Dampfer und eilte im Südwestcours an den fernen Wasserverzweigungen vorbei, welche die Mündungen des Tocantins in den Gran-Pará bilden. So gewaltig ausgedehnt sind diese Verzweigungen, so mannichfach die Inseln, so gleichmäßig deren Bildungen, daß nur ein sehr sachkundiger Lootse sich in diesen ausgedehnten Labyrinthen von Wasser, Inseln und Palmenwaldungen zurecht finden kann. Nachts werden die vom Parástrom dem Amazonenstrom zueilenden Schiffer von einem kleinen Leuchtfeuer geleitet, an einem Punkte, Goayabal genannt, auf dem linken Ufer des fließenden Wassers gelegen. Um 11 Uhr sahen wir die Laternenstange bei einem einsamen Waldhäuschen stehen und hatten damit die Bucht von Marajó zurückgelegt. Viele kleine Buchten und Inseln bezeichnen hier die Durchfahrt zum Amazonenstrom. Auf der Insel Marajó liegt die kleine Bucht do Tenorio und dient als Orientirung, um einen sichern, aber sehr schmalen Weg zwischen zwei Waldinseln hindurchzufinden. Dann gelangt man in westlichem Cours zu Süden zu den Inseln Paqueta und Conceição, wo die Wassergasse wieder eine bedeutende Ausdehnung gewinnt und von neuem das Ansehen eines Landsees an sich trägt.

Ruhig und ungestört war die Fahrt. Am Morgen hatten wir gleiche Temperatur des Wassers und der Luft gehabt, $28\frac{1}{2}°$ C. Am Nachmittag war es heißer, wir hatten $30°$ C. und später selbst $33°$ C., was für eine sogenannte Winterzeit immer noch recht warm ist und mich unwillkürlich an

Lages in der Provinz Sta.-Catharina erinnerte, wo ich vor einem Jahre den 18. Juni mit dem alten Waterlookrieger Trüter feierte. Dort deckte bis 11 Uhr der schneeweiße Morgenreif die Felder; ich konnte die Feder zum Schreiben nicht halten, und nur zu gern hockten wir, in Ponchos und Decken gehüllt, um das irdene Becken mit glühenden Kohlen. Solche Klimadifferenzen bei ganz gleichen Zeitdaten erinnern unwillkürlich an die ungeheuere Ausdehnung des brasilianischen Kaiserreichs, welches sich durch 37—38 Breitengrade hindurcherstreckt.

Eine eigenthümliche Laune hat die Palmenwelt am Pará und Amazonenstrom. Bald usurpirt sie allein den ganzen Boden, manchmal sogar eine einzige Species ganze Uferdistricte. Am Tocantins, wenige Meilen östlicher, als die südliche Durchfahrt unterhalb der Insel Marajó gelegen ist, war alles scheinbar ein Mauritienwald, vielfach durchsetzt von schlanken Euterpen. Und nun fand ich, wie häufig ich auch beide schöne Palmenformen entdeckte, einen wirklichen Laubwald vorherrschend auf einem schon festern und weniger vom geschwollenen Flusse überschwemmten Boden.

Eine reglose Windstille lag auf dem Walde und den Gewässern. Mit schlaffen Segeln lagen die Vigilingas und Gumbarras, originelle Amazonenfahrzeuge, am Ufer, um einen guten Wind abzuwarten, der ihnen gerade dort unterhalb der Insel Marajó tage- und wochenlang ausbleiben kann und selbst dann auch noch, wenn sich einiger Luftzug entwickelt, nicht stark genug ist, um die Strömung der Wasser, wie gelinde dieselbe auch südlich von Marajó ist, zu überwinden.

Manche Amazonenfahrzeuge sind wirkliche Seeschiffe, Jachten und Schoonerbriggs, die tief den Fluß hinaufgehen und über Pará das offene Meer gewinnen können. Bei frischem Winde machen diese Schiffe mit offenen Segeln, deren sie bis sieben tragen können, einen wundervollen Effect am grünen Walde. Sie haben als Seeschiffe gänzlich europäische Form und Behandlung.

Ganz anders die eigentlichen Canots oder Canúas, wie man das Wort am Amazonenstrome gern ausspricht. Man muß, wenn man in jenen Gegenden von einem Handelscanot redet, die Idee an einen ausgehöhlten Baumstamm ganz fallen lassen, wie wir das ja schon am S.-Francisco gesehen haben. Die großen Canots auf dem Amazonengebiet sind mächtige Ballastboote, die bis zu 4000 Arroben (Arrobe = 32 Pfd.) tragen können. Zwar sind sie bei sonst sehr groben, klotzigen Proportionen nach vorn und hinten schmaler zugeschnitten als in der Mitte, aber dennoch endigen sie vorn in einer platten, schrägen Fläche und tragen hinten, und zwar über dem Steuer hinweg hervorspringend einen großen Kasten, die Kajüte, das Wohnhaus des Kapitäns, der häufig ein Weißer, wenigstens kein Tapui ist, während die Besatzung meistens aus Indianern besteht, zu denen sich auch wol eine Indianerin als Auserkorene des Befehlshabers hinzugesellt und als Köchin für das ganze Personal.

Die Mächtigkeit des Stroms, die Klotzigkeit des Fahrzeugs, die braunen Chinesen des Westens auf ihm, — das alles erinnerte mich fortan jedesmal an den fernen Osten und das Flußgebiet des Yang-tse-kiang! „Parece, que estamos em Cantão", rief einmal einer meiner brasilianischen Reisegefährten ganz unbefangen aus, als wir an solchem Schiffe vorbeikamen, „es scheint, wir sind in Kanton!" Wirklich, wir waren in China! So gibt oft ein einziger Blick und Ausruf des unbefangenen, ohne alle Untersuchung verfahrenden Beschauers einen bedeutenden Wink für den sorgsamen Beobachter.

Gegen Sonnenuntergang ließen wir die kleine Insel Juttay links von uns liegen; auch sie trägt einen Laternenpfahl, ein

Leuchtfeuer. Hier beginnt schon das eigentliche Amazonen=
stromwasser, wie eng auch der zum Strom selbst hinführende
Kanal ist. Eine Menge schwimmender Mururimassen oder
Pontederien, die auf geringer Strömung dahertrieben, gaben
dem spiegelglatten Wasser ein hübsches Ansehen, zeigten aber
auch einen hohen Wasserstand des Amazonenstroms an. In
der That wußte ich schon in Pará, daß der Strom in seinem
diesmaligen periodischen Anschwellen eine Höhe erreicht hatte,
wie sich niemand derselben erinnern konnte. Ungeheuern
Schaden hatte dieser hohe Wasserstand angerichtet, namentlich
im Viehstande. Tausende von Rindern waren umgekommen,
und die am Ufer liegenden Wohnungen der Tapuis waren
leer und ragten selbst in traurigen Resten über dem Wasser
und aus dem Schlamme unter den Waldkronen hervor.

Mit großer Freude werde ich mich immer des ersten
Abends erinnern, den ich am Bord des Dampfers Marajó
zubrachte. Die Sonne war längst untergegangen. Auf dun=
kelm Wasser rauschten wir dahin; immer enger ward der Ka=
nal, auf dem wir fuhren; immer dichter, dunkler, unheim=
licher drangen die Waldungen an uns heran. Ueber ihren
schwarzen Umrissen strahlte das Zodiakallicht in Westnordwest
in mildem Glanze, weit überstrahlt vom Leuchten der Milch=
straße unterhalb des Scorpions. Der aufgehende Mond
machte allem Lichtstreit ein Ende. Im erregten Wasser
zitterte ein langer, glühender Streif hinter uns her. Die
unsichere Mondbeleuchtung machte die Formen des nahen
Waldes noch geheimnißvoller; gespenstisch huschten helle und
dunkle Umrisse an uns vorüber. Tiefer Friede lag auf dem
wundervollen Nocturno der Natur!

Gräßlich schrillte unser Dampfventil um Mitternacht
hinein in diesen Frieden. Wir kamen nach Breves, dem
ersten Anhaltepunkt der Fahrt, von Pará 131 englische Mei=
len entfernt.

Breves ist ein Kirchflecken mit etwa 600 Seelen. Einzelne Häuser sahen bei Mondscheinbeleuchtung unter Palmen ganz gut aus. Am Ufer tummelten sich die Leute, denn die Ankunft des Packetboots von Pará ist die große Thatsache des Tags und selbst der sichere Weckruf bei Nacht. Alles schien auf den Beinen zu sein, und eine Reihe von Besuchern kam an Bord. Unter andern kamen auch zwei Frauen gemischter Rasse, denen man erlaubte, die Kajüten zu sehen, wie wenig auch an den kleinen, einfachen Räumen zu sehen war. Die beiden Frauen hatten nie etwas so Großartiges gesehen; sie waren ganz stumm vor Erstaunen. Mir fielen jene Andalusierinnen ein, die uns am Bord der Novara besuchten, als wir vor Fuengirola ankerten vor unserm Auslaufen aus dem Mittelländischen Meere.

Nachdem unser Marajó Holz zum Heizen eingenommen hatte, gingen wir weiter. In dunkler Nacht — wenigstens erschien sie so im schmalen Kanal — passirten wir die Enge von Aturiá, die so schmal ist, daß sich unser Dampfboot nicht wohl hätte in derselben umwenden können. Doch konnten wir im tiefen Dunkel der Nacht und des Waldes das Raumverhältniß nicht genau übersehen.

Der Morgen des 19. Juni fand uns im Kanal von Tajapuru in nordwestlicher Richtung; der Kanal bildet einen stillen, fast stromlosen Fluß. Hier wucherten wieder mehr Mauritien und Euterpen, und die Friedlichkeit des Elements begünstigte eine hübsche Wasserflora. Weithin erstreckten sich oft die Schichten der Pontederien (Mururi). Unter den Tausenden der astlosen, aber einen Stamm bildenden Aroidee Anhinga blühten viele Exemplare ganz nach Art unserer Zimmerpflanze Calla, mit weißer Spatha und gelbem Spadix, mit rother Färbung in der Tiefe der Blume. Wenige Blätter bilden den Schopf auf dem kleinen Stamme dieser eigenthümlichen Aroidee. Hinter ihr erhebt sich an vielen Stellen feingefiedertes Akaziengebüsch mit zarten Blüten, roth und weiß gefärbt die feinen Staubfäden, — oft überwuchert von rankenden, hellrothen Bignonien, deren Blütenpracht, wo sie sich einmal zeigt, alles überstrahlt, was immer nur im Walde Blüten treiben kann.

Als die schönste Pracht aber erschien mir hier die Bussupalme. Kaum einen kurzen Stamm bildet der ungeheuere Blattwedel. Sie ist die Manicaria saccifera. Nie sah ich größere Palmblattflächen. Bis 30 Fuß Länge ragten sie fast ganz gerade hinaus, mit dem Ausdruck großer Derbheit und Consistenz. Zwar sind sie gefiedert, doch erst in ihrer spätern Lebensperiode, sodaß jüngere Blätter eine große zusammenhängende Fläche bilden. Aller Ausdruck von Kraft und Mächtigkeit liegt in dieser ungetheilten Blattart. Zudem ist sie außerordentlich dauerhaft und bildet deswegen eine vorzügliche Dachbedeckung. Alle Dächer der Tapuiwohnungen waren mit Bussublättern bedeckt am untern Amazonenstrom. Ja ein einziges Blatt, richtig zugeschnitten, bildet eine vollkommene Thür vor der einfachen Indianerwohnung. Während ein Dach von Blättern der Euterpe oleracea und den Geonomen eben drei bis vier Jahre dauert, hält ein gutes Bussubach an 20 Jahre. Ebenso gern setzt man die mächtigen Blätter auch außen gegen die hinfälligen Lehmwände der Wohnung, damit sie den anschlagenden Regen auffangen. So scheint manche Tapuiwohnung nur aus getrockneten Bussublättern zu bestehen; und in der That müßte es sehr leicht sein, ein hübsches, ziemlich starkes Häuschen nur aus diesen schönen Palmblättern zu bauen, deren gezähnter Rand die Pflanzenpracht noch höher steigert.

Noch origineller als ihre Bussudächer erschienen mir aber die Bewohner derselben, meistens Tapuis, rein oder vermischt. In der Hängematte des offenen Hauses liegt, sich gelinde schaukelnd, der Mann. Auf dem Boden sitzt, meistens das

Kinn aufgelegt auf das heraufgezogene Knie, seine Frau; mindestens ein halbes Dutzend nackter Kinder steht dabei; — alle gaffen indifferent und nichtsthuend das vorbeirauschende Schiff an. Vor der Thür liegt halb im Schlamme ein kleines Canot mit seinen Tellerrudern; ein Hund und ein Papagai bilden die aggregirten Hausgenossen. Wenn sich einmal jemand bis zu einer Arbeit potenzirt, so ist es die Frau; der Mann thut nicht leicht etwas; die Arbeit ist unter seiner Würde und schickt sich nur für Weiber.

Ein höchst eigenthümliches Beispiel solcher Frauenthätigkeit sahen wir selbst. Am Kanal von Tajapuru lebt eine sehr bekannte Frau von halbindianischer Abkunft und mit einem etwas dunklern Manne verheirathet. Diese Frau macht, allein im Canot fahrend, bedeutende Handelsgeschäfte mit Waaren, die sie von Pará bezieht. Allein rudert sie durch alle die kleinen Igarapés oder Wasserwege, um ihre Waaren zu verkaufen oder zu vertauschen, und soll sich so ein Vermögen verdient haben. Zu aller Sicherheit hat sie immer eine geladene Büchse und ein großes Messer bei sich; beide liegen neben ihr in der Hängematte, wenn sie schläft. Wir sahen sie mit ihrem ganzen Hausstande vor der Thür stehen, ein ungemein rüstiges, gut aussehendes Weib, welches herzlich lachte, als alle sie mit lautem Zuruf begrüßten; denn es fährt kaum jemand von Pará nach Manáos, der nicht die berühmte Amazone Donna Maria am Kanal von Tajapuru kennte und großen Respect vor der kühnen Erscheinung hätte.

Der Kanal von Tajapuru theilt sich in mehrere Arme, deren einen, den Kanal von Limão, wir einschlugen. Gegen 2 Uhr nachmittags trafen wir an seinem letzten Ende gerade in der Mitte eine kleine Waldinsel, Itucuara, welche wie ein Waldblock aus dem Wasserspiegel herausragt.

Hier ist die Boca de Itucuara, die Einfahrt in den

eigentlichen Amazonenstrom, dessen volle Breite wegen vieler Inseln nicht übersehen werden kann. Vielleicht heißt die Stelle richtiger Itacoara nach der Etymologie des Waldes.

Grau und in großen, mächtigen Wirbeln rollte der ungeheuere Strom, in den wir nun einliefen, zwischen seinen Waldufern dahin, das volle Bild von gewaltiger Kraft und nie versiegender Fülle gebend. Den Strom hinunter und hinauf schien die graue Flut, ähnlich dem Meereshorizont, an den Himmel anzugrenzen. Ein frischer Wind strich darüber hin; fast im Nu sank mein Thermometer von 32° C. auf 29°; es war mir dieselbe Empfindung, als ob ich aus einem engen Hafen rasch in das offene Meer ginge; und nur das schien mir der wesentliche Unterschied zu sein zwischen dem offenen Meer und dem Strom, daß auf letzterm das Dampfboot nicht auf- und abwogt, sondern nur hin- und herbewegt und aus seinem Cours gebracht wird von großen, mächtigen Wasserwirbeln.

Das ist besonders an einzelnen Ecken und Vorsprüngen der Fall. Dicht am Ufer, in der nächsten Nähe des Waldes ist die Strömung immer viel geringer als in der Mitte, weswegen die den Fluß hinaufgehenden Schiffe immer am Rande zu bleiben suchen. Hinter einzelnen Vorsprüngen und in kleinen Buchten ist sogar oft nicht die geringste Strömung, oder selbst am Ufer eine ganz kleine Gegenströmung, ein Ruhen des Wassers, ein Remanso. Kommt man aus solchem Remanso heraus, biegt man um die nächste Waldecke, so empfindet man selbst auf dem Dampfboote die volle Stärke des flutenden Süßwassermeeres. Das Dampfboot legt sich auf die der Strömung zugewandte Seite und wird schnell abwärts gerissen, bis es in gleichmäßig laufendem Wasser wieder seinen Cours aufnehmen kann. So stark ist die Bewegung, daß sie mich manchmal nachts vom Schlaf aufweckte und ich selbst im Bette die schiefe Lage des fortgerissenen Dampfboots empfindlich bemerkte.

Die Temperatur des Amazonenstroms war an dem Tage ganz dieselbe, die ich in der Bahia do Marajó gefunden hatte, etwas über 28° C., wie ich denn bis nach Manáos hinauf eine ungemeine Beständigkeit der Wassertemperatur und auffallende Wärmegleichheit zwischen Luft und Wasser beobachtet habe.

Desto verschiedener zeigte sich der Wald, in dessen nächster Nähe wir hinfahren konnten. Während der Fluß bei niedrigem Wasserstande unter einem hohem Waldufer hinläuft, war er dieses Jahr um 40 Fuß gestiegen und war in allgemeinem Ueberfluten tief in den Wald hineingedrungen, sobaß der nächste Waldrand schiffbar war und genau betrachtet werden konnte.

Vor allem schien mir das Colorit des Waldes höchst bemerkenswerth. Wirklich von allen Farben fand ich Laubschichten, grauweiß, grüngelb, roth, dunkelgrün und tiefbraun; oft glaubte ich ganze Blütenmassen zu erkennen aus der Ferne; kamen wir aber näher, so stellte sich der Irrthum heraus; aus den weißen Blüten wurden umgewandte Cecropienblätter, aus rothen Blumenschichten ward junges Laub an den Zweigspitzen einzelner Myrtaceen, wenn auch oft genug trotz der ruhenden Jahreszeit sich ein wundervoller Blütenflor herausstellte.

Was aber am meisten auffällt und ganz besonders diejenigen enttäuschen möchte, die durchweg im brasilianischen Urwalde nur kolossale Dimensionen von Stämmen suchen wollen, ist eben die ungemeine Schlankheit sämmtlicher Waldbäume. Nicht die Palmen allein, auch die Laubbäume streben fast durchweg nach der wundervollsten Schlankheit, soweit man vom Ufer in den Wald hineinsehen kann; in solchem Maße streben sie danach, daß man nur zu oft einen schlanken

Schaft in der vollen Ueberzeugung, er gehöre einer Palme
an, mit den Augen mißt, während er an seiner Spitze kaum
etwas mehr als einige kleine Zweige und wenige Blätter
trägt. So gestehe ich denn, daß ich anderswo in Waldun=
gen, z. B. in Sta.=Catharina, viel dickere Stämme gesehen
habe als auf der ganzen Fahrt von Pará nach Manáos,
250 geographische Meilen, und daß ich mich viel mehr an der
schlanken Form der Bäume gefreut, als über deren kolossale
Dimensionen, soweit ich sie vom Schiffe aus übersehen konnte,
gestaunt habe. Gern gestehe ich dabei ein, daß von einem
Schiffe aus und beim Reisen durch weite Räume gar manche
Dimensionen viel kleiner erscheinen, als sie wirklich sind.

Versuchen wir es nun, gleich von vornherein die Baum=
formen hervorzuheben, die sich am meisten, ja fast in ununter=
brochener Reihenfolge wiederholen am untern Amazonenstrom,
so nehmen an Zahl der Individuen, an Mächtigkeit der
Formen und Eigenthümlichkeit der ganzen Erscheinung den
ersten Platz die Bombaceen ein.

Sumaumeiras (Eriodendron Sumauma) nennt man die
oft gewaltig großen Bäume, die periodisch ganz blattlos oder
nur mit geringer Belaubung bedeckt, längs des ganzen Ufers
zu sehen sind. Ein vollkommen glatter Stamm mit sparri=
gen, weiten Aesten und durchsichtiger Krone, die Endspitzen
reichlich versehen mit Knospen, einigen weißen Blüten und
besonders jenen rothen, weithin schimmernden, ovalen Kapseln
mit stehen bleibendem Pistill, aus denen, wenn sie aufsprin=
gen, eine weiße, leichte Wolle hervorfliegt, das sind Eigen=
schaften, woran diese gewaltigen Bombaceen leicht und auf
den ersten Blick zu erkennen sind. Ihr Holz ist meistens
locker und sehr leicht, wie das den Bombaceen allgemein
eigen ist. Wo sie neben andern Waldbäumen isolirt stehen,
ragen sie meistens über dieselben hinaus. Oft aber bilden
sie den Wald in ziemlichen Strecken ganz allein und geben

ihm dann den vollen Ausdruck eines verdorrten oder von Raupen zerfressenen Waldes, in welchem nur noch die einzelnen purpurfarbigen, herabhängenden Früchte von Leben reden.

So sahen wir gleich am ersten Tage unserer Fahrt auf dem Amazonenstrome die Sumaumeiras am überschwemmten Ufer aus dem Wasser herausragen, zahlreich umgeben von der Munguba (Bombax Munguba), der Rivalin des ebengenannten Eriodendron, und in den meisten Beziehungen ihm sehr ähnlich. In großen Mengen sahen wir die rothen und weißen Wollflocken beider Bäume über den Strom dahinfliegen.

Viel kleiner als jene mächtigen Rivalen, mit viel wenigern und sparrigen Aesten versehen, an deren Enden einige langgestielte und tiefgetheilte Blätter sich finden, wuchert in noch größerer Menge als Bombaceen die Schar der Cecropien am Waldrande umher. Ich habe schon oft von diesen eigenthümlichen Bäumen geredet, deren hohle Stämme an jeder Blattnarbe eine Scheidewand haben und gern den Ameisen, besonders aber auch dem Faulthiere zum Aufenthalt dienen. Sie nehmen oft den ganzen Wald, den ganzen Wiesengrund, die ganze Insel ein; ja sie scheinen eine gewisse uferbildende Eigenschaft zu haben. Eine Cecropia wird immer der letzte Baum sein, der auf morastigem Boden noch standhält, er wird immer der erste sein, der auf einem eben angeschwemmten Lande Wurzel faßt und ihn durch die Menge der Cecropien in einen festen Boden umwandelt. Solch eine Cecropieninsel, solch ein Cepropienwald sieht dann ebenso sauber und ordentlich aus wie eine Anpflanzung und sticht scharf ab vom regellosern Walde.

Fast gleich an Dicke, ganz gleich an Höhe, aber weit schöner an dichter, dunkelgrüner Belaubung als die genannten Bombaceen hebt sich, zumal gegen den Rio-Negro hin, der

Muritingabaum aus dem Walde empor. Ich konnte in flüchtiger Fahrt seine Wesenheit nicht genau erkennen, aber nach seinem Habitus und seiner milchgebenden Eigenschaft gehört er vielleicht den wilden Feigenbäumen an. Irgendeine Anwendung hat sein Holz nicht. Doch soll das Einreiben seiner Milch in die schmerzhaften Gegenden, beim Rheumatismus wundervolle Wirkung haben. Seine botanische Stellung blieb mir fremd.

Diesen Waldbäumen gesellt sich nun hinzu Spondias, die mächtige Bertholletia, Amyrideen, wunderhübsche Mimosen, Laurineen, die schattige, ölgebende Andirobe, die zu den Meliaceen gehört, und noch hundert andere Formen, die man vom Bord eines Dampfschiffs nicht entziffern kann, wenn ich auch damit die Form und Gestaltung des Urwaldes, längs dessen unser Marajó hinfuhr, bezeichnet haben möchte.

Und doch habe ich am Waldrande noch eine eigene Baumart vergessen, ich meine das Treibholz.

Der geschwollene, graue Riesenstrom reißt überall Uferstücke, Bäume und Gebüsche los. Vom treibenden Mururi redete ich schon. Auch das Ufergras Cannarana und das scharfschneidende Cannamexique wird in großen Fetzen losgerissen und treibt wie eine grüne Insel den Fluß hinab. Häufig ist es selbst von einem vorübertreibenden Baumstamm fortgerissen worden und bildet eine grünende Einfassung um den ertrunkenen Waldriesen, auf welchem sich dann wol einzelne Wasservögel ausruhen.

Gewöhnlich aber treiben die blatt- und fast astlosen Stämme ganz allein. Mitten im Strome machen sie, auf- und abtauchend, einen eigenthümlichen Eindruck; man möchte sie für ein verunglücktes Schiff, für ein Flußungeheuer halten. Kommt ein solcher Stamm auf eine Untiefe, so strandet er und bildet die entstehende Sandbank noch mehr aus. Zu mancher schönen Insel des Amazonenstroms hat gewiß ein

Baumstamm den ersten Grund gelegt, auf welchem dann die Cecropien den zweiten Grund bildeten.

Indeß werden wol die meisten Stämme irgendwo an das Ufer getrieben und formiren dort seltsame Einfassungen. Ein einziger Baum bildet oft einen kleinen Kai oder doch eine feste, natürliche Landungsbrücke. Der nordische Reisende gedenkt unwillkürlich des Winters in der fernen Heimat und jammert über den ungeheuern Verlust des schönen Holzes. Die meisten Stämme sind schönes Nutzholz, besonders Laurineen und Amyrideen. Man fängt auch schon an, zahlreiche Stämme aus dem Wasser zu ziehen und in Breter zu schneiden.

So zogen wir am 20. Juni unsern breiten Wasserweg weiter. Schon um 7 Uhr fuhren wir, nachdem wir in dunkler Nacht vor dem Orte Gurupa auf dem rechten Ufer des Flusses die Post abgegeben und etwas Holz eingenommen hatten, an der Mündung des Xingu vorbei, die uns jedoch ziemlich unkenntlich in der Ferne liegen blieb und selbst hinter Inselgruppen versteckt war.

Der Xingu ist ein stattlicher Nebenfluß des Amazonenstroms auf dem rechten Ufer desselben. Er entspringt etwa auf 15° südl. Br. und fließt, wenn auch in viel bedeutendern Krümmungen als der Tocantins, dennoch ziemlich parallel mit demselben. Er mag etwa 50 Meilen schiffbar sein. An seiner Mündung liegt der kleine Ort Porto de Móz. Ehemals legte das Dampfboot auch hier an. Da der Ort aber sehr unbedeutend ist, so werden die Post und sonstige Sendungen für Porto de Móz in Gurupa abgegeben, wohin sich auch Passagiere begeben müssen, die vom Xingu aus nach Pará mit dem Dampfschiffe gehen wollen. Weiter hinauf bildet Pombal einen andern kleinen Ort; noch ferner liegt Souzel, ein Missionspunkt. Wenige Meilen von dort ist denn die erste Cachoeira, die einen lebhaften Handel den

Fluß noch weiter hinauf sehr erschwert. Eine geistvolle und genaue Beschreibung des Xingu verdanken wir der mühevollen Wanderung eines deutschen Fürstensohnes durch die Waldungen jenes Stroms.

Wir fuhren hier längs eines Parana, eines Seitenarms vom Amazonenstrom; denn weiter bedeutet das Wort Parana nichts. Das Wasser hatte in der Frühe 28° C. Temperatur, die Luft 26° C.; gerade so war das Verhältniß am Tage vorher auch gewesen.

Die grünen Ufer begannen nun auch einiges Thierleben zu entwickeln. Kleine hellgraue Schwalben flatterten hin und her; schneeweiße Reiher zogen wie Tagesmeteore am grünen Walde dahin, und Alcedonen, namentlich der große Aciramba, trieben ihr Fischerhandwerk. Im Walde selbst kamen auch einzelne Geonomen und Strelitzien nebst Alpiniengebüsch zum Vorschein; immermehr Einzelformen ließen sich erkennen im Waldchaos, bis wir aus dem Parana hinauskamen und wieder den vollen, breiten Strom überblickten.

Gerade nordwestlich von der Mündung des Xingu ist eine der imposantesten Stellen auf dem untern Amazonenstrom. Bei der gewaltigen Breite, womit das graue Wasser rastlos nach Osten zieht, erblickt man in beiden Richtungen seines Laufs, nach oben und unten kein Land. Man glaubt durch eine Meerenge süßen Wassers von einem Süßwassermeer in das andere zu segeln. Und wenn das Wort Maranhão, womit man wenigstens das obere Drittheil des Flusses und oft fälschlich den ganzen Fluß bezeichnet hat, von der Frage: Mare, an non? (ist's ein Meer, ist es keins?) hergekommen sein soll, so ist der Ursprung des Wortes ein urwüchsiger; denn nur ein Meer, ein Süßwassermeer konnte solche Flut den Ankommenden entgegenrollen, nur ein Meer konnte dem im Jahre 1540 zuerst von Peru aus den Strom hinabfahrenden Orellana solche Horizonte zeigen.

Die Gegend, wo sich diese Gewalt des Stroms herausstellt, heißt auch deswegen die Costa, die Küste von Guaricuara. Ein kleiner Seitenarm, ein Igarapé vom Xingu her fällt hier in den Amazonenstrom; später kommt ein selbständiger Fluß, der Guajará, von derselben Seite aus dem Walde hervor.

Eine wundervolle, landschaftliche Anmuth gewinnt dann der Riesenstrom. Gegen Norden hin und später im Osten, hell von der tiefer gehenden Sonne bestrahlt, erstreckte sich in vier bis fünf Tabuleiros die Serra von Almeirim hin, lustig heraustragend aus dämmerndem Waldesdunkel. Im fernen Westen schwammen in goldgelber Abendbeleuchtung die Höhen von Parú. Einzelne Araras schrien im Walde; eine Heerde von Falken zog still nach Hause; aus dem Walde selbst trug der Abendhauch starke Vanillenduftе zu uns herüber. In reinern Formen, glühendern Farben, lieblicherm Schweigen und Duften hatte ich selten einen Tag scheiden gesehen.

Wenige Stunden darauf aber umraste uns ein Gewitter von großer Heftigkeit. Die Blitze trafen den Wald unter Kanonendonner, und der Regen peitschte den Strom. Im tiefen Dunkel war kein Weg zu finden, und der Marajó ging einige Stunden mit halber Kraft, sodaß wir kaum einige Fahrt machten. Es war eine wildbewegte Nacht.

Doch war am 21. Juni der unter Gewitterwolken hereinbrechende Morgen ruhig und nur etwas regnicht. Ich maß 28° C. Wassertemperatur und 26° C. Luftwärme. Im Walde tauchten neue Palmenformen auf, deren Namen meinen Begleitern geläufig genug waren.

Als Vorposten tritt hier die Javaripalme auf (auch Ayri genannt), dieselbe oder doch ganz ähnliche Palme, die ich am Mucuri unter dem Namen Freirauba oder Breirauba kennen lernte, ein Astrocaryum, furchtbar geharnischt wie kaum ein anderes, weswegen ein tüchtiger Botaniker es als Toxophoenix aculeatissima hingestellt hat; denn in der That dient es zum Verfertigen von Bogen, zumal bei den rohesten Indianerstämmen, und ist mit Stacheln so übersäet, daß der Stamm ganz schwarz erscheint. Kaum weniger stachelig, aber weniger gedrungen ist die Marajápalme, die mir ebenfalls wie ein Astrocaryum erscheint, von der ich aber außer ihrem Namen nichts weiter erfahren konnte.

Um 11 Uhr kamen wir nach Prainha, dem ersten Ort am Amazonenstrom, den ich am Tage zu sehen bekam, 374 englische Meilen von Pará und 123 von Gurupa, welches letztere 120 englische Meilen von Breves entfernt ist.

Prainha ist eine erst kürzlich entstandene Anlage. Sonst lag hier (und liegt noch) weiter in das Land hinein eine Kapelle mit einigen Häusern, Nossa Senhora do Oiteiro genannt. Eine kleine Wasserverbindung, eine Igarapé führte dorthin; denn Oiteiro hatte einigen kleinen Handel.

Seitdem aber die Dampfboote fahren und in jener Gegend, um Holz einzunehmen, einen Stationspunkt gemacht haben, hat sich das Völkchen von Oiteiro oder Oteiro (Waldhügel) an die Praia, das Ufer, gezogen und den Ort Prainha geschaffen.

Eine kleine Lichtung am Walde, eine aufsteigende Häuserreihe, an deren oberm Ende sich eine sehr ärmliche Lehmkapelle mit einem Ziegeldache befindet, nebst einem Kreuz davor, und hinter dieser Häuserreihe eine Menge Lehmranchos mit Palmblättern bedeckt, das Ganze einige Fuß hoch auf festem, trockenem Boden gelegen und von wenigen ganz weißen, aber ziemlich vielen farbigen, friedlichen Leuten bewohnt, — das ist ungefähr Prainha, ein kleines, kummervolles Nest.

Zwischen einigen großen Treibholzstämmen lagen wenige kleine Schiffe und Canots, als Beweis einiger Handelsbewegung. Ein großes Canot kam mit Holz zum Marajó herangefahren, und eine Kette von braunen Tapuis ließ, ohne sich eben zu beeilen, die Stücke von der Holzdschonke in unser Dampfboot gleiten, während wir Passagiere uns den Ort näher anschauten.

Was am meisten meine Aufmerksamkeit am Lande anzog, war die Unzahl von Urubus, schwarzen Geiern mit dunkelgrauen Halskarunkeln. Das Viehschlachten in den Ortschaften am Amazonenstrom, der Abfall von Schildkröten, die in Menge gegessen werden, die Fischreste, die vom Salzen der Pirarucu übrig bleiben, und aller andere mögliche Abfall lockt die Thiere in Menge herbei. Und da man ihr Kommen gern sieht und sie förmlich anzulocken sucht, so sind sie so zahm und dreist geworden, daß man sie auf allen Häusern, vor allen Thüren, mit Hühnern und Schweinen herumlaufen sieht, ganz wie gezähmte Hausthiere. Allerdings sind sie für die Reinhaltung und öffentliche Gesundheit von unendlichem Nutzen.

Viel bösartiger erschien mir mit Recht eine junge gefleckte Unze, die neben einem Hause in einem Holzkäfig saß. Das Thier zeigte eine furchtbare Scheu und Wuth und zischte laut, wenn man ihm nahe kam, ganz wie eine böse Hauskatze, die nicht entweichen kann. Uebrigens ist auch hier am Amazonenstrom die Unze mehr verfolgt als gefürchtet. Die dunkelroſtfarbene, oft wirklich schwarze Unze, von der ich ein Fell bei Maceio und am Mucuri sah, macht schon mehr Furcht. Auch die Suſſurana, welche mir nach der Beschreibung der Leute der Puma, ein kleiner, mähnenloser Löwe zu sein scheint, feindet den kleinen Viehstand der Leute an, sowie die Hühner vielfach von der großen, gefleckten Waldkatze verfolgt werden.

Prainha lebt vom Fang und Salzen der Pirarucu, vom Faulenzen und einem kleinen Handel mit gemalten Calebaſſen, diesen schon so vielfach beschriebenen Schalen von der Frucht der Crescentia cujete. Man bekommt die angemalten Chinesenschalen — denn gerade in chinesischem Geschmacke sind sie gemacht — in Prainha sehr billig. Sie würden in Europa als echte Naturproducte des Amazonenstroms und Kunsterzeugnisse der Tapuis gewiß ihr Glück machen.

Zum Jubel der guten Leute von Prainha kaufte unser Commandant einen jungen Ochsen am Lande. Er mußte an Bord schwimmen, geschleppt von unserm Schiffsboot. Es hielt schon ziemlich schwer, das Vieh so tief in das Wasser zu bringen, daß es schwamm und weniger Widerstand bot. Nun aber kam ihm die Strömung zu Hülfe; Menschen, Ochs und Boot geriethen etwas ab vom Wege, und es fehlte wenig, so wäre mindestens der Ochs ertrunken, ein schmerzhafter Verlust für uns; denn außer ihm war nur noch ein großes Kalb in sehr geschwächten Gesundheitszuständen zu verkaufen. Wir selbst aber hatten kein frisches Fleisch mehr am Bord.

Nachdem nun so Holz und Ochs eingeschifft, schifften wir uns selbst wieder ein, und der Dampfer ging weiter.

Eine kräftige Strömung packte ihn gleich beim Auslaufen; der Strom war aufgeregt in vielen Wirbeln und schäumte stark. Mehrere große Baumstämme drehten sich nebeneinander hin und her; und um das Bild der Scylla im Amazonenstrom zu vollenden, wälzte sich ein Delphin lustig im bewegten Wasser auf und ab, fast hundert deutsche Meilen fern vom Meere, seiner eigentlichen Heimat. Unser Marajó gewann aber gleich seine Fassung wieder, ging tiefer in den Strom hinein und verfolgte seine Bahn nach Westsüdwest.

Je kräftiger der Strom lief, desto mehr schienen sich Vögel an ihm aufzuhalten. Einzelne Schwärme von wilden Enten flogen auf; die Zahl der weißen Reiher nahm zu; auch sahen wir die viel größere silbergraue Art (Maguary genannt) mit dunkeln Flügeln und schwarzer Haube und Zopf. Einmal erblickte ich einen Plotus Anhinga, — alles

Vögel, die ich von Rio-Grande an bis zum Amazonenstrom erblickte.

Aus einer großen, grünen Insel von treibender Cannarana schwang sich mit ebenso viel Hast wie Gewalt ein prächtiger Falke auf; ich konnte ihm mit meinem Fernrohr eine Strecke folgen; fast hätte ich ihn für einen Adler halten mögen, so stattlich sah er aus; ja er machte mir zuerst den Eindruck der großen Harpyia, wie ich sie in Rio gefangen sah.

Gegen Abend sahen wir die Höhe von Montalegre aus dem Wasserhorizont des Westens auftauchen, während hinter uns gleich fern die Serra von Parú den Uferwald überragte. Eine vortreffliche Sonnenuntergangsgruppe aber bildeten drei Tukane mit purpurrothen Schnäbeln und blendenden Brustfarben, hoch oben auf einem dürren Aste sitzend. Ich hatte bis dahin noch keinen rothschnäbeligen Tukan bemerkt, wie außerordentlich mannichfaltig auch sonst die Färbung der Thiere sein mag, sodaß ich viele von ihnen für Spielarten halte. Sonst würde es gar viele Tukanarten geben.

Von nun an mischten sich auch große Araras und Araraunen in unsere Amazonenerscheinungen. Herrlich, ja wirklich prachtvoll sah es aus, wenn einzelne Araras auf den hohen Zweigen der Sumaumeiras umherkletterten mit Hülfe von Füßen, Schnabel, Flügeln und Schwanz, gerade wie sie es am Mucuri im Gipfel der mächtigen Barrigudas auch getrieben hatten. Bald aber verkündete ihr Geschrei, daß sie uns gesehen hatten; mit lautem Gekrächze flogen sie dann, paarweise dicht aneinander gedrängt, von dannen, um nur noch schöner den glänzenden Federschmuck zu zeigen. Förmliche Glutfunken schienen sie zu sprühen.

Auch der Ararauna macht eine schöne Farbenwirkung beim Fliegen. Noch schüchterner als die rothen Araras mit blauem Flügelstreif, fliegen diese Thiere mit rascherm Flügelschlag davon als die andern, wodurch die blaue Farbe oben auf dem Thiere mit der gelben unten seltsam zusammenfließt zu einem eigenen Schillern. So sah ich sie besonders gern im Abendroth fliegen hoch über unsern Köpfen, und immer von neuem wieder entzückte mich ihr Farbenspiel.

Beim Sonnenaufgang des 22. Juni befanden wir uns auf der linken Seite des Flusses im Cours von Südwest zu West. Fern auf dem rechten Ufer zeigte sich hinter flachem Walde eine höher gelegene Gegend; dann erblickten wir am Wasser selbst ein recht hübsches, weißes Haus mit einer ausgedehnten Cacaopflanzung, welche auf einen mehr cultivirten Bewohner und die Nähe eines Ortes schließen ließ. Die Temperatur der Luft war am Morgen 26° C., im Wasser 27° C.

Nachdem wir um 10 Uhr an zwei kleinen Flußmündungen auf dem linken Ufer des Stroms, Taperamirim und Taperaaçu vorbeigedampft waren, erkannten wir an der entgegengesetzten Seite die ersten Häuser der Stadt Santarem. In schräger Richtung setzten wir über den grauen Strom, der nach dem jenseitigen Ufer hinwärts plötzlich scharf abgeschnitten schwarz erschien. Beide Wasserschichten liefen ganz unvermischt nebeneinander hin, jede ihre Userseite behauptend, ein höchst auffallendes Phänomen.

Das ist das sogenannte „schwarze Wasser" des mächtigen Tapajoz, an dessen rechtem Ufer Santarem liegt.

Der Tapajoz ist der zweite große Fluß, der vom Süden her dem Amazonenstrom zueilt. Auch er entspringt recht eigentlich im Herzen von Brasilien; seine fernsten Quellen mögen sich fast unter 15° südl. Br. finden. Von seiner Mündung aufwärts ist er, ziemlich parallel mit dem Xingu und Tocantins laufend, etwa 60 Meilen bis zum Orte Taituba schiffbar. Dann unterbrechen Stromschnellen und Wasserfälle seine Beschiffung mit Fahrzeugen von einiger Größe. Eigenthümlich ist es, daß alle drei Flüsse, Tocantins

mit Araguaya, Xingu und Tapajoz aus gleichgeformter
und gleichbeschaffener Gegend und fast von gleichem Brei=
tengrade herkommen, außerordentlich gleichmäßig neben=
einander verlaufen, ziemlich auf gleicher Breite ihre unterste
Cachoeira bilden und in fast gleicher Aequatorialnähe in den
Amazonenstrom, resp. Gran=Pará ausmünden, bei welcher
Vergleichung natürlich kein genau mathematischer Maßstab
anzulegen ist. Drei nach Süden eilende Flüsse, Paraguay,
Parana und Uruguay, letzterer freilich in verzogener Form,
bieten fast etwas Aehnliches dar.

Ehe man vom linken Amazonenufer sich völlig entfernt,
hat man gerade vor der Mündung des Tapajoz einen groß=
artigen Anblick. Die Gewässer des von Nordwest nach Südost
laufenden großen Stroms und die Fläche seines Nebenflusses,
wenn man gerade in dieselbe hineinblickt, sind nämlich un=
absehbar; man sieht nach drei Richtungen hin den
Horizont auf dem Wasser liegen. Mare, an non? möchte
wol ein jeder bei solchem Anblick ausrufen! Das Fest=
land scheint wirklich eine Inselgruppe in einem Meere zu
sein.

Silberklar und vollkommen rein ist das Wasser des Ta=
pajoz, zumal neben dem trüben, grauen Wasser des Ama=
zonenstroms. Die Tiefe aber macht es schwarz erscheinen.
Als solch schwarzes Wasser drängt es sich über seine Mün=
dung hinaus, welche links von einer kleinen Insel, rechts
auf der Seite von Santarem von einem Hügel bezeichnet
wird, und fließt dann neben dem Amazonenstrom in dessen
Bette fort, ein Phänomen, was, wie ich schon sagte, unge=
mein auffallend aussieht.

Und doch sieht Santarem am rechten Ufer des Tapajoz
noch auffallender, noch hübscher aus; es überrascht gewiß
jeden, der zum ersten male in die Mündung des Flusses
hineinfährt und in einiger Entfernung von der Stadt vor

Anker liegt. Denn wirklich wie eine Stadt präsentirt sich der freundliche Ort.

Eine hübsche Reihe solider Steinhäuser, mehrere Stockwerke von bedeutender Ausdehnung, eins beinahe ein kleiner Palast, stehen am Ufer. Etwas zurück und an einem freien Platze liegt eine große Kirche, deren Vorderseite freilich etwas an ein Theater erinnert. Weiter hinter der ersten Häuserreihe sieht man die Dächer einer zweiten Straße hervorragen; — kurz man empfängt von Santarem, dem so viele Meilen den Amazonenstrom aufwärts am einsamen Tapajoz liegenden Santarem, einen ungemein günstigen Eindruck. Den Fluß aufwärts erstreckt sich die unregelmäßige graue Tapuistadt, die sich in Wald und Gebüsch auflöst.

Wir gingen ans Land. Ehe man aber aussteigen kann, wird man von einer Menge der hübschesten Badescenen empfangen. Santarem müßte nicht von genuinen Tapuis, großentheils wenigstens, bevölkert sein und dicht am klaren Tapajozwasser liegen, wenn nicht das Baden die Hauptbeschäftigung des Volks wäre. Ich ward wirklich an Cametá und den schönen Tocantins erinnert beim Anblick der braunen, halb im Wasser stehenden oder schwimmenden Figuren.

Das Ankommen des Dampfboots ist auch in Santarem das Hauptereigniß. Alles blickte nach dem Marajó hinüber. Und so kam es denn auch, daß ich gleich am Ufer meine beiden Briefe, die mir, falls ich in Santarem bleiben wollte, dort Eingang verschaffen sollten, an die respectiven Adressaten abgeben konnte, den einen an den Agenten der Amazonen-Compagnie, Herrn Joaquim Rodriguez dos Santos, den andern an den Oberstlieutenant und Commandeur Miguel Antonio Pinto Guimarães, einen der angesehensten Männer der Provinz und der Erste in Santarem.

Beide hätten mich gern mit allen nur möglichen Freundlichkeiten überhäuft, aber unser ephemerer Aufenthalt ließ kaum etwas dergleichen zu. Die Männer gefielen mir ganz wohl in ihrem offenen Entgegenkommen.

Besonders interessirte mich der alte Commandeur, Portugiese von Geburt, ein Mann, der sich alles selbst verdankt und der, wie man mir sagte, damit seine Laufbahn am Tapajoz angefangen hat, daß er selbst das Canot steuerte, worin seine Tapuileute den Fischfang trieben. Von so einfachem Gewerbsbetrieb es bis zu einem Vermögen von etwa 300000 Thlrn. zu bringen, ist gewiß nicht leicht, und beides, Anfang und Ende, macht dem Alten gar viele Ehre und, wie es mir schien, viele Neider.

Sein Haus, dicht am Tapajoz gelegen, ist stattlich und hat im Stockwerk sieben Fenster Breite. Saubere und gut möblirte Zimmer hängen zusammen; im Empfangssaal steht sogar ein aufrecht stehender Flügel. Damit ist alles im Einklange; und wenn man nicht braune Dienerschaft im Hause sähe, man würde nicht in Brasilien, geschweige am Tapajoz zu sein glauben.

Gar manches erzählte der alte Pinto Guimarães mir von dem kleinen, stillen Treiben auf dem noch zu keinem kräftigen Leben erwachten Fluß, wie die Cujabaner von Matto-Grosso und dem Herzen dieser Provinz unter großen Schwierigkeiten den Strom herabkommen, um für baares Geld oder einige Ochsenhäute besonders Salz zu kaufen und es unter noch größern Schwierigkeiten mit sich zu führen in die ferne Heimat, während die Indianer mit Guarana kommen und es für Kleinigkeiten verkaufen und vertauschen oder Sassaparille zu Markte bringen. Unendlich anziehend waren die einfachen Erzählungen des schlichten Mannes; sie erweckten in mir die lebhafteste Sehnsucht, in Santarem zu bleiben und die fern liegenden Zustände am Tapajoz selbst zu betrachten. Aber es durfte nicht sein, wenn ich nicht meinen ganzen Reiseplan stören wollte.

So mußte ich mich denn auf einem Spaziergange in einer wirklich tödtenden Mittagshitze mit einem flüchtigen Anschauen der Stadt begnügen. Auf engem Pfade erstieg ich den Hügel, der nördlich von der Stadt die Mündung des Tapajoz auf der rechten Seite bezeichnet und die Gegend beherrscht. Da traf ich denn über der aufblühenden Stadt gleich eine Ruine. Der Fußsteig, auf welchem ich ging, fiel plötzlich lothrecht nach beiden Seiten ab; und als ich im dichten Gebüsche diese sonderbare Wegbildung untersuchte, fand ich, daß ich auf dem Rande einer dicken Mauer stand. Gänge, Gemächer, Pforten und Löcher führten nach allen Seiten hin. Aber auch nach allen Seiten hin hatte die Zeit alles zernagt, noch mehr indeß die Pflanzenwelt. Mit förmlicher Gier schien der Parasitismus sich dieser wohlangelegten Festung, von der aus man die ganze Mündung des Tapajoz und einen großen Theil des Amazonenstroms beherrschen könnte, bemächtigt zu haben. In den Mauern, aus allen Ritzen, aus allen Abtheilungen wucherten Palmen, Euphorbien, Melastomen, Apocyneen, Myrten und Lantanen hervor, und zahlreiche Insekten schwirrten zwischen den alten Mauern und der jungen Pflanzenwelt der sonderbaren „Schlüsselburg".

Wundervoll ist die Aussicht von diesem Höhepunkt. Man überblickt beide Ströme, Waldungen und Inseln, alle in den ungeheuersten Raumverhältnissen; denn am Amazonenstrom ist alles von riesiger Ausdehnung, ein Chaos von Inseln, ein Meer von Wäldern, ein Ocean von süßem Wasser. Auch die Stadt macht sich von dort oben gesehen sehr hübsch. Die Menge ihrer Ziegeldächer ließ mich auf mindestens 6000 Einwohner schließen, doch tarirte mein alter Commandeur Pinto Guimarães sie nur auf 4000 Seelen.

Dicht beim ehemaligen Fort, über welches man mir keinen weitern Aufschluß geben konnte, ist ein Steinbruch, der das Material zu soliden Bauten liefert. Das Gestein, was dort gebrochen wird, ist ein festes, grobes Sand- und Kieselconglomerat, dessen Bindungsmittel eisenhaltig ist. Wenigstens erschien mir das Gestein so, und die Leute selbst behaupten, daß der Stein viel Eisen enthalte. Höher hinauf am Tapajoz oder in dessen Nähe kommt alte Kalkformation vor. Man gab mir ein Stück davon, was einem grüngrauen Marmor glich und deutlich verrieth, daß am Tapajoz ein kostbares Baumaterial aufbewahrt läge, wenn auch in einiger Ferne von der Stadt.

Auch einen neuen Kirchhof extra muros hat Santarem. Einsam liegt der große Platz im Gebüsche; eine kleine Kapelle ziert seine Mitte. Ein einziges großes Denkmal stand dermalen auf dem Gottesacker. Alle andern Begräbnisse waren nur mit schwarzen Kreuzen und Nummern versehen, und das alte Horazische Nos numeri sumus fand auch am Tapajoz seine volle Anwendung. Vielleicht mochten auch manche Indianer bei Lebzeiten kaum einen Namen gehabt haben.

Dann kam das eigentliche Tapuiende der Stadt. Da laufen nur kleine Fußsteige durch das Gebüsch, ein Netz von kleinen Wegen und Stegen, und man gelangt von einem grauen Hause zum andern. Und in jedem grauen, aus Lehm und Palmenblättern aufgebauten Hause sitzt eine Tapui, richtiger Tapuia, oder ihrer drei bis vier auf einer großen Matte, und hat irgendeine kleine Beschäftigung vor; oft ist es ein Nähzeug, manchmal eine Korbflechterei, meistens ein Garnichtsthun. Von solchem Nichtsthun gehen die faulen Naturkinder dann zum Flusse hinab, und nach wenigen Minuten kommen sie mit triefendem Kopfe wieder, diese braunen Figuren mit glänzend schwarzem Haar, — sie haben sich gebadet.

Originell genug sieht solch Inneres eines Tapuihauses aus. Eigentlich ist weiter nichts als Unordnung darin, höchstens eine Hängematte, ein Kochtopf auf kleinem Feuer und verschiedene Calebassen als Geräthe. Höchst sonderbar macht sich neben dem indianischen Hausgeräth die schwere Flinte des Nationalgardisten und die Trommel, während selbst der civilisirte Indianer sich noch viel lieber mit Pfeil und Bogen und dem Blasrohr als sichern und geräuschlosen Waffen behilft, deren kleine Pfeile vergiftet sind.

Ueberall mitten in den Straßen ward Cacao getrocknet, ein Verkaufsartikel, der wenig Mühe verursacht. Eine Strecke in der Straße, die vom Regen stark ausgespült war, war mit Urucurinüssen ausgefüllt, dem sonderbarsten Ausfüllungsmittel, was wol bisher im Straßenbauen angewandt ward.

Die Urucurinuß spielt in der Gewinnung des Gummielasticum eine wichtige Rolle. Wenn die Gummisucher einen passenden Baum der Siphonia elastica gefunden haben, so verwunden sie ihn mit einem kleinen Beile ziemlich tief und fangen die weiße Milch in einem Gefäße auf. Ist der Baum, nachdem er an mehreren Stellen verwundet ist, ziemlich aller Milch beraubt, — ein so angezapfter Baum braucht zwei bis drei Jahre, um sich von dem Saftverlust vollkommen wieder zu erholen, — so wird eine beliebige Form, Glasflaschen, Holzformen oder kleine Calebassen, in die Milch getaucht. Diese trocknet auf der Form fest, und während sie trocknet, wird sie über den Dampf der brennenden Urucurinüsse gehalten. So wird die Form immer wieder eingetaucht und immer wieder geräuchert, bis die Schicht dick genug ist, um als Gummi-elasticum in den Handel zu gehen. Dann wird die Form herausgenommen, und die Procedur beginnt von neuem.

Diese auf runden Formen gewonnenen und gleichmäßig geräucherten Gummisorten sind die besten. Ihnen folgen die in großen Stücken gewonnenen, und zuletzt eine Art von Gummiabfall, Sernamby genannt. Besonders beliebt ist der Gummi vom Xingu, vom Tapajoz und dem Madeira.

Aus Spielerei macht man auch wol Thierformen, Krokodile und monströse Gestalten, die oft komisch genug aussehen. Selbst Schuhe versteht man schon sehr gut zu fabriziren, obgleich man sich lieber mit der einfachsten Gewinnung begnügt und das Weitere den europäischen Fabriken überläßt, in denen die Gummifabrikate eine ganz vorzügliche Eleganz und Mannichfaltigkeit erreicht haben.

Die Urucurinuß selbst ist die Frucht einer schönen Palme, Attalea excelsa, zu den dornenlosen Cocoinen gehörig, einer Verwandten der berühmten Piassabapalme, von der wir weiter unten reden werden. Die Nuß selbst ist einen guten Zoll lang, am obern Ende ziemlich stark zugespitzt und von sehr fester, derber Beschaffenheit. Wo man ihrer zum Gummiräuchern nicht in hinreichender Menge habhaft werden kann, da nimmt man auch wol die Tucumannüsse zu gleicher Anwendung.

Die Palme, welche die Tucumannüsse liefert, ist ebenfalls ein Astrocaryum, nach der Javari unbedingt die geharnischtste, sodaß man ihr eigentlich gar nicht nahe kommen kann. Besonders ist die Blattscheide mit langen, schwarzen Stacheln dicht übersäet. Um die harte, schwarze Nuß sitzt, wenn die Fruchttraube der Palme reif ist, ein röthlich-gelbes Fleisch, welches von den Kindern, die am Ende ja alles gern annagen, gegessen wird. Ich kann ihm keinen Geschmack abgewinnen.

Die Nuß selbst ist fast kugelrund, hat 1—2 Zoll im Durchmesser und ist an den drei Keimpunkten hübsch gezeichnet durch kleine Wellenlinien. Sie ist sehr hart und dient den Leuten zum Anfertigen von Spielsachen, von Ringen und Rosenkränzen. Aber auch zum Gummiräuchern dient sie in großer Menge. Die kleinen, aus ihr gedrechselten Sachen nennt man Birros.

Die Astrocaryum Tucuma — ich schreibe fortan lieber Tucumán, indem mir alle Tapuis, die ich nach dem Namen der Nuß fragte, das Wort so aussprachen, und zwar die Endsilbe mit starkem Nasenlaut, als ob noch ein g nachfolgen sollte (Tucumäng) — ist eine von den Palmen, die sich in der Regel um die grauen Wohnungen der Tapuis aufhalten. Man läßt sie dort gern stehen und pflegt sie wol auch. Kinder und Vieh nagen das Fleisch ab, und die liegen bleibenden Nüsse haben den oben angegebenen Nutzen.

Auf keinen Fall muß man die Tucumanpalme verwechseln mit der Palme, welche das Tucúm liefert, von dem wir weiter unten reden werden. Auch die Tucumpalme ist ein Astrocaryum, aber dennoch verschieden von den bisher erwähnten, und alle an technischer Wichtigkeit übertreffend.

Gegen 3 Uhr sollte unser Dampfer weiter gehen, und ich mußte mich mit all meinen Wünschen, Santarem und den Tapajoz näher kennen zu lernen, einschiffen und den höchst interessanten Ort wieder verlassen.

Wir gingen nicht zur Mündung des Tapajoz hinaus, sondern liefen den Fluß noch schräg etwas aufwärts, wo ein ganz schmaler Igarapé sich in das Gebüsch hineinerstreckt. Von dieser Einfahrt aus gewannen wir noch einmal einen höchst freundlichen Anblick des Ortes Santarem in seiner ganzen Länge am Tapajoz und verloren uns dann in Grasfelder und Gebüsche im Cours von Nordwest zu West.

Fast mit einem englischen Park möchte ich die Ufer des schmalen, ganz stillen Igarapé vergleichen, auf welchem wir fortgleiteten. Ein großer Grasplan, überdeckt mit unordentlich zerstreuten Gebüschen, Baumpartien und lichtem Wald, — am Rande des Wassers, aber immer hinter einigem Gebüsch von Cacao und Orangen einzeln liegende Palmenwohnungen der Tapuis, gar zu oft vom Wasser zerstört und selbst eingesunken im überschwemmten Boden, — und auf dem stillen Wasserpfad einzelne Canots mit den Leuten, denen die Wohnung eingesunken ist, unverzagt und lustig einherrudernd, denn sie hatten eigentlich nichts in ihren Wohnungen, — die jungen Mädchen mit vielen Blumen im dunkeln Haar, — vorn im Canot ein Berg von Cacao, den sie in der Stadt verkaufen wollen, um das Geld in den Junifesttagen (Fronleichnamsfest, St.=Johannis und St.=Peter und Paul) verjubeln zu können, — das sind die Erscheinungen am Igarapé und am Amazonenstrom in der Nähe von Santarem. Oft waren solche Canots wirklich überladen mit Menschen, „falta so o cachorro e o papagaio", sagten meine Begleiter, — „nur Hund und Papagai fehlen", — sonst ist alles beisammen, eine echte, wirkliche kleine Chinesenwelt auf dem Yangtse=kiang im fernen Westen, nur in kleinern, närrischern Umrissen.

Eine eigenthümliche Krankenbewegung hatte gerade damals in Santarem und der Umgegend stattgefunden. Ein Mann, Antonio Francisco da Costa in einem kleinen Oertchen Paracary wollte ein Mittel entdeckt haben zur Heilung der Morphea, des Tuberkelaussatzes, der unter dem Namen der griechischen Elephantiasis bekannter ist. Wirklich zeigten in Paracary sich Fälle von bedeutender Besserung nach den Aussagen einiger Leute; und da sogar die Behörde in wohlwollender Weise von dem Geheimmittel Notiz nahm und es empfahl, so reisten viele Kranke, meistens arme, aufgegebene Leute nach Santarem, um in Paracary von Costa mit seinem Mittel, welches er nach seinem Wohnplatze Paracary nannte, behandelt zu werden. Die Anhäufung von mittellosen Kranken brachte großes Elend hervor; es fehlte an allem, nur nicht am Paracary. Man sammelte Geld; die öffentliche Verwaltung leistete Hülfe; bis denn bei weiterer Anwendung das Paracary, gerade wie vor einigen Decennien das gepriesene Assacu, sich sehr unzulänglich zeigte und einzelne Kranke von Paracary bereits nach Santarem zurückkamen, wie wir später sehen werden.

Von Santarem an nimmt der Amazonenstrom aufwärts eine starke Richtung nach Nordwest; als wir am 23. Juni erwachten, war unser Cours nördlich.

Bald erblickten wir Obidos, hoch gelegen am Flußrande, einen sehr bemerkenswerthen Punkt in der Geographie des großen Flusses.

Oberhalb Obidos macht der vom Westen kommende Amazonenstrom eine starke Abweichung nach Nordost, bis er von der Höhe jenes Punktes Obidos aufgefangen und nach Südost abgeleitet wird. Die Höhe selbst ist etwa 120 Fuß erhaben, oben auf ihr ist eine Batterie. Unter ihr und von ihr gedeckt gegen die Strömung ist eine Bucht, in welcher Schiffe und Canots ruhig ankern können, während unmittelbar am stillen Wasser der Strom in wilden Wirbeln vorbeisaust.

Ich ging ans Land und kletterte den rothen Thonabhang zum Fort hinauf. Eigentlich ist das Fort nur eine ganz offene Batterie auf freiem Platze, ohne alle Fortification. Zwölf Geschütze von 80 Pfd. liegen dort im Kreise, um den Strom zu beherrschen. Ein deutscher Major Brockenhuus, einer von den wenigen deutschen Offizieren, die im brasilianischen Dienste ihre Stelle längere Zeit zu behaupten wußten, ist der Ingenieur der Batterie. Doch leistet man ihm eben keine Hülfe, um das Fort in Ordnung zu bringen und zu halten.

Mit ihm machte ich einen kleinen Gang durch den hochgelegenen, lustigen Ort, an dessen Hintergrund sich noch höherer Wald anlegt.

Ich traf eine ganz anständige Kirche, in welcher man

Anstalten zur Fronleichnamsprocession traf. Im Sonntagsfrack kam die männliche Jugend, um die weibliche Jugend mit seidenem Hut, Shawl und seidenem Rock zur Kirche gehen zu sehen. Mir fiel der Putz allerdings auf, den hier einige Frauen machten. Zwischen mehr oder minder weißen Damen streift gar hübsch als Gegensatz das braune Tapuivolk umher und macht sich im leichten Unterrock und flott flatterndem, weißen Hemd wundervoll neben den geschnürten Frauen. Das weite Hemd und das enge Seidenmieder haben noch einen langen Krieg gegeneinander auszufechten am Amazonenstrom, wenn ersteres auch schon hier und dort aus dem Felde geschlagen ist. Einige Indianerinnen sah ich eingeschnürt in schwarzseidenen Kleidern und Schuhe tragend! So unbeholfen, beklemmt, luftschnappend bewegten sie sich! Wie anmuthig leicht wandelten dagegen die dunkelbraunen, nur mit Hemd und Rock bekleideten Mädchen mit ihren Wassertöpfen auf dem Kopfe vom Fluß den Berg hinauf!

Zuletzt gerieth ich am Ende der kleinen Bergstadt in den Wald hinauf, wo eine kleine Kapelle im Bau liegen geblieben ist und nur von Geiern besucht und bewohnt wird. Von dort aus genießt man einen herrlichen Fernblick auf den mächtigen Bogen des Amazonenstroms, der in seinen beiden Richtungen nach Südwest und Südost unabsehbar ist.

Und doch ist der Anblick des Stroms noch schöner, noch gewaltiger, wenn man sich unmittelbar an den Rand desselben westlich vom Fort stellt.

Fast lothrecht steigt die rothe Wand zum Flusse hinunter, dessen rauschende Flut gerade hier aufgefangen und schräg abgelenkt wird. Der brausende Strom reißt ein Stück der Wand nach dem andern mit sich fort, ohne sie je ganz vernichten zu können. Der ganze Fluß bildet Wirbel und krause Strömung, gerade als ob Ebbe und Flut sich heftig begegneten.

Hier ist die größte Enge des Stroms. Gerade 800 Klafter mißt er in dieser Einklemmung. Seine Tiefe ist auf 60 Klafter bemessen worden. Seine Schnelligkeit ist eine volle deutsche Meile in der Stunde. Schlagen wir nun seine Tiefe, um zu einem gleichmäßigen Resultat zu kommen, auch nur auf 40 Klafter an, so würden wir aus den Elementen von $800 \times 40 \times 4000$ Klaftern eine Kubikmasse von nicht weniger als 128,000000 Kubikklaftern bekommen, die in einer Stunde bei Obidos vorbeirennen, oder 2,133333 Kubikklafter in der Minute, gewiß eine Wassermasse, wie nicht leicht ein anderer Strom sie fortwälzt. Und dennoch fehlen die Wasser des Tapajoz und des Xingu hierbei noch, auch des Tocantins, wenn wir wollen. Das sind Süß=wassermassen, von deren Größe und ewiger Wiedererzeugung man sich nicht leicht eine Idee machen kann. Nirgends in der Welt haben sie ihresgleichen.

Meine Betrachtungen über Obidos und seine Stromenge wurden unterbrochen durch eine Reihe von Einladungen, ver=schiedene Kranke zu sehen, da im Orte kein Arzt war. Ich that das sehr gern; aber meine Zeit ging damit hin. Selbst als ich schon wieder am Bord war und man sich zur Abreise rüstete, mußte ich noch einmal ans Land gehen, um ärztlichen Rath zu ertheilen, mit dem Versprechen, nach meiner Rück=kehr vom Rio=Negro noch einmal nach allen Kranken zu sehen.

Nun ward unser Anker gehoben, und langsam ging der Dampfer aus dem Remanso von Obidos heraus. Kaum aber hatte er den Vorderbug in den Strom hineingesteckt, als wir mit unglaublicher Heftigkeit fortgerissen wurden, wobei das Dampfboot sich stark auf die Seite legte. Um nicht das Steuer zu zerbrechen, ließ man das Schiff einen Augenblick mit dem Strome treiben, in welchem es bald wieder seinen Cours nach Westen aufnahm und wir Obidos hinter uns liegen ließen. Muthig und kräftig bekämpfte unser Dampfboot die wilde Strömung.

Eine kleine Meile von Obidos den Strom aufwärts liegt eine sogenannte Militärcolonie. Eine Reihe von Häusern macht einen freundlichen Eindruck am dunkeln Wald. Aber dennoch ist die Colonie ein rechter Unsinn. Sie hat einen Director, der seit acht Monaten in Santarem war, einen Lieutenant-Vicedirector, einen Kaplan, einen Arzt, einen Almorarife oder Zahlmeister, einen Schreiber und — zwei Colonisten. Die Geschichte kostet viel Geld und nützt zu gar nichts. Aber sie heißt eine Colonie und ist ein Beweis, daß man sich anstrengt, den Amazonenstrom zu colonisiren. Die Zweckmäßigkeit lasse ich dahingestellt.

Viel besser macht sich auf dem entgegengesetzten Ufer, dem rechten des Stroms, in dessen nächster Nähe wir hinfuhren, eine lange Kette von Cacaopflanzungen, das Cacaoal Imperial genannt, wahrscheinlich früher eine Privatbesitzung der Krone, jetzt von Tapuis bebaut, deren Wohnungen in ziemlich regelmäßigen Zwischenräumen darin halb versteckt liegen.

Leider trafen wir nicht eine einzige dieser kleinen Wohnungen unzerstört vom Wasser. Manche waren ganz eingefallen, einige zur Hälfte; viele hatten nur halbe Lehmwände; die untere Hälfte war vom Wasser aufgeweicht und zerschwemmt worden.

Daher waren denn auch die meisten inmitten der halb im Wasser stehenden Cacaogebüsche unbewohnt. Zu einigen waren die Familien bereits wieder zurückgekehrt, halb im Canot, halb im Schlamm der Wohnung lebend, in beiden aber als in ihrem vollen Element sich wohlfühlend. Mit dem Ausdruck der unverwüstlichsten Seelenruhe saßen sie da, oft auf einem gestrandeten Treibholzstamme und mit den Füßen im Wasser umherrührend, die originellen Amphibien! Sie wußten ganz bestimmt, daß der Strom nächstens wieder fallen würde. Und wirklich war er schon drei Fuß gefallen.

Kaum tröstlicher sah es auf der andern Seite des Flusses aus, zu der wir den Nachmittag hinübersetzten. Hier trafen wir an einer Stelle drei Pferde im Wasser die Cannarana abweidend, ohne einen Ort zu haben, wo sie sich hinlegen könnten. Dicht dabei war eine kleine Ansiedelung, in der man sich genial geholfen hatte. Unter dem Palmendache hatte man sich, als das Wasser langsam stieg, einen Balcon aus Latten gemacht, worauf die Familie wohnte. Auch einer Anzahl von Rindern war man so zu Hülfe gekommen. Man hatte ihnen auf Holzstämmen eine Hürde gebaut, von der man einen Holzsteig hinunter in das Wasser gemacht hatte. So konnten die Thiere je nach Gelüst im Wasser umherwaten und das üppige Gras fressen, und nachts in das Trockene hinaufsteigen zum Ausruhen. Man wird da wirklich etwas stark an die Arche Noah erinnert.

Bei einer kleinen Anzahl von Thieren kann man sich schon so helfen. Wo aber größerer Viehstand war, da ist er, wenn nicht hochliegende Partien in der Nähe waren, vollkommen vernichtet worden. Tausende von Rindern waren ertrunken, wir sahen selbst manches todte Vieh den Strom hinabtreiben. Unzählige Cadaver sollten in den abgelegenern Wiesen und Marschgegenden stecken, wo die Besitzer des Viehs eine sichere Zufluchtsstätte vor der mächtigen Stromanschwellung vermuthet hatten.

Man sollte es nicht glauben, daß die ungeheuere Wasserfläche über 40 Fuß anschwellen konnte und daß dieselben Wohnungen, an denen man vorbeifährt, bei niedrigem Flußstande auf hohem Baranco stehen!

Alljährlich aber, und zwar in der regelmäßigsten Wiederkehr schwillt und fällt der Amazonenstrom in vollständig nilartigem Rhythmus.

Im November und December, wenn die Sonne vom Norden zurückkehrt und der heißen Gegend noch mehr Hitze mitbringt, beginnt in den Cordilleren der Schnee in größern Massen zu schmelzen. Reichlicher stürzen die Bergwasser herunter; mehr und mehr füllen sich die Zuströmungen des Amazonas; häufiger und in endloser Menge stürzt der Gewitterregen vom Himmel; alles fließt dem Amazonenstrom zu, der nun immer mehr und mehr anschwillt, bis er im April sein Maximum erreicht hat und sich in demselben einige Wochen erhält. „Vom 8. Juni an fällt der Fluß wieder", sagte man mir mehrmals, als ich mich nach den Verhältnissen erkundigte. So genau und regelmäßig ist die Bewegung der Elemente am allmächtigen Strome. Wirklich war er am 23. Juni schon um drei Fuß gefallen.

Daher wird denn auch das Steigen des Flusses niemals eine Ueberschwemmung genannt. Wohnungen, Pflanzungen, Viehhürden, alles ist auf das Steigen des Flusses eingerichtet; furchtlos sieht man das unabsehbare Element anschwellen und seine volle Höhe erreichen. Die Thiere des Waldes ziehen sich weit zurück vom Flusse und machen ebenso, wie der Fluß wächst und fällt, ihre typischen Wanderungen.

Je mehr nun der Fluß wieder fällt, desto höher treten seine Ufer wieder hervor, desto mehr erscheinen in dem Strome von meerartiger Ausdehnung Sandbänke und nackte Schlamminseln. „Die Zeit der Ufer" („o tempo das prayas") nennt man diese Zeit. Und jetzt entwickelt sich wieder ein volles, reges Thierleben am Ufer. Tapire, Capivaris und andere Nager zeigen sich; die Unzen kommen zum Fischen an das Ufer; mit dem Schwanze, den sie in das Wasser hineinhängen lassen, locken sie die Fische an und mit der Tatze schleudern sie geschickt ihre Beute auf das Trockene. Mehr und mehr zeigen sich Reiher und Strandläufer. Wo die Fische sonst hausten, laufen die befiederten Bewohner der Lüfte und des Waldes umher, ein buntes Gewimmel und Getümmel.

Hat die Zeit der Prayas ihre volle Höhe und mit ihr der Fluß seinen niedrigsten Stand erreicht, so beginnt das seltsamste Phänomen, was man nur sehen kann am Amazonenstrom, und ein echtes Charakterstück des Flusses.

Zu Tausenden finden sich Schildkröten nachts und besonders vor Tagesanbruch auf dem trockenen, heißen Sande ein, um ihre Eier zu legen und einzuscharren. Die Zahl dieser Eier muß ganz enorm sein. Man kann ihre Menge aus der Zahl ihrer Vernichter abschätzen. Mit großer Gier fallen Unzen und Jacarés über die Eier her und machen sich oft in blutigem Kampfe die Beute streitig. Sie verschlingen große Mengen von Schildkröteneiern. Viele werden von Vögeln ausgescharrt und gegessen.

Eine ebenso große Menge aber wird von den Menschen selbst vernichtet. In ganzen Rudeln ziehen die Indianer und selbst Bewohner der Städte zur Zeit der Prayas und der Schildkröteneier zum Flusse hinab und sammeln Millionen Eier, welche sie als große Leckerbissen verschlingen, viel mehr aber noch in Töpfen zusammenbringen, nachdem sie die pergamentartigen Schalen aufgeschlagen haben, und das eigentliche Dotteröl unter den Sonnenstrahlen ausschmoren lassen im Canot mit Zumengung von Wasser.

Eine Schildkröte soll in einer Nacht, so sagte man mir, über 100 Eier legen. Ich kann mir das kaum denken; denn die Eier sind außerordentlich groß im Verhältniß zum Thier. Wollen wir annehmen, daß sie 100 Eier lege und zu einem Topf „Schildkrötenbutter" — manteiga de tartaruga — die Brut von 30—40 Schildkröten gehört, so bekommen wir, wenn wir in einem Jahre 4—6000 Töpfe nach Pará wandern sehen, schon die Zahl von 24,000000 Eiern. Wie viele Eier gehörten ehemals dazu, um einen regelmäßigen Export von 40000 Töpfen zu unterhalten? Wie viele Eier und eben auskriechende Schildkröten von Liebhabern an Ort und Stelle gegessen werden, von Tigern, Krokodilen, Vögeln verschlungen, das ist gar nicht abzusehen. Hunderte von Millionen mögen es immer sein. Und dennoch sterben die Schildkröten nicht aus, obgleich ihre Zahl allerdings stark abgenommen hat.

Mehr und mehr hört man auf, diese manteiga de tartaruga zu genießen; man verwendet sie vielmehr zum Brennen auf Lampen und führt Butter von Europa ein.

Dagegen ißt man viele Schildkröten am ganzen Amazonenstrom. Ueberall sah ich die Schalen der Thiere umherliegen, welche man zum Kalkbrennen benutzt. Ich selbst habe später das Fleisch derselben sehr gern gegessen, wenn es auch bei längerm Genuß etwas fade erscheint.

Am 24. Juni hatten wir einen ziemlich kühlen Morgen; die Luft hatte 25° C. Temperatur, das Wasser 28° C. Auf dem rechten Ufer des Flusses ragte, gerade wie in Obidos, ein Waldhöhenzug steil aus dem Wasser hervor unter dem Namen der Serra de Parentims, mit einer ungemein heftigen Strömung des Flusses, aber auch stiller Bucht gegen das westliche Ufer der Hügelkette. Die Conformation des Bodens und Flusses erscheint sehr passend zur Anlage eines Ortes nach Art der Festung Obidos.

Hier ist die Grenze zwischen den Provinzen Pará und Amazonas. Um der heftigern Strömung dieser Seite zu entgehen, traversirten wir den Strom. In seiner Mitte hatten wir jene Lichterscheinung, die man eigentlich immer auf dem Amazonenstrome hat, ein Emporsteigen einzelner Gegenstände scheinbar über den Wasserhorizont, aber in natürlicher Stellung.

Rauh gekräuselt, ja fast sturmbewegt erscheint die Wasserfläche am Horizont. Zu beiden Seiten setzen sich die Waldungen und Ufereinfassungen in die Luft hinaus noch fort, und so erscheinen einzelne Gegenstände, die wirklich auf dem Wasser schwimmen, über demselben, Baumstämme, Mururiballen und Cannaranainseln, alle in größern Umrissen. Auf dem Uruguay sah ich dasselbe Phänomen; es kommt auch auf der Bucht von Rio=de=Janeiro oft genug vor. Es ist in geringerm Maße eine Fata=Morgana afrikanischer Wüsten, oder auch eine eigenthümliche Parallaxe, ganz wie die des aufgehenden Mondes, dessen Stand wir sehen, wenn er wirklich noch unter dem Horizont steckt.

Immermehr individualisirte sich der Wald; schärfer traten Palmenformen und Laubkuppeln hervor; der Boden ward fester. Hoch oben in den Aesten einzelner Sumaumeiras hingen die Nester der Japus in langer Sackform herab, und oft hörten wir diese sonderbaren Vögel, wie wir sie schon am Rio=Pardo in der Próvinz Bahia kennen gelernt haben, sich in den Bäumen umherzanken.

Fast noch sonderbarer sind die Nester der Wespen und Ameisen hoch oben in den Bäumen.

Ebenso mannichfaltig wie die Zahl der Honigwespen und Honigbienen in Brasilien ist auch die Form ihrer Nester. Zwei Formen fielen mir bei unserer Schifffahrt besonders auf. Die eine möchte ich mit einem leichtgewölbten Teller vergleichen, der schildförmig im Centrum der Oberseite mittels eines feinen Stiels an einem dünnen Aste, an einem Blatte angehängt ist. Die Unterseite bilden die sechseckigen Zellen. Man kann keine zierlichere Bienenarbeit sich denken.

Die andere ist viel complicirter. Sie beginnt ebenfalls mit einem sehr feinen Stiele, aber nun folgen schichtenweise kleine Scheiben von Zellen, die alle gemeinschaftlich von einer äußern, silberweißen Hülle zusammengehalten werden. Das Ganze sieht aus wie eine Röhre von silbergrauem Fließpapier und ist ungemein zart. Ich sah diese Cylinder namentlich an hohen Leguminosen hängen, oft zur Länge von zwei Fuß, beim Durchmesser von drei Zoll. Man möchte sie eher für Früchte als für luftige Bienennester halten.

Am sauersten machen es sich die Ameisen. Ebenso wie die oben angedeuteten Bienen sich nicht damit begnügen, ihre Zellen in hohlen Stämmen und Baumlöchern zu machen, begnügen sich viele Ameisen nicht mit den hohlen Stämmen der Cecropien, um in ihnen sich einen wundervollen Palast einzurichten, ja nicht einmal damit, sich unter unsäglicher Arbeit einen festen, oft steinharten Erdbau über der Erde zu machen; vielmehr machen sie ihre feste, abgerundete, dem Wind und Wetter trotzende Erdwohnung hoch oben in der Luft, um allen Ueberschwemmungsvorkommnissen zu entgehen.

Sechzig bis siebzig Fuß hoch oben im Gipfel eines Baums sieht man oft eine scheinbare Anschwellung eines Astes. Kommt man näher, so entdeckt man, daß die Anschwellung ein fester, gleichmäßig gemachter Anwurf von Erde ist. Wer hat die Erdmasse dort oben hinaufgetragen und so sicher um den Ast angelegt? Wenn man genauer zusieht, so findet man auf der glatten Rinde des Stammes einen kleinen bedeckten Gang, welcher zu dem Gipfel führt. In ihm laufen Ameisen auf und ab, die nach oben laufenden mit irgendeinem Atom von Erde, Sand, Blatt im Munde. Das ganze Räthsel des Erdbaues in der Luft ist gelöst; es ist ein Ameisenhaus, ein festes, wohlangelegtes, bis zu welchem der Amazonenstrom nimmer hinaufsteigen kann.

So weiß das kleinste Thier durch Kunstfertigkeit sich gegen den mächtigsten Nachbar vollkommen sicher zu stellen.

Bald erblickten wir in der Ferne von sechs englischen Meilen auf dem rechten Flußufer die Ortschaft Villa=Bella da Imperatriz, ehemals Villa=Nova da Rainha genannt. Wir fuhren auf unserer linken Seite weiter, bis wir der Stadt gerade gegenüber waren. Dann fuhren wir quer durch die ungemein heftige Strömung und lagen bald dicht am Ufer der kleinen Stadt vor Anker und Tauen, um Brennholz einzunehmen.

Villa=Bella da Imperatriz liegt etwa 20 Fuß hoch über dem hohen Wasserstande des Flusses, auf einem trockenen, grünen Platze, der sich hinter der Stadt an Gebüsch und Wald anlehnt. Eine Häuserreihe bildet eine Art von Vorderfronte; doch ist kein einziges Haus von einigem Ansehen zu bemerken. Ein weißes Haus mit zwei Fensterluken auf jeder Seite der Thür ist ein kleines Soldatenquartier. Die Kirche ist anfangs schwer zu finden, ein graues Lehmhaus mit grauem Palmendach, oben auf dem Giebel mit einem Kreuz geschmückt, auf diesem ein Geier, das Symbol des Flusses.

Alles ist ringsher die reinste Tapuiwirthschaft in ihrer vollen Stille und unerschütterlichem Frieden. Sonst ist den guten Leuten das Faulenzen nur erlaubt; am St.=Johannistage aber ist es ihnen geboten. Und so war es denn in Villa=Bella besonders schön und echt patriarchalisch, dieses gebotene Faulenzen der braunen Menschen. Kaum einen Indianer sah ich, der sich mit irgendeiner Arbeit regte.

Bis in die tiefsten Winkel des grauen Hauses konnte man den Leuten schauen. Sie haben kein Besitzthum, was sie geheim halten möchten, auch keine Hausereignisse, die sie zu verbergen suchten. Alles ist offen; keine Thür, kein Fenster hemmt den Eintritt und den Blick in das innere Haus. Mit derselben Naivetät, womit die Kinder bis zum reifenden Alter ganz nackt laufen, womit die Mädchen sich an offenem Ufer baden, mit derselben Naivetät trennt keine Scheidewand ihr Hausleben von der Welt. Einige Tucumanpalmen am Hause, einige Hühner oder Schweine und in der Sonne einige große Flatschen Pirarucu zum Trocknen, das sind außer den nackten Kindern die Attribute eines Tapuihauses in Villa-Bella. Eine unzählige Masse von Geiern ging im Orte spazieren, besonders an einer Stelle, wo man zwei getödteten Kühen das Fleisch, um es zu salzen, abzog. Fast hätten die Thiere dem damit beschäftigten Manne das Fleisch aus der Hand gerissen.

Ein schmaler Weg führte mich in den Wald hinein. Dort war es still und kühl. Wilde Tauben flatterten umher; ein hübscher, gelber Convolvulus blühte; eine wunderschöne weiße Acanthacee mit rothem Kelch machte sich prächtig im Schatten der Astrocaryen, zwischen deren Blattscheiden ein ganzes Heer von Pflanzen — Aroideen und Farrnkräutern — parasitirte. Am sonnigern Rande des Waldes stand eine hübsche Magnolie, die eben ihre beinahe dreieckige Knospen öffnete, aber in Gefahr schwebte, von den auf ihr parasitirenden Loranthaceen ganz verschlungen zu werden.

Nachdem wir Holz eingenommen hatten, gingen wir weiter.

Auffallend öde kam uns in Bezug auf Schiffahrt der Fluß vor. Es scheint, als ob in Santarem und Obidos alle wesentliche Schiffahrt mit großen Segelcanots aufhört. Seit Obidos hatten wir kein Canot bemerkt; scheint es doch kaum möglich, daß ein Canot die dortige, heftige Strömung überwinden kann. Ja aus unserer ganzen Fahrt konnten wir genau den Schluß machen, daß die Strömung an Heftigkeit zunähme, je höher wir den Fluß hinaufkamen.

Abends spät liefen wir in einen Seitenarm des Flusses ein, den Parana-Pacoval, so genannt nach der Menge der dort wachsenden Musaceen, die in der Sprache der Eingeborenen Pacova heißen. Hier war viel weniger Strom, und drei Stunden lang rauschte der Dampfer zwischen den dunkeln Waldungen dahin in schneller ruhiger Fahrt.

Mächtiges Araragefchrei weckte mich am 25. Juni. Ein wahrhaft goldener Morgen lag auf dem Strome und seinen Waldungen, und buntfarbiger denn je glänzten einige Araras auf hohen Zweigen der Sumaumeiras. Wir waren in der Nacht einen Waldhügel Cararaaçu paſſirt, nach welchem ſich die des Stroms kundigen Piloten orientiren. Solange keine bedeutenden Ortſchaften, keine ſchärfer markirten Punkte, keine leitenden Leuchtfeuer den Fluß genauer bezeichnen, hilft man ſich noch immer mit ziemlich unkenntlichen Waldhügeln, Baumgruppen und vor allem mit indiſchen Namen, wie ſchwer auch ſolche manchmal auszuſprechen ſind, wenn man ſie ja im Gedächtniß behalten kann.

So erreichten wir bald eine Inſel Urucurituba, — wol von Urucuri, jener Palme, und uva oder üva, viel, zahlreich, alſo genannt, — die wir zu unſerer Rechten liegen ließen. Nach der Ausſprache einiger wird ſie auch Uricurituba genannt, wie man die Urucuripalme auch Uricuri nennt.

Kommt man zwiſchen dieſer Inſel und dem rechten Stromufer aufwärts gehend hervor, ſo gelangt man wieder in eine einem weiten Landſee gleichende Ausdehnung des Fluſſes. Immer von neuem werden ſolche Stellen anziehend; immer von neuem regen ſie mächtig an, beſonders wenn man in dieſen meilenweiten Dimenſionen die ganze Waſſer= maſſe in einem Fortſtrömen, in einem ſo mächtigen Dahin= rennen begriffen findet. Nach Südweſt zu Weſt bildete die breite Stromfläche wieder den fernen Horizont; ſie erinnerte immer wieder daran, daß wir auf dem Amazonenſtrom fuhren, den man für ein Süßwaſſermeer hielt.

Eine große Palmenmenge bezeichnet das obere Ende des Kanals zwiſchen der Inſel Urucurituba und dem rechten Stromufer; ſie rechtfertigt die oben angedeutete Wortableitung und Schreibart und bezeichnet auch für die den Fluß Hin= untergehenden den Kanal ſelbſt, bis nach vielen Jahren ein=

mal die ankommende Cultur jene Urucuripalmen decimirt und dem Orte nur einen bedeutungslosen Namen läßt.

In voller Ueppigkeit wuchs hier auch das „Pfeilgras" Freira (Arundo oder phragmites sagittaria), eine dem Zucker= rohr einigermaßen nahe kommende Graminee. Das dicke, hohe Gras hat nur an seinem obern Ende Blätter, die vollständig zu einem Fächer geordnet sind. Aus ihrer Mitte bricht dann auf langem, ungemein schlanken und consistenten Stiele die Blüte hervor; der ganze Blütenstand gleicht dem unsers Schilfrohrs, ist aber viel üppiger; weithin sieht man die graue Fahne im Winde wehen.

Dieser Blütenstiel ist ein sehr wichtiger Artikel. Man sammelt ihn in großen Mengen; die Indianer wissen ihn oben sehr geschickt mit einer Spitze von Knochen, hartem Holz, zugeschnittenem Bambusrohr und selbst Eisen, unten mit einer leichten Feder jederseits zu versehen, und so gibt er die besten Pfeile, die leicht genug sind, um mächtig weite Distanzen zu erreichen, aber auch schwer genug, um tief ein= zubringen und gefährlich zu verwunden. Ein Pfeil dieses Grases mit einer guten, breiten Spitze von Taquara versehen fällt den Tiger des Urwaldes mit großer Sicherheit und reißt eine klaffende, stark blutende Wunde.

Die Gegend, wo solch Pfeilgras viel wächst, nennt man ein Freiral, ein Name, nach dem viele Oertlichkeiten genannt werden. Wenn in solchem Freiral oder hinter demselben Cecropien in dichter Menge wachsen, glaubt man oft, da beide Pflanzen in einer gewissen Regelmäßigkeit stehen, an eine ausgedehnte Anpflanzung zu gelangen. Denselben Nach= mittag noch fuhren wir in der dichtesten Nähe einer Insel hin, die in einer Ausdehnung von sechs englischen Meilen absolut nur mit Cecropien besetzt war. Erst am obern Ende trafen wir hohen Laubwald anderer Art, als einen Beweis, daß dieses Ende der Insel das ältere war, wie denn bei solchen Inselbildungen im Strome das obere Ende sich immer zuerst bildete.

In einem luftigern und sonnigern Cecropienröhricht — der Ausdruck ist passend, wenn auch die hohlen Stämme, die es bilden, oft über einen Fuß Durchmesser haben — treiben die Periquitos gerade wie unsere Rohrsperlinge ungehindert ihr schreiendes Wesen; in ganzen Schwärmen zanken sie sich darin umher, bis das kommende Dampfboot sie erst für einen Augenblick zum Schweigen und dann unter schrillendem Lärm zur Flucht bringt. Der herrliche Nachmittag des 25. Juni hatte sie besonders munter gestimmt; überall sahen und hörten wir sie sich zanken, während größere Papagaien, besonders der gelbköpfige und einer mit blauem Kopf, höhere Regionen einnahmen. Am höchsten hinauf klettern gern die großen Araras, wie sie auch gern sehr hoch fliegen. Ich konnte mich nicht satt sehen an den glänzenden Thieren, wenn sie in einzelnen Paaren hoch in der Luft, glühend im Strahl der Nachmittagssonne, über dem Walde flatterten oder über den mächtigen Strom hinübersetzten.

Gegen Abend duftete das Ufer wieder stark nach Vanille. Dazu sahen wir ein kleines Canot mit zwei Männern den Fluß hinunterfahren, und nun fiel es uns ein, daß wir den ganzen Tag noch keinem Canot begegnet waren. So tritt der Mensch auf langen Strecken des Riesenflusses noch ganz in den Hintergrund und spielt im großen Drama der Natur eine der letzten Nebenrollen, bis man ihn gar nicht mehr bemerkt.

Um 1 Uhr nachts kamen wir nach Serpa, auf dem linken Stromufer und auf hohem Baranco liegend. Doch konnten wir bei Nacht nur einzelne Umrisse erkennen.

Unter den Besuchenden — denn selbst mitten in der Nacht stehen die Leute in den Anhaltepunkten der Schiffahrtslinie auf und kommen an Bord, um sich nach Neuigkeiten zu erkundigen — fand sich auch ein Herr Becher bei uns ein, ein ehemaliger Artillerieoffizier bei den letztengagirten deutschen Truppen. Jetzt war er in einer großen Dampfschneidemühle, die die Amazonencompagnie dicht bei Serpa angelegt hat, als Chef angestellt. Ich hatte vor vielen Jahren einen Bruder von ihm in Rio kennen gelernt. Er selbst machte mir im flüchtigen Begegnen den allerbesten Eindruck, und wir verabredeten, daß ich, wenn ich vom Rio-Negro zurückkäme, ihn besuchen sollte.

Es kamen einige Passagiere, die nach Manáos wollten, an Bord. Nachdem wir Brennholz eingenommen hatten, gingen wir um 2 Uhr weiter.

Am Morgen des 26. Juni früh befanden wir uns im Parana de Trindade, bei wundervoll reiner und frischer Luft, welche 26° C. Temperatur hatte, bei 27½° C. Wasserwärme.

Am Ende des Parana zeigte man mir in weiter Ferne die Mündung des Rio-da-Madeira; sie war aber von Inseln so gedeckt, daß man den mächtigen Fluß nicht erkennen konnte. Wir werden diese Mündung später kennen lernen.

Von allen Flüssen, die sich in den Amazonenstrom ergießen, ist der Rio-da-Madeira der mächtigste; selbst der Rio-Negro steht ihm an Größe nach. Seine äußersten Zuflüsse kommen von den Cordilleren herab etwa unter 20° südl. Br., in gerader Westlinie kaum zwei Längengrade fern vom Stillen Ocean. In südöstlichem und östlichem Laufe sammeln sich die Wasser im Rio-de-Cochabamba, machen um die östlichen Ausläufe der Cordilleren, die Serras-Altissimas, einen mächtigen Bogen und ziehen unter dem Namen des Rio-Mamoré nordwestlich, nördlich und dann nordöstlich bis fast zum 10.° südl. Br., wo der Fluß das brasilianische Gebiet erreicht. Hier vereinigt er sich mit den unter dem 12.° südl. Br. zusammentretenden Flüssen Ubahy, welcher auf dem 20.° südl. Br. entspringt und, parallel mit dem Mamoré wandernd, das weite Gebiet der Chiquitosindianer durchzieht, — und dem Guapore, welcher im fernsten Westen der brasilianischen Provinz Matto-Grosso entspringt und in vielfachen Krümmungen nordwestlich und westlich eilt, bis er den Ubahy erreicht.

Nach dem Zusammentreffen dieses Flußpaares mit dem Mamoré unterhalb des 10." südl. Br. heißt der so entstandene mächtige Fluß der Rio-da-Madeira, der vielfach geschlängelt in der Richtung von Nordost zu Nord etwa unter 3° südl. Br. den Amazonenstrom erreicht, — Rio-da-Madeira genannt nach den ungeheuern Waldungen des besten Nutzholzes, durch welche er hindurchfließt, eine Quelle nie versiegenden Reichthums.

Leider aber scheint sich der Fluß für die nächsten Zeiten, ja noch für lange, einem regelmäßigen Handelsverkehr aus dem Innern der ihn einschließenden Ländergebiete widersetzen zu wollen. Nur bis zum Orte Crato, etwa 6° südl. Br., ist eine freie Schiffahrt möglich, sodaß im Januar 1859 das Dampfboot Guajara zu einer Untersuchung des Madeira bis zum genannten Orte, ohne eine Schwierigkeit zu treffen, gelangen konnte. Weiter hinauf bildet der Fluß eine Cachoeira nach der andern; förmlich auf Stufen steigt er herab aus seinen Wäldern; und unter großen Mühen müssen Canots, die den Strom befahren wollen, um solche Cachoeiras herum zu Lande getragen werden, bis denn auf dem Mamoré, dem Ubahy und dem Guapore eine theilweise Schiffahrt wieder gestattet ist, die auf eigenthümlichen Wasserverbindungen bis in den Ucayali führt.

Die Wildheit des Flusses spiegelt sich auch in seinen Anwohnern ab. Mehr als alle andern Indianer haben sich einzelne Stämme am Madeira gegen alle Culturversuche gewehrt. Noch heutigen Tags sind die am Madeira wohnenden Araras Menschenfresser, und zwar Menschenfresser, die andere Menschen einfangen, um sie zu fressen. Die Botocuden am Mucuri fraßen die Leichen ihrer Feinde doch nur, weil sie es schade fanden, daß, da die Menschen doch einmal todt wären, so viel genießbares Fleisch umkäme. Die Araras aber tödten, um zu fressen. Die Gummisucher am Madeira hatten anfangs viel von ihnen zu leiden. Am meisten verfolgen sie die weniger wilden Muras, einen weitausgedehnten Stamm. Letzterer fügt sich schon der Civilisation und nimmt eine Art von Gesittung an. Gerade war einer der von Serpa kommenden Passagiere der Director der Otas und Muras am untern Madeira. Ueber 1000 Seelen schätzt er die Zahl der in seiner Aldea sich befindenden Indianer, Leute, die, wenn sie sich auch ziemlich mäßigen, dennoch oft insubordinirt sind. Viel Eigenthümliches erzählte mir Herr José Lopez de Gama — denn so denke ich hieß der Mann — von seinen Indianern. Wir selbst konnten vom Schiffe aus manchen interessanten Blick zu den höher werdenden Ufern des Flusses thun, wo das stille Leben der Muras begann. Vor einem sehr kleinen grauen Häuschen zählten wir 19 Menschen, drei Hunde und einige Hühner und Schweine. Alle aber finden ihren Platz im engen, dürftigen Rancho.

Bald kamen wir zu einem noch eigenthümlichern Punkte, zu der Indianermaloca S.=José de Amatary. Eine kleine graue Kirche und noch kleinere graue Häuser bezeichnen dieses Dorf der Muras. In einem etwas bessern grauen Hause wohnt ein weißer Inspector, dessen hübsche Tochter zwischen den andern braunen Frauen recht gut sich ausnahm. Einige Mitreisende grüßten die Familie; sie kannten sich gegenseitig. Mit einem faulen, halb indifferenten Lachen ward der Gruß vom Mädchen am Ufer erwidert. Das herankommende

Dampfboot lockt jetzt immer die Dorfbewohner an den hohen Uferrand. Sonst war es nicht so. Als zum ersten male ein Dampfboot den Fluß hinaufkam, lief alles aus der Maloca in den Wald hinein. Als man sie fragte, warum sie fortgelaufen wären, sagten sie, es wäre ihnen gar zu bange geworden vor „der großen Schlange". Und wer konnte ihnen das am Ende verdenken. Die kleine Maloca ist den einfachen braunen Menschen die ganze Welt, alles was sie kennen. Nie kommen sie aus dem ärmlichen Dorfe heraus, kennen keinen andern Ort, keine Stadt, keine Sitten besserer Art! Und nun kommt ihnen so ein dampfendes Ungeheuer daher!

Nie werde ich die wunderlichen Gruppen vergessen, wie sie am Rande des Ufers dastanden, ganz nackte Kinder, halbangekleidete Erwachsene, alle mit demselben Ausdruck von Indifferenz, ja alle mit demselben Gesicht, Männer, Weiber, Kinder! Kaum einiges Vieh läuft um sie herum; aber auf langen Stangen trocknen sie den Fisch Tambaqui, der — so erzählen mir die Leute — zu gewissen Zeiten nicht hören kann und sich dann mit unglaublicher Leichtigkeit fangen läßt.

Weiter hinauf wiederholte sich vor einzelnen Häusern am Walde dieselbe Scenerie der Maloca. Einmal sahen wir sogar vor ihrer Wohnung eine ganze Tapuifamilie vollkommen nackt stehen; nur die Frau hatte ein ganz kurzes blaues Röckchen an; die braune, bronzefarbene Gruppe, reglos wie aus Erz gegossen, sah ganz gut aus neben dem nahen Walde, aus welchem mächtige Bertholletien herausragten.

Auch einige neue Palmenarten kamen zum Vorschein, die Palme Popunha (Guilielma speciosa), deren Früchte ich auch schon in Cametá gegessen hatte. Der runde, schlanke Stamm ist mit Stachelringen in ziemlich regelmäßigen Zwischenräumen besetzt, aber in viel geringerm Maße als die oben angegebenen Astrocaryen. Unter dem schönen Wedel der nickenden Blätter hängt eine reichlich mit rothgelben Früchten besetzte Traube herab. Jede Frucht, von ovaler Form, hat die Größe einer mäßigen Pflaume; weithin glänzt die schöne Färbung der goldenen kleinen Aepfel, recht eigentlich χρυσεα μηλα.

Was bei dieser schönen Frucht der Popunha, welche unter dem spanischen Namen der Pirijáopalme weit bekannter ist, am meisten interessirt, ist das eigenthümliche Abortiren ihrer Kerne. Die meisten Früchte machen es gerade wie die Bananen; sie bilden gar keinen Kern, sondern eine ganz homogene, mehlige Masse. Dadurch werden sie, in Wasser abgekocht, zu einem ganz vortrefflichen Nahrungsmittel. Ich aß sie bei Herrn La Roque in Cametá zuerst, der einen schönen Pirijáobaum im Garten hatte; sie schmeckten mir ganz wie unsere echten Kastanien. Die Haut von halblederartiger Consistenz läßt sich sehr leicht abstreifen.

Deswegen zieht man auch die Popunhapalme sorglich zu den Wohnungen heran und hütet sich wohl, sie zu fällen. Ihr Holz hat viel Aehnlichkeit mit dem der Javaripalme, hart, schwarz mit unterbrochenen, gelben Linearzeichnungen, und polirt von sehr schönem Ansehen.

Nicht gar weit davon standen andere Palmen, Murumurupalmen, ebenfalls von ökonomischer Wichtigkeit, eine andere, wohlgeharnischte Art des Astrocaryum, deren Früchte meine Begleiter als das beste Schweinefutter rühmten, — auch die schöne Oenocarpus Bacaba sahen wir, dicht neben der edeln Tapiriba, jener Spondiasart, die die angenehm säuerliche Frucht Caja liefert, — dazu kühne Muritingastämme, in deren Kronen die Uambé, das parasitirende Philodendron, wuchert und vom hohen Revier als der Prototyp blattloser Stolonen die langen vegetabilischen Stricke herabsendet.

Aber der frische, dunkle Abend machte unsern botanischen Anschauungen ein Ende; eine fast empfindlich kühle Nacht folgte, die freilich in Europa zu den wärmsten Sommernächten zu zählen gewesen wäre, und eben nur der von anhaltender Transspiration aufgeweichten Haut des Reisenden empfindlich kühl erschien.

Um 1½ Uhr in der Nacht wurden wir alle vom Schrillen und Sausen des Ventils und dem vollen Ausströmen des Dampfes geweckt. Wir waren am Ziele und befanden uns mitten auf dem Rio=Negro. Die vom Ufer herschimmernden Laternen verriethen, daß wir vor Manáos wären, ehemals Barra do Rio=Negro genannt, obwol die Stadt einige deutsche Meilen von der Barre des genannten Flusses aufwärts liegt.

Wir gingen zu Anker und, bei der für den Abend zu späten, für den Morgen zu frühen Stunde, gleich darauf zu Bette.

Manáos liegt von Belem do Pará nach unsers ersten Steuermanns, Charles Collier, Messung 971 englische Meilen; doch meint er, daß die Distanz wol etwas größer ist und in rundem Ausdruck zu 1000 englischen Meilen, also 250 deutschen Meilen, geschätzt werden muß.

Die knapp gemessene Distanz von 971 englischen Meilen würde sich in folgender Weise vertheilen:

Von Pará	nach	Breves	131	englische	Meilen.
= Breves	=	Gurupa	120	=	=
= Gurupa	=	Prainha	123	=	=
= Prainha	=	Santarem	100	=	=
= Santarem	=	Obidos	76	=	=
= Obidos	=	Villa=Bella	105	=	=
= Villa=Bella	=	Serpa	186	=	=
= Serpa	=	Manáos	130	=	=

Demnach wäre die größte Nähe zwischen zwei Ortschaften am untern Amazonenstrom 76 englische Meilen = 19 deutsche Meilen, die größte Ferne 186 englische Meilen oder 46½ deutsche Meilen, eine ungeheuere Menschenverödung, wenn man sie mit wohlbenutzten Stromufern vergleichen wollte.

Viertes Kapitel.

Manáos am Rio-Negro und Aufenthalt daselbst. — Lebenszustände der Indianer am Rio-Negro.

Indem ich mich anschicke, von der Zeit zu erzählen, die ich in Manáos zugebracht habe, fühle ich mich, selbst wenn meine Leser sehr nachsichtig sein sollten, dennoch befangen. Es gibt dort der kleinen und großen Erscheinungen, der Gegensätze, der Räthselfragen so viele, daß manches mir gewiß entgangen ist und ich dennoch so vieles zu berichten habe, daß mancher Leser sich vielleicht an dem Vielen langweilt. Ich kann da eben zu meiner Entschuldigung nur dasselbe sagen, was sich mir im Durchreiten der Cuchillos am Uruguay aufdrängte: die Individualität des Reisenden hat ihr volles Recht, mindestens ihre volle Entschuldigung. Eine Beschreibung des Landes selbst kann auch vom Studirtische aus gegeben werden, wenn der Beschreibende ganz in den Hintergrund treten soll. Darum rede ich von dem, was mich interessirte.

Wir nahmen es eigentlich den Leuten von Manáos sehr übel, daß nicht sie, sondern der heitere Morgen des 27. Juni uns aus dem Schlafe weckte. Es ward hell, und um uns herum begann langsam das kleine Stilleben der großen Natur am Amazonenstrom, oder doch am Rio=Negro.

Wir ankerten in einem wol 1500 Klafter breiten Flusse, der sich auf den ersten Blick dadurch vom Amazonenstrom unterschied, daß er bedeutend geringere Strömung hatte und statt des grauen Wassers wie jener Weltstrom schwarzes Wasser zu führen schien. An Größe aber schien er dem Amazonenstrom, wie wir ihn am Nachmittag vorher an einzelnen Stellen erblickt hatten, beinahe gleichzukommen. Von Westnordwest her floß er, an seinem Wasserhorizont keine Einfassung bildend, still daher in langem Zuge und bog dann um eine Höhe nach Osten herum, das Bild eines tiefen Ernstes, einer gewissen Schwermuth abgebend mit dem Ausdruck vollendeter Majestät.

Desto lustiger sah es nach der Stadtseite hin aus. Hier schien sich alles in den heitersten Gegensätzen zu bewegen. Hohes und niedriges Land, — Häuser auf Hügeln und am Wasser, — massive Gebäude echt europäischen Herkommens, und urechte graue Tapuihäuser, — bald Straße, bald Igarapé, — dort ein Landweg, hier eine lange Holzbrücke, — am Ufer ein Dampfboot, dicht dabei das Amazonencanot, — aus einer Thür gähnt ein weißes Gesicht, unmittelbar daneben badet die braune Jugend, — so liegt, steht und geht und schwimmt alles durcheinander.

Aber noch immer ziemlich klein ist das Gemälde, bescheiden noch immer alle Formen und Zuschnitte, wem sie auch immer angehören mögen, ob dem andringenden Europäismus, ob den mehr und mehr sich umwandelnden Urwaldserscheinungen. Es ist da noch kein mächtiger Kampf von gewaltigen Kräften auf Tod und Leben, vielmehr eine anmuthige Aussöhnung der verschiedenen Elemente. Der brasilianische Europäismus scheint unter dem Aequator sich jener

gemüthlichen Faulheit der Indianer zu befleißigen, wogegen
die Nachkommen jener Manáosindianer, die ehedem um die
Barre des Rio-Negro herum wohnten, Jacke und Hosen angezogen haben, getauft und als freie Vollbutbürger Nationalgardisten sind und wol gar zu Wahlintriguen sich benutzen
lassen durch Stimmenabgeben für Personen und Stellungen,
die sie beide nicht kennen.

Unterdeß klangen fröhliche Schallhornpassagen vom Ufer
herab zu uns, besonders vom Nordende, wo ein Soldatenquartier lag. Der höchste Vorsprung sollte eine Batterie
werden; viele aufrecht stehende Balken beurkundeten einen
Anfang von Bauten zu dem Endzwecke. Unser Commandant, der ohne Brille nicht gut sah, bemerkte mit Erstaunen,
daß man seit seiner letzten Reise schon drei Geschütze aufgepflanzt hätte. Wunderlicher Irrthum! In regelmäßigen
Zwischenräumen lagen dort oben drei friedliche Ochsen und
genossen wiederkäuend die frische Morgenluft. Um sie herum
allgemein auf den Dächern wandelten die Geier umher, als
ob sie gezähmte Truthennen wären, — wieder zwei sich versöhnende Gegensätze von Manáos, der nordische Ochs, der
indianische Geier, jener das Symbol der sinnigen Ausdauer,
dieser des ewigen Umherziehens und flüchtigen Raubthier-
lebens.

Ich ging mit meinem wackern Commandanten an das
Land und war nach wenig Minuten im Hanse der Agentur
der „Gesellschaft für Schiffahrt und Handel am Amazonenstrom" einquartiert. Nirgends konnte ich besser aufgehoben
sein. Das Haus war nach dem Palast des Präsidenten
und dem Polizeigebäude unbedingt das beste in der Stadt.
Ich hatte ein schönes Arbeitszimmer mit einem Schlafcabinet
und paßte als Reisender à toute épreuve ganz zu dem einfachen Junggesellenhaushalt, den der freundliche Gerent der
Compagnie, Herr Guimarãens, führte. Ich störte niemand,

niemand störte mich. Ganz ungehindert konnte ich mich meinen Betrachtungen, Wanderungen und Aufnotirungen hingeben.

Wirklich reizend liegt Manáos. Die Straßen der Stadt, wenn da eigentlich von Straßen oder einer Stadt die Rede sein kann, bestehen aus lauter Stücken, Enden, Ecken und Unterbrechungen. Auf und ab steigt man. Fast überall sieht man nach dem breiten, stillen und dunkeln Strom hinab, oder man wandert des Wegs bergab, um auf bescheidener Brücke einen stillen Igarapé zu passiren, der ebenso dunkel erscheint wie der Rio-Negro selbst. Aber keine Strömung bewegt die dunkle Fläche, in welcher sich einzelne Palmen, Meriti, Javari und Tucuman nebst den Sumaumabäumen ungestört spiegeln können, bis die Oberfläche erzittert und das friedliche Spiegelbild einen anmuthigen Wellentanz beginnt. Denn eine Schar badender brauner Tapuiknaben tummelt sich plötzlich in das Wasser hinein; oder einige dunkle Sirenen schwimmen kichernd aus dem Gebüsche des Ufers hervor, halb versteckt die elastischen Körperformen unter dem nachschwimmenden schwarzen Haar und im leichten Braunroth des Wassers, bis sie wieder unter dem Gebüsche verschwinden, — seltsame Amphibien, die ich als Ichthyoden unter den Menschen bezeichnen möchte und ihnen ihre Stelle anweisen in nächster Nähe der Sirenlacertinen und schlangenartigen Proteusformen, welche letztere sogar lebendige Junge gebären.

An den grünen Gebüschabhängen, die zum stillen Igarapé hinab sich senken, liegen regellos zerstreut die friedlichen grauen Wohnungen des Indianerthums, in deren Innerm die Hängematte als uraltes Symbol, als Adelsbrief des Waldes kaum auf Augenblicke aus ihren Schaukelschwingungen herauskommt und das von den Ahnen angeerbte dolce far niente des Tapui vollends in den Schlaf einwiegt.

Eine ordentliche Kirche hatte Manáos dermalen nicht. Die ehemalige dienstthuende war vor acht Jahren etwa abgebrannt; eine neue war eben angefangen; wenigstens konnte man schon den Bauplatz erkennen. Die kleine Kirche oder Kapelle von Nossa Senhora dos Remedios versah die Stadt Manáos mit den nothwendigsten geistlichen Gütern und Segnungen.

Nossa Senhora dos Remedios, „unsere Liebfrauen zum Heil", wie wundervoll liegt doch die kleine Kirche! Man wandert aus der Stadt über eine lange, eben im Einfallen begriffene Holzbrücke zur andern Seite des stillen Igarapé hinüber in östlicher Richtung und gelangt zum höchsten Punkt von Manáos. Da blickt man etwa 100 Fuß hinunter über den breiten Bogen des mächtigen Rio-Negro; da übersieht man den Wald drüben und an allen Enden; da athmet das letzte europäisch-indianische Leben am ersten Anfang des Urwaldes, ohne vor seinen dunkeln Schauern zurückzubeben. Keine Stelle weiß ich am ganzen Amazonenstrom, wie auf dem freien Platze von Nossa Senhora dos Remedios, wo ein so stiller, heiliger Friede liegt, ein Palmenfriede, den man freilich in Worten nicht wiedergeben kann, sondern selbst athmen muß an jener vom Christenthum und der Natur gleichgeweihten Stelle recht im Herzen von Südamerika.

Sonst beeilt man sich nicht, zur Verherrlichung der neuen Provinzialhauptstadt Manáos, der alten Barra do Rio-Negro, Bauten aufzuführen. Ein sogenannter palacio do presidente scheint mir etwas schalkhaft über seinen eigenen Namen zu lächeln und auf schwachen Füßen zu stehen. Die Wohnung des mir gegenüber wohnenden Polizeichefs, ein Stockwerk von sechs Fenstern breit, war sehr locker construirt. Nur einige neue Stockwerke waren sonst aufgebaut; alles sah aus, als ob man erst noch auf etwas wartete, was allem dem rechten Impuls geben sollte.

Bis dieses Etwas kommt, hat man die Stadt in verschiedene Kirchspiele eingetheilt, S.-Vicente im Westen, mit dem Hospital und Kriegsapparat — das Kirchspiel da Matriz — und Nossa Senhora dos Remedios, von welchen drei Kirchspielen nur das letzte eine Kirche hat.

Der Chef der Kirchen in der Provinz ist der Vigario Geral, Conego Joaquim de Azevedo, Generaldirector aller Indianer, wohnhaft in einem alten Seminar gleich am Hafen, in demselben Hause, in welchem vor 37 Jahren der edle von Martius gewohnt haben soll.

So geht freilich der Stadt Manáos aller Glanz einer zusammenhängenden Präsidentenresidenz ab; doch macht sie das nur anmuthig und anziehend. Ueberall drängt sich die Natur mit Bananen, Palmen, Genipapo, Orangen u. s. w. bis an die Häuser der weißen und braunen Menschheit ohne Ansehen der Person; und auf den Höhen und Dächern der Hohen und Geringen sitzen und laufen die Geier zu Dutzenden umher in der friedlichen Absicht, die öffentliche Reinlichkeit auf das sorgfältigste zu überwachen.

Von allen Persönlichkeiten, die ich nur im entferntesten angehen konnte, ward ich in Manáos in der zuvorkommendsten Weise aufgenommen; und wennschon das Privileg, ein Reisender, und zwar ein vielfach empfohlener zu sein, mir viele Thüren öffnete, so ward ich noch mehr aufgesucht, als man die Eigenschaft eines Arztes in mir entdeckte und reichlich benutzte.

Beides nun gab mir Gelegenheit, mannichfach, viel und tief in das Leben, in alle Leiden und Freuden der menschlichen Gesellschaft des Ortes hineinzublicken. Nach einer Angabe des „Diccionario topographico, historico, descriptivo da Comarca do Alto-Amazonas" vom Kapitänlieutenant der Flotte Lourenço da Silva Araujo e Amazonas, vom Jahre 1852, waren damals in der Stadt Manáos an Einwohnern

900 Weiße,
2500 Mamelucos oder europäisch-indianische Descendenten,
4080 Eingeborene (Indianer),
640 Mesticos, Mischlinge von Negern und Indianern,
380 Negersklaven, im ganzen demnach:
8500 Seelen, welche auf etwa 900 Feuerstellen ihre bunte Wirthschaft treiben.

Ich glaube nicht, daß diese Zahl von 8500 Menschen seitdem sich viel vermehrt hat. Verbessert soll sich ungemein vieles haben. Der Administrationsapparat der Präsidentschaft hat viel mehr Leute von Erziehung, auch mehr speculative Kleinhändler herbeigezogen; aber an lebhafter Bewegung, an Reichlichkeit der Production, an Bedeutung des Exports hat in Manáos alles eher abgenommen als zugenommen, während der Import allerdings zunimmt auf Kosten der Bewohner. Und wenn sonst in Manáos manches hübsche Vermögen gesammelt worden ist, scheint heutigen Tags im Orte das Reichwerden keineswegs an der Tagesordnung zu sein, eher das Herunterkommen der Wohlhabenden.

Uebrigens faulenzen sie eigentlich auch alle in Manáos, durch alle Kategorien und Stände hindurch, Weiße, Farbige, Freie und Sklaven.

Am meisten Thätigkeit wird natürlich noch unter den Weißen entwickelt, schon weil sie am meisten Lebensbedürfnisse kennen und regelmäßig Familie haben. Fast alle, die nur einigermaßen Erziehung haben, sind Kleinkaufleute und haben einen offenen Laden von allem, was zur Leibes Nothdurft und Nahrung gehört. Ich begreife nicht, daß sie alle noch etwas verdienen bei der starken Concurrenz.

Dazu kommt noch ein Umstand, der den Leuten das Leben etwas schwer macht. Die liebe Natur will am Amazonenstrom hinreichende Population haben. Und da nun die im Walde umherstreifenden Tribus abnehmen und sich eben aus der Kinderpflege nicht viel machen, so müssen in Manáos die Familien herhalten und für den jungen Menschennachwuchs sorgen.

Die Productivität in den Familien der in Manáos etablirten Leute ist wirklich großartig. Mit einer resignirten Zufriedenheit, die fast an Selbstmordslustigkeit grenzt, bekommen die Frauen alle Jahre ein Kind; und da sie meistens jung heirathen, so geht dieser Lebensproceß bis in die Dutzende von Sprößlingen hinein. Ich ward zu einem Kaufmann und Major der Nationalgarde gerufen, Herrn Tapajoz. Aus erster Ehe hat er vier Kinder, mit der zweiten Frau, die noch recht rüstig und jung ist, zehn Kinder. Mit diesen 14 Kindern hat nun die lebhafte, ungemein gute, liebe Frau ein Stück Arbeit, wie man sich das in Städten, die alle Hülfsmittel bieten zur Pflege und Erziehung so vieler Kinder, gar nicht denken kann. Als Frau einer guten, weißen Familie will sie die Kinder, wenigstens die heranwachsenden Mädchen, ordentlich in der Kleidung halten, und der Vater will sie ordentlich erzogen wissen. Es wird Musik im Hause getrieben, Französisch, Italienisch, alles mit Beseitigung unendlicher Schwierigkeiten. Da waren die Mädchen besonders gar liebe Kinder. Die ältern halfen den jüngern und suchten der Mutter das Leben leichter zu machen, während einige kleinere wilde Rangen alle Erziehungstheorien umrissen und in kurzen Hemdchen oder Kleidern umherliefen, um möglichst leicht und bequem Unfug anstiften zu können. Und dabei soll die Mutter niemals ungeduldig werden! — An Schulen, Lehrern u. s. w. fehlt es noch überall und wird es noch lange fehlen. — Beim Polizeichef der Provinz traf ich acht Kinder, das älteste Kind nur 11 Jahre alt, alle blank und rein wie die Orgelpfeifen einer Kirche. Die niedliche Kinderoctave war gar zu anmuthig; einige waren nicht einmal ein Jahr im Alter auseinander, ganz kunstgerecht nach der Tonleiter construirt, die auch zwischen e und f und zwischen h und c einen kleinern Zwischenraum hat. Das ganze Haus bot ein vollkommen europäisch abgerundetes Familienbild. Und nachdem das wackere Ehepaar schon hinreichend die ungeheuern Schwierigkeiten kennen gelernt hat, die ihm in Manáos zu einer sorgfältigen Kindererziehung im Wege stehen, versetzt man den Mann nach Teffé, dem ehemaligen Ega, noch etwa 90—100 deutsche Meilen den Strom weiter hinauf gegen die Grenze hin. Der Minister der Justiz in Rio hätte, wenn er auf den vielgedienten Mann keine Rücksicht nehmen wollte, etwas galanter gegen eine Frau von Erziehung und eine Mutter von acht Kindern sein und hübsch an das jus trium liberorum denken sollen.

So wimmelt es denn von Kindern überall in Manáos; und es scheint wirklich, als ob die Urubus, die Geier, die ganz die Bedeutung und das geheiligte Ansehen unserer nordischen Störche haben, auch in Bezug auf das Bringen der Kinder dieselbe Stellung einnehmen am Rio-Negro wie der Adebar des wackern Klaus Groth in der schleswig-holsteinischen Marsch.

Die braune Gesellschaft macht sich das alles viel leichter. Ueberhaupt sind die Tapuis die größten Philosophen, die ich gesehen habe. Die treuesten Anhänger des Diogenes sind sie vollkommen glücklich mit dem, was ihnen die Natur an Jagd, an Waldfrüchten, an Palmennüssen, an Bertholletienkernen vor die Füße wirft. Dazu gewinnen sie, wenn ihr Ehrgeiz höher steigt, etwas Gummi oder einigen Cacao, verkaufen verschiedene andere Waldartikel, fangen einige Fische und Schildkröten zum Verkauf und verdienen so etwas Geld zum Anschaffen vom nothwendigsten Weißzeug; denn zur Ambition irgendein Stück leichten Tuchzeugs zu erwerben, erhebt sich der Tapui am Rio-Negro noch nicht. Sie haben von der Cultur alles angenommen, was ihnen bequem ist, mit Ausschließung alles dessen, was irgendeinen Arbeitsproceß voraussetzt. Gern haben sie sich dem Bürgernerus angeschlossen, weil er ihnen das Recht läßt, sich zu keiner Arbeit zwingen zu lassen, und sie im vollen Genuß aller Rechte leben macht, sodaß es z. B. immer ein sehr riskantes Verfahren sein würde, einmal einem Tapui eine Ohrfeige zu geben. Auch thun sie Nationalgardendienste, um so eher, da der Dienst sie in keiner Arbeit stört, sondern ihnen vielmehr eine Art von Spaß macht und sie zu einem gewissen patriotischen Stolz potenzirt.

Ebenso eifrig sind sie Katholiken; die formenreichen Gottesdienste, bunte Gewänder, Lichter, Weihrauch und Schellengeläute gefallen ihnen ganz gut und incommodiren sie in nichts.

Damit ist aber auch ziemlich alles abgethan. Immer noch leben in ihnen alte Waldklänge fort. Sie sprechen in der gewöhnlichen Welt portugiesisch; und doch hört man an allen Ecken und Enden die lingua geral, die mir in schnurgerader Linie von der Guaranisprache abzustammen scheint, von ihnen geredet werden, wenn sie in ihrer Welt sich befinden.

Ebenso geht es ihnen auch mit der katholischen Kirche. Gewissenhaft halten sie alle Festtage, zumal was das Ruhen am Festtage betrifft. Aber in die sonstige Feier mischen sich mannichfache, gewiß noch aus ihrer unverdeckten Heidenzeit herstammende Gebräuche.

So sollen sie besonders den Vorabend des Johannistags eigenthümlich begehen. Das hatten sie auch zwei Tage vor meiner Ankunft gethan. Sie machen eine Art von lustigem, vielfach geschmücktem Bogen und noch manche andere Guirlanden und tragen das unter Singen und rhythmischen Tänzen umher. Der Aufzug soll sehr gut aussehen und an manche ähnliche Tänze auf einzelnen Südseeinseln erinnern.

Einen andern Aufzug sah ich gleich nach meiner Ankunft; mit diesem sollten St.=Peter und St.=Paul geehrt werden. Man nannte den Aufzug Bumba.

Schon von fern hörte ich aus meinem Fenster ein wunderliches Singen und Klappern dazu in synkopirender Weise. Es kam im Dunkel ein ziemlicher Volkshaufe die Straße herauf, machte gerade vor dem Hause des Polizeichefs halt und schien sich zu ordnen, ohne daß man etwas erkennen konnte.

Plötzlich erhellten einige lobernde Fackeln die Straße und die ganze Scenerie. Zwei Reihen von Farbigen, im buntesten Maskenaufzug, aber ohne Larven, — denn die braunen Gesichter sahen besser aus —, hatten sich einander gegenüber aufgestellt und bildeten so einen freien Platz. Am einen Ende stand im indianischen Festputz der Tüchänä oder Chef mit seiner Frau; letztere war ein gutgewachsener Knabe, wie denn keine Frau und kein Mädchen mit am Fest activ theilzunehmen schien. Diese Frau Tuchaua hatte einen hübschen Anzug an, mit einem kurzen Röckchen von bunten Farben und einer saubern Federkrone. Das Costüm hätte um Haupt und Hüften einer muthigen Tänzerin in Paris oder Berlin ein ganzes Parterre vernichtet. Vor dem Ehepaare stand ein Beschwörer, ein Pagé —, ihm gerade gegenüber am andern Ende des Spaliers — ein Ochs. Aber kein wirklicher, sondern eine mächtige, leichte Rückenform eines Ochsen, an den Seiten mit einer Draperie verhängt, nach vorn in zwei wirkliche Ochsenhörner auslaufend. Ein Mann trägt diesen Ochsenrücken auf dem Kopfe und hilft so das Bild einer Ochsenmaske von großartigen Dimensionen vollenden.

Während nun der Chorus im Takt mit Hölzern klappt und dazu eine monotone Weise bocca chiusa summt, avancirt der Pagé, der Beschwörer, im tanzenden Takte gegen sein vis-à-vis und singt:

O boi he muito bravo
Precisa amansa-lo.

(Zu deutsch: Der Ochs ist sehr wild, man muß ihn zähmen.)

Das nimmt der Ochs sehr krumm und treibt mit den Hörnern seinen Partner ebenfalls tanzend zurück zur Stelle des Tuchaua. Aber mit derselben Zähmungsformel tanzt der Pagé den Ochsen wieder zurück, dann der Ochs den Pagé; und so dauert der seltsame Tanz in allerlei Wendungen und Verdrehungen der beiden Mitspielenden, bei deren Anblick selbst der grämlichste Junggesell nicht ernsthaft bleiben würde, eine geraume Zeit fort unter taktmäßigem Klappern und Singen der Umstehenden.

Endlich wird der Ochs zahm, stille, in sich gekehrt, schwermüthig und sinkt zu Boden, und in demselben Nu schweigt alles. Eine Todtenstille herrscht im Kreise!

Was ist dem Ochsen begegnet? Ist er im Sterben, oder ist er schon todt, der gute Ochs, der eben noch so wacker seine Rolle spielte? Man holt schnell einen andern Pagé, um ihm zu helfen; ja bei frühern Aufzügen holten sie sogar einen Padre, der dem Ochsen das heilige Viaticum in die Schnauze stecken mußte. Das ist ihnen aber jetzt verboten, und sie müssen sich mit dem Pagé allein begnügen.

Der singt nun vor dem Ochsen eine sehr wehmüthige Melodie, die aber nicht anschlägt. Der Ochs rührt sich nicht. Er stimmt eine noch wirksamere Beschwörungsmelodie an, aber auch umsonst, der Ochs rührt sich nicht. Und nachdem er allein nichts hat anfangen können, hilft die ganze Versammlung mit, leider aber mit demselben Ausgang. Der Ochs ist und bleibt todt.

Nun beginnt unter Gesang ein Rundtanz in regelmäßigen

Sprüngen und Taktabschnitten, die gewiß ein förmliches Studium und Einübung verlangen. Die Hände in die Seiten gestemmt und sich in einer langen Kette folgend treten alle Tänzer a tempo mit dem rechten Fuß vor, zurück und vor, und machen dann die Pause eines vollen Takts, dann mit dem linken Fuße ebenfalls und so weiter, mit hübscher Biegung des Körpers zur Seite, welche gerade die Bewegung macht. So umtanzen sie die in der Mitte neben dem Ochsen zusammengeworfenen Fackeln, wobei die bunten, belebten Gestalten wundervolle Lichteffecte abgeben. Sie singen besonders von einer „Lavandeira", wie sie Lavadeira aussprechen, von einer „Wäscherin", die ihnen ein reines Taschentuch, damit sie sich recht satt weinen können, geben und auch wahrscheinlich den todten Ochsen waschen soll. Der Pagé aber singt immer einen, wie es scheint, jedesmal improvisirten Vers dazwischen, gerade wie ein wiener Schnadahüpf'l'n. So treiben sie es eine Zeit lang.

Und da man sich nun einmal von der traurigen Wirklichkeit, der Ochs sei ernsthaft todt, überzeugt halten muß, so entschließt man sich zum großen letzten Act, zu einer gesungenen Aufforderung eines allgemeinen

— — — — chora,
O boi ja vai-se embora

(man weine, der Ochs geht nun fort, d. h. um begraben zu werden).

So ziehen sie klappernd und singend ab mit ihrem Ochsen, wobei dieser, gerade wie ein gefallener Theaterheld gleich nach gesunkenem Vorhang, die feine Rücksicht nimmt, auf eigenen Füßen, d. h. dessen, der ihn gebracht hat, mitzugehen, um gutmüthigerweise an der nächsten Ecke und so bis in die Spätnacht hinein fünf- bis sechsmal an einem Abend zu sterben.

Wie weit Sinn und Anspielung oder Reminiscenz an ein

altes ehemaliges Fest im Walde dabei geht, kann ich nicht sagen. Für mich hatte aber der Aufzug mit seinen Chören und sorgsam taktmäßigen Sprüngen etwas ungemein Anziehendes, etwas von wilder Poesie an sich.

Wem aber der Ochs dabei eine prosaische Rolle zu spielen scheint, dem rathe ich, im Carneval nach Paris zu gehen und den boeuf gras aufzusuchen, hinter welchem ganz Paris herläuft, besonders der Faubourg St.-Marceau und St.-Antoine; denn die vornehme Welt sieht aus den Fenstern dem Dinge zu in gespannter Erwartung, gerade als ob ein Held, ein Cäsar kommen sollte;

And if you saw his chariot but appear,
Dis you not make a universal shout?

So läßt der große englische Tragöde seinen Volkstribun den Römerpöbel anfahren, der noch gestern Pompejus jauchzte, um heute Cäsar zu rufen.

Im Carneval aber läßt der pariser Pöbel nur den boeuf gras leben, wie man in Manáos am Vorabend von S.-Pedro e Paulo nur an dem „wilden Ochsen" Gefallen fand, wobei ich die Bemerkung machen muß, daß der pariser Volksgeruch beim Gedränge solcher Versammlung ungemein penetrant ist und ein Volksgestank genannt werden muß, während die guten Manáoslente, besonders nun gar die braunen Mädchen mit triefenden Haaren, nach dem Wasser des Rio-Negro oder einer hinter das Ohr gesteckten duftigen Genipapoblume dufteten.

Während so aus heidnischer Zeit ein Aufzug den katholischen Festtag bei ihnen einleitet, so kommt auch in ihrem bürgerlichen Leben noch manche Paradoxie vor, z. B. in ihrem Essen. Sie essen viel und gern; doch sind sie nicht lecker genug, um gute Kost für Arbeit zu gewinnen. Besonders scheinen die Frauen darin sehr genügsam zu sein. Während der Tapui seinerseits auf die Jagd geht, um sich etwas zu erlegen von irgendwelchem Wild, — und wir wollen ihn gleich bei solcher Jagd aufsuchen, — ist die Jagd der Frauen viel einfacher und bescheidener. Wir können einmal eine kleine Frauenjagd erzählen.

Ich hatte dicht bei der Stadt, ja noch innerhalb derselben, einen kleinen Seitenweg eingeschlagen, als ich mitten in der Landstraße vier Indianerinnen im Kreise um einen Erdgang, etwa wie ein Maulwurfgang gebildet, sitzen sah; es war eine Großmutter, ihre Tochter und zwei erwachsene Enkelinnen. Jede hatte einige Streifen von Palmenfoliolen bei sich liegen. Sie steckten abwechselnd solchen Streifen auf einige Secunden oder halbe Minuten in den Gang hinein. Wenn sie denselben dann herauszogen, hatten sich 6 — 12 Ameisen darin festgebissen, aber Ameisen von einem immensen Kaliber. Sie waren wol einen Zoll lang, ungemein dick und fett, mit sehr starkem Kopf und dickem Bruststück, jederseits mit drei Spitzen versehen, widerliche Thiere von hellbraunem, chlorotischem Aussehen und höchst intensivem Wanzengestank. Mit großer Sorgfalt sammelten sie diese dicken, wenig behenden Thiere in ein Töpfchen mit Wasser oder in ein Bananenblatt. Und als ich nun fragte, was sie mit den widerlichen, stinkenden Thieren anfingen, sagten sie mir, sie wollten sie braten und essen, denn die Manioara schmeckte sehr gut.

Mir wurde wirklich etwas übel bei dem Gedanken, daß das grausige Gewürm gegessen werden sollte. Die eine Enkelin aber, ein allerliebstes, braunes Geschöpf von 20 Jahren und üppigen, schwarzen Haaren, mit dem frischesten Munde und den herrlichsten Zähnen, die man nur sehen konnte, wickelte ungemein geschickt ihre Manioaras in ein Stück des Bananenblatts und wand behende und graziös einen Grashalm darum. Dann hielt sie das grüne Päckchen ans Ohr und horchte mit dem Ausdruck der vollsten, kindischen Lüsternheit nach dem Krabbeln ihrer Thiere, die sie sich im Hause braten wollte. So zogen die vier Weiber nach vollendeter Jagd nach Hause, um dort in aller Gemüthlichkeit ihre Beute zu verzehren.

Auch die Jagd der Männer ist, trotz ihres civilisirten Zustandes, wie man dieses thatenlose Leben einer Halbgesittung nennt, immer noch voll von Reminiscenzen des Urwaldes und für den europäischen Reisenden höchst eigenthümlich.

Im Contact mit der Gesellschaft und besonders durch den Nationalgardistendienst haben sie den Gebrauch der Flinte kennen und ihren Werth schätzen gelernt. Im Kampf gegen größere Thiere, auf der Jagd von Tapiren und Unzen bedienen sie sich, wenn sie dazu kommen können, gern des Pulvers und der Kugel; bei kleinern Jagden aber ist Pfeil und Bogen noch immer nicht beiseite geschoben von der Büchse. Mit Pfeil und Bogen gehen sie noch an den Fluß und erlegen mit großer Sicherheit die Pirarucu und die Schildkröte. Beim Erlegen ersterer wissen sie genau die Licht ablenkende Kraft des Wassers anzuschlagen. Beim Schießen der zweiten sollen sie den Pfeil in einem hohen, wohlberechneten Bogen fortschnellen, sodaß er in lothrechter Linie auf das Thier herniederstürzt und es durchbohrt, ohne am Schilde abzugleiten, wie es der Fall sein würde, wenn sie in gerader Linie auf das Thier schießen wollten.

Unerschütterlich hat Pfeil und Bogen dabei die Form des Urwaldes beibehalten. Der Bogen wird aus dem harten, schweren und doch ungemein elastischen Holze des Páo d'Arco, des „Bogenbaums" gemacht, jener herrlich blühenden Vignonie mit rothen, und bei einer andern Species mit goldgelben Blüten. Der Bogen ist etwa 6 Fuß lang, ungemein schlank und meistens ganz gerade, oft auf der einen Seite rinnenförmig ausgehöhlt, wodurch er noch elastischer werden soll, von schwarzer oder dunkelbrauner Färbung, fast dem

Jacarandaholz ähnlich), mit dem der Páo d'Arco ganz nahe verwandt ist. Die Schnur ist gewöhnlich aus Tucumfäden oder Ananasflachs, Carua, zusammengedreht und eben nicht fest angezogen, wenn sie auf dem Bogen aufgespannt ist.

Die gewöhnlichen Pfeile sind ein einfaches Rohr oder vielmehr Blütenstiel des fächerartigen Pfeilgrases. Das Rohr ist fest, innen markzellig, leicht und vollkommen gerade. Es ist am Pfeil meistens 3 — 4 Fuß lang und selbst noch länger. Das dickere Ende wird mit einer harten Spitze aus dem Holze des Páo d'Arco von 1 — 1½ Fuß Länge versehen und der Verbindungspunkt sauber und sicher umwickelt. Das spitz zulaufende Ende dieses Holzaufsatzes ist in Intervallen geringelt und auch wol mit leichten Widerhaken versehen.

Das untere Ende des Pfeils ist oft nur mit Tucumfäden umwickelt und einem leichten Harz umgeben. Der Federanhang scheint im Urwalde zurückgeblieben zu sein und ist nicht nothwendig zur sichern Richtung des Pfeils.

Manchmal ist statt des Holzes auch ein spitzes Knochenende oben am Pfeilrohr; oder auf dem harten Holze findet sich sauber gezähnt und zugespitzt ein Ende Fischgräte, deren Einfügung in das Holz ebenfalls sauber umwickelt ist. Oder man hat ein Stück Taquara oben aufgesetzt und an das spitze Holzende eine Gräte als Widerhaken angefügt, sodaß die Pfeilspitzen ungemein mannichfaltig werden. Viele Pfeile sind auch ganz und gar aus Bignonienholz gemacht, ziemlich schwer, und haben, kräftig abgeschossen, ungemeine Gewalt.

Um aber der Kraft des Pfeils zu Hülfe zu kommen, vergiftet man noch immer viele Pfeile, namentlich diejenigen, mit denen man Jacarés schießt. Dieses Pfeilgift, Düärī, wie es am Rio-Negro ausgesprochen wird, wird als ein Geheimniß von den Indianern im Urwalde aus verschiedenen Loganiaceen, Strychnosarten, bereitet und verkauft oder verhandelt. In den Handel kommt es in kleinen, runden, flachen Töpfchen aus Thon; es hat eine glänzende Oberfläche, ist von schwarzgrüner Farbe und schmeckt bitter. Zu ihrem eigenen Gebrauche tragen die Jäger es mit sich in einer kleinen Calebasse umher. Ich bekam es in beiden Gefäßen in Manáos geschenkt, wo es einen großen Handelsartikel bildet.

Das Gift wird, wenn es auf einen Pfeil aufgetragen werden soll, weich gemacht und besonders in die kleinen Ritzen der Holzspitze hineingestrichen. Solch ein Pfeil heißt dann eine Freicha hervada, ein gekräuterter Pfeil. Sein tieferes Eindringen und Sitzenbleiben auf einige Momente ist sicherer Tod; denn das Gift Ouari steht dem berüchtigten Upas tieuté der Javanen nicht nach, sondern ist mit ihm gleichen Ursprungs und von gleicher Wirksamkeit.

Da nun eine unvorsichtige Verwundung mit solcher vergifteten Spitze ernsthafte Folgen haben kann, so bewahrt man die Freichas hervadas auf, indem man ihre obern Enden in eine lange, spitze Kappe steckt, in welcher wieder jeder Pfeil seine besondere Scheide hat. Auch diese Pfeilkappen sind niedlich und zierlich gearbeitet, wie denn der ganze Mordapparat, Bogen, Pfeile, Spitzenkappe und Ouaricalebasse eher wie zu einem Spielzeuge als zu ernsten Angriffen gemacht zu sein scheint.

Nicht vergiftete Pfeile werden in einen geflochtenen und mit Harz versehenen kurzen Köcher gethan, ohne daß sie in demselben voneinander getrennt werden.—

Zum Erlegen kleinerer Vögel bedient man sich der Sarabatana, des Blasrohrs. Man macht sie zu einer Länge von 10—12 Fuß aus zwei ausgehöhlten, wohl aufeinander passenden Stücken und umwickelt sie sorgfältig mit einer Schnur von Tucum oder Carua, oder auch mit einer Art von festem Bast. Unten versieht man sie mit einem breitern Mundstück.

Man schießt aus ihnen mit nassen Thonkugeln oder ganz kleinen Pfeilen, den sogenannten Gravatanas. Letztere sind einfach und niedlich aus den Seitenrippen der Palmenblätter, welche fest und derb sind, geschnitten von der Länge eines Fußes und darüber. Unten werden sie mit der Wolle der Sumaumeira leicht versehen, sodaß diese Wolle beim Fort= blasen die Luft auffängt und den Pfeil forttreibt. Zu einer außerordentlichen Höhe steigt die kleine Mordwaffe, und der von ihr getroffene Vogel wird sie nicht wieder los.

Der Jäger trägt sie in einem Ende der Taquara mit sich umher, oder auch in einem kleinen, eigens dazu geflochtenen Körbchen oder Köcher. Der kleine Apparat ist ungemein niedlich und oft sehr sauber zusammengesetzt.

Und so ist auch ihr Hausgeräth, wie unbedeutend es auch sein mag, immer niedlich. Von Mobilien, von Tischen, Schränken u. s. w. ist natürlich nicht die Rede. Sie haben eben nicht viel Zeug aufzubewahren, brauchen also keine Schränke; wozu wir Tische gebrauchen, das geht bei ihnen auf ebener Erde vor sich. Bis zu einem Stuhle, einem Sitze erhebt sich ihre Ambition manchmal; aber dieser Stuhl erhebt sich nicht leicht über 5 oder 6 Zoll vom Boden. Er besteht aus einem etwa 2 Fuß langen und 1 Fuß brei= ten, leicht ausgehöhlten Bret, fast einer flachen Mulde ähn= lich, und hat vier dicke, viereckige Beine, welche in der Längs= richtung unten wieder durch ein Holz verbunden sind. So sieht der „Stuhl" eher wie ein lappländischer Schlitten als wie ein Stuhl vom Amazonenstrom her aus. Offenbar ist er nach dem Modell einer Schildkröte gemacht. Das Be= merkenswertheste dabei ist, daß das ganze Kunstproduct ge= wöhnlich aus einem Stück Holz geschnitten ist, gerade wie man ein Canot, ein ganzes Boot, aus einem Stamme ver=

fertigt. Viel leichter wäre es, die kurzen Stuhlbeine mit Nägeln an das Sitzbret anzunageln; aber das würde vier bis acht Nägel kosten, was zu theuer sein würde. So ziehen sie denn die mühsame Arbeit, das Ganze aus einem Blocke zu schneiden, bei weitem vor.

Die Sitzmatten auf dem natürlichen Fußboden im Rancho der Indianer und diejenigen, die man vor die Fenster hängt und vor die Thüren stellt, sind aus Palmenfoliolen geflochten. Eine Töpferei in Serpa und noch mehr die in Breves versorgt Manáos mit Thonarbeit. Man sieht Töpfe u. s. w. in eigenem indianischen Geschmacke, zierliche Waschschalen und Waschkrüge, deren buntes Colorit köstlich ist. Gelb und roth ist die Hauptfarbe am Steingut. Das Gelb wird aus einem Erdocher, ein Rothgelb aus der gelbrothen Rucu oder Bixa orellana bereitet, ein sehr intensives Roth aus den Blättern einer Bignonie (B chica). Diese Blätter werden zerkocht und dann eine Rinde, Arayana, hinzugethan, wodurch sich ein rothes Präcipitat bildet. Dieses wird in kleine, runde Kuchen geformt und kommt, mit Blättern umwickelt, in den Handel unter dem Namen von Carajurú. Häufig mag es hier mit der Farbe der wirklichen Bira verwechselt oder beide miteinander vermischt werden. In Manáos unterschied man gelbes Rucu oder Urucu und rothes, ohne daß man mir genau den Pflanzenunterschied beider angeben konnte.

Aller übrige Gefäßbedarf im indianischen Hause wird von der unsterblichen Calebasse geliefert. Von allen Größen hängt diese seltsame Frucht an allen dicken Zweigen und dem Stamme des Baums herab. Gar leicht läßt sich das weiche Mark herausschälen, sodaß nur die feste, hornige Schale, kaum zwei Linien dick, zurückbleibt.

Man hat nun ganz runde und ganz längliche Calebassen, mannichfaltiger als ich sie sonst wo gesehen habe. Eine kleine, der Länge nach aufgeschnittene Calebasse ist ein Löffel; eine etwas größere, in der Mitte durchgeschnittene ist eine Tasse. Eine große Calebasse, die nur oben neben dem Einsatz des Stiels eine runde Oeffnung hat, ist ein Balde, ein Eimer, und enthält bis acht Flaschen Flüssigkeit. Einige sind lang oval, wie Kürbisse oder lange Gurken, und scheinen wirkliche Cucurbitaceen zu sein. Haben sie nur oben eine kleine Oeffnung, so ist es eine Flasche, die 6 — 8 Pfd. Wasser fassen kann. Ist die lange Calebasse in der Mitte durchgeschnitten, so bilden beide Hälften ein großes Trinkglas. Und schneidet man dieselbe Frucht der Länge nach auf, so bildet jede Hälfte eine treffliche Füllkelle. Kurz man kann sich Gefäße schneiden, wie man will.

Mit den runden, halb durchgeschnittenen Calebassen treibt man sogar eine ökonomische Koketterie. Man lackirt sie innen und außen schwarz. Oder man malt sie außen graugrün an, innen schwarz, mit rothen Ringen, bunten Arabesken und goldenen Quadraten. Sogar einen Handel treiben einzelne Ortschaften mit solchen Calebassen am Amazonenstrom; aber in Manáos sah ich die hübschesten. Doch ist Prainha am bekanntesten wegen seines Handels mit bunten Calebassen.

Und nach allem diesen möchte ich auch in Manáos, gerade wie in Cametá am Tocantins, die Frage aufwerfen: Wenn Wald, Flur und Fluß den einfachen, genügsamen Indianernaturen Essen und Trinken liefert, warum sollen sie es der gebenden Natur auf andere Weise abzwingen? Wozu ein Ziegeldach, wenn Enterpen und Geonomen sich so leicht zu einem Dache fügen, wenn der Bussu für 20 Jahre ein Haus deckt? Der Bussu, welche herrliche Erscheinung! In Manáos lernte ich einmal das großartige Blatt in seiner vollen Ausdehnung kennen. Ein Tapui legte sich auf einem Grasplatze sein Bussudach zurecht; von weit her hatte er sich die Blätter geholt. Die jungen, noch nicht viel vom Winde umhergeschlagenen Blätter bildeten jene einzige, zusammenhängende Blattfläche ohne den geringsten Einriß, gerade wie ein junges Pisangblatt. Die wunderhübsche Zähnung des Randes zeigte die Zahl der Rippen an, in welche das Blatt sich zertheilen würde. Welche Blattfläche von 25—30 Fuß Länge bei 3—4 Fuß Breite! Zehn Blätter bedecken den Boden eines großen Saales schon vollständig; nur einige Blätter kann ein Mann zu gleicher Zeit forttragen. Ihrer zwanzig sind hinreichend, um in doppelter Lage ein graues Indianerhaus zu decken.

Und doch darf eins in einem echten Tapuihaus von Manáos nicht fehlen, die unsterbliche Hängematte, die berühmte Rede!

Um Gottes willen darf ich nicht von jenen baumwollenen, buntgewebten Hängematten reden, die schon anglo-amerikanisches Fabrikat geworden sind und in allen Mustern, allen Größen und zu den mannichfachsten Preisen als ziemlich bedeutender Handelsartikel eingeführt werden in Pará und verkauft, indem die nicht in Hängematten erzogene Generation diese theuerern und breitern Fabrikate vorzieht als einen prunkenden Luxusartikel aus Europa.

Ich will hier nur von jenen Netzen und Flechtwerken reden, zu denen das Material auf luftigen Palmenstämmen wächst, oder in den langen, fleischigen Blättern der Bromelien versteckt liegt, von den Matten und Netzen, die aus Tucum und Carua geflochten werden.

In der Reihe der von Stacheln starrenden Astrocaryen, von denen sich wegen mannichfachen Nutzens die schon genannten Javaripalmen, die Tucuman, Murumuru u. s. w., die ich schon bis zum Rio-Negro hinauf fand, auszeichnen, ist vor allen das Astrocaryum vulgare zu nennen, eine Palme, die an Zartheit und Zähigkeit des Foliolenparenchyms alle andern Astrocaryen übertrifft und ebendeswegen zu technischen Zwecken mannichfaches Material liefert.

Die abgestreifte Oberhaut der jungen Blattfoliolen wird mit den Händen auf dem Schenkel zusammen- und ineinander gedreht in so geschickter und kunstvoller Weise, daß sie lange, ungemein feste und sichere Schnüre liefert. Diese werden wiederum zusammengedreht, bis dadurch eine mäßig dicke Schnur entsteht, aus welcher nun ein wirkliches, aber mit lose ineinander sich bewegenden Maschen versehenes, grobes Netz gestrickt wird. Dieses Netz wird an seinen beiden Enden von noch etwas dickern Tucumschnüren zusammengeholt und aufgebunden zu einer gemeinschaftlichen Partie, welche von einem Stricke gefaßt und an einem beliebigen festen Punkte aufgehängt wird. So entsteht das reizendste, in der Luft schwebende Lagernetz, dessen Schnüre und Maschen oft roth und hellgelb gefärbt sind. Mit der allerunbefangensten Dreistigkeit kann man es ausspannen und sich hineinlegen; ja zwei Personen müßten schon sehr schwer sein, wenn es unter der vereinigten Last beider zusammenbrechen sollte. Man liegt ungemein kühl in solchem hängenden und schaukelnden Bett, besonders wenn man einige Uebung erlangt hat, sich in seinen Schrägdurchmesser hineinzulegen und sich behaglich darin auszustrecken.

Diese Netze kann man noch viel zarter machen, wenn die Tucumfädenschnüre recht fein und fest gedreht sind. Diese feinern, wirklichen Fischnetzen ähnlichen Redes oder Maqueiras lassen sich zu einem ganz kleinen Volumen zusammendrehen und bilden so ein portatives Bett von dem allerkleinsten Umfange. Wirklich in die Tasche könnte man einige stecken.

Diese beiden Formen sind die Grundformen am Amazonenstrom. Nun verwebt man die Maschen zuweilen auf das allerkunstvollste miteinander. Man macht oft einen förmlichen, weitmaschigen Teppich mit bunten Zeichnungen, Arabesten und Figuren, deren Zusammenwebung viel Tucum und unendliche Zeit und Handarbeit erfordert. Häufig flicht man um den Rand Spitzen und Zacken von andern Faserstoffen, z. B. von Carua herum und webt selbst kostbare Federeinfassungen hinein. Solche Hängematten werden dann das Muster von Eleganz und Kostbarkeit und werden auch nur zu besondern Gelegenheiten und auf besondere Bestellungen gemacht. Die gewöhnlichen dagegen werden zum Verkauf gebracht und sind in Pará in vielen Läden immer vorräthig zu bekommen. Noch billiger bekommt man sie den ganzen Strom aufwärts.

Ich halte aber das Carua oder Graua doch noch für einen edlern Stoff. Wir haben ihn mit der Macambira schon am S.-Francisco kennen gelernt. Es scheint auch wirklich, als ob man die feinen, seidenartigen Fäden des Graua zu feinern Arbeiten, zartern Umwickelungen u. s. w. verbrauchte. Doch ist es nicht immer ganz leicht, in einem Flechtwerk beide Stoffe zu unterscheiden; es gibt Tucumarbeiten von außerordentlicher Feinheit und so festem Gewebe, daß man wirklich nicht sagen kann, ob sie aus Palmenmaterial oder Caruafasern gemacht sind.

Wo die Tucumpalme seltener vorkommt, wo die Bromeliaceen Macambira und Carua nicht zu finden sind, da weiß sich der Tapui mit andern Surrogaten zu helfen, wie sie ihm die Meritipalme und selbst andere Astrocaryen liefern. Oder er pflanzt sich einige Baumwolle, aus der die Indianerin sich einen Rock ohne alle Naht webt, wie ich selbst solchen Rock besitze.

Zu ganz groben Flechtwerken aber, zu Seilen und dicken Tauen ist am Rio-Negro und ganz besonders an einzelnen seiner Zuströmungen ein Stoff vorhanden, dessen vielseitige Verwendung selbst schon in Europa Wurzel gefaßt hat, — ich meine die Piassaba.

Bei vielen, namentlich dickern Cocoinen, wo die Blatt=
scheide fast den ganzen Stamm umarmt, sind beide, Stamm
und Blattscheide, mittels eines gröbern oder feinern Gewebes
fest aneinander gebunden. Die Hauptfasern bilden eine un=
gemein feste, hornig=fischbeinartige Substanz, die indeß ganz
eigenthümlicher Art ist. Fast möchte ich sie mit langen, un=
endlich dicken, braunen Schweineborsten vergleichen.

Die Attalea funifera (und das Genus Leopoldinia) lie=
fern am meisten Piassaba, welches entweder unverarbeitet in
großen Faserbündeln nach Manáos kommt und von dort nach
Pará geht oder zu festem Tauwerk in Rollen, ganz nach Art
des russischen Tauwerks, aufgewickelt, den Rio=Negro herab=
gebracht wird. Nun sieht es hübsch glänzend braun und
glatt aus. Als solches sah ich es oft in Manáos ausge=
schifft werden. Im Gebrauche aber wird es schmuzig schwarz,
bleibt indeß doch lange haltbar und ist ungemein biegsam,
sodaß man selbst dicke Ankertaue von Piassaba hat.

Auch bekleidet hat die Cultur den Tapui in Manáos,
wie ich schon angeführt habe. An der einfachen, weißen
Tracht der Männer fiel mir nichts auf. Desto hübscher er=
schien mir häufig die Tracht der Frauen und Mädchen. Ihre
ganze Kleidung bestand meistens aus einem Hemd und Rock.
Letzterer wird über dem erstern um die Hüften zusammenge=
bunden und besteht in der Regel aus einem dunklern oder
carrirten Stoffe. Doch wird auf den Rock keine besondere
Sorgfalt verwandt.

Desto mehr scheint dagegen das Hemd einer besondern
Sorgfalt zu genießen. Immer ist es rein, oft mit einer Art
Stickerei versehen und zuweilen, zumal an Sonntagen, aus
feinem und durchscheinendem Stoffe gemacht, durch welchen
Form und Farbe durchschimmert.

Wenn so der Stoff durch seine halbe Byssusnatur zum
Verräther an Form und Farbe wird, wird er es häufig auch

durch seinen Zuschnitt. Das Hemd schlüpft alle Augenblicke, wenn die Inhaberin sich bewegt, sich bückt oder sich hoch aufrichtet, aus dem Rocke hervor und verräth so, daß es nur eine Jacke ist. Es wird dann, zumal bei den jungen Mädchen, die aus ihren Flegeljahren noch eine. hübsche Hembenjacke in ihre reife Mädchenzeit hinübergenommen' haben, der Körper über den Hüften ringsum einige Finger breit entblößt, während Schultern und Rücken nebst der Brust verhüllt bleiben. Am Rande der Urwälder sieht das wunderhübsch und naiv genug aus.

Doch sieht man Sonntags morgens, wenn die Messe von Nossa Senhora dos Remedios aus ist, schon größere Sorgfalt im Anzug bei den aus der Kirche kommenden Leuten, wie ich das am 3. Juli zu. beobachten Gelegenheit hatte.

Ich war den Tag vorher eingeladen worden, das Etablissement der „Educandos" zu sehen, eine Anstalt, die ganz in der Art des „Rauhen Hauses" in Hamburg angelegt ist. Knaben, fast durchweg Indianer, welche keine Aufsicht haben und Herumtreiber zu werden drohen, werden dort unentgeltlich aufgenommen und zu nützlichen, arbeitsamen Menschen umgeschaffen.

Schon um 7 Uhr morgens waren wir auf dem Wege, überstiegen die Höhe von Remedios und kamen zu einem kleinen Gehöft, in welchem der Inspector des Provinzialschatzes, der zu gleicher Zeit jene Anstalt überwacht, mit einer Familie von acht Kindern, das älteste acht Jahre alt, wohnt. Ein breiter, stiller Igarapé, aus dessen übergetretenen Wassern blühende Gebüsche und Bäume herausragten, trennte das Haus von der Anstalt. Wir fuhren hinüber, und ich hatte die Freude, in diesem auf Kosten des Staats angelegten Institut bei der Leitung und Erziehung der 19 dort wohnenden Knaben eine Genauigkeit und Sorgfalt zu treffen, die mich in Erstaunen setzte. Ja, hätten nicht die braunen, frischen, indianischen Knabengesichter mich an Manáos erinnert, ich hätte geglaubt, in einem wohlgeordneten deutschen Waisenhause zu sein.

Die Erziehung drehte sich um Religion, erste Schulwissenschaften, Handwerke und Musik. Die Hausordnung ist halb militärisch, die Tracht der Knaben rein und einfach, und am Sonntage, wo sie zur Stadt gehen dürfen, besteht sie in einer kleinen Marineuniform, — blaue Tuchjacken mit rothen Aufschlägen, blaue, runde Mützen ohne Schirm mit rothem Bord und oben in der Mitte eine rothe Troddel. Das steht den kleinen Braunen ungemein gut.

Bei dem Werth der Handarbeit verdienen sie durch Anfertigung von Tischen, Bänken, Schränken, Booten und Rudern die Unkosten des Hauses. Wenn sie erwachsen sind, können sie ihrer Wege gehen, wohin sie wollen.

Am meisten nun zog mich ihre Musik an. Ihr Musiklehrer, ein junger Farbiger aus Pernambuco, der das allerentschiedenste Talent für Musik verrieth, Namens Francisco da Silva Galvão, war mit uns gegangen, um seine kleine Musikbande spielen zu lassen.

Sieben Blasinstrumente waren doppelt besetzt, die beiden Klapphornisten waren 10 und 11 Jahre alt. Keiner der kleinen Musiker konnte über 15 Jahre alt sein. Und nun spielten sie mit einem Eifer, einer Präcision und Abrundung zwei Märsche, daß ich wirklich erstaunt war. Besonders war der kleinste Klapphornist, eine derbe, kurze Figur, der gelungenste kleine Kerl, den man nur sehen konnte; er blies wie ein Alter, mit dem ganzen Ernst eines Alten, und schien vollkommen einzusehen, daß von einem guten Klapphornisten die Leitung einer ganzen Musikbande abhinge und gehalten würde.

Die Anstalt ist, wenn sie auch erst kurze Zeit besteht, dennoch schon von großem Segen geworden. Sie zeigt den

Farbigen, daß auch sie in der menschlichen Gesellschaft zu allem befähigt und befugt sind, wenn sie ordentlich arbeiten wollen, und daß selbst kleine Kräfte, Kinderkräfte, schon im Zusammenwirken etwas Tüchtiges leisten können und ihre Inhaber vollkommen unterhalten.

Und dennoch finden einige Stimmen die Anstalt nicht nöthig und wollen ihr vor allem die Musik aus dem kleinen Budget streichen. Da wüßte ich einen guten Rath: man lasse die kleinen Braunen vor den Fenstern dieser Misgünstigen ihre Märsche blasen, und man wird ihnen ihre Musik schon lassen und die ganze Anstalt dazu mit allem Guten, was an ihr ist.

Beim Rückwege über Remedios ging gerade die Messe zu Ende. Wir traten auf die Seite und ließen die Kirchengänger an uns vorbeipassiren.

Rein Weiße kamen nur wenige aus der Kirche, und diese waren fast alle Männer im schwarzen Fracke und ohne weiteres Interesse für mich.

Die Frauen dagegen waren durchweg Farbige, Indianerinnen und hellere oder dunklere Mestiças und Mamelucas von verschiedenen Kategorien. Das helle, durchschimmernde Sonntagskleid aus leichtem Stoff saß wundervoll um die Formen der Mädchen, denen beim geschmackvollen Zuschnitt der Gewandung ganz gewiß keine französische Schneiderin geholfen hatte. Bei jedem Schritte zitterte das feine Gewebe des oben am Halse zugeknöpften Hemdes auf der festen Form des elastischen Busens, dessen üppige Fülle von keinem Schnürleib getragen zu werden brauchte; die ununterbrochenen Flußbäder erhalten die Spannung der Haut und die Turgescenz des Zellgewebes bis in reifere Lebensjahre hinein. Keine einzige trug einen Hut, viele dagegen kleine, blauseidene Sonnenschirme in den zierlichen Händen, wol weniger, um sich vor der Sonne zu schützen, als vielmehr um die hübschen, frischen Blumen, die sie im dunkeln Haar trugen, vor dem raschen Verwelken zu bewahren. Unendlich freute ich mich an den schönen, dunkeln, sittlich stillen Gestalten.

So wandelte die so eigenthümlich europäisch-indianische, so seltsam afrikanisch-indianische Frauenschar im hübschen Sonntagsschmuck den Hügel hinab zum Igarapé, und gar anmuthig sah es aus, wie sie alle leicht und ohne Wanken über die schmalen Breter der einsinkenden Holzbrücke hinüberzogen, während als Hintergrund auf dem morgendlichen Bilde der Rio-Negro in gewaltiger Breite gen Nordwest aufstieg und zwischen verschwindenden Ufern mit seinem fernen Wasser scheinbar an den Himmel anstieß und dort ebenfalls verschwand.

Das waren ungefähr die Hauptformen, unter denen mir in Manáos am untern Rio-Negro das sich dem Culturzustande, dem Europäismus anschließende und in ihm allmählich aufgehende Indianerleben glanzlos und bescheiden, ja in einer poetisch-elegischen Form und Weise entgegentrat und mich mit Freude, aber auch mit einer gewissen Wehmuth erfüllte. Wohl hatte ich in Cametá schon richtig gesehen: auch am Amazonenstrom ist die Zeit der braunen Häute vorüber, und die blassen Gesichter werden herrschen.

Und sie herrschen schon, schon herrschen sie auch am Rio-Negro. Zwar scheint diese Herrschaft noch sehr klein zu sein und ist es wirklich; sogar rückschreitend scheint sie zu gehen. Immermehr fällt das zusammen, was mit vielen Mühen und Opfern von ehemaliger portugiesischer Zwingherrschaft aufgebaut worden war. Städte wie Ayrão, Moira, Barcellos, Moreira, Thomar, Castanheiro, sind im schnellen Abnehmen begriffen und bestehen zum Theil nur noch aus wenigen Häusern neben baufälligen Kirchen.

Und doch darf das keine Verwunderung erregen und keine Sorge einflößen. Gerade wie einst in den Missionen am

Uruguay und Parana von den Jesuiten, wurden auch am Rio-Negro früher von denselben Jesuiten, unter denen manche deutsche Namen sich vorfinden, und später von den Portugiesen die Indianer des Urwaldes eingefangen, zusammengetrieben zum Ufer des Flusses zu den sogenannten Descimentos, und unter den allerbarbarischsten Mitteln zur Arbeit gezwungen, wie oft auch Gegenbefehle gegen die rohe Barbarei dieser Behandlung von Europa kommen mochten.

So ließen sich allerdings Ortschaften und einzelne Städte aufbauen und zu einigem Glanze bringen, aber eine freie Entwickelung einer Volkskraft war es nicht. Erst in neuern Zeiten ist den Indianern volles Recht, volle Freiheit gegeben und gelassen worden, mit sich zu thun, wie sie wollen.

Allerdings ist durch diese absolute Freiheit der Indianer ihre ihnen angeborene Indolenz wieder vorherrschend geworden, und die erzwungene Größe und Thätigkeit der ehemaligen Ansiedelungen am Rio-Negro hat abgenommen. Doch kommt allen Stämmen immer mehr und mehr die Ueberzeugung, daß das angesiedelte, gesittete Leben dem wilden Waldleben immermehr vorzuziehen ist, zumal seitdem man ihnen in diesem angesiedelten, gesitteten Leben alle jenen kleinen Waldreminiscenzen und Heimatsklänge, wie ich sie eben im Leben der Indianer in Manáos angedeutet habe, als harmlose Spielsachen gern läßt. Die Einleitung zur Cultur kommt ihnen oft in ganz unbegreiflicher Weise zu. Der Tauschhandel mit Abenteuerern und Hausirern mag den ersten Contact geben. Als ich von ganz nackten, wilden Botocuden am Rio-das-Pedras in der Provinz Minas-Novas unter andern Sachen auch Halsketten aus Waldsamen und Capivarizähnen bekam, entdeckte ich zwischen den echt urwäldlichen Zierathen eine kleine Glasperle. So wichtig, so werthvoll hatte doch die ganz rohe, wilde Botocudin die einzige, ganz kleine Glasperle gehalten, daß sie sie in die Urwaldskette aufnahm. Vielleicht ward diese einzige Perle ein Grund mit, daß kein feindliches Begegnen zwischen Botocuden und civilisirten Menschen stattfand; letztere hatten ja Glasperlen und gaben sie für Ipecacuanha.

Auch am Rio-Negro besitzen die Frauen im Urwalde das dem Frauengeschlecht seit dem verlorenen Paradies angeborene Schamgefühl, was ich nur bei den Botocudinnen nicht fand. Das kleinste Gewebe aber genügt ihnen, um dieser Sittlichkeitsempfindung Genüge zu leisten. So besitze ich eine ganz wunderhübsch aus Glasperlen und Tucum gehäkelte Schürze, die schon 8 Zoll breit und 3 Zoll hoch ist. Hätte das geschickte Waldkind, was mit diesem ersten Rudiment eines Röckchens aus europäischem Material allen Anforderungen der Sittlichkeit genügt zu haben glaubte, nur mehr Perlen von der Cultur bekommen, sie hätte sie alle zu ihrer Schürze verbraucht und am Ende einen wirklichen kleinen Unterrock bekommen, gerade so, oder doch wenigstens halb so lang, wie die Indianerinnen ihn in Manáos tragen. Man muß nicht gleich alles von ihnen verlangen. Tragen die Indianerinnen in Manáos doch auch erst noch Jacken statt der Hemden. Die meisten haben noch nie einen Strumpf und einen Schuh angezogen. In zwanzig Jahren oder später werden sie alle Schuhe und Strümpfe besitzen. Wie mancher Naturmensch bindet lieber zuerst eine kleine seidene Halsbinde um, noch ehe er ein Hemb und eine Hose annehmen will; oder läßt sich nur eine bunte Weste auf dem nackten braunen Körper gefallen. Man muß ihn aber deswegen nicht auslachen, sondern ruhig gewähren lassen. Aus der Weste wird eine Jacke, aus der Jacke ein Hemb. Die rohen Botocudenweiber trugen nur eine schwarze Schnur unter dem Knie. In Manáos erhielt ich schon reizende Binden von bunten Federn, die sich am Rio-Negro die Frauen um die Stirn, um Arme und Knie wickeln. Die braunen Mädchen, die ich am 3. Juli aus der Kirche von Nossa Senhora dos Remedios kommen sah, trugen ordentliche Kämme; ihre Cousinen waldeinwärts haben noch Palmenkämme. Diese sind wundervoll gemacht. Die harten, hornigen Stacheln der Astrocaryen werden zu beiden Seiten etwas platt geschnitten und auch am dickern Ende zugespitzt. Diese Stacheln werden zwischen zwei saubere Hölzchen gelegt, und diese dann mit Tucumfäden zusammengebunden, wodurch ein zierlicher Kamm mit zwei Reihen von Zähnen entsteht. Oft ist die eine Zahnreihe mit Tucumfäden zierlich umflochten und ganz umgeben von hübschen Arabesken, welches Gewebe sie mit einem Balsam tränken. Solch ein Kamm duftet oft sein ganzes Leben hindurch. Wenn er aber nun noch mit einigen leichten, herabwehenden Federschnüren behängt ist, kann die eitelste Berenice sich keinen schönern Kamm wünschen. Ein duftender Federkamm, ein Stirnband aus bunten Flaumfedern und weiche Federbinden um Arm und Knie, und eine hübsch gehäkelte Perlenschürze dazu von 8 Zoll Länge und 3 Zoll Breite, mit kleinen Zacken und Knöpfchen versehen, — und das alles auf einem frischen, braunen Waldmädchen, in dessen dunkelm Haar noch schöne Cinchoneen, Gardenien und Genipapo ihre Caprifoliendüfte aushauchen, — das ist wol ein seltsamer und in seiner Art wunderschöner Anblick.

Und dennoch, wie vieles in der Natur der Waldbewohner schon zur Cultur hinneigt, ist das Heranziehen derselben an die volle Cultur auf dem Wege eines freien Entschlusses ungemein schwierig und mühsam; ja ein Descimento einzelner Indianerstämme auf dem Wege der Ueberredung ist ein ungemein schwieriges und kraftaufreibendes Unternehmen; der damit Beauftragte kann leicht Leben und Gesundheit daransetzen.

Sei es mir vergönnt, meinen Lesern das Bild und das unermüdliche Treiben eines Mannes vorzuführen, dessen Er-

scheinung mich in Manáos vor allen andern angezogen, dessen
Berichte und Mittheilungen mich ganz speciell interessirt ha=
ben, eines Mannes, der den Auftrag hatte, Indianer anzu=
siedeln an der Grenze.

Es ist der Artilleriehauptmann Joaquim Firmino Xavier,
der wackere Sohn meines guten, alten Collegen, des Dr. Fir=
mino in Santos.

Kaum war er der Militärakademie entwachsen, so ging
er im Jahre 1849, eben 20 Jahre alt, nach Pernambuco,
um die damals unter Nunes Machado zu hellen Flammen
angeschürte Revolution mit bekämpfen zu helfen. Nach
einiger Ruhe, die man ihm in Rio gönnte, ward er dann
nach Montevideo und dem La=Platastrom geschickt, von dort
nach dem Uruguay bis nach S.=Borja hinauf. Nachdem
auch dort die damaligen Militärcomplicationen abgewickelt
waren, schickte man ihn als Commandanten des Fort von
Macapá, gerade unter dem Aequator an der Mündung des
Amazonenstroms, an die entgegengesetzte Grenze des Reichs;
denn von Macapá aus reichte das Gebiet seiner Thätigkeit
bis zur Militärcolonie von S.=Pedro de Alcantara gegen die
Grenzen von Cayenne hin. Nachdem er auch dort seine
Aufgabe rühmlichst gelöst hatte, glaubte man keinen tüchtigern
Artillerieoffizier zur Verbesserung der westlichen Grenzfestung
Tabatinga, 500 geographische Meilen den Amazonenstrom
hinauf, finden zu können als ihn, und zwei volle Jahre
diente der Kapitän Firmino als Commandant an der Grenze
von Peru in der tiefsten Waldeinsamkeit.

Jetzt aber kam seine größte Aufgabe. Bei dem Einschla=
fen aller Thätigkeit am Rio=Negro erschien es nothwendig,
an diesem Flusse das indianische Leben zu wecken und anzu=
regen. Besonders wollte man den letzten Nebenfluß des
Rio=Negro auf brasilianischem Boden, den Rio=Içana, der
sich auf dem rechten Ufer des großen Stroms befindet, und

den gleich nördlich parallel mit dem Jçana laufenden Xié, mit Indianern colonisiren und ein großes Descimento, eine bedeutende Kette von Aldeas dort anlegen. Zugleich sollte das alte, zusammenfallende Fort von S.=Agostinho, dem venezuelischen Fort von S.=Carlos gegenüber, wiederhergestellt werden unter dem Namen des Fort von Cucuhy, und so alles ein neues, belebtes Ansehen bekommen, um so mehr, da kurz vorher manche Störungen im Entwickelungsgange der dortigen Gegenden vorgekommen waren, wenn von einem Entwickelungsgange daselbst die Rede sein konnte.

Es hatte sich kurz vorher an der Grenze von Venezuela ein Mensch, Venancio, umhergetrieben und sich für Christus ausgegeben. Viele Indianer waren ihm und seinem tollen Wesen zugefallen; und da solche Zusammenrottungen keineswegs ohne Bedeutung sind, so hatte man einen jungen Offizier mit einigen Soldaten dorthin geschickt. Dieser war nicht ohne Ungestüm und Grausamkeiten verfahren und hatte zwar den Christus und seine Schar, aber auch manche andere kleine Aldea oder Ansiedelung auseinander gejagt, womit die dortige Cultur ihren Anfang genommen hatte.

Um von den vorgekommenen Ereignissen Kenntniß zu nehmen und die umherirrenden Indianer zu sammeln, brach der Hauptmann Firmino am 22. November 1857 mit einem Canot und 12 Mann Besatzung von seinem Wohnort Cucuhy nach dem Rio=Jçana auf. Wohin er aber kam, liefen die Indianer fort in den Wald oder hatten sich schon vorher nach dem Gebiete von Venezuela geflüchtet längs der Flüsse Ararv und Covary, nachdem sie eine kleine Ortschaft Tanuhy abgebrannt hatten.

Am 23. November kam er zur Mündung des Xié in den Rio=Negro und traf dort die kleine Ortschaft S.=Lourenço, — 11 Palmenhäuschen, eine kleine Kapelle und einen Kirchhof, aber keinen Menschen. Alles war mit Gebüsch verwachsen.

Er kehrte nach dem Oertchen Rossa Senhora da Guia an der Mündung des Içana zurück, wo er 15 Strohhäuser und eine kleine Kapelle fand und nur einen einzigen Einwohner, Manoel Joaquim de Oliveira, welcher ihm meldete, daß alle andern sich geflüchtet hätten vor den Grausamkeiten jener ersten Expedition. Deswegen hatte sich auch der dortige Geistliche, Manoel de Sta.-Anna Salgado vom Içana nach S.-Gabriel zurückgezogen.

Nun ging das Canot den Fluß hinauf; und überall, wohin der Hauptmann kam, fand er dieselbe Verödung der einzelnen kleinen Ansiedelungen. Nur einige wenige Menschen waren geblieben, welche ihm von jenem Christus Nachricht gaben. Er hatte seine Anhänger geprügelt, und man hatte sich um ihn herumgruppirt, nur um zu tanzen und zu trinken.

Vier Wochen dauerte die mühsame Expedition auf dem Flusse, wobei 42 Cachoeiras zu überwinden waren, einige nur unbedeutend, andere jedoch wirkliche Wasserfälle bis 30 Fuß hoch, sodaß die kühnen Schiffer ihr Fahrzeug häufig um die Wasserfälle herumschleppen mußten. Ueberall setzte sich der Kapitän Firmino mit den Tuchauas oder Kaziken in freundlichen Rapport, lockte die flüchtigen Indianer wieder an, sorgte für Einrichtung kleiner Kapellen, gab Kleidung und Eisengeschirr, was er nur immer hatte, und untersuchte auch einige kleine Nebenflüsse und Seen. Sein minutiöser Bericht ist das genaueste Waldgemälde, was man nur immer finden kann. Dort sehen wir ihn einen nackten Tuchaua bekleiden, hier um Wasserfälle herum, zwischen deren Felsblöcken sich die schöne Rupicola, das Klippenhuhn (Gallo da serra) herumtummelt, das Fahrzeug herumschleppen, — bald sehen wir ihn umringt von Indianern, die ihn um Hacken, Beile und anderes Eisengeschirr bitten, — bald geleitet ihn eine nackte Schar bis zu seinem Canot, und viele möchten ihm folgen bis zum Orte von Marabitanas am Rio-Negro auf dem Wege nach Cucuhy. Dann tröstet er wieder einen vom Rio-Negro kommenden Tuchaua, der für einige Körbe Salz hat ungeheuere Preise in Waldartikeln bezahlen müssen und einen vollen Beweis dafür gibt, wie schändlich solche kluge Handelsgauner aus cultivirten Gegenden die Einfachheit der Indianer benutzen und sie immer in tiefer Unwissenheit bewahren möchten. Zu allerlei Arbeiten locken sie die einfachen Menschen; und wenn so ein armer Kerl ein Jahr und noch länger wie ein Knecht für sie gearbeitet hat, so geben sie ihm ein baumwollenes Hemd und zwei ebensolche Beinkleider. Und der arme Teufel glaubt wirklich nicht mehr verdient zu haben.

In einem spätern Bericht gibt nun der Kapitän genaue Rechenschaft von dem Zustande der besuchten Gegend und von dem Resultat seiner Wirksamkeit derselben, zugleich resumirend das früher schon Begonnene, in folgender Weise:

„Als ich im October des Jahres 1857 nach Marabitanas kam, befanden sich die Indianer aller Dörfer und Ortschaften, mit Ausnahme von S.-Jozé de Marabitanas, zerstreut und die Ortschaften verlassen und mit Gebüsch verwachsen.

„Verschiedene Gründe und Ursachen lagen vor, warum die Indianer ihre Wohnungen verlassen, sich in die Wälder geflüchtet und zu den letzten Enden der Igarapés zurückgezogen hatten, oder selbst nach den Republiken von Venezuela und Neu-Granada ausgewandert waren.

„Die Umtriebe eines venezuelaner Indianers, Namens Venancio, welcher die Geschicklichkeit gehabt hatte, die Eingeborenen glauben zu machen, er wäre ein zweiter Christus und ein Gesandter des Weltschöpfers, hatten besonders auf jene Auswanderung Einfluß gehabt.

„Meine erste Sorge war, die erschreckte Aufregung zu beseitigen, von der die Indianer befangen waren. Mit Mühe und Geduld gelang es mir, die Einwohner von S.=José de Marabitanas, von S.=Marcellino, Nossa Senhora da Guia, S.=Philippe und Sta.=Anna zu den alten Wohnungen zurück= zurufen.

„Im December desselben Jahres ging ich bis zu den Quellen des Jçana hinauf, und nur unter großer Arbeit, vielen Gefahren und Opfern gelang es mir, die Indianer aus dem Dickicht hervorzuziehen und zu ihren Aldeas zurück= zubringen, welche mit Ausnahme von zweien vollkommen verlassen waren.

„Nachdem ich alle Dörfer und Weiler besucht und die Einwohner wieder an ihren Herd gefesselt hatte, hielt ich sie zum Landbau an, zum Pflanzen von Mandioca und andern dringend nothwendigen Nahrungsmitteln. Ich befahl ihnen, ihre Wohnungen auszubessern und neue hinzuzubauen, damit nicht mehr fünf bis sechs Familien unter demselben Dache zusammengehäuft lägen, sowie ich auch die Kapellen aus= bessern und neue erbauen ließ, wo noch gar keine waren.

„Der Bestand der Aldeas und Ortschaften war am 1. Januar des laufenden Jahres folgender:

„Ortschaft S.=José de Marabitanas.

„Auf dem rechten Ufer des Rio=Negro, 238 Leguas über seiner Mündung, 1° 38′ nördl. Br., 68° 25′ L. v. Gr., bestand aus 35 kleinen, mit Palmen bedeckten, schlecht ver= strichenen Häusern ohne innere Abtheilungen, alle alt und dem Einfallen nahe, — und mit einer kleinen Kapelle mit einsinkenden Wänden und faulendem Ständerwerk, durchlöcher= tem Dach und verfallendem Innern.

„Die Einwohnerschaft, eingeschlossen die Linienbesatzung und detachirte Garden, beläuft sich auf 300 Seelen.

„Die kleinen Pflanzungen, welche die Einwohner besitzen, sind unbedeutende Mandiocfelder, aus denen sie kaum die tägliche Nahrung ziehen. Die Wohnungen auf diesen Pflanzungen sind kleine Ranchos mit Stroh bedeckt und umgeben, ohne Abtheilungen.

„Während des Jahres 1858 fingen die von mir angeregten und ermuthigten Einwohner von Marabitanas an, 12 neue Häuser zu bauen mit andern Gelassen und Bequemlichkeiten; einige von diesen sind schon bedeckt und verstrichen. Verschiedene Häuser wurden ausgebessert, größere Pflanzungen angelegt und sowol Mandioca wie andere Nahrungsstoffe gezogen. Häuser wurden auf diesen Roças gebaut und die Kapelle ausgebessert, neu bedeckt, verstrichen und verkalkt.

„Leider wurden Einflüsterungen und schlechte Aufführung des interimistischen Ortsvicars Ursache, daß 77 Personen nach dem Rio-Vaupez und S.-Gabriel zogen. Doch kehrten bald darauf 37 Personen voll Reue über den gethanen Schritt zurück, und nur 40 blieben fort.

„Während des Jahres starben 1 Mann, 3 Frauen und 2 kleine Mädchen. Geboren wurden 10 Knaben und 5 Mädchen, getauft 4 Knaben und 3 Mädchen.

„Somit bestehen jetzt in Marabitanas 45 Wohnhäuser, von denen 6 noch nicht vollendet sind, 6 ausgebessert werden und 6 am Einstürzen sind. Einwohner finden sich 260, mit Einschluß von 21, die in Cucuhy sind. Die Kapelle ist ausgebessert, bedeckt und innerlich und äußerlich gekalkt. Doch wird schmerzlich einiger Zierath, eine Lampe und eine kleine Glocke vermißt. Die geringen Mittel der Einwohner gestatten nicht, daß man sie zum Ankauf jener Gegenstände in Contribution setze.

„Die Einwohner von S.-José de Marabitanas sind fröhliche und zufriedene Leute; sie arbeiten gern auf ihren Feldern. Doch haben sie viel mit der Ameise Sauba zu thun, die ihnen alles anfrißt.

„Sie sind heute schon civilisirter und lernen allmählich

die Vorzüge eines socialen Lebens und den Werth des Arbeitens kennen, bis einmal jemand kommt und sie zum Schlechten herumredet. Denn von Natur ist es ein schwaches und leichtgläubiges Volk; ein schlechter Kerl kann leicht schlechte Zwecke mit diesen Leuten verfolgen.

„Sie stammen ab von den Bambos, Bariz und Aeroquenas. Fast alle Männer sprechen schlecht portugiesisch; unter den Weibern sprechen nur wenige diese Sprache. Die lingua geral wird allgemein gesprochen. Die Kinder sprechen kein Portugiesisch und sind dem Naturgesetz überlassen, ohne die geringsten Grundlehren der Cultur und Religion zu kennen. Die große Anzahl Kinder erheischt die Ernennung eines Elementarlehrers, der aber ein tugendhafter und ehrenfester Mensch sein muß.

„Cucuhy.

„Im Januar 1858 war in Cucuhy außer einem sehr schlechten und kaum fertigen Soldatenquartier gar nichts. Der Boden war gänzlich bedeckt mit Stämmen und Aesten von ungeheuern umgehauenen Bäumen.

„Meine erste Sorge war, den Boden aufräumen und reinigen zu lassen; und heute besteht der Ort aus 15 mit Palmstroh bedeckten Häusern, alle in gerader Linie, von denen aber kaum eins fertig ist. Die Einwohner bestehen aus 20 Indianern, 1 Sergeanten, 11 Soldaten und 20 Personen ihrer Familien.

„S.=Marcellino.

„Am Ende des December vom Jahre 1857 war diese an der Mündung des Rio=Jchié gelegene Ortschaft verlassen und mit Gebüsch verwachsen. Sie zählte 11 kleine, mit Stroh bedeckte, schlecht verstrichene und baufällige Häuser, eine kleine ebenfalls mit Stroh bedeckte Kapelle und einen kleinen, geschlossenen Kirchhof.

„Als am 1. Januar die Einwohner schon zu ihren Häusern zurückgekehrt waren, war die Ortschaft gereinigt und die Häuser wurden ausgebessert. Ich zählte im ganzen 75 Menschen, Männer, Weiber und Kinder. An den Quellen des Rio-Ichié hielten sich verschiedene Indianer zerstreut auf, vom Stamme der Aeroquenas. Ich ließ ihren Tuchaua kommen und befahl ihm, eine Albea an den Quellen des Flusses anzulegen und sich zu bemühen, alle zerstreuten Leute zu versammeln.

„Die Ortschaft war im Gedeihen. Die Einwohner besserten ihre Häuser und bebauten ihre Felder; der Tuchaua Diogo von den Aeroquenas hatte seine Albea angefangen, als Sendlinge des Frei Manoel de Sta.-Anna Salgado die Nachricht verbreiteten, daß ich sie alle festnehmen und tödten wollte. Furcht und Schrecken ergriff die Eingeborenen; fast alle verließen die Ortschaft und bargen sich in das Dickicht oder wanderten in die Fremde aus.

„Um dieselbe Zeit erschien ein Deserteur, Bazilio Melgueiro, der sich einen neuen Christus nannte und die Scenen des Venancio erneuerte. Die Indianer ließen die Arbeit liegen und ergaben sich einem zügellosen Faulenzerleben.

„Als im Juli der Delegat der Polizei am Ichié die Einwohner zusammenkommen ließ, stellten sich wenige ein, weil schon vor der Ankunft jener Escorte sie nach Venezuela hinübergegangen waren, denn der Weg zu Lande dorthin ist leicht. Der Tuchaua Diogo, der vom Doctor-Delegaten eingeladen war zum Kommen und Errichten von Häusern in der Ortschaft, sagte zu. Als aber der Doctor fortging, wandelten sich die Zustände wieder um zu den alten, wenn sie nicht noch schlechter geworden sind.

„Der Tuchaua Diogo war mistrauisch gegen die Einladung geworden, verließ die Albea, die er an den Quellen des Flusses angefangen hatte, und ging mit allen seinen

Leuten nach Venezuela über. Auch die Einwohner wanderten aus, sodaß heute S.=Marcellino kaum sechs Häuser in gutem Zustande hat, und fünf im Zusammenfallen, eins dagegen im Bau begriffen. Die Bewohner sind 5 Männer, 10 Weiber und 11 Kinder, wie mir der erste Sergeant Rapoza, den ich dorthin sandte, gemeldet hat in diesem Monat.

„Die Einwohner von S.=Marcellino und vom Ichié gehören zum Stamme der Aeroquenas; die Männer sprechen portugiesisch; von den Weibern reden einige die lingua geral, der Rest ein Jargon (Giria particular).

„Die Leichtigkeit, womit man vom Rio=Ichié nach Venezuela gehen kann, ist Ursache, daß man nicht auf die Indianer des Flusses rechnen kann zu einem allgemeinen oder privaten Endzweck. Kaum einige Mandioca pflanzen sie zu ihrer Nahrung; sie jagen und fischen ihr tägliches Essen. Wenige gehen bekleidet einher, und das nur vor weißen Leuten; allgemein ist bei ihnen eine kleine Tanga (ein Latz) von Tururg oder Baumrinde, von einer Spanne Länge, das ist alles.

„Wenig ist von diesem Volke zu hoffen wegen seiner Faulheit, Schlaffheit und Indolenz, die ihm angeboren ist.

„Nossa Senhora da Guia.

„Die Ortschaft Nossa Senhora da Guia, nördlich an der Mündung des Içana auf hohem Boden gelegen, bestand im October 1857 aus 15 Häusern und einer Kapelle, gedeckt mit Stroh und ziemlich baufällig. Die Ortschaft war mit Gebüsch bedeckt, und kaum in einem Hause waren Einwohner; der Rest war geflohen im Walde versteckt. Am 1. Januar waren 148 Einwohner zurückgekehrt, Männer, Weiber und Kinder.

„Während des Jahres 1858 ließ ich die Häuser der Ortschaft ausbessern, Wohnungen auf den Pflanzungen und

Felder von Mandioca anlegen. Doch ist es nicht möglich, zu erlangen, daß diese Menschen im Orte wohnen. Zerstreut auf kleinen Landsitzen, auf fernen Igarapés leben sie in der völligsten Unabhängigkeit und wollen sich keinem Dienst, auch nicht den Bauten von Cucuhy widmen. Die Männer treiben sich umher und faulenzen; die Frauen sind es, die für sie und sich selbst arbeiten.

„Im December schickte ich den Sergeanten Rapoza dorthin; er zählte 47 Männer, 39 Weiber und 33 Kinder. Es befinden sich heute im Orte 14 ausgebesserte Häuser, eins in sehr schlechtem Zustande, eins im Wiederaufbau begriffen, und eine kleine Kirche, aber in gutem Zustande.

„Die Männer sprechen alle portugiesisch, die Weiber aber nicht. Sie stammen ab von Barés, Aeroquenas und Banibas. Sie pflanzen und fischen nothdürftig für ihren Tagesunterhalt. Die Weiber machen Hängematten aus Tucum und Caruá, verkaufen sie aber für eine Kleinigkeit an Hausirer, welche ihre vorzüglichsten Rathgeber sind, damit sie sich nicht dem allgemeinen Besten hingeben, sondern immer ihnen, diesen Aufkäufern, zu Gebote stehen.

„S.=Philippe.

„Die Ortschaft S.=Philippe, etwas südlich von der Mündung des Içana, liegt auf niedrigem Boden und zählte im October 1857 neun kleine Häuser und eine Kapelle, alle mit Stroh bedeckt und zusammenfallend.

„Der Ort war verlassen und mit Gebüsch verwachsen. Als ich am 1. Januar 1858 die Einwohner versammelte, zählte ich 20 Männer, 26 Weiber und 14 Kinder.

„Die Männer sind fast alle Mamelucos und sprechen gut portugiesisch; die Frauen dagegen sind bronzefarben und reden nur die lingua geral.

„Kurze Zeit nur blieben sie vereinigt; denn nach zwei

Monaten schon war kein Mensch mehr vorhanden. Sie waren den Rathschlägen des Frei Salgado gefolgt und hatten den Ort verlassen. Bald darauf vereinigten sie sich auf den Jgarapés und gaben sich dort verborgen dem Trunke, Ausschweifungen und wilden Tänzen hin. Mit Mühe brachte ich sie zu ihren Wohnungen zurück. Und sie wären auch in denselben geblieben, wenn nicht Bazilio, jener Deserteur, sie wieder nach Sta.=Anna versammelt hätte zu denselben Tänzen wie Venancio.

„Ich nahm ihnen die Kreuze ab und trieb sie auseinander. Einige flüchteten sich nach Venezuela, andere zum Rio=Baupez, sodaß heute wenige Einwohner daselbst existiren.

„Sta.=Anna.

„Die Ortschaft Sta.=Anna liegt etwas unter S.=Philippe auf dem entgegengesetzten Ufer. Im October 1857 war sie verlassen; nur zwei alte Häuschen waren daselbst. Die Einwohner waren nach S.=Philippe gezogen und hatten nur ihre Ländereien beibehalten. Doch höre ich, daß heute sich fünf Personen dort aufhalten und die Ortschaft säubern.

„In der Kapelle von Marabitanas existiren einige Heiligenbilder, in der von Guia kaum eins, in denen von S.=Marcellino und S.=Philippe gar keins.

„Die Bücher zum Eintragen von Verheirathungen, Taufen und Beerdigungen sind in keiner dieser fünf Ortschaften vorhanden.

„In Marabitanas können kaum zwei Einwohner schreiben und lesen; in Guia einer, in den andern Orten keiner.

„Sie verkennen die Segnungen der Ehe und wissen nichts von den Sakramenten der Beichte und des Abendmahls. Die Religion, die überall die Grundbasis der Civilisation ist, ist diesen Einwohnern noch nicht bekannt. Ihre Feste beschränken sich auf eine allgemeine Trunkenheit von drei bis vier

11*

Tagen mit Zuckerrohrbranntwein und Mandiocaschnaps, den sie bereiten.

„In Marabitanas haben die Einwohner einen Schritt vorwärts gethan zur Civilisation; und der Contact mit den dort bestehenden Behörden würde sie allmählich aus dem Zustande von Unwissenheit ziehen, wenn diese Behörden unterrichtet wären, gesittet und gute Beispiele gebend. In den andern Orten aber ist wenig zu hoffen; sie gehen im Rückschritt, wenn die Regierung nicht dort Behörden hinschickt, die dem Orte fremd sind und ihre Pflicht zu erfüllen verstehen, oder sich nicht entschließt, alle Einwohner zusammenzubringen und die Ortschaften zu einer einzigen umzuschmelzen, wo dem Laster gewehrt, die Arbeit belebt und die Kräfte benutzt werden können.

„Aldeia do Carmo.

„Das ist die erste Aldeia am Içana, zwei Tagereisen von der Mündung des Flusses, auf hohem Boden am rechten Ufer gelegen.

„Im December 1857 bestand sie aus sieben alten Häusern, einem fast fertigen und zwei verlassenen und einfallenden, nebst einer im Einsturz begriffenen Kapelle.

„Ich brachte 12 Männer, 9 Weiber und 14 Kinder zusammen, alle vom Stamme der Baniba, unter ihrem Tuchaua, dem Indianer Marcos Antonio, der portugiesisch spricht. Im December l. J. waren daselbst nach dem Bericht des Sergeanten Rapoza: eine gute neue Kapelle, sieben Häuser in gutem Zustande, zwei im Bau begriffen und eins im Umfallen, — 14 Männer, 14 Weiber und 18 Kinder.

„Der Tuchaua hat keine moralische Kraft; die Indianer wollen ihm nicht gehorchen, sich kein Haus in der Aldeia bauen und sich nicht zu den nothwendigen öffentlichen Arbeiten hergeben. Eine große Menge von ihnen lebt in Malocas längs der benachbarten Igarapés, ganz nach Gutdünken lebend und arbeitend, wenn ihnen das einfällt, ohne von solcher Arbeit einen Nutzen zu haben. Der Tuchaua kam im laufenden Monat zu mir und erklärte mir, daß man nur mit Gewalt die aufstutzigen Indianer aus den Wäldern zusammenbringen könnte und sie nöthigen, nach der Albeia zu kommen.

„Die Arbeit an den Bauten von Cucuhy, wozu die Albeien das Personal stellen, ist Ursache, daß die Indianer aus ihnen fortflüchten und sich an den Quellen der Igarapés verbergen, wo es nicht möglich ist, ihrer habhaft zu werden, als nur mit Gewalt. Die zurückbleibenden Indianerinnen und diejenigen Männer, die in der Albeia aushalten, verstecken sich nach Beispiel der erstern im Gebüsche, um dem Dienste des Bauholzhauens überhoben zu sein, welcher in der That hart ist. Nichtsdestoweniger würden sich die Indianer gern zur Arbeit hergeben, wenn sie nicht gewissen Hausirern Gehör gäben, welche, um sie in eigenem Dienste anzuwenden und enormen Gewinn von ihnen zu ziehen, ihnen den Rath geben, nach dem Walde zu gehen und Saffaparille und Harze zu gewinnen; und sie für kleine Bagatellen umzutauschen. Die Zeit, die die Indianer in Cucuhy angewendet werden, ist den Hausirern nachtheilig; deswegen geben sie ihnen solche Rathschläge.

„Ohne Anstand leiht ein solcher Hausirer einem uncultivirten Indianer für 100, 200, 300 Milreïs Waaren, welche, wenn sie nach ihrem richtigen Werthe bezahlt würden, kaum 10, 20 und 30 Milreïs ausmachen. Und um solche Sachen zu bezahlen, muß der Indianer jahrelang arbeiten, die Blicke der Behörden vermeiden, die Albeia verlassen und sich zu keiner öffentlichen Arbeit hergeben.

„Die Zeit, welche er verwenden sollte auf Pflanzung von Mandioca, Reis, Mais, Bohnen und andern nothwendigen

Artikeln, vergeudet er mit Suchen von Droguen, und aus dem ungeheuern Zeitvergeuden erwächst ihm wenig Gewinn.

„Diese Hausirer sind Krebse, die am Rio-Negro nagen und um derentwillen die Indianer zurückschreiten. Dasselbe, was in der Aldeia do Carmo geschieht, kommt auch in den übrigen Aldeias vor.

„Aldeia de Nazareth.

„Die Aldeia von Nazareth liegt auf dem rechten Ufer und hohem Boden. Im December 1857 waren hier fünf Häuser in gutem Zustande, zwei in Ruinen liegend und eine Kapelle ihrer Vollendung nahe. Als ich den Fluß hinaufging, war nicht eine einzige Person dort; als ich aber wieder herunterging, fand ich einen Indianer mit fünf Personen seiner Familie, welche sich mir vorstellen wollten. Kurz darauf war der Tuchaua João Baptista und die Indianer der Aldeia, alle vom Stamme der Mutúms, zurückgekehrt.

„Im laufenden December zählte der Sergeant Rapoza 12 Männer, 10 Frauen und 7 Kinder daselbst. Die Einwohner dieser Aldeia sind ziemlich thätig und arbeitsam. Fast alle sind Söhne oder Neffen des Tuchaua, der von ihnen geachtet und ein fleißiger Mann ist. Noch einige Bewohner gab es, welche vor längerer Zeit zu den Quellen hinaufgegangen waren zum Saffaparillegewinnen für verschiedene Hausirer, und nicht zurückkehrten.

„Aldeia de Tunuhy.

„Die Aldeia de S.-Antonio de Tunuhy, auf dem rechten Ufer des Flusses und oberhalb dessen großer Cachoeira, war gänzlich abgebrannt; und im December 1857, als ich dort durchkam, traf ich kaum die Reste von 12 Häusern. Die Einwohner waren im Walde zerstreut. Bei meiner Rückkehr kam der Tuchaua aus dem Walde mit seinen Leuten und fing an, eine neue Aldeia auf dem entgegengesetzten Ufer zu bauen. Nach der Reisebeschreibung des Sergeanten Rapoza im laufenden December finden sich vier Häuser im Fertigwerden, 15 Männer, 10 Frauen und 20 Kinder.

„In Begleitung des Sergeanten kam der Indianer Xavier de Souza, Sohn des eben gestorbenen Tuchaua, und ich übertrug ihm die Leitung der Aldeia. Er benachrichtigte mich, daß eine große Zahl Indianer seines Stammes — Acaiacas — in den Wäldern stäken, ohne sich Häuser in den Aldeias bauen zu wollen, weil sie von niemand regiert sein wollten.

„Sta.-Anna.

„Die Aldeia de Sta.-Anna de Coyary, an der Mündung des Flusses Coyary, bewohnt vom Indianerstamme Sijucis, bestand im December 1857 aus 11 guten Häusern, drei zusammenfallenden, und außer dem Tuchaua Angelo Simão aus 17 Männern, 18 Weibern und 6 Kindern. Im laufenden December befinden sich dort, nach des Sergeanten Rapoza Bericht, 13 gute Häuser, ein im Bau begriffenes, ein zusammengefallenes und eine gute Kapelle, — 21 Männer, 15 Weiber und 12 Kinder. Der Tuchaua der Aldeia ist geachtet bei den Seinen; doch hat er noch nicht eine große Anzahl von Indianern seiner Nation, welche an den Quellen der benachbarten Igarapés und den Zuflüssen des Coyary wohnen, zusammenbringen können, weil sie sich keiner Arbeit unterwerfen wollen, wie mir mehreremal derselbe Tuchaua wörtlich gesagt hat.

„Aldeia de S.-Luiz.

„Als ich im December 1857 nach dem Içana ging, traf ich den Indianer João Baptista, welcher sich allein befand. Er sprach gut portugiesisch und sagte mir, er hätte verschiedene Verwandte; sie hätten sich aber nach Venezuela geflüchtet; er selbst besäße eine Landstelle mit Anpflanzung. Ich untersuchte die Oertlichkeit der Landstelle, wo ein Haus angefangen war, und fand sie sehr passend zu einer Albeia. Und so trug ich dem Indianer João Baptista auf, er sollte seine Verwandten zusammenzubringen suchen und eine Albeia anlegen unter dem Schutze von S.=Luiz, und wenn sie gediehe, sollte er Tuchana werden.

„Nachher erfuhr ich, daß er seine Verwandten aufgefordert und versammelt hätte, alle vom Stamme der Mutúms; doch sprachen sie spanisch. Aus dem Berichte des Sergeanten Rapoza geht hervor, daß jetzt 18 Männer, 15 Weiber und 26 Kinder vorhanden sind. Sechs Häuser waren im Bau begriffen.

„Die Indianer dieser neuen Albeia sind arbeitsam und haben große Mandiocapflanzungen. Doch haben sie noch nicht die Gewohnheit eines Vagabundenlebens abgelegt, was erst zu erwarten ist, wenn ein jeder sein Haus fertig gemacht hat. Baptista, welcher den Sergeanten begleitete, erklärte mir, daß er der Ankunft von noch mehreren Verwandten entgegensähe, die er herbeigerufen hätte.

„Albeia de S.=José.

„Diese einst von Eisuci=Indianern bewohnte Albeia war ohne Einwohner und aufgegeben, als ich im December 1857 zum Içana ging. Aus des Sergeanten Beschreibung geht hervor, daß sie sich heute noch in demselben Zustande befindet. Die Indianer leben am Flusse Arary und wollen nicht fort von dort. Man sagt mir, daß die Zahl der dort zerstreuten und bewohnten Malocas nicht gering ist.

„Albeia de S.=Lourenço.

„Die Albeia de S.=Lourenço, an der Cachoeira do Jandú,

war verödet, als ich im December 1857 dort durchkam. Ich holte die zerstreuten Indianer zusammen, aus dem Stamme der Jandús, unter dem Tuchaua Ebibão, welcher gut portugiesisch sprach. Ich zählte fünf alte und zwei angefangene Häuser, 6 Männer, 8 Weiber und 8 Kinder; die andern waren weiter entfernt im Walde. Heute existiren dort ein gutes Haus, vier im Bau begriffen, vier im schlechtesten Zustande, 10 Männer, 12 Weiber und 9 Kinder. Der Tuchaua, der Ebibão, der mit dem Sergeanten kam, erklärte mir, daß eine große Menge Indianer seines Stammes im Walde und längs der Flüsse Guarana und Pamary lebten in zahlreichen Malocas, daß sie aber keine Häuser in der Aldeia machen und sich keinem aldeiisirten Leben unterwerfen wollten. Die leichte Verbindung, welche zwischen den Quellen des Rio-Guarana nach Venezuela stattfindet, ist Ursache, daß diese Indianer von jener Republik versorgt werden und dorthin ihre Producte bringen.

„Bis zu dieser Aldeia ging der Sergeant, der wegen der Cachoeiras nicht weiter vordringen konnte.

„Aldeia de S.-Francisco.

„Im December 1857 war die Aldeia de S.-Francisco der Indianer Onatis verödet. Ich holte die Leute wieder zusammen und zählte 11 kleine Häuser, aber in gutem Zustande, von denen eins für die Behörden bestimmt war. Kaum 9 Männer, 6 Weiber und 5 Kinder kamen zusammen; doch meldete mir der Tuchaua, daß viele Leute zerstreut umher sich befänden.

„Die Indianer, die letzthin von dieser Aldeia zum Arbeiten gekommen sind, melden mir, daß heute dort 14 Häuser existiren, 26 Männer, 32 Weiber und 24 Kinder, — daß indeß noch viele Leute existiren, welche nicht zur Aldeia kommen wollen, besonders die, welche am See Gavião wohnen, wo eine Menge von Malocas vereint und bewohnt sich befindet, deren Einwohner in zwei Tagen zu Lande nach Maróa (Venezuela) gehen und nach dort alle Droguen bringen, die sie gewinnen.

"Aldeia de Sta.=Rita.

"Als ich im December 1857 zu den Quellen des Içana hinaufging, traf ich ein hochliegendes Terrain, eben und mit schöner Aussicht. Hier war ein kleiner, verlassener Rancho. Ich fand den Ort sehr passend zu einem Dorfe und gab bei meiner Rückkehr dem Sohne des Tuchaua von S.=Roque den Auftrag, dort eine Aldeia anzulegen. Im November darauf sandte mir der Tuchaua Leute zum Arbeiten, und ich erfuhr, daß 6 Häuser existirten, 23 Männer, 27 Weiber und 19 Kinder. Die Indianer sind vom Stamme der Ipeca, und die Aldeia führt den Namen der Schutzheiligen Sta.=Rita.

"Aldeia de S.=Roque.

"Im December 1857 war sie verlassen und öde. Ich brachte die Leute aus dem Stamme der Suassu zusammen unter ihrem Tuchaua, dem Indianer Manoel da Gama. Es waren daselbst 8 Häuser; ich vereinigte 10 Männer, 6 Frauen und 8 Kinder; die übrigen hielten sich sehr weit zerstreut im Walde auf. Als der Tuchaua mich jüngst besuchte, benachrichtigte er mich, daß 12 Häuser vorhanden wären, 30 Männer, 37 Frauen und 24 Kinder, und daß noch eine größere Zahl existire, die noch nicht zur Aldeia gekommen wäre. Dieser Tuchaua hat bedeutendes Ansehen bei den Seinen.

"Aldeia de S.=Pedro.

"Diese Aldeia, vom Stamme der Ipecas, ist am Igarapé do Tauraté und auf hochgelegenem Platze. Im Decem-

ber 1857 hatte sie keine Bewohner. Als ich Leute zusammen=
rief, erschienen kaum 5 Männer, 6 Weiber und 4 Kinder.
Es fanden sich fünf gute Häuser und eins fast fertig gebaut.
Kein Indianer dort spricht die lingua geral. Als mir der
Abjutant im letzten November Leute zum Arbeiten brachte,
erfuhr ich, daß sich daselbst 7 Häuser, 24 Männer, 30 Wei=
ber und 19 Kinder befänden; daß aber noch eine große
Menge an den Igarapés und Seen umherzöge, ohne sich
stellen zu wollen.

„Aldeia de S.=Joaquim.

„Ich ließ diese Aldeia anlegen von den Indianern aus
dem Stamme der Tatus, welche sich in S.=João Baptista
einstellten. Ich gab Befehl, daß die Aldeia oberhalb S.=João
Baptista angelegt würde; doch fanden sie es besser, sie unter=
halb S.=João zu gründen. Diese Nation von Indianern,
verschieden von den andern durch ihre hohe Statur, sehr dunkle
Farbe und vollkommene Nacktheit, redeten nur ein eigen=
thümliches Giria. Es war das erste mal, daß sie aus den
Wäldern hervorkamen, in denen sie ohne festen Aufenthalt
umherstreiften.

„Ich habe erfahren, daß in der Aldeia, die ich S.=Joa=
quim genannt habe, schon 5 Häuser sind, 20 Männer, 22
Weiber und 14 Kinder. Doch ist noch keiner von ihnen zur
Arbeit gekommen.

„Aldeia de S.=João Baptista.

„Im December 1857 bestand die Aldeia von S.=João
Baptista, an der Cachoeira do Apui, der dreiundvierzigsten und
letzten des Rio=Içana, gelegen, aus 5 großen Häusern.
Hier brachte ich 18 Männer, 17 Weiber und 13 Kinder zu=
sammen aus der Nation der Tapihira. Von den letzten
Indianern, die von dorther zum Dienst kamen, erfuhr ich,

ber 1857 hatte sie keine Bewohner. Als ich Leute zusammen=
rief, erschienen kaum 5 Männer, 6 Weiber und 4 Kinder.
Es fanden sich fünf gute Häuser und eins fast fertig gebaut.
Kein Indianer dort spricht die lingua geral. Als mir der
Adjutant im letzten November Leute zum Arbeiten brachte,
erfuhr ich, daß sich daselbst 7 Häuser, 24 Männer, 30 Wei=
ber und 19 Kinder befänden; daß aber noch eine große
Menge an den Igarapés und Seen umherzöge, ohne sich
stellen zu wollen.

"Aldeia de S.=Joaquim.

"Ich ließ diese Aldeia anlegen von den Indianern aus
dem Stamme der Tatus, welche sich in S.=João Baptista
einstellten. Ich gab Befehl, daß die Aldeia oberhalb S.=João
Baptista angelegt würde; doch fanden sie es besser, sie unter=
halb S.=João zu gründen. Diese Nation von Indianern,
verschieden von den andern durch ihre hohe Statur, sehr dunkle
Farbe und vollkommene Nacktheit, redeten nur ein eigen=
thümliches Giria. Es war das erste mal, daß sie aus den
Wäldern hervorkamen, in denen sie ohne festen Aufenthalt
umherstreiften.

"Ich habe erfahren, daß in der Aldeia, die ich S.=Joa=
quim genannt habe, schon 5 Häuser sind, 20 Männer, 22
Weiber und 14 Kinder. Doch ist noch keiner von ihnen zur
Arbeit gekommen.

"Aldeia de S.=João Baptista.

"Im December 1857 bestand die Aldeia von S.=João
Baptista, an der Cachoeira do Apui, der dreiundvierzigsten und
letzten des Rio=Içana, gelegen, aus 5 großen Häusern.
Hier brachte ich 18 Männer, 17 Weiber und 13 Kinder zu=
sammen aus der Nation der Tapihira. Von den letzten
Indianern, die von dorther zum Dienst kamen, erfuhr ich,

wo eine Menge von Malocas vereint und bewohnt sich befindet, deren Einwohner in zwei Tagen zu Lande nach Maróa (Venezuela) gehen und nach dort alle Droguen bringen, die sie gewinnen.

„Aldeia de Sta.=Rita.

„Als ich im December 1857 zu den Quellen des Içana hinaufging, traf ich ein hochliegendes Terrain, eben und mit schöner Aussicht. Hier war ein kleiner, verlassener Rancho. Ich fand den Ort sehr passend zu einem Dorfe und gab bei meiner Rückkehr dem Sohne des Tuchaua von S.=Roque den Auftrag, dort eine Aldeia anzulegen. Im November darauf sandte mir der Tuchaua Leute zum Arbeiten, und ich erfuhr, daß 6 Häuser existirten, 23 Männer, 27 Weiber und 19 Kinder. Die Indianer sind vom Stamme der Ipeca, und die Aldeia führt den Namen der Schutzheiligen Sta.=Rita.

„Aldeia de S.=Roque.

„Im December 1857 war sie verlassen und öde. Ich brachte die Leute aus dem Stamme der Suassu zusammen unter ihrem Tuchaua, dem Indianer Manoel da Gama. Es waren daselbst 8 Häuser; ich vereinigte 10 Männer, 6 Frauen und 8 Kinder; die übrigen hielten sich sehr weit zerstreut im Walde auf. Als der Tuchaua mich jüngst besuchte, benachrichtigte er mich, daß 12 Häuser vorhanden wären, 30 Männer, 37 Frauen und 24 Kinder, und daß noch eine größere Zahl existire, die noch nicht zur Aldeia gekommen wäre. Dieser Tuchaua hat bedeutendes Ansehen bei den Seinen.

„Aldeia de S.=Pedro.

„Diese Aldeia, vom Stamme der Ipecas, ist am Igarapé do Tauraté und auf hochgelegenem Platze. Im Decem=

daß gegenwärtig 7 Häuser dort bestehen, 24 Männer, 27 Weiber und 30 Kinder. Doch gehen noch viele Leute von jenem Stamme zerstreut in den Wäldern umher, besonders am Rio-Caruru. Diese Indianer stehen in leichter Verbindung mit S.-Fernando. Keiner spricht die lingua geral.

„Aldeia de S.-Firmino.

„Ich ließ im December 1857 eine Ortschaft anlegen an einer Stelle, genannt Uinambi Poço, eine Tagereise vor dem Ende des Rio-Jçana, von den Indianern aus dem Stamme der Acaris, welche mir dort vorkamen.

„Ich kenne den Zustand dieser Ortschaft nicht; ich gab ihr den Namen S.-Firmino. —

„Wenn wir den jetzigen Zustand vom Verfall der Aldeias und Ortschaften mit dem blühenden vergleichen zur Zeit des Gouverneurs Manoel de Gama, so ersieht man, daß ein erschreckender Unterschied stattfindet.

„Der Indianer bedarf nothwendig jemandes, der ihn zur Arbeit antreibt, der ihn ermuthigt, ihn den Gewinn kennen lehrt, den solche Arbeit ihm abwerfen kann.

„Nach meiner Ansicht wird man einen außerordentlichen Zuwachs der Aldeias und Povoações erlangen können, wenn die Regierung Niederlagen machen läßt von Gegenständen, welche den Indianern am nothwendigsten sind und selbst ihre Eitelkeit anregen. Dagegen müssen die Indianer zu diesen Niederlagen ihre Producte, Droguen und Kunstfertigkeiten bringen, damit sie dort gekauft werden und den Indianern als Bezahlung dafür jene Gegenstände verschaffen, deren sie benöthigt sind. Auf diese Weise wird der Indianer nicht betrogen werden, wird die Frucht seiner Arbeit sehen, wird mit seinem Nächsten wetteifern; und der beste Arbeiter wird die besten Gegenstände dafür eintauschen.

„Auf diese Weise wird der Indianer kennen lernen, daß

er mittelſt ſeiner Arbeit eine Reihe von Sachen gewinnen kann, auf die er mit Gleichgültigkeit ſieht, weil er ſich überredet hält, daß er nie in ihren Beſitz kommen kann. Die Zeit, auf welche der Eingeborene mit Gleichgültigkeit blickt, wird beſſer benutzt werden, und anſtatt daß er tagaus tagein in vollkommenem Müßiggange hinbringt, wird er ſie anwenden mit nützlichen Dingen."

Der Bericht iſt aus der Grenzfeſtung Cucuhy, 31. December 1858 datirt.

Solch ein Bericht iſt, wenn er auch im Staube des Centralbureau von Rio umkommt, in hohem Grade merkwürdig. Er zeigt die **ungeheuere Mühe** und **Geduld**, die man haben muß, um einzelne, **wenige Indianer** zu aldeiſiren, zu einer **kleinen Ortſchaft** zu vereinigen. Aber er zeigt auch, daß man ſich wirklich ſolche Mühe gibt und die Indianer aufſucht mit Aufopferung aller andern Intereſſen. Der Kapitän Firmino hat in feuchten Wäldern, an ſtäubenden Waſſerfällen, im naſſen Canot und bei der elendeſten Koſt ſeine Geſundheit in hohem Grade zugeſetzt; und ſein graugelbes Geſicht, ſeine erdfahle Farbe zeigen große Erſchütterungen aller Lebensfunctionen an, von denen er ſich, der bürgerlichen Geſellſchaft wiedergegeben, erſt langſam erholen kann. Unterdeß hat man für die fernere leichtere Arbeit in Cucuhy einen andern Offizier geſchickt und überlegt ſehr lange in Rio, wie man einen pflichtgetreuen Hauptmann paſſend belohnen könne.

Woher kommt es nun aber, daß der Indianer, der Waldmenſch, ſo ſchwer heranzuziehen iſt zur Cultur, zum gemeinſamen Leben in einer Ortſchaft und zu einer gewinnbringenden Arbeit?

Der Indianer iſt ein geborener Jäger, ein geborener Fiſcher. Um ſeiner Doppelnatur genügen zu können, gebraucht er vor allen Dingen viel Platz. Ein großes Waldrevier muß sein sein und bleiben, ein ganzer Igarapé ihm gehören. Die Romantik des einsamen Forstlebens, des Fischerlebens, ist Grundton im Sein des Indianers. Unbewußt hängt er an ihr, der Romantik seines Lebens, mit allen Fasern seines Daseins, und die Losreißung davon ist eine gefährliche, lebensgefährliche Operation.

Es hat aber auch der Igarapé im Urwalde einen wunderbaren Reiz, den ich in Manáos in seinem vollen Zauber kennen lernte.

Man hatte mir viel von einem schönen Wasserfall erzählt, der eine gute halbe Meile von Manáos mitten im Walde liegt und dessen Rauschen man, wenn die Wasser nicht zu hoch gestiegen sind, in der Stadt sehr genau vernehmen kann. Oft hatte man mich zu demselben führen wollen, aber immer kam Abhaltung derer, die mich begleiten wollten. So machte ich mich denn eines Morgens, es war am 6. Juli, allein auf den Weg, welcher aus der Stadt in nördlicher Richtung beim Kirchhof vorbeiführt.

Kleines Gebüsch, Verbenen, Melastomen, Iler, die hübsche weiße Scrophularinee Angelicona, womit die braunen Mädchen so prächtig ihr glänzend schwarzes Haar zu schmücken wissen, und ein Labyrinth anderer Vegetation bildet den Weg zum Walde. Den Eingang bezeichnen wundervolle Bocchysiaceen. Seltsame Geschöpfe! Kaum weiß man, wohin sie zu stellen sind im System. Und nun erst gar die Bäume, welche hinter dem Kirchhofe von Manáos den Eingang in den dortigen Wald bezeichnen! Der Habitus der dichtbelaubten Bäume ist der der Myrten. Die Blätter sind länglich oval, paarweise einander gegenübergestellt, ohne Stiel, oben an der Spitze leicht herzförmig eingedrückt, in welchem Einschnitt der Mittelnerv meistens ein wenig hervortritt als kleine Spitze; dazu sind sie von 1—2 Zoll Länge, von derdem Gewebe, wie Buchsbaumblätter; der Mittelnerv tritt auf der Unterseite stark hervor; seine Querstreifen laufen dicht aneinander gedrängt zum Rande, welcher ganz leicht nach unten umgeschlagen ist. Die Farbe ist glänzend grün.

An den Blüten ist alles unregelmäßig. Sie entspringen mit kurzen Stielen einzeln aus den Blattaxillen. Der Stiel geht in einen höchst unregelmäßigen Kelch über, der aus zwei wesentlichen Abtheilungen besteht. Die eine Abtheilung, welche die eigentlich blütentragende ist, besteht aus vier kleinen, dachziegelförmig sich deckenden Schuppen. Die zwei mittlern sind größer, die beiden äußern kleiner. In diese Abtheilung eingefalzt und ihr gegenüberstehend, ist die zweite eingefügt, ein langes, lanzettförmiges, leicht gefärbtes Blatt, welches nach unten in einen gekrümmten Sporn übergeht.

Die Blumenkrone ist ein einziges, großes, zartes, oval zugespitztes, in der Mitte gewölbtes Blatt, weiß mit schön gelber röthlicher Sprenkelung in der Mitte, überhängend über den Mittelzähnen der vierzähnigen Kelchabtheilung.

Mit diesem Blatte leicht an der Basis verwachsen ist der einzige Staubfaden, den die Blume hat. Das Filament, derb und rund, ist ebenso lang wie die Anthere und leicht gebogen. Die Anthere sitzt mit dem untern Ende auf dem Filament fest, ist etwas hinten übergebogen und an der einen Seite des dem Pistill zugewandten Randes mit einem feinen Filz versehen. Die Anthere ist zweifächerig.

Wenn das Blumenblatt und das Stamen mehr der ersten Kelchabtheilung angehört, so scheint das Pistill mehr vom großen Kelchzahn der zweiten Abtheilung eingenommen zu sein. Das kleine Ovarium ist dreifächerig, der Griffel so lang wie das Stamen, rund, leicht gebogen, das Stigma leicht geschwollen, gegen den rauhen Antherenrand hingeneigt; der Griffel stehen bleibend auf der reifenden Frucht.

Die Frucht ist eine länglich runde Kapsel, in drei Val=

veln aufspringend; jede Valvel hat eine doppelte Wand, die innere der Länge nach wieder mit einer doppelten Scheide= wand versehen, welche sich leicht trennen läßt, sodaß in jeder klaffenden Valvel zwei kleine, nebeneinander liegende, kahn= artige Halbzellen liegen.

In der langen, spitzen Knospe umfaßt der große Kelch= zahn das Blumenblatt. Das Blumenblatt ist um das Pistill und Stamen herumgewickelt. Die Anthere umfaßt mit ihrem rauhen, filzigen Rand den Griffel.

Die Blume duftet aufs lieblichste nach Veilchen. Und in der That, wenn wir die eigenthümliche, unregelmäßige, einen Sporn tragende Kelchbildung, die sonderbare Corolla, die mich augenblicklich an die rio=grandenser Violaceen erinnerte, und die Kapselbildung ansehen, können wir nicht leugnen, daß eine Annäherung dieser Vochysie an die Violaceen un= verkennbar ist, wie seltsam es auch unsern kleinen Veilchen= sucherinnen erscheinen mag, wenn man ihnen mit einem male von Veilchenbäumen erzählen will, die 40—50 Fuß hoch werden und einen hohen, dunkeln Wald bilden am fernen Rio=Negro.

Ich habe der Blume nähere Erwähnung gethan, weil Vochysien nicht häufig von Botanikern untersucht werden können im frischen Zustande. Wir waren aber auf dem Wege zum Wald bei Manáos. Und so gehen wir weiter.

Vor allen Dingen war es still und kühl im Walde. Kein Thier rasselte im Dickicht, kein Vogelruf erschallte. Nur einzelne Regentropfen, die vom Gewitter der vergange= nen Nacht hoch oben in den Wipfeln noch hängen geblieben waren, troffen herab zur Erde. Kein Mensch kam mir ent= gegen auf einsamem Pfade.

Reichlicher, aber nicht hoher Palmenwuchs drängte sich aufwärts zwischen den Laubbäumen. Besonders zeigten Astro= caryen ihre furchtbaren Stachelharnische; man kann ihnen wirklich nicht nahe kommen. Ueberall wuchsen ganz junge Palmen aus dem Boden auf. Man kann sie von allen Altersperioden finden und bei ihnen, sowie bei jungen Blättern größerer Palmen, sich davon überzeugen, daß das Blatt einer jeden Palme nur eine einzige Grundform kennt, die einer zusammenhängenden Blattfläche, welche erst bei zunehmendem Wachsthum einreißt und je nach der Anordnung der seitlichen Nerven sich mit dem nöthigen Parenchym um dieselben zu gesonderten Foliolen gruppirt. Die Zwischenformen zwischen solchen ganzen Blattflächen, wie wir sie am kolossalsten beim Bussu, der Manicaria gesehen haben, und den vollkommen gefiederten, z. B. der schlanken Jussarapalme, finden sich überall im Walde, je nach den Altersperioden einzelner Blätter.

Ich war eine kleine Stunde gewandert; aber noch immer wollte die Cachoeira nicht rauschen. Dagegen vernahm ich Artschläge und kam plötzlich zu einer großen, schönen Klärung mitten im Walde, welche sich zu einem Flusse dunkeln Wassers herabsenkte. Mitten auf dem Lande ward ein großes Haus errichtet.

Zu meinem nicht geringen Erstaunen traf ich hier den Platzcommandanten von Manáos, Herrn Amorim Bezerra, der mich von Rio her kannte und mich sogleich, als er von meiner Ankunft in Manáos gehört hatte, in der allerfreundlichsten Weise aufsuchte. Er ließ sich in jener tiefen Waldeinsamkeit, wo er eine halbe Quadratlegua besitzt, eine hübsche Eremitage bauen und hatte erst vor acht Monaten angefangen, den Wald auszuhauen und zu brennen. Und schon lag eine weite Strecke urbaren Landes mitten im Walde da; schon wuchs dort in stattlicher Größe Aipi, Mandioca, Kaffee, Zucker; schon rankten Kürbispflanzen dort umher; alles gedieh in seltener Fülle und wundervoller Frische.

Aber es lag auf dem Ganzen das Bild der Vernichtung,

besonders für den, der durch den stillen Wald wandelt und sich freut an der tiefen Einsamkeit. Auf dem weiten Hügel lagen Kohlen und einzelne halbverbrannte Stämme. Man hatte auf Befehl des Besitzers die schönen Tucumanpalmen stehen lassen beim Umhauen des Waldes, hatte sie aber doch nicht vom Feuer retten können. Ihre Dornen waren verbrannt, ihre Stämme angeröstet, ihre edeln Blätter versengt. Einige rangen sichtlich mit dem Tode; andere standen aufrecht als Leichen da. Düster und schweigend blickte der Hochwald mit seinen mächtigen Bäumen hinein in das Bild der greulichen Cultur und des vernichtenden Anbaues.

Der Fluß im Grunde, der die Roça vom Walde trennt, war übergetreten, und ein Theil des Waldes stand im Wasser. Ich fragte meinen alten Freund nach der Cachoeira. Wir standen unmittelbar davor. Aber so hoch waren die Wasser gestiegen, so weit hatte der Rio-Negro seine dunkle Flut in den Rio-da-Cachoeira — so heißt jener Igarapé — hinaufgedrängt, daß von einem Wasserfall keine Spur zu sehen war. Zwölf bis 14 Fuß hoch fällt sonst der Fluß in einem Sturz über schöne Felsmassen dahin, aber 6—8 Fuß unter dem Wasser lag jetzt der Punkt, und keine Welle regte sich auch nur im leisesten Wirbel, wo sonst die Flut tobte und den Wald mit Brausen füllte.

In einem eleganten Canot fuhr ich mit dem alten Platzcommandanten durch den Wald dahin. Wir schwebten in den Laubkronen kühner Bäume, welche sonst hoch über dem Flusse erhaben sind. Im schwarzen Wasser spiegelte sich der Wald in voller Schönheit und den schärfsten Umrissen. In unendlicher Lieblichkeit schaute die Inajapalme in die Flut und erblickte ihre grünen Locken in der Tiefe. Wohl kann man diese Metapher anwenden, wenn man die edle Maximiliana regia am stillen Igarapé erblickt. Schlank und ohne Stacheln, nur mit ihrer Jungfräulichkeit bewehrt, erhebt sie sich 40—50 Fuß hoch über die Gebüsche; luftig und leicht ragen die Blätter empor auf dem edeln Stamme. Aber die Foliolen sind unendlich zart und biegsam, wie große Grasblätter. In lieblicher Unordnung hängen sie, vom leisesten Hauch bewegt, an den Blattstielen und rauschen geheimnißvoll uralte Waldlieder in ewig junger, jugendlicher Weise. Diesen Klängen lauscht der Europäer nur zu gern. Am rauschenden Falle des Igarapé, mitten im Walde, fern von der ermüdenden Stadt baut er seine Einsiedelei. Was wunder, wenn der Naturmensch, das Kind des Forstes, der Sohn des Igarapé und der Inajapalme seine Heimat nicht aufgeben will für eine graue, farblose Aldea und die Arbeit einer traurigen Grenzfestung?

Man sieht es auch diesen echten Waldbewohnern, wenn sie angekleidet nach Manáos kommen, auf den ersten Blick an, daß sie nicht heimisch sind in einer Stadt und deren beengenden Formen. Es traf sich einigemal, daß während meines Aufenthalts in Manáos große Canots vom Rio-Branco herunterkamen, um von dorther Producte, namentlich Schlachtvieh zu bringen. Früher war am Rio-Branco schon eine Cultur und mehrere gute Ansiedelungspunkte. Aber es ist ihnen gegangen wie jenen Ansiedelungen am obern Rio-Negro und am Rio-da-Içana. Nur Gebüsch findet sich um die eingestürzten Häuser. So beschrieb sie mir schon am Jequitinhonha der Oberstlieutenant Pederneiras; so redeten mir von ihnen die Leute in Manáos. Nur eine gute Viehzucht ist dort als Folge der Anstrengungen zur Cultur und zum Fortschritt zurückgeblieben. Die Indianer sind zum völligen Waldleben zurückgekehrt und halten sich statt in den Mandiocpflanzungen auf dem Igarapé auf.

Vor dem Hause des Majors Tapajoz traf ich einmal zwei solche Indianerinnen vom Rio-Branco. Wir riefen sie in das Haus hinein. Die dunkeln, ernsten und verlegenen

Mädchen machten einen seltsamen Gegensatz zu den freundlichen Töchtern des Majors. Nur eine dieser beiden Indianerinnen konnte einige Worte portugiesisch sprechen; die andere war ganz stumm. Man sah es beiden an, daß sie lieber ohne Kleider gingen, als mit diesen blauen, fest anliegenden Dingern, die man um sie gezogen hatte. Von dem Kopfe der einen schnitt ich eine Portion Haare ab und gab ihr Geld dafür. Das erste kümmerte sie so wenig wie das zweite. Wir wollten von ihr wissen, wie alt ihre Begleiterin wäre; sie wußte es nicht und konnte auch nicht fragen, denn beide hatten keinen Begriff von Zahlen. Doch war die größere von beiden, obgleich sie anfangs sichtlich befangen war, von der Freundlichkeit der Familie des Majors angezogen und heiter geworden. Sie sah sich alles genau an und lächelte, gerade als ob sie nur träumte. So gingen sie beide wieder.

Ein bedeutendes Hinderniß in der Cultivirung der Indianer ist nun unbedingt die Sprachschwierigkeit.

Ein Volk, was nichts zu sagen hat, macht sich auch keine Sprache. So kam es denn, daß eigentlich bei keinem Stamm eine Sprache in voller Gliederung sich vorfand. Jeder sprach sein Giria, seinen Jargon, und verständigte sich mit seinem Nachbar, so gut es gehen wollte. Unter sich hatten die einzelnen Stämme keine weitgreifende Sprache; auch fanden keine sprachlichen Verhandlungen zwischen ihnen statt. Bei Conflicten, wie man sie in Europa auf diplomatischem Wege ausgleicht, griffen sie zu Pfeil und Bogen, und die vergiftete Quarispitze ersterer war da ebenso beredt wie unsere Spitzkugeln oder unsere Congreßacten und Gesandtenfedern.

Als aber weiße Stämme kamen zur Zeit der Conquista, immer weiter vordrangen, und Pedro Teireira schon im Jahre 1648 den Rio-Napo hinaufging und in Quito empfangen wurde „mit Ehrenbezeigungen, angemessen einem Ereignisse, welches auf dem größten Flusse der Welt dem Unternehmen eines Gama auf dem Ocean gleichkam", und nun jesuitische Bekehrer sich einfanden, unter ihnen auch deutsche Namen, wie Anselmus Eckart, Anton Meistemburg, Samuel Fritz, Rochus Hunderfund, welche die Ortschaften Coary, Teffé und S.-Paulo am Solimõens anlegten, die Indianer zu Zwecken des Ordens von Loyola gewinnen wollten und sogar mit Kanonen operirten, wie ihre Brüder am Uruguay, da ward auch ein allgemeines Sprachverständniß ein dringendes Bedürfniß, und es entstand eine **allgemeine Sprache**, eine lingua geral, gewiß in ihren Hauptformen, Klängen und Abbiegungen dieselbe, die längst am Uruguay, Parana und Paraguay als Guarani gesprochen und schon im Jahre 1639 grammatikalisch und lerikographisch in mehrfacher Weise abgefaßt und gedruckt worden war.

Ich war erstaunt, in Manáos für die bekanntesten Gegenstände des Lebens dieselben Ausdrücke zu finden wie in S.-Borja. Am Rio-Negro hörte ich dieselben Laute wie am Uruguay, obgleich beide Punkte in gerader Linie 500 deutsche Meilen voneinander entfernt sein mögen. Ita, oca, cunha, Stein, Haus, Frau, parana Fluß, der neben einem andern hinläuft, pira Fisch, pirapó ein „Fischaufgang", ein Bach, — dann einzelne Thiernamen: Capivari Wasserschwein, Tatú Armadill, Coati, Paca, jene bekannten Halbhufer, — dazu eine Menge Vögel: Urubu, Inhamu, kurz eine Unzahl Wörter finden sich wieder im Guarani und in der lingua geral am Amazonenstrom.

Doch ist die lingua geral auch nur ein Uebergangszustand oder vielmehr die Sprache eines solchen. Schon tief in die Wälder dringen europäische Sprachen ein. Am Rio-Negro wird portugiesisch geredet selbst bei entfernten Anwohnern, und wo die letzten Klänge des Portugiesischen aufhören, und an den äußersten Zuflüssen des Içana jegliche Möglichkeit zu einem Verständniß mit den Barbaren abgeschnitten zu sein scheint, kommen uns venezuelische Indianerstämme entgegen, welche spanisch reden. Im Nordwesten vom Rio-Branco, an dem das Portugiesische langsam vordringt, kommt ein corrumpirtes Englisch zum Vorschein aus den Büschen, weiterhin Spuren von Holländisch. Ich bin überzeugt, daß das Wort Tuchaua aus jenen Zeiten stammt, wo holländischer Einfluß weitgriff, und vom niederdeutschen Toschauer, Aufseher, herzuleiten ist, wie denn alle Stämme gern den Ausdruck einer Würde aus der fremden Sprache hernahmen. Die Botocuden am Mucuri verstanden keine Silbe portugiesisch, aber mit Stolz nannten sich Potão, Macgirum und Juquirana doch Capitão, gerade wie im Portugiesischen eine Menge Würdennamen mit arabischem Laut bezeichnet werden und sogar der höchste Ehrentitel „König" in den allerkatholischsten Landen noch immer, im privaten wie besonders officiellen Leben, mit arabischem Vorschlag angekündigt wird: „El-Rey", der König.

So zieht der belebende Hauch der Gesittung, die Sprache, von Strom zu Strom und trägt mit sich die reife Frucht der Cultur und vor allem des Evangeliums, der Kirche, wie mangelhaft hier auch noch manches aussehen mag. In Manáos ist ganz gewiß kein Indianer, der, wenn er nur einige Wochen sich dort aufgehalten hat, nicht wenigstens etwas portugiesisch spricht und getauft ist. Und wenn die vom Rio-Branco herabkommenden Indianer, sauromatische Scythen des fernen Westens, und besonders die Frauen auch kein Wort portugiesisch verstehen, so nennen sie doch mit Freude ihre Taufnamen Ursula, Maria u. s. w.

Und diese ersten Einleitungen zur Gesittung bringen auch schon eine freie, selbständige Arbeit mit sich. Es ist wahr, daß früher am Rio-Negro viel mehr gearbeitet und producirt ward als jetzt, und daß gegen das Ende des vorigen Jahrhunderts zur Zeit des Gouverneurs Manoel da Gama Lobo d'Almada dort die höchste Blüte bereits entwickelt war und als eine glückliche Zeit noch heute bezeichnet wird.

„Der Ackerbau umfaßte Indigo, Baumwolle, Reis, Cacao, Kaffee und Taback. Der Export des erstern betrug im Jahre 1797 über 1400 Arroben. Sechs Baumwollenfabriken in Barra (Manáos), Barcellos, Carvoeiro, Moura, Curiana und Loretto webten Baumwollenzeuge, von denen der Staatsschatz das, was vom Consum der Kapitanie übrig blieb, nach den Districten vom Pará ausführte. Eine Seilerei in Thomar schlug Reise aus Piassaba. In Barra versah eine Fabrik mit Wachs vom Solimõens die Kirchen der Kapitanie, und eine Ziegelei lieferte hinreichende Dachziegel und Backsteine für die Ortschaften. Auf drei Gütern am Rio-Branco ward Vieh gezogen, womit die Hauptstadt der Provinz versehen ward. Ein Arsenal war in voller Thätigkeit u. s. w."

Das alles ist richtig und wahr, und doch war es damals nicht gut, daß es eben so war. Es war die Macht der Tyrannei, die Satelliten des „El-Rey" von Portugal, die die Peitsche der Gewaltherrschaft schwangen und die Indianer im Sklavenjoche hielten. Nach Wegräumung dieser Peitsche, dieses Sklavenjochs mußte allerdings ein Stillstand, ein Rückschritt eintreten; und von diesem kann sich Manáos erst langsam erholen und in freiwilliger Arbeit freier Menschen erstarken.

Um von solchem Erwachen und Erstarken eine kleine Ansicht hier einzuschalten, will ich folgende Liste geben von Gütern, die im Jahre 1858 allein durch die Dampfboote der Companhia de navigação e commercio do Amazonas von Manáos nach Pará hinuntergeschafft sind. Ich verdanke die Liste der Güte des Herrn João Jozé de Freitas Guimarães,

Gerenten der genannten Compagnie in Manáos, bei dem ich wohnte. Es waren folgende Gegenstände nach

Namen,	Quantität,		annähernd. Werth	u. Gesammtbetrag.	
Pirarucu	14794	Arroben	à 5 Milreïs	73970	Milreïs
Seringa	1928	=	= 16 =	29948	=
Cacao	1780	=	= 5 =	8900	=
Piassaba					
in Stricken	894	Polegadas	= 2 =	1788	=
unverarbeitet	672	Arroben	= 2 =	1344	=
Chilehüte	57505	Stück	= 5 =	287525	=
Tabak	230	Arroben	= 2 =	4600	=
Castanhas	271	Alqueiras	= 2 =	542	=
Purury	213	Arroben	= 20 =	4260	=
Cumarú	2	=	= 10 =	20	=
Sumauma	5	=	= 20 =	100	=
Guaraná	6	=	= 30 =	180	=
Kaffee	37	=	= 5 =	185	=
Tucumgarn	6	=	= 10 =	60	=
Ochsenhäute	98	Stück	= 4 =	392	=
Manteiga de tar-					
taruga	47	Töpfe	= 9 =	423	=
Estópa	37	Arroben	= 2 =	74	=
Tucumhänge-					
matten	1269	Stück	= 6 =	7614	=
Salsaparilha	1565	Arroben	= 25 =	39125	=
				461050	Milreïs.

Eine Menge anderer Waaren, im Betrage von etwa 300000 Milreïs, gehen in großen Canots den Strom hinunter.

Einige Worte der Verständigung sind nöthig zu den einzelnen Artikeln.

Pirarucu ist meinen Lesern schon bekannt, ein großer, mächtiger Flußfisch, bis 8 Fuß lang und 150 Pfd. schwer, der mit Harpunen und Pfeilen erlegt und ganz wie der Stockfisch behandelt und getrocknet wird. Dieser Stockfisch ist ein unendlicher Segen für das Volk. Ueberall drängt es sich nach ihm und wird an ihm zu einer wirklichen Ichthyophagennation. Der Consum des „rothen Fisches" ist außerordentlich. Denn er wird auch frisch gegessen an Ort und Stelle, wo man ihn fängt. Und dieser Consum ist gewiß nicht geringer als der Export.

Von der Seringa, dem elastischen Gummi, haben wir schon geredet. Seringa heißt eigentlich Spritze. Da das beste Gummi über Formen, Flaschen u. s. w. gemacht wird und elastische Hohlkugeln bildet, welche, mit einer Spitze versehen, vortreffliche Spritzen aller Art abgeben, so ist dem Product der Name seiner Form gegeben worden. Ein Gummisucher heißt Seringueiro, eigentlich ein Spritzenmann, ein Spritzer.

Die Chilehüte kommen alle über Tabatinga aus Moyabamba. Der Stoff zu ihnen wird von den Blättern der Fächerpalme Bombanassa genommen (wahrscheinlich einer Art Thrinax), deren Blätter zart und fast grasartig sind. Eine kleine Bombanassapalme sah ich im öffentlichen Garten von Pará. Diese Chilehüte werden oft von seltener Feinheit gemacht, und es kommen in den Läden von Rio=de=Janeiro Hüte vor, die 60, ja 120—200 Milreis kosten, und noch mehr.

Die Castanhas sind die schon bei Gelegenheit meines Ausflugs nach Cametá erwähnten dreieckigen Nüsse in der sehr harten Kapsel der Bertholletia excelsa. Es wird auch ein vorzügliches Oel aus ihnen geschlagen, z. B. in der Stadt Pará von dem schweizer Viceconsul, — sein Name ist mir entgangen —, welcher eine kleine Dampfmaschine zu dem Zwecke hat kommen lassen und ein ausgezeichnetes Oel gewinnt.

Wichtig ist der Riesenbaum nicht nur wegen seiner Nüsse

und seines Nutzholzes, sondern seltsamerweise auch wegen seiner Rinde. Sie bildet getrocknet die sogenannte Estópa, ein vegetabilisches Werch, welches zum Kalfatern der Schiffe dient und ungemein dauerhaft sein soll, sodaß man es dem Werch vorzieht.

Nun Purury. Das Wort ist mit einiger Umwandelung in die Kunstsprache unserer Apotheken übergegangen und heißt dort Pichurimbohnen. Das Volk sagt meistentheils Pureri (ausgesprochen Püschĕri) ohne weitere Bezeichnung. Diese sogenannten Bohnen sind die Früchte einer schönen Laurinee Nectandra, die mit vielen andern Laurineen in den Wäldern wächst. Doch wird sie jetzt weniger gesucht, weil, wie es scheint, weniger Nachfrage nach ihr und ihren Bohnen ist. Oft bringen die Indianer die aromatischen Bohnen auf lange Tucumfäden gezogen aus dem Walde zum Umtausch.

Ferner Cumarú, die Tonkabohne, Frucht der Leguminose Dipterix odorata, eines hohen luftigen Waldbaums mit durchsichtiger Belaubung, deren Wohlgeruch allgemein bekannt ist. Die Schote fällt geschlossen vom Baume ab. Eine jede enthält nur eine einzige Bohne und ist ungemein dick und hart. Wenn man an denjenigen Stellen im Walde, wo die Bohnensucher ihre gefundenen Schoten öffneten und liegen ließen, solch einen Schalenhaufen findet, so glaubt man wirklich einen Haufen von modificirten, sehr dickschaligen Anodonten gefunden zu haben.

Die Sumauma findet sich als eine feine, seidenartige Wolle um die Samen in den schön rothen Kapseln der Sumaumeiras und Mungubas, jener riesigen Bombaceen, die wir am ganzen Amazonenstrom wachsen sehen. Die leichte Wolle wird zum Ausstopfen von Kissen gebraucht. Doch ist sie nicht elastisch genug, und dabei ungemein heiß. Ich habe nie gern meinen Kopf auf ein Kissen von Paina oder Sumauma gelegt; denn beide Bombarwollen sind ziemlich analog und nur wenig verschieden. Die Indianer stopfen ihre bunten Vögel, die sie sich zum Schmuck aufheben, damit aus. So besitze ich selbst einige Ampelisarten conservirt, Cotingas und Pompaduras.

Vom Güáráná redete ich schon in Santarem am Tapajoz. Vom Tucum und seinen Hängematten handelten wir ebenfalls, sowie von der Manteiga der Schildkröten.

Es bleibt nur noch die Sassaparille (Smilax) übrig. Von Smilar wimmelt es in Brasilien, zumal an lichtern Stellen des Waldes, um die Roças und offenen Felder, wo sie mit ihren Haken die Rolle unserer Brombeeren spielt. Wo man nur geht und steht am Walde, von Rio=Grande do Sul an bis nördlich vom Amazonenstrom, findet man gewiß irgendeine Smilarart. Diese Arten überklettern alle Gebüsche und Bäume oft in weiter Ausdehnung und bilden derbe, feste Ranken. Die Blätter, in weiten Distanzen abwechselnd sich gegenüberstehend, oft von einem Rankenausläufer begleitet, wo dann ein Dorn unten am Stamme sitzt von bedeutender Festigkeit, sind herzförmig, oben oft hübsch abgerundet und eigenthümlich genervt, wie die Blätter des Melastomentribus, mit kleinen, fast umbellenartig zusammengruppirten Blüten, in deren constituirenden Theilen sich am Kelch, der Corolla, Staubfäden, Stigma, Griffel und Ovarium die Dreizahl, an den Staubfäden mit Zwei multiplicirt, herausstellt, wodurch sie mich oft an die heimischen Paris und Butomus erinnerten.

Eine Menge Arten von Smilar kommen in den Handel. In Rio zeigte sich die Japecanga an Wirksamkeit den andern Arten überlegen. Die zierliche Art sie einzupacken ist bekannt. Man umwickelt ein zusammengelegtes Päckchen mit den langen, von den Bäumen herabhängenden Stolonen der baumliebenden Arums, deren Natur man sich in Europa gar nicht definiren kann, denn sie werden 60—70 Fuß lang bei der Dicke weniger Linien.

Uebrigens sind die angrenzenden Peruaner bessere Sassaparillesammler als die Leute von Manáos und dem obern Amazonenstrom, soweit er zu Brasilien gehört.

Die Liste, die ich eben gegeben habe, ist bemerkenswerth und sollte von den guten Leuten in Manáos recht zu Herzen genommen werden. Fast zwei Drittheile des Dampfbooterports von Manáos sind peruanische Industrie; die Chilehüte und ein großer Theil des Sassaparillwerths fallen auf die Anwohner von Moyabamba. Das Meiste vom Uebrigbleibenden ist reines Naturproduct und braucht nur eingesammelt zu werden. Alles, was dagegen angepflanzt werden muß, hat abgenommen, Taback, Baumwolle, Indigo u. s. w. Die Leute sind arm mitten im Reichthum und verdienen die Armuth; ohne alles Mitleid verdienen sie arm zu sein, weil sie nicht arbeiten wollen, nicht die geringste Anstrengung machen.

Ganz in den letzten Zeiten hat man als Curiosa einige ätherisch resinöse Oele aus einzelnen Bäumen gezogen. Ich habe eine Flasche voll „Oleo de sassafras" gesehen. Es muß aus einer jener herrlichen Amyrisarten bereitet sein, die in großen Mengen in den Waldungen vorkommen; sein Geruch war vom Sassafras noch ziemlich verschieden und glich eher einem Gemisch von Terpentin mit Copaivabalsam und Cubebenöl. Es soll alle Arten von Wunden merkwürdig schnell zum Heilen bringen, sogar frische Schnitt- und Quetschwunden, bei welchen wir in Rio sehr viel den Copaivabalsam anwendeten, und zwar mit dem glänzendsten Erfolge.

Fast ganze Waldungen bilden die wundervollen, kühnen Amyrideen am Rio-Negro und dessen einzelnen Igarapés. Mit schöner, dichter Belaubung ragen diese „Cedros", wetteifernd an Höhe, Mächtigkeit und dennoch auch Schlankheit mit den Lecythisstämmen überall empor und liefern vor allem ein wundervolles Holz zum Verarbeiten als Cedro branco und vermelho, welches fest, dauerhaft und doch leicht zu behandeln ist. Es hat auch die gute Eigenschaft, daß es im Wasser oben schwimmt, wodurch der Transport der mächtigen Toros oder Blöcke, wie sie im Walde zugehauen werden, zu den Sägemühlen sehr erleichtert wird. Kaum steht ihnen das Holz Coerana an Güte nach. Alle drei Holzarten stammen von verschiedenen Icicaarten ab.

Zur Zeit hoher Wasser am Amazonenstrom werden diese Cedern des Laubwaldes von der Flut losgerissen und bilden in Menge jenes Treibholz, was ich auf dem mächtig geschwollenen Flusse so oft uns entgegenschwimmen sah. Man fängt es vielfach auf und verschneidet es zu Bretern; ich glaube, daß ein sorgfältiges Auffischen solcher zweigloser Bäume zur Zeit hoher Wasser eine Sägemühle das ganze Jahr beschäftigen kann.

Auch hat das Treibholz noch einen höchst eigenthümlichen Nutzen für die Schiffahrt mit kleinen Canots und Igarités, wie man die leichten Fahrzeuge mittlerer Größe nennt. Wenn das mit dem Strom hinuntertreibende Canot in Gefahr ist, von starkem Gegenwinde zurückgehalten zu werden, so bindet es der braune Schiffer an einen tüchtigen, ganz im Wasser dahinflutenden Amyrideenstamm, welcher Schiffer und Kahn mit Leichtigkeit gegen den Wind anschleppt. Drohen aber die vom Winde aufgewühlten und umherspritzenden Wellen den Kahn zu füllen oder umzuwerfen, nun so gibt es auch da ein leichtes Mittel. Der Kahn wird in die Mitte einer schwimmenden Insel von Cannarana gebracht. Das auf dem Wasser innig aufliegende Gras bricht alle Wellengewalt und wogt nur ganz wenig, und der Indianer segelt, gezogen vom mächtigen Waldbaume, geschützt vom schwimmenden Ufergras, und wohlgelagert unter dem Palmendache seines Canots mitten auf dem ungeheuern, grauen Strome unerschrocken gegen Wind und Wellen an.

Die besten Canots werden gerade aus diesen Amyrideen, aus Cedern ausgehöhlt. Ich habe solche Canots von 30—40 Fuß gesehen, die einen Baumstamm von 4 Fuß Dicke und darüber voraussetzten. In Manáos machte man, wie ich schon angab, nur den Boden und einen Theil der Seiten aus einem einzigen Stamme. Der Rand wird dann aus anderm Holze weiter herum angezimmert, obgleich ich Canots gesehen habe, die aus einem einzigen Stamme ohne solchen angesetzten Rand gemacht waren.

Aber genug über die braune Welt in Manáos und ihr Leben am Walde und auf dem Igarapé.

Werfen wir noch einen Blick auf die weiße Welt, auf die 900 Weißen, die nach einer oben angegebenen Uebersicht vor sieben Jahren in Manáos sein sollten, wenn wir wirklich alle die für Weiße ansehen wollen, die sich dazu rechnen!

Die Leute von Stellung, die Angestellten, sind meistens von außen gekommen; ja man trifft Leute aus allen, selbst den südlichsten Provinzen unter ihnen. Diese haben dann eine vollkommen ausreichende Erziehung.

Doch ist auch ein ziemlich bedeutender Stock von Weißen in Manáos, der dort schon seit vielen Jahren existirt und redlich dafür sorgt, daß durch gehörigen Kindernachwuchs die weiße Farbe nicht an Zahl abnehme. Doch kommt unter diesen Familien, namentlich auf dem Gesicht mancher Frauen ein leichtes Etwas vor, was mich glauben macht, daß die Großmutter doch wol eine Indianerin war. Es verwischt sich indeß dieser leichte Indianismus unter den Weißen und im Umgange mit Weißen ungemein schnell, und wir können in Manáos von einer wirklichen weißen Gesellschaft reden, welche bei durchschimmerndem Indianismus ganz angenehm ist.

Sie leidet aber doch noch an mancher Lebensschwäche. Den defecten Zustand von Kirche und Schulen habe ich schon angedeutet. Ich könnte manche scharfe Bemerkung darüber machen, will aber die katholische Kirche nicht bloßstellen. Vom fernen Uruguay bis zum Rio-Negro bedarf sie einer vollständigen Reformation; denn es kommen greuliche Sachen unter ihren Dienern vor.

Die Hauptkirche, deren Bau fast ganz still zu liegen scheint, wird mittels Lotterien aufgerichtet, wobei die Leute nicht das geringste Unrecht sehen. Eine Lotterie ist ein Geldmanöver wie jedes andere. Man zwingt ja niemand, Geld und Hoffnung auf ein Los zu setzen. Ich bin aber überzeugt, daß die Kirche in zehn Jahren nicht fertig wird trotz der Spielwuth der Leute in Manáos.

Wer im Juli 1859 über die total ruinirte Brücke zu gehen wagte, welche unten von dem Bairo da Matriz nach Remedios über den stillen Igarapé führte, und den leicht ansteigenden Hügel zur Kirche hinaufwandelte, der konnte, ehe er zur Kirche kam, links am Wege ein seltsames Gebäude heranwachsen sehen, auffallend wegen seines Umfangs, auffallend wegen seines Materials und noch auffallender wegen seiner Bestimmung.

Auf hohen Pfählen, die einen bedeutenden Raum einnahmen, hatte man ein dickes Dach aus trockenen Palmenblättern errichtet, ganz nach Art jener großen Ranchos in den Südprovinzen, unter denen man nachts die Cargas, die Packen der Maulesel zusammenhäuft für eine zu erlegende Tare. Doch stand zu diesem Zwecke jenes Dach viel zu hoch. Auch zeigte das Zimmerwerk am Eingange, daß man eine Vorderfronte von Geschmack und Ansehen beabsichtigte. Allmählich wurden nun auch die Wände mit grauen Palmen-

blättern ausgeflochten, ohne daß sich eigentliche Fenster daran
blicken ließen. Und als ich nun mich erkundigte, welchen
finstern Mächten das ungeheuere Stachelschwein, — denn
damit hatte der Bau am meisten Aehnlichkeit — gewidmet
werden sollte, sagte man mir, das sollte das Theater wer=
den. Ich dachte unwillkürlich an das deutsche Liebhaber=
theater in Porto Alegre. Das war ein Ideal gegen das
graue in Manáos. Und doch war letzteres unendlich natur=
gemäßer.

Wenn das graue Theater in Manáos nun auch als eine
schwache Seite von der guten Gesellschaft angesehen werden
kann, so erhebt sich diese Gesellschaft doch auch schon zu den
vollsten Kraftäußerungen einer großstädtischen Societät.

Der Polizeichef der Provinz, Dr. Caetano Estellita Ca=
valcante Pessôa, war gerade in der Zeit, als ich mich in
Manáos befand, zum Juiz de direito von Teffé oder Ega
ernannt worden und sollte am 14. Juli von einem Orte
und aus einer Stellung scheiden, worin er sich allgemeine
Achtung und Liebe erworben hatte. Eine Reihe seiner Freunde
trat zusammen und beschloß, ihm einen Abschiedsball zu
geben.

Zu diesem Balle wurde denn Manáos, soweit es ball=
fähig war, durch gedruckte Einladungen mit goldenen Buch=
staben invitirt. Das Fest war auf den 9. Juli im Palacio
do Governo angesetzt.

Eine Einladung in Golddruck zu einem Balle im
Regierungspalast von Manáos! Das ist auch schon
ein Zeichen der Zeit. Wer sich übrigens darüber erstaunen
sollte, daß man in Manáos am Rio=Negro schon druckt, dem
mache ich die Bemerkung, daß dort auch eine Zeitung, die
„Estrella do Amazonas", zweimal in der Woche erscheint, in
groß Quart und auf besserm Papier gedruckt als die meisten
deutschen Zeitungen, obwol dieser „Stern am Amazonenstrom"

seine Lichtstrahlen nicht eben weit hinsenden mag und kein
Stern erster Größe ist.

Der Regierungspalast war hell erleuchtet und sah aller⸗
dings für ein Gebäude am Rio⸗Negro sehr stattlich aus.
Doch hatte man, als man ihn erbaute, noch an keine Bälle
gedacht; und so waren denn auch die Tanzgelegenheiten
etwas eng und beschränkt. Dazu kam noch ein Umstand,
der eben auch charakteristisch ist. Die guten Manáesleute,
von deren zahlreichen Kindern ich oben schon geredet habe,
finden selten Gelegenheit, sich ein Vergnügen zu machen.
Wenn sich aber einmal dazu eine Gelegenheit findet, so wol⸗
len sie das Vergnügen mit Frau und Kind genießen. So
geschah es denn, daß die eingeladenen Leute mit der ganzen
Familie kamen. Es wimmelte im Saale und den Neben⸗
zimmern von artigen kleinen Mädchen und unartigen, vor⸗
lauten Knaben. Die Mütter tanzten mit den Töchtern um
die Wette, die Väter mit den Söhnen.

Alles war eine Zufriedenheit, eine Glückseligkeit. Die
Toiletten der Damen waren größtentheils hübsch, manche
sogar geschmackvoll, keine einzige lächerlich. Am meisten aber
gefiel mir das ganze, bescheidene Benehmen der Leute. Von
irgendeinem Standesunterschied und Festhalten an Rang und
Stellung war keine Rede. Diesen Krebsschaden deutscher
Provinzialhauptstädte kennt man überhaupt in Brasilien gar
nicht. Gerade die Frau des administrirenden Präsidenten,
eine anziehende, interessante Erscheinung in frischer Jugend⸗
blüte, war das Bild der vollsten Bescheidenheit und unbe⸗
fangensten Fröhlichkeit, von der man mir besonders das sagte,
daß sie nicht nur das Haus voll von liebem Kindergewimmel
hätte, sondern auch vor allen andern Frauen des Ortes den
Armen und Nothleidenden mit Trost und Hülfe beistände.

Die Musik war allerdings etwas lahm; doch salvirte sie
sich ziemlich gut aus der Schwierigkeit. Alles Sonstige, was

zu einem Balle gehört, war nett und sauber. Und wenn sich jemand darüber ärgerte, daß die dienstthuende Jungfer im Toilettenzimmer der Damen in hohem Grade schwanger war, so war das allerdings für einen Ball nicht ganz schicklich, aber für Manáos vollkommen charakteristisch. Kinder bekommen sie ja alle in Manáos, und das ist der allergrößte Segen für eine Provinz, deren Ausdehnung das Gesammtareal von einem halben Dutzend europäischer Königreiche übertrifft.

Nun ging mein Aufenthalt in Manáos zu Ende. Aber kurz vor seinem definitiven Ende führte er mich noch einmal hinaus auf den hübschen Igarapé da Cachoeira, von dem ich mich so ungern trennte wie ein echter Indianer von seinem Waldparana.

Der Platzcommandant hatte mich durchaus noch einmal auf seinem eben erst angelegten Landsitze, auf dem ich ihn, ohne es selbst zu wissen, überrumpelt hatte, sehen wollen. Dazu hatten wir den 12. Juli festgesetzt.

Ein hübsches Familiencanot brachte uns zusammt dem ganzen Hausstande des alten Schnurrbarts, welchem noch ein zweites Küchencanot folgte, vom Rio-Negro selbst in den kleinen, stillen Fluß hinein, aus dessen übergetretenen Fluten der Wald in seiner vollsten Schönheit herausragte. In großen Blütentrauben hingen weiße Melastomen und wunderhübsche Malpighiaceen über dem Wasserspiegel; kleinere Amyrideenblüten fanden sich in bedeutender Menge; eine prachtvolle, ganz rothe Cattleya mit Doppelblüte ließ sich, wie ein prachtvoller Tagfalter, auf ihrem luftigen Standpunkte erhaschen.

Wir kamen nach kurzer Fahrt zum Landsitz, wo angehalten ward. Nach einer kleinen Pause setzte ich mit dem Platzcommandanten die Fahrt auf dem kleinen Flusse mitten im Waldesdickicht fort. Wir fuhren über jene Stelle hinweg, die zur Zeit flacher Waſſer einen Waſſerfall von 12—15 Fuß Höhe bildet, jetzt aber gar nicht zu erkennen war. In vielen Krümmungen gingen wir den kleinen Fluß aufwärts. Bald zeigte er kräftigere Gegenſtrömung. Wir erkannten im Grunde einen Felſenabhang, welcher bei niedrigem Waſſer ebenfalls einen hübſchen Waſſerfall bildet, jetzt aber nur eine kleine Bewegung im Waſſer hervorrief. Endlich machte eine wirkliche Cachoeira unſerer Fahrt ein Ende, bis zu welcher noch nie ein Canot hatte hinaufdringen können, weil man noch nie einen ähnlichen hohen Waſſerſtand des Amazonenſtroms und ſeiner Confluenten erlebt hatte.

Schon vorher hatten wir auf dem Igarapé manche Schwierigkeiten zu überwinden gehabt. Vor allen waren es umgeſtürzte Baumſtämme, auf denen unſer für die kleine Flußexpedition allerdings zu großes Canot ſitzen blieb. Bei ſolchen Gelegenheiten ſah es denn wirklich komiſch aus, mit welcher Seelenruhe einer unſerer Tapuis mit einer Art auf den im Waſſer liegenden Baumſtamm aus dem Canot hinausſtieg und ihn durchhieb. Sowie der Stamm anfing zu knacken und nachzugeben, ſtieg der ruhige Indianer mit demſelben Phlegma, womit er vom Canot auf den Stamm getreten war, wieder vom Stamme in das Fahrzeug. Oft begriff ich nicht, wie er auf ſolchen vom Waſſer ſchlüpfrigen, zum Theil rindenloſen Stämmen entlang ging, ohne auch nur die Miene von irgendwelcher Vorſicht anzunehmen. Aber dieſe Leute, die nie Schuhe anziehen, haben eine Taktfeſtigkeit in den Fußſohlen und Zehen, daß man ſie wirklich zu den Quadrumanen rechnen möchte. Sie ſtehen unerſchütterlich ſicher auf dem glatten Stamme und operiren auf ihm, wie ein Turner mit den Händen am Reck ſich bewegt. Dazu macht die merkwürdige Fertigkeit im Schwimmen ſie noch ſicherer auf dem kitzeligen Standort. Ich glaube gewiß, daß, wenn ein Tapui bei ſolcher Gelegenheit herabgleitet vom

Baumstamm und ins Wasser fällt, sein Kamerad sich nur darüber erschrecken würde, daß ein Tapui ausgleiten könne, nicht daß er ins Wasser fiel. Oder er erschrickt sich gar nicht und sieht und bemerkt das Unglück seines Gefährten gar nicht. Und das ist das Allerwahrscheinlichste.

Je mehr wir nun auf dem kleinen, eingeengten Flusse aufwärts drangen, desto schöner ward auch die Vegetation. Es waren nicht sowol dicke als vielmehr hohe, schnurgerade Stämme, die in seltener Symmetrie und dennoch zwangloser Gemeinschaft nebeneinander aufwuchsen und meine Aufmerksamkeit auf sich zogen.

Unter den Palmen waren der Menge nach die stacheligen Astrocaryen vorwiegend. Ueberall drohte die geharnischte Tucumanpalme den Kommenden entgegen. Oft sah das obere Ende des Stammes und die Außenseite der Blattscheiden ganz schwarz aus vor Stacheln. Einzelne kleine Euterpenbäume verschwanden fast gänzlich neben den wilden Nachbarinnen.

Häufig sahen wir auch die Caranapalme, eine kleine Fächerpalme, aus der Gruppe der Mauritien (Mauritia aculeata). Alle Stämme waren niedrig; aber die gerade aufstrebenden Blattstiele waren nicht leicht unter 6 Fuß lang und trugen die äußerst regelmäßigen Fächer mit Leichtigkeit. Die Palme Carana liefert ein sehr beliebtes Blattmaterial zum Hausdecken, und ein gutes Caranadach dauert an acht Jahre.

Höchst seltsam sahen einige ganz kleine Palmengebilde aus, die man auf den ersten Blick kaum für Palmenformationen halten möchte. Die Blätter sind weder genau gefiedert noch genau gefächert. Vielmehr haben sie zu beiden Seiten des Blattstiels eigenthümliche, lappige Blattsegmente von unregelmäßiger, rhomboidischer Form, ganz wie Floßfedern von Fischen. Fast möchten sie an die Blätterform der Tari-

nee Phyllocladus erinnern oder eine Art Caryota des
Westens vorstellen. Alle Segmente sahen wie abgebissen aus.
Doch waren sie es keineswegs; vielmehr war diese formatio
praemorsa die eigentliche natürliche Beschaffenheit der Blatt=
lappen. Das Endsegment erregte mir, als ich mit dem
Handrücken daran vorbeistreifte, ein deutliches Brennen. Nur
an der letzten Cachoeira, die unsere Fahrt hemmte, standen
die kleinen Exemplare, die mir die eben angegebenen Eigen=
schaften zeigten. Ich sah sie nie vorher noch nachher wieder.

Auch die Patauapalme lernte ich kennen, Oenocarpus
Pataua, — so wurde mir das Wort vorbuchstabirt von mei=
nem alten Platzcommandanten —, die nächste Verwandte
jener schönen zweizeiligen Palme, die ich im Walde von Ca=
metá am Tocantins bewunderte, Palmen mit unbewehrten,
geringelten Stämmen und gefiederten Blättern, den hübschen
Euterpen ganz nahe stehend nicht nur im Walde, sondern
auch im botanischen System und selbst in ökonomischer Ver=
wendung.

Man liest nämlich die in großen, mächtigen Trauben
wachsenden und den größten, dunkeln Oliven nicht unähn=
lichen Früchte zusammen und behandelt sie ganz wie die
Früchte der Euterpe, wenn man Assai aus ihnen machen will.
Zwischen der schwarzgrünen Hülle und dem länglichen, brau=
nen, mit hübsch gelben Längsfasern umsponnenen Kern liegt
eine dünne Fleischschicht, welche, wenn die Frucht gekocht ist,
einen ganz angenehmen, öligen Geschmack hat.

Das aus diesen Patauafrüchten gewonnene Assai ist von
dem der Euterpenfrüchte an Farbe und Geschmack verschieden.
Es gleicht ganz vollkommen unserer Chocolade und würde,
wenn man es wie Chocolade parfümiren wollte, mit derselben
verwechselt werden können. Ich trank das einfach mit Zucker
versüßte Pataua=Assai mit großem Behagen, als wir zurück=
kehrten, und finde allerdings, daß beide Getränke, das von

der Euterpe und von der Oenocarpus gewonnene, zwei höchst
angenehme Gebräue bilden am Rio-Negro, wo ich das Assai
besser bereitet trank als in Pará selbst, obwol man es in
Manáos weniger schätzt als in jener Hafenstadt.

Der Saft der Patauafrüchte ist ungemein ölreich. Man
sieht die kleinen Oeltropfen in Menge auf der graurothen
Chocolade schwimmen, besonders am Rande der Tasse oder
des Glases, wenn man sie aristokratisch aus einem Glase
trinkt. Mit Leichtigkeit läßt sich aus diesen Oliven des
Westens eine Menge Oel gewinnen.

Am schönsten aber war immer die liebliche, grüngelockte
Inajapalme am Ufer des baumumdüsterten Cachocirafluffes.
Es liegt ein seltsam träumerischer Ausdruck in den fast grasartig an den Blattstielen herabhängenden und vom leisesten
Windhauch bewegten Foliolen, ein Ausdruck, den ich einen
mädchenhaft verschämten nennen möchte. Ich blickte immer
mit Freude hinauf zu den leichtbewegten, säuselnden Foliolen und vernahm gern die leisen Loreleilieder der anmuthigen
Waldcreatur. Auch Bussublätter sahen wir, jedoch viel kleiner
als jene, die am untern Amazonenflusse wuchsen. Sie waren
vielfach eingerissen, also vollkommen ausgewachsen. Vielleicht
sind sie von der Palme am untern Flusse ganz verschieden
und constituiren eine neue Species. Mir machten sie einen
ganz verschiedenen Eindruck.

Auch unter den eigentlichen Laubbäumen sahen wir viele
hoch aufgeschossene Stammformen. Namentlich einige Nutz-
holzbäume zeigte mir mein alter Platzcommandant, die Itauba
(eine Broussonetia) und andere, von denen man außer dem
indianischen Namen leider nichts zu sehen bekommt als den
glatten Stamm.

Auch einen hohen, schönen Waldbaum zeigte man mir, von
dessen Frucht man ein ganz besonderes Aufsehen macht in
Manáos. Diese Frucht heißt Sorva, also der Baum Sorveira

(Collophora utilis). Der Baum ist hoch, schlank, mit schön grünen Blättern und in allen seinen Theilen stark milchend. Alle Laubkronen waren mit unreifen, kugelrunden Früchten dicht übersäet. Auf das lebhafteste erinnerte mich der Baum an die schönen Platonien vom Tocantins, deren Früchte Pacuri auch solchen glänzenden Ruf haben. Factisch steht er aber, um an eine schon früher beschriebene Frucht zu erinnern, der Mangaba (Hancornia) am nächsten, mit welcher der Sorvabaum zur Familie der Apocyneen gehört.

Um die im September reifende Frucht zu bekommen, treibt man eine wirklich an das Grausige grenzende Barbarei! Man haut den ganzen Baum um, wenn das auch polizeilich verboten ist. Wenn der Baum an einem Nachbar hängen bleibt, haut man diesen mit um. So kommen von abgehauenen Bäumen ganze Körbe, ganze Canotladungen von Früchten nach Manáos; denn der Sorvabaum ist sehr häufig im Walde.

Seltsam trieb auch der Pflanzenparasitismus sein Wesen am Flusse. Dünn, schlank, gerade und astlos wie Palmenschäfte, aber mit rauher Rinde stiegen aus Bäumen von 60 Fuß Stammhöhe ebenso lange Stolonen von 1—3 Zoll im Durchmesser zur Erde hinab, um dort festen Fuß zu fassen. Suchte man dann oben in den luftigen Kronen, so entdeckte man bald als den Ausgangspunkt dieser Stolonen eine parasitirende Clusiacee, kenntlich an den dicken, blankgrünen, lederartigen Blättern. Ich hieb von einem Parasitenschaft ein Stück heraus. Es war außerordentlich schwer und blutete merkwürdig stark einen weißen Saft besonders aus dem Bast zwischen Rinde und Holz. Letzteres hatte eine spongiöse, aber dennoch zähe Beschaffenheit. An solchem vegetabilischen Strick können sich getrost zehn Menschen anhängen, er reißt ganz gewiß nicht in seiner Mitte durch.

Ein Philodendronfaden, auch an 50 Fuß lang, hing mitten

über dem Flusse, etwa 8 Fuß über dessen Oberfläche endigend. Ein Vogel hatte sich den Strang zu Nutze gemacht und sein Beutelnest unter ungeheuerer Mühe daran aufgehängt. Gerade am untersten Ende hing die luftige Wohnung. Zwar gelang es mir, des Dinges, welches unbewohnt war, habhaft zu werden mit einem Ende des Imbé, wie der Cipó jener Aroideen heißt, aber doch litt das Nest ziemlich bedeutende Havarie. So parasitirt ein Vogel auf oder unten an den Fäden der parasitirenden Aroideen. Am obern Ende aber gibt es andere Parasiten. Es gelang mir, mit dem Imbéfaden ein ganzes Philodendron hoch oben von seinem luftigen Sitze herabzureißen. Indem ich das seltsame Gewirr von grünen Blättern und Luftwurzeln untersuchte, fühlte ich in der Hand, womit ich es hielt, einen höchst intensiven Schmerz, und nun ward ich an Hand und Vorderarm aufs heftigste gebissen. Eine kräftige, schwarze Ameise hatte sich in der Schmarotzerpflanze ihren Schmarotzeraufenthalt ausgesucht und glaubte in mir einen Concurrenten zu entdecken. So wüthend und fest bissen sich die Thiere mir in die Haut, daß ihnen, als ich sie fortnahm, der Kopf abriß und an der Haut sitzen blieb.

Während so oben ein kriechendes Insekt auf der dem ursprünglichen Baum ganz fremden Pflanze lebt und am untersten Ende ein lustiger Vogel sein Nest aufhängt, bleibt der lange Strang selbst auch nicht frei von einer dritten Parasitenart. Eine Art Gallwespe wählt sich den aromatisch scharfen und selbst wol etwas giftigen Stolonen des Philodendron aus und legt mittels eines Stichs ihre Eier unter die zarte Oberhaut des Parasiten. Der lange Stolo schwillt nun in einzelnen Knoten an und gewinnt mit seinen, die ganze Substanz ausdehnenden Galläpfeln das Ansehen einer Rosenkranzschnur. Wenn das Insekt reif ist, durchbohrt es die Schichten und läßt eine kleine, offene Höhle zurück, ohne daß der Lebenslauf des Cipós dadurch im allergeringsten unterbrochen würde.

So strebt im Urwald alles nach oben, nach Luft und Licht. Und wenn der mächtige Amazonenstrom in alljährlicher Wiederkehr anschwillt und in überflutendem Ansteigen den Wald unter Wasser setzt, die Fluten der kleinen, ihm zuströmenden Igarapés bis über ihre Wasserfälle hinweg zurückdrängt und alles in Gefahr ist zu ertrinken, so hat auch die Natur dafür gesorgt, daß gar vieles dem gewaltigen Kataklysma entgehe. Hoch oben in den Zweigen, anhaftend an mächtigen Waldesstämmen, aufgehängt am liniendünnen Cipó, wohlgebettet unter der Epidermis dünner Lianen, dauert das Leben der Dendrobier, Pflanzen und Thiere, wohlbewahrt fort.

Der Mensch des Urwaldes aber parasitirt unterdeß im ausgehöhlten Baumstamm einer Amyridee oder der 6—7 Fuß dicken Itauba. An jeder Palme, welche reifende Früchte bietet, ist sein Ankerplatz. Im Canot, wo die ganze Familie um ihn hockt, geht ihm sein kleines Feuer nicht aus, sodaß abends der Schein sich im Wasser widerspiegelt und die ganze Menschengruppe, zwischen Palmen und Bombaceen parasitirend, im ausgehöhlten Baumstamm auf dem Wasser, in der Luft, in den Bäumen zu leben scheint.

Dem Ansiedler dagegen, welcher ungeschickt genug in solcher Amphibienwelt eines festen Bodens bedarf, um seine künstlichere Existenz durchzuführen, ertrinkt sein Pferd, ertrinken seine Rinder, nachdem sie lange im ansteigenden Wasser ängstlich umhergewatet und umhergeschwommen sind. Da kommt ihm denn auch der glückliche Gedanke zum Parasitenleben. Zwischen einzelnen Bäumen oder auf gefällten Stämmen errichtet er seinem Vieh eine kleine, trockene Hürde und füttert es mit der üppigen Cannarana, welche am Ufer wächst oder in großen Inseln vorbeitreibt, bis die großen Wasser sich langsam verlaufen und das feste Land wieder zum Vorschein kommt.

Mit englischem Bier, vinho do duque (einem edeln Portwein) und Champagner war unser unter einem Palmendache

improvifirter und mit reichlichen, folchem Getränkeluxus voll=
kommen adäquaten Speifen befeßter Tifch fchon unfer har=
rend, als wir mit unferm Canot wieder zum Landfiß des
alten Plaßcommandanten zurückkamen.

Aber beim frohen Mahl fank die Sonne fchneller als wol
fonft. Unfere kleine und große Welt fchiffte fich wieder ein.
Gefchickt ruderten uns unfere braunen Tapuis mit ihren klei=
nen Tellerrudern zwifchen den Bäumen des überfchwemmten
Waldes hindurch; und wir kamen, gerade als die Sonne
hinter fernem Forft unterging, wieder aus dem befchatteten
Labyrinth auf die ftille Fläche des Rio=Negro hinaus, von
wo uns nur noch wenige Minuten bis zum Landungsplaß
fehlten.

Einige kühn aufftrebende Popunhapalmen, jene herrlichen
Pirijáoftämme raufchten dort mit ihrer edeln Laubform ein
melancholifches Abendlied über den „fchwarzen Fluß" hinaus.
Mir aber erfchien der eben vollendete Streifzug auf dem
Igarapé da Cachoeira mitten durch die Waldungen wie ein
liebliches Palmenmärchen, was fich nicht genau wiedererzählen
läßt.

Fünftes Kapitel.

Der Solimõens. — Fahrt bis Tabatinga an der Grenze von Peru. — Coary. — Teffé. — Fonteboa. — Tonantins. — Das Fort von S.=Antonio am Rio=Iça. — S.=Paulo oder Olivença. — Ankunft in Tabatinga.

Warum machen sich die Leute doch nur das Scheiden so schwer? Beim Polizeichef hatten sich am Nachmittag des 14. Juli alle Notabilitäten der Stadt Manáos zusammengefunden, um seinem Aufenthalt daselbst die letzte Oelung zu geben. So viel Leute kamen zur Trauerceremonie, daß man nicht genug Stühle im Hause hatte, sondern ein Dutzend aus den Nachbarhäusern zusammenholen mußte.

Jetzt brach der Trauermarsch los. Voranf gingen die acht Kinder des Hauses, begleitet von einer Schar kleiner Freunde und Freundinnen. Dann kamen verschiedene Damen im vollsten Putz und endlich alle Großwürdenträger der Hauptstadt Manáos. Im ganzen mochten doch wol hundert Personen den Zug bilden.

Ich schloß mich, als Verehrer des Polizeichefs und als Mitreisender, dem Zuge an; und so marschirten wir zum Hafen hinunter. Hier umarmten sie sich fürchterlich, und der erste Abschied war genommen. Die Hälfte der Begleitenden blieb am Ufer.

Die andern schifften sich in verschiedene Boote und Canots ein und fuhren zum Tabatinga, unserm Dampfboot, welches ganz in der Nähe des Ufers ankerte, hinüber. Hier begann denn der ernstere Abschied. Die Frauen küßten sich und weinten; die Männer umarmten sich, und die Kinder, die all diese Rührungsscenen mit ansahen, fingen auch an bitterlich zu schluchzen. Zuletzt weinten sämmtliche Anwesende! Ich weiß nicht, wie lange diese greuliche Scenerie gedauert haben würde, wenn nicht im Südwesten ein Gewitter heftig zu grollen angefangen hätte. Jetzt trennte man sich ernstlich; die eine Hälfte kehrte zum Ufer zurück, die andere Hälfte blieb. Der Tabatinga, ein kleines, aber angenehmes und vorläufig hinreichendes Dampfboot von 150 Tonnen, hob seinen Anker; wir gingen in den Strom hinein, übersahen noch einmal das romantisch schön gelegene Manáos und bogen um die nächste Waldecke. Es war ungefähr 6½ Uhr.

Ringsher hingen dicke Gewitterwolken am Himmel, und überall zuckten Blitze; doch kam es zu keiner ernsthaften Entladung. Wir liefen in östlicher und nachher selbst nordöstlicher Richtung den fast stromlosen Rio-Negro hinunter. In matter Beleuchtung des aufgehenden und von Wolken umdüsterten Mondes erschien das dunkle Wasser vollkommen schwarz. Zuletzt kamen wir an eine Insel, wo die Wasserstraße sich nach Osten und Westen zu trennen schien. Ein leichtes Rucken und Schütteln unsers Dampfboots verkündete uns, daß wir in einem rascher strömenden Element wären und den Rio-Negro verlassen hätten.

Wir waren im Solimõens; denn so ist der Name, den man dem Amazonenstrom vom Rio-Negro an aufwärts bis zur Grenze von Peru, bis zum Javary, gegeben hat. Als man den mächtigen Zufluß des Amazonenstroms, den Rio-Negro kennen lernte, war man in Zweifel, ob er oder der andere Fluß den Hauptstrom bildete. Und um keinen von beiden zu kränken, nahm man einen dritten Namen und ließ den Amazonenstrom aus dem Rio-Negro und Solimöens entstehen.

Wir konnten indeß erst am nächsten Morgen mit dem Solimöens nähere Bekanntschaft machen. Ein leichter Regen trieb uns in die große Kajüte und nach eingenommenem Thee in unsere respectiven Betten.

In voller Pracht trat uns am 15. Juli der Solimöens entgegen. Eben war die Sonne im Aufgehen und machte den vollen Mond bei seinem Untergehen erbleichen. Eine Menge von Alcedonen zankte sich miteinander oder mit unserm Dampfschiffe, welches ihnen den Morgen störte. Zwei von ihnen suchten einen Gavião (Falken) zu attakiren, der auf hohem Aste eines Eriodendron sich sonnte, wurden aber mit scharfem Protest abgewiesen. Einige Jacuhühner, die sich ebenfalls ihre Morgentoilette machten, flüchteten schnell davon, als wir ihnen nahe kamen; und ein kleiner Affe rannte, als er uns eine Zeit lang beobachtet hatte, mit schrecklichem Zwitschern waldeinwärts.

Nur die Pflanzenwelt hielt ruhig neben uns aus und folgte uns den Strom aufwärts. Nach wie vor bildeten Sumaumeiras und andere Sterculiaceen oder Bombaceen, Calophyllen, Cecropien und unter den Palmen die scharfstachelige Tucumanpalme, die liebliche Inaja und die kühne Popunha oder Pirijáo, sowie Amyrideen, Lorbern und Myrten den Wald. Musaceen wucherten im Grunde, Aroiden und Guttiferen oben in den Bäumen. Hinter dem Gebüsche der Cannarana aber, hinter der Anhinga und über feingefiederten Mimoseen hinaus ragte ein anderer Tropenwaldrepräsentant heraus, eine dichte und sich wiederholende Schar

von Bambusen mit üppiger Grasbelaubung und wundervoll
überhängenden, nickenden Spitzen, — ein voller Beweis, daß
die Ufer des Stroms festern Boden, festere Gestaltung hätten,
wie denn die Taquara zwar feuchten, aber dennoch festen
Boden liebt und selbst Höhen aufsucht.

Wirklich war das Gestade rechts von uns, auf dem lin=
ken Ufer des Solimões, mannichfach erhöht; und eine ganze
Reihe von kleinen Landsitzen, vor denen die unvermeidliche
Schar von Tapuis indifferent zu uns herabschaute, hatte sich
in den Wald hineingedrängt. Die lange Kette dieser Land=
sitze heißt Manacapurú. Man hat davon geredet, sie zu
einer Ortschaft, einer freguezia, zu vereinigen; doch scheint
man die wenigen damit verbundenen Kosten zu scheuen und
läßt die Leute ohne Kirche und die Kindermenge ohne allen
Unterricht aufwachsen. Und mit der Colonie bei Obidos,
an der gar nichts liegt, vergeudet man ganz bedeutendes
Geld. Solche Widersprüche finden sich recht oft in Bra=
silien.

Meine Mitpassagiere, brasilianische und peruanische Kauf=
leute, gaben unterdeß ein höchst originelles Gespräch zum
besten. Besonders meinte der eine, die Leute sollten Gott
danken, daß sie noch keinen frade in Manacapurú hätten,
denn die Pfaffen, meinte er, wären doch die — und nun
kam eine böse Benennung, — die es im Lande gäbe. Da=
bei kamen auch sämmtliche freiras (Nonnen) schlecht weg.
Einer der Reisenden schlug ernsthaft vor, man sollte sie am
Amazonenstrom, etwa nach Art der alten Parthenien, ver=
theilen, um die Provinz schneller zu bevölkern. Solche Dur=
accorde hört man oft in Brasilien anschlagen.

Doch sprachen diese Herren auch bessere Sachen als diese
Sakrilegien. Vor allem interessirte mich manche Bemerkung
über den Handel mit Peru.

Sollte man es denken, daß trotz der Amazonenschifffahrt

es dennoch am Solimöens einen Handel von Lima über Trurillo nach Moyabamba gibt, welcher 60—80 Procent Gewinn abwirft? So drückend lastet der Zoll in Pará auf einzelnen Handelsgegenständen, z. B. Baumwollen- und Seidenmanufacturen, daß man sie von Trurillo über die Cordilleren von Thieren und selbst Menschen nach Moya= bamba tragen läßt, um sie bis nach Manáos hinunter mit Vortheil zu verkaufen. Solche Handelsbedrückungen sind ungeheuere Mißstände und können doch beim gegenwärtigen Finanzetat in Brasilien nie geändert werden, geben aber Anlaß zu allen nur möglichen Defraudationen und hinterher zu allgemeiner Unzufriedenheit, welche sich besonders gegen ein ungeheueres Heer von faulen und überflüssigen Beamten richtet. So wenigstens meinten meine mercantilischen Be= gleiter.

Unterdessen trieb auch die kleine Polizeifamilie, acht Mann hoch, ihr lustiges Wesen. Es waren so muntere, liebe Kin= der, daß man wirklich keine wohlerzogenere finden konnte, und man ließ sich schon gern von ihnen im Arbeiten, Be= schauen und Nachdenken darüber unterbrechen. Die kleinen Mädchen wußten sich sogar mit kleinen Handarbeiten so emsig zu beschäftigen, daß man sie auf ganze Stunden gar nicht bemerkte.

Der Nachmittag führte uns in ein prachtvolles Insel= labyrinth, in dessen vielfach gewundenen Biegungen die ein= zelnen Wasserabtheilungen wie Irrwege in einem englischen Park aussahen. Hier trafen wir besonders häufig eine große wilde Entenart, mit hellgelbgrauem Hals, rostfarbenem Bauch und schwarzen Flügeln. Ich hatte das Thier schon früher oft mit Hühnern und Gänsen zusammen gesehen, und in der That sollen diese Enten ungemein leicht zahm werden und sich ganz gut in freiwilliger Gefangenschaft fortpflanzen, wo= bei sie sich durch ihr großes Kaliber ganz besonders empfehlen.

Fast um die Wette mit ihnen, nur in luftigerm Revier und viel glänzenderer Farbenpracht zogen Araras paarweise oder in kleinen Rudeln über dem Walde umher. Dazu erschien der spiegelglatte Strom selbst golden und blau gestreift. Hinter seinen fernen westlichen Waldungen ging die Sonne glühend unter. Vier Delphine tauchten neben unserm Dampfboote periodisch auf und begleiteten uns hinein in den wundervollen Abend, dem eine ganz im Tieck'schen Sinne „mondbeglänzte Zaubernacht" folgte.

Mitten in der Nacht ward an einem einsamen Landsitze Holz eingenommen. Als kaum einiges Morgenroth zu erkennen war, schrieen uns wieder die Araras und mannichfache Papagaien wach. Affen zwitscherten und pfiffen im nahen Dickicht; von Stamm zu Stamm flatterten einzelne Penelopearten. Unter dem voll entwickelten Tage ward auch dies Thierleben stiller und verschwand fast gänzlich in der Hitze des Mittags, wie das meistens am Urwalde so zu sein pflegt.

Gegen 9 Uhr passirten wir die Mündung des Purus, eines Flusses, der ungefähr unter 10° südl. Br. in Matto-Grasso entspringt und in nordöstlichem Laufe dem Solimoëns zueilt. Der Fluß ist von keiner solchen Ausdehnung wie viele andere Nebenflüsse des Amazonenstroms, soll aber weit hinauf schiffbar sein und mit dem Madeira mannichfach zusammenhängen. Daß er zu einer leichten Handelsstraße nach Cusco dienen könne, darüber habe ich nichts erfahren. Seine Mündung, einsam und ohne imposantes Aeußere, zeigt keinen bedeutenden Fluß an. Sein Wasser ist etwas dunkler und reiner als das des Solimoëns. Vorläufig ist noch kein Handelsleben auf ihm zu irgendeiner Ausdehnung gelangt.

Je weiter wir nun durch das Insellabyrinth des Solimoëns aufwärts kamen, desto mehr war das Wasser schon im Sinken begriffen, desto fester stellte sich das Land heraus.

Mit ihm trat auch mehr und mehr ein reges Thierleben hervor. Immer häufiger wurden die Scharen kleiner, behender Affen, die mit unbegreiflicher Gewandtheit längs der Zweige liefen, manche mit einem Jungen beladen. Immermehr krächzten große Araras und Ararannas in den Aesten hoher Bäume oder zogen durch die reine Luft. Oder einzelne Reiher, die kleinen, ganz weißen und eine hellgraue Art, schwammen durch den Aether über den Wald dahin. Ihnen folgten, flüchtend vor dem brausenden Dampfschiffe, ganz schwarze Ibisarten mit rother Kopfzeichnung und rothem Schnabel. Wenigstens erschienen mir so die Flüchtlinge. An Habichten und Urubus war ein Ueberfluß; und in ganzen Scharen jagten sich Alcedonen und Periquitos längs der Büsche am Rande des Stroms umher, während schon ängstlicher und scheuer kleine Trupps von Crotophagen durch das Dickicht schlüpften. Auch einzelne Japeiras — Icterusarten — erblickten wir; weithin glänzte das schöne schwarz und gelbe Federkleid der zänkischen Vögel. Kleine Züge von wilden Enten hörten kaum mehr auf, sogar Delphine folgten uns in unabläßigem Auftauchen.

Auch zeigten sich wieder Menschen am Flachufer. Eine Familie war eben zurückgekehrt zum überschwemmten Wohnort und räumte einzelne angeschwemmte Sachen fort. Am Abend des 16. Juli kamen wir dicht an einigen kleinen Sitios vorbei, wo die Tapuis mit Fackeln standen und uns jubelnd grüßten. Die braunen Gesichter, beleuchtet vom rothen Fackelschein sahen gar zu gut aus am dunkeln Walde, in den der eben aufgehende Mond seine ersten Strahlen hineinzuwerfen sich bemühte.

Ebenso bot auch der Wald viel mehr Vegetationsformen. Zwischen den schon so oft genannten Bäumen kam auch die schöne Uanaffupalme zum Vorschein, mit glattem, schlankem Stamm und grasartigem Blattparenchym, fast wie die Inajapalme. In viel größerer Menge und stärkern Individuen, als ich ihn bisher gesehen hatte, trat der Pão Mulatto aus dem Walde hervor, ein rother, oft rindenloser Stamm und anscheinend ein Blutsverwandter der Araçamyrte. Ueberhaupt erschienen alle Stämme, je weiter wir hinaufgingen auf dem Solimõens, höher und mächtiger zu werden.

Am Nachmittag des 17. Juli liefen wir durch eine enge Einfahrt, aus welcher ein dunkles Wasser herausfloß und mit dem Solimõens, ohne sich mit ihm zu vermengen, abwärts eilte, in einen stillen, weiten Landsee ein, welchen der Fluß Coary kurz vor seiner Mündung bildet.

Der Coary ist ein dem Purus sehr ähnlicher Fluß, welcher ebenfalls vom Solimõens sich in südwestlicher Richtung bis etwa 10° südl. Br. erstreckt. Doch kennt man noch nichts Genaueres über seinen Lauf. Ein Mann, der zu uns an Bord kam, war 15 Tage den Strom aufwärts gegangen, ohne sein Ende zu erreichen. Ein ununterbrochener Wald deckte seine Ufer.

Gleich am östlichen Rande des Binnensees trafen wir einige Häuser, vor denen ein gemischtes Sonntagspublikum faulenzte. Am Ufer lag Holz für unser Dampfboot aufgestapelt; und sowie unser Schiff ankam, fingen die Leute am Strande langsam an, unser Brennmaterial einzuschiffen und noch langsamer an Bord zu bringen, sodaß aus unserer Holzeinschiffungsscene recht eine Faulenzerei wurde und viel Zeit wegnahm.

Diese Faulenzerei theilte sich der ganzen Natur mit. Wie ein Spiegel lag der See von Coary vor uns da. Immer tiefer sank die Sonne gegen den Westrand des Wasserbeckens; die ganze Gegend schwamm in Farbenschmelz und Waldesduft. Eine Menge Delphine spielten auf der Oberfläche des Wassers; die silbergrauen Rücken ragten heraus aus dem Wasser und machten kleine, glitzernde Strudel. Am

Ufer hielten Urubus in kleinen Abtheilungen Nachmittagsruhe auf den Bäumen. Aber nach Sonnenuntergang ging alles in wirklichen Schlaf über. Still flammte über dem See am fernen Horizonte das Zodiakallicht hochauf am Himmel und wetteiferte mit dem milden Glanze der Milchstraße unter dem schönen Sternbilde des Skorpions. Hell und deutlich stand am Nordhimmel der Polarstern, in langsamem Gange umkreist von den Septentrionen.

Aber sie alle zogen sich glanzlos zurück in den Himmelsraum, als der Mond aufging und mit seinen hellen Strahlen tausend Thierstimmen zum seltsamsten Concert aufweckte, sodaß wir selbst fast die ganze Nacht wach gehalten wurden.

Immer schöner wurde der Wald. Vielleicht war der Morgen des 18. Juli der schönste, den ich auf dem Solimöens erlebte. Die ganze Thierwelt, Affen, Capivaris, Araras, Alcedonen, Schwalben, Enten und Reiher, waren im vollsten Gange. Ein mächtiges Krokodil schwamm langsam dem Ufer zu, auf dessen hohen, weit sich hinstreckenden rothen Thonabhängen der Wald wundervolle Formen und Blüten entwickelte.

Ungeheuere Bertholletien, behangen mit unzähligen, den Kanonenkugeln ähnlichen Früchten, welche zur Zeit der Kastanienlese beim Herunterfallen schon oft Menschen erschlugen, — neben ihnen hohe Cäsalpinien und lustige Mimoseen, durch deren feingefiedertes, dunkelgrünes Laub der blaue Himmel in schöner Färbung hindurchschimmerte, — dazu Palmen aller Arten, auch die seltsame Iriartea ventricosa oder Pachiuba barriguda, eine mitten im Stamme dick geschwollene Palme, deren sich die Indianer zum Canot bedienen; und unter wild starrenden, krausköpfigen Javaripalmen andere immer klein bleibende Iriarteen (Iriartea setigera) und zu beiden noch eine schöne einfache Pachiuba (Iriartea exorrhiza), deren Blätter in ihren einzelnen Segmenten gewisse Lappen-

14*

formen bilden, fast wie die Caryotapalmen, — das alles bildete wundervolle, lebensfrische Palmeta!

Dazu ein ununterbrochenes Blühen von Leguminosen, Bignonien und ein wirkliches Blütenmeer vom Tachi, einem schlanken, eleganten Baume mit länglichen Blättern, welcher in dichten Trauben schlanke Blütenähren trägt, in weißer, rother und brauner Farbe; — meilenweit kann man die dichten Blütengebüsche erkennen am fernen Ufer —, so sah der Solimoens am 18. Juli aus, prächtig, voll Leben, voll Formen, voll Farben, voll enharmonischer Musik, sei es die des Vogelrufs, oder des rauschenden Stroms, oder des vom Winde bewegten Waldes.

Um Mitternacht und unter etwas bedecktem Himmel ließen wir den Teffefluß, einen Nebenfluß des Solimoens, der, soweit man ihn kennt, mit dem Coary und Purus gleiche Elemente hat, aufwärts und gingen zu Anker.

Auf einem schönen, stillen Binnensee befanden wir uns, als wir am 19. morgens das Land erkennen konnten. Auf einer Art von Halbinsel, welche vom Teffé und einem hübschen Igarapé gebildet wird, lag das Städtchen Ega oder, wie es jetzt genannt wird, Teffé vor uns, ein recht kümmerliches kleines Nest, in dem allerdings einige Steinhäuser zu erkennen sind, dennoch aber die grauen Lehmhäuser mit Strohdach die Hauptrolle spielen.

Ich ging an das Land, um mir den vom Jesuiten Samuel Fritz gegründeten Ort näher anzusehen, und fand aus, daß die alte Stadt Ega wirklich recht unbedeutend wäre. Die Kirche war im Zusammenfallen, ein überkalktes Lehmgebäude, hinter welchem man eine Art von Kapelle mit Ziegeldach angebaut hatte. Durch verschiedene Löcher und Spalten konnte man in den Tempel, den man eher für eine Malocca von Muras als für ein Gotteshaus hätte halten mögen, hineinblicken. Inwendig war dieselbe Wüstenei, dieselbe Unordnung. Die Häuser lagen in einzelnen Gruppen und Straßenenden auf grünem Grasplatze. In den umzäunten Höfen wuchsen Orangen, Spondien und einzelne Kokospalmen, deren Existenz mir auffiel, weil ich sie n i e so w e i t v o m M e e r e erblickt hatte. Gleich hinter der kleinen Stadt, dem stillen, grauen Dorf, der Malocca zahmer Indianer, denn kaum mehr als diesen Namen verdient Ega oder Teffé, ist ein leicht schräg ansteigender Pasto, ein Rasenplatz, auf welchem einige gute Rinder weideten. Von einem sonstigen Leben und Bewegen in der Stadt war absolut nichts zu sehen. Noch kein Ort hatte mich so wie Teffé in meinen Erwartungen getäuscht.

Gleich hinter dem Weideplatze schließt der Wald wieder die Klärung. Melastomen, Cäsalpinien, Lantanen und Rubiaceen blühten dort; unter erstern traf ich eine schöne weiße, mit dicken Petalen und Antheren ohne Appendir und doch entschieden eine wundervolle Melastome. Sonst lag der Wald im blütenlosen Ruhen, ganz wie die Stadt Teffé und alles, was zu ihr gehörte.

Ich besuchte im tristen Orte — wie ein Tomi liegt es dort zwischen den sauromatischen Scythen des Westens — einige Personen, an die ich Briefe hatte, brachte einige indianische Sachen zusammen, um sie bei meiner Rückkehr mitzunehmen, und bestellte mir noch einiges an Waffen und Utensilien dazu, was dort zu kaufen war.

Schon wollte ich wieder zum traurigen Nest hinausgehen, als ich noch einen wehmüthigen Anblick hatte. Meine liebe Reisebegleitung, der Polizeichef von Manáos, kam mit seiner ganzen Familie daher, um von seinem neuen Wohnort und seinem neuen Hause Besitz zu nehmen.

Im feuchten Erdgeschoß war nur ein Zimmer mit Fliesen belegt; alle andern Lokale hatten nur den bloßen, feuchtkalten Erdboden. Ich erschrak förmlich über den Aufenthaltsort.

Und solche Versetzungen einer anständigen Familie gehen von Rio aus, während man dort sich ein Opernhaus für 2—3 Millionen Thlr. erbaut. Ich schied von den wackern Leuten mit ihren lieben Kindern, nicht ohne tiefe Bitterkeit gegen ein so abgeschmacktes, planloses Verfahren des Justizministeriums in Rio-de-Janeiro, welches weder den Polizeichef, noch Manáos, noch Teffé kennt. Welch ein wundervoller Ort wäre Teffé für jenen nackten Flötenbläser auf dem Oyapock gewesen!

Wir gingen wieder. Nur sechs Passagiere waren von den 18 Menschen zurückgeblieben. Ein kleiner Seitenarm des Solimöens, dessen schmuziges Wasser seltsam abstach gegen das dunkle Wasser des Teffé und scharf abgeschnitten davon neben demselben dahineilte, führte uns nach einer Stunde in den großen Strom zurück, und wir eilten weiter dicht unter dem Walde hin.

Je weiter wir nun in unserer Fahrt den Solimöens hinauffuhren, je mehr wir an den Ufern das bedeutende Zurücktreten des Wassers erkannten, desto reger ward jegliches Thierleben. Wir kamen schon an einzelnen Prayas vorüber, Sandbänken, welche schon vom Wasser unbedeckt gelassen wurden.

An solchen Prayas wimmelte es denn von lebendigen Creaturen. Verschiedene Reiher, Enten, Löffelgänse, Strandläufer und eine Süßwassermöve, — denn so muß ich jenen Vogel nennen, der ganz im Habitus, Lebensweise und Schrei den Möven ähnlich ist, nur mit viel stärkerm, konisch spitzem Schnabel, — trieben sich durcheinander umher. Auf den dürren Aesten der im Sande halb vergrabenen Treibholzbäume saßen Urubus und Habichte, letztere in drei bis vier Arten. Eine schöne rostfarbige Fasanenart mit hübscher Federkrone flatterte von Busch zu Busch, Penelopenarten flogen durch die Zweige der Sumaumeiras, Affen huschten in unglaublicher Gelenkigkeit davon unter heftigem Zwitschern und Fratzenschneiden. Schildkröten sonnten sich auf umgestürzten Baumstämmen oder trieben schlafend auf der Oberfläche des Wassers. Mächtige Alligatoren vom allerscheußlichsten Aussehen schwammen bis in unsere nächste Nähe, kaum von schwarzen, halbverfaulten Baumstämmen zu unterscheiden. Mit ruhiger Dreistigkeit bewegten sie sich, ohne vom Dampfboot die geringste Notiz zu nehmen, langsam hin und her, oft mit den starken Kiefern des gähnenden Rachens zuschnappend wie die Hunde. Bald ragt mehr der Kopf, bald mehr der gewölbte Rücken heraus aus dem Wasser; bald Kopf und Schwanz zu gleicher Zeit. Gewiß waren sie an 12 Fuß lang.

Von allen Thieren ist keins so gefürchtet in seinem Element, dem Wasser, wie der Alligator. Vor der Unze hat niemand Furcht. An eine Gefahr von der Giboia, der Riesenschlange, denkt niemand. Man hält sie sogar in Pará in den Häusern, um Ratten zu fangen. Aber ein Jacaré ist immer ein furchtbares Thier, und nur zu viele Beispiele existiren, daß solch Monstrum Menschen umbrachte, in Stücke zerriß und verschlang.

Mehr und mehr konnten wir wahrnehmen, wie bedeutend der Strom bereits sank. Je mehr aber das Wasser zurücktrat, desto mehr riß es auch den Wald nach sich. Solange es hoch bis in das Dickicht hineinstand, solange es noch einen Gegendruck ausübte gegen die steilen Wände seines eigentlichen Bettes, solange wurden auch noch die Bäume und Gebüsche am Rande gehalten. Sowie aber die Flut niedriger ward, unter den Rand des einfassenden Ufers trat und mittels der Strömung gewissermaßen einsägend und unterminirend den Erdboden fortriß, stürzten auch die Waldbäume in ganzen Reihen hinunter in den Fluß, während noch ebenso viele Stämme zum Sturze bereit standen. Oft nickten sie schon schräg vornüber. Einmal sah ich eine Gruppe von fünf wundervollen Javaripalmen in malerischer, aber lebensgefährlicher Schwebe über dem Wasser hängen, um jeden Augenblick hineinzusinken.

Um 3 Uhr nachmittags (20. Juli) kamen wir an der kaum im Walde und zwischen der Inselwelt erkennbaren Mündung des Juruaflusses vorbei, eines Flusses, der mit dem Teffé ganz gleiche Elemente zu haben scheint und noch einer genauern Untersuchung bedarf, wie alle seine Flußnach= barn.

Um 10 Uhr abends liefen wir unter einiger Mühe in einen Seitenarm des Solimoens ein, der so eng war, daß er wie ein Corridor im Gebüsche lag. Dennoch fand unser kleiner Dampfer seinen Weg, und wir gingen zu Anker, um Brennmaterial einzunehmen.

Der unbedeutende Ort, an dessen Ufer wir uns befanden, hieß Fonte Boa. Anfangs konnten wir nichts von ihm erken= nen. Als aber der Mond hinter dem düstern Hochwalde aufging, beschien er eine sehr kleine, bescheidene Povoação (Völkerschaft), welche uns gütigerweise mit einer ungeheuern Menge von Mosquiten — Carapaná — beglückte, sodaß wir Gott dankten, als wir nach Mitternacht wieder fort= gingen und wenigstens einen Theil unserer Hospitanten los wurden, obwol der bleibende Rest noch scheußlich genug war.

Doch sind diese Carapaná gar nichts gegen eine andere Plage am Solimoens. Wenn man in einer Ortschaft des genannten Flusses etwas im Grase umhergeht und eben an Bord zurückgekehrt ist, so fühlt man gar bald um die Füße und Knöchel ein leises Jucken und bald ein marterndes Brennen, welches ein höchst heftiges Kratzen nöthig macht. Sieht man nach, so entdeckt man mit Mühe oder läßt sich zeigen eine Menge ganz feiner, rother Pünktchen, die zum Theil in dichten Gruppen nebeneinander sich befinden, zum

Theil über die ganze Haut zerstreut sind. Das sind keine Stiche, sondern ebenso viel kleine Milben, kaum etwas größer als die wirklichen Sarcoptesmilben, die sich überall in die Epidermis einnisteln und sich über den ganzen Körper bis zu den Achseln hinauf verbreiten. Aus jedem Stich wird eine kleine Pustel, und man kann es kaum ohne Kratzen ertragen. Zuletzt glaubt man gar die Masern zu haben.

Ich hatte mir in Teffé eine große Menge dieser Muenim, wie die rothen Milben heißen, aufgesackt, und sie machten sich heftig bemerkbar. Besonders schlimm ging es mir am 21. Juli; ich war auf dem ganzen Körper mit kleinen Masern bedeckt, fieberte und hätte mich gern zu Bett gelegt, wenn dort nicht die ganze geflügelte Schar von Borachudos, Fincudos, Maroim und die schlimmsten von allen, die Carapanás, schon auf mich gelauert hätten.

Das sind kleine mikroskopische Inconvenienzen, die eine Amazonenstromfahrt recht pikant machen können, zumal an sogenannten schönen Tagen, wo kein Wind weht und kein Regenschauer das fliegende Ungeziefer niederschlägt.

Am 22. Juli hatten wir solch einen reinigenden Regensturm von einer Viertelstunde; und wir hätten auf eine ruhige Nacht rechnen können, wenn wir nicht gegen Sonnenuntergang einen neuen Anhaltepunkt erreicht hatten, nachdem wir in der Nacht vorher um 12 Uhr die Mündung des Juttay passirt waren.

Der Juttay ist ein größerer Nebenfluß des Solimöens, als die drei oben genannten Flüsse Jurua, Teffé und Coary, wenn er auch, soweit man ihn kennt, mit ihnen ziemlich gleiche Elemente hat. Unbedingt soll er aber tiefer südwestlich entspringen und selbst von einigen Cordillerenausläufern Zuflüsse bekommen, wie denn schon im Jahre 1560 Pedro de Orsua von Peru aus den Fluß hinunterfuhr, von ihm in den Jurua überging und so den Solimöens erreichte. Auf der Rückkehr ward er von seinen Offizieren ermordet. Allerdings mag der Juttay eine schöne Zukunft bieten, die indeß für die nächsten Decennien ebenso imaginär ist wie die jener drei andern Nebenströme zusammengenommen, denn an allen fehlt rege Arbeit.

Wir kamen gegen Sonnenuntergang zu einer hübschen Bucht, in welche ein stiller Waldfluß sich kaum sichtlich ergoß. Eine Fahrt von einigen Minuten auf diesem kleinen Flusse dunkeln Wassers, welcher sich in verschiedenen Nebenarmen tiefer unter den überhängenden Wald hineinerstreckte in das Dickicht, führte uns zu einer Lichtung, in deren Mitte auf einer sandigen Erhebung des Bodens ein allerliebstes Fischerdorf, Tonantins genannt nach dem Flusse, woran es liegt, vor uns sich ausdehnte. Eine kleine, einfache Kirche und einige Hütten, alles grau in hellgrau oder weiß, bildeten die ganze Herrlichkeit; aber die liebliche Stille des dunkeln Flusses, des dämmernden Waldes, des aufleuchtenden Abendroths über dem schwarzen Forst und dazwischen die einfache, braune Tapuiwelt mit ihrer Freude über das Kommen des Dampfboots, das alles machte den Flecken Tonantins zu einem tiefromantischen Waldasyl.

Wer aber gesonnen sein sollte, sich irgendeiner romantischen Idee hinzugeben am stillen Tonantins, der hüte sich vor den Carapanás. Sie zerstören alle bessern Regungen und Empfindungen; und man kann vor Abwehr der ungeheuer zahlreichen Thiere wirklich nichts anfangen. Wenn man dazu noch mit Mucuimpusteln übersäet ist, wie ich es am Abend des 22. Juli war, so kann man schon etwas die Geduld verlieren und sich herauswünschen aus den nächsten Uferdistricten.

Der Tonantins streckt sich tief nördlich und nordwestlich in den Wald hinein, wo er mit einem Arme des Rio-Japurá zusammenhängt, eines Nebenflusses auf dem linken Ufer des

Solimoens, über dessen vielfache Gliederung und Verbindung mit dem Solimoens und dem Rio = Negro wir weiter unten einiges sagen werden.

Leider ließ uns unser Kapitän in Tonantins das Ungeziefer sehr gründlich kennen lernen. Wir blieben die ganze Nacht im Flusse liegen und dankten Gott, als wir am nächsten Morgen um 6 Uhr aus dem Schlupfwinkel im Walde herauslaufen konnten.

Um 10 Uhr am folgenden Morgen erblickten wir auf einiger Erhebung über dem Flusse und rings vom Walde umgeben die Fortaleza do S.=Antonio, das Grenzfort des Rio=Içá gegen die Grenze von Nova=Grenada, dessen Commandanten wir in Tonantins aufgenommen hatten und nun vor dem Fort absetzten.

Das Fort hat nicht im geringsten ein furchtbares Ansehen, vielmehr sieht es mit der vollsten Unschuld und Naivetät eines indianischen Etablissements auf den Fluß hinab. Keine Spur von tückischen Kanonen und anderm verrätherischen Kriegsapparat! Einige braune Weiber und Kinder blickten vergnügt zu uns hernieder und feierten das große Moment, das Dampfschiff vorbeiziehen zu sehen, in stiller Freude. Auf einem kurzen Flaggenstock hing die brasilianische Flagge von keinem Winde bewegt; ein anderer Stock mit einer kleinen weißen Fahne bezeichnete die Kirche, ein sehr kleines Lehmgebäude. Das ist wirklich alles, was von der Festung von S.=Antonio an der Mündung des Rio=Içá zu sagen ist.

Wenige Minuten oberhalb des Fort kommt nun der Fluß selbst aus dem Walde heraus in sehr stillem Laufe. Ueber seine Bedeutung wollen wir uns weiter unten verbreiten. An seiner untern Mündung — weiter aufwärts befindet sich noch eine andere Mündung — lagen schon die Prayas (Sandbänke) bloß, und eine Schar Indianer, Männer und Weiber, hatte bereits angefangen, ihre Feitoria, ihre Hütten und Gestelle zum Salzen und Trocknen der Pirarucu, zu bauen, wie wir denn von dort an aufwärts öfter solche Feitorias fanden und andere Vorbereitungen zur Fischjagd trafen.

Das Fischen und Einsalzen der Pirarucu gibt dem ganzen Strom einen eigenen Anstrich, ja es ist sein Charakterzug, und wohl kann man sagen, daß es ohne Pirarucufang gar keinen Amazonenstrom gäbe, gar kein Solimöens denkbar wäre.

Gleich oberhalb der Feitoria vom Rio=Içá sahen wir ein Canot mit zwei Indianern, welche eine Pirarucu gefangen hatten. Wir hielten still und riefen die Leute an. Sie kamen und verkauften uns für 700 Reís (etwa 15 Sgr.) eine Süßwasserschildkröte und den Fisch, wozu sie noch einen Schnaps bekamen.

Die Pirarucu war 7 Fuß lang und ward auf 4 Arroben (128 Pfd.) geschätzt, ein mächtiges Ungethüm. Die Form des Fisches ist einigermaßen die länglich walzenartige Form unserer Hechte, doch ist die Schnauze viel kleiner. Sonst erinnert mich das Thier an unsere Schleie und an die Trairaaffu des Rio=de=S.=Francisco. Es hat zwei Kehlflossen und zwei Afterflossen, aber keine Rückenflosse, dazu eine kleine, fette Schwanzflosse, an welche sich eine niedrige Flosse oben und unten anlegt. Die Schuppen sind sehr groß und rhombisch und haben auf den freistehenden Rändern einen rothen Streif, sodaß der gelbgraue Fisch mit einem rothen Netz überzogen zu sein scheint, besonders am Schwanze, woher er auch seinen Namen Pirarucu, Rothfisch, erhalten hat. Dieses rothe Netz gibt ihm ein sehr hübsches Aussehen.

Der Fisch ist nun vom Juli bis Ende December der Gegenstand allgemeiner Jagd. Truppenweise verlassen die

Indianer und andere Anwohner des Stroms ihre Wald=
häuschen und ziehen zur Praya hinab, um dort eine Feitoria
aufzuschlagen. Der Fischapparat besteht aus einer Harpune
oder aus Pfeil und Bogen.

Die Pfeile zum Fangen der Pirarucu sind ganz beson=
derer Art und werden von den Indianern hochgeschätzt, sodaß
sie sie schwerlich an Europäer vertauschen. Und dieser ganze
Werth der Waffe besteht in einer Spitze von Eisen, welche
von keiner andern Substanz ersetzt werden kann.

Der Pfeil ist möglichst groß; man nimmt die besten
Spitzen des Pfeilgrases dazu. Das dickere Ende ist mit
einem Holzaufsatz versehen, wie das bei fast allen Pfeilen
der Fall ist. Aber in diesen festen Aufsatz ist wieder ein
Holzaufsatz, und zwar ein beweglicher mit derber eiserner
Spitze und zwei Widerhaken eingesetzt, sodaß er sich leicht
davon ablöst. Diese bewegliche Spitze ist durch eine lange
Tucumschnur mit dem Pfeilstocke verbunden. Sorgfältig ist
die Schnur um letztern herumgewickelt. Mit kräftiger Faust
wird dieser Pfeil vom Bogen herab der Pira in den Leib
geschossen. Die heftige Bewegung des angeschossenen Thieres
macht den Aufsatz aus seiner Einfugung herausgehen; die
Schnur läuft ab, und wohin der Fisch auch geht, folgt ihm
der schwimmende Pfeilstock. Bald ermattet das Thier und
wird nun mit der Harpune oder sonst einer Waffe, einem
Messer u. s. w. vollends erlegt. Mit demselben Pfeile jagt
man auch die Schildkröten.

So bringt man den Fang zur Praya an die Feitoria.
Dort wird der Fisch auf den Bauch gelegt, und man haut
mit einem Beile oder einem großen Hackemesser die Rücken=
schuppen fort, sodaß man mit einem scharfen Küchenmesser
zwischen Fell und Fleisch eindringen und letzteres aus ersterm
ausschälen kann. Dann schneidet man, worin die Leute eine
eigene Geschicklichkeit haben, die beiden Fleischhälften des

Rumpfes von den dicken Gräten der Bauchhöhle los und reibt sie mit Salz ein. Endlich werden sie über Latten aufgehängt und schnell in einem bis drei Tagen unter der brennenden Sonne getrocknet. Ein Fisch gibt etwa den dritten Theil trockenen Fleisches von seinem frischen Gewicht, sodaß eine Pira von 120 Pfd. etwa 40 Pfd. Stockfisch gibt. Der jährliche Fang am ganzen Amazonenstrom wird auf zwei Millionen Fische von sachkundigen Leuten angeschlagen, wie sehr ich auch an so ungeheuerer Menge zweifle. Hunderttausend Arroben Stockfisch werden bereitet, das andere wird frisch gegessen und bildet ein äußerst schmackhaftes Gericht, besonders wenn das Fleisch einen oder zwei Tage mit Salz überstreut gelegen hat. So hatten auch wir am Bord, wie reichlich wir auch mit ausgesuchtem Essen versehen waren, immer noch eine schmackhafte Speise mehr.

Am Nachmittag hatten wir noch einen köstlichen indianischen Anblick. Wir kamen an der Malocca von Amaturá, einer Niederlassung der Ticunas-Indianer, vorüber. Schon vorher trafen wir einige halb im Walde versteckte Häuschen, wie denn die Ticunas den Wald ganz besonders lieben. Neugierig gafften die Bewohner zu uns herüber und versteckten sich, wenn sie sahen, daß wir sie bemerkten. An einer Stelle standen im Gebüsch verborgen zwei Frauen auf einem umgefallenen Baumstamme. Ein junges Mädchen war in einen Baum geklettert, um dort versteckt wie ein Arara uns belauschen zu können. Wir bemerkten sie und lachten. Da sprang sie mit Entsetzen herab und versteckte sich im Cacaogebüsch. Die zierlichste Tigerkatze hätte das Experiment nicht besser ausführen können.

Oben vor der Malocca selbst stand nun die ganze „Indiada" in Reihe und Glied aufgepflanzt, Männer, Weiber und Kinder. Sie winkten und grüßten und lachten lustig und aufgeräumt. Als ich aber mit meinem Fernrohr zu ihnen hinaufsah, da schlugen alle Frauen ihre Röcke zwischen die Schenkel fest zusammen und beide Hände noch darüber; ja die meisten hockten plötzlich zur Erde nieder wie eine Linie von Voltigeurs im Felde. Und als ich nun unter allgemeinem Gelächter meiner Mitreisenden fragte, was das alles bedeuten sollte, da erzählten sie mir, daß man den guten Ticunas-Weibern weisgemacht hätte, man könnte mit einem Fernrohr den Mädchen und Frauen durch die Kleider sehen. So suchten sie sich denn möglichst unsichtbar zu machen, als ich durch mein Fernrohr blickte.

Die Scene war wirklich ungemein belustigend und wurde von beiden Seiten, vom Lande und vom Schiffe, herzlich belacht. Diese einfachen, wirklich arglosen Leute! Sie glauben wirklich alles, was man ihnen aufbindet, das Unglaublichste am meisten.

Ein schöner frischer Sonntagsmorgen des 24. Juli brachte uns nach S.=Paulo oder Olivença, wo wir fast unmittelbar am Ufer anlegen konnten.

Der Ort liegt nicht über 80 Fuß hoch über dem Flusse und ist über alle Beschreibung erbärmlich. Nicht ein einziges Haus ist ordentlich. Alles ist grauer Lehm, graues Strohdach, alles Stückwerk und Flickwerk. Am häßlichsten ist die Kirche. Nicht einmal eine Thür hat das Lehmquartier. Man hat für die Wochentage einige Latten vor die Thüröffnung genagelt, damit das Vieh die Kirche nicht für einen offenen Stall ansieht und sich darin einquartiert.

Nur eine oder zwei Häuserreihen bilden den Ort. Unter dem Vordach dieser Reihe führt ein Fußsteig entlang, das ist die ganze Straße. An den Häusern befinden sich auf je zwei kleinen Stöckchen ganz kleine Thonschüsseln mit Fett und einem Docht, — das ist die Straßenbeleuchtung. Wirklich, man kann nichts Urzuständlicheres sehen als dieses Stadtsystem und die Beleuchtung von S.=Paulo.

Ich kaufte einige Waffen von den einfachen Bewohnern, von denen die meisten nur sehr schlecht portugiesisch sprachen, und ergötzte mich an dem Innern ihrer Häuser, in denen es ebenso einfach aussieht wie in den Leuten selbst. Bogen, Pfeile, Angelgeräth, Ruder, Calebassen, Netze u. s. w. und besonders Geräth, um Hängematten zu flechten, das ist ziemlich alles, was man in den Häuschen finden kann.

Wirklich wie die Kinder sind diese Menschen oft! Von einem Ticuna kaufte ich einen Bogen und einen schönen Pfeil zur Jagd der Pirarucu. Als ich damit fortging, sagte er mir traurig: „Aber Sie schießen ja keine Pirarucu, und ich kann nun nicht auf die Jagd gehen!" Da ließ ich ihm denn seinen Pfeil und erhielt zwei weniger gute dafür und gab ihm noch eine kleine Gratification. Da war er denn glückselig über alle maßen; denn nun konnte er auf die Pirarucujagd gehen und hatte doch Geld verdient. Was aber ein Fremder mit einem ganzen indianischen Jagdapparat anfangen könnte und wie er ihn selbst zum Flusse hinabtragen möchte, das begriff der Ticuna nicht.

Ich ging also mit meinen Acquisitionen an Bogen, Pfeilen und Blasrohr den Berg hinunter an das Ufer. Hübsche Rubiaceen blühten am Grasabhange, unvermeidliche Melastomen und auf mächtigem Baume die schöne, rothgelbe Mulungu, eine Erythrinee (Leguminosen). Am Bord aber traf ich ein Leguminosenmonstrum, die Schote einer rankenden Acaciacee, Inga Cipó genannt, oder im Peruanischen Kidschuah Goaba, 40 Zoll lang, längsgefurcht, mit 15 Bohnen, jede 2 Zoll lang und von einer süßen, wollig breiigen Masse umgeben, die ein beliebtes Essen liefert. Die Bohnen wachsen schon so weit in der Schote aus, daß sie eine kleine Pflanze bilden, in der man die geflügelten Ingablätter erkennen kann.

Um 3 Uhr nachmittags gingen wir wieder fort von

S.=Paulo, nachdem wir noch einen Passagier, den Senhor
Batalha, an Bord genommen hatten.

Dieser alte Herr hatte den größten Handelsbetrieb am
Solimöens und nach Peru hinauf. Seit 19 Jahren trieb er
unter außerordentlichen Mühen und Entbehrungen sein Ge=
schäft, immer selbst mit seinem Canot reisend; und doch
konnte man sein Vermögen nicht über 40 Contos (30000 Thlr.)
schätzen. Ueber den Handel in Peru hinauf wollen wir wei=
ter unten reden, wenn wir von den dortigen Flüssen handeln
und Tabatinga betrachten.

Keinen schönern Nachmittag als jenen Sonntagsnach=
mittag hatte ich bis dahin auf dem Strom erlebt. Inseln,
Wald und Wasser lagen duftig und blühend unter dem rein=
sten Himmel da! Hübsche Ticunasgruppen ruderten in ihren
leichten Canots dicht unter den Ufern dahin; immermehr
Leben entwickelte sich auf den Prayas. Immer mannichfal=
tiger wurden besonders die Vogelformen. Zu Enten und
Gänsen, zu Penelopiden und den hübschen Fasanarten, Ci=
ganos genannt, kamen noch Mycterien von großem Umfange
hinzu, ganz wie die storchartigen Mycterien in Rio=Grande,
aber mit grauem Hals und Kopf und größern Dimensionen.
Ueberall flogen diese befiederten Bewohner der Prayas auf,
während die trägen Alligatoren, jene scheußlichen Ichthyosau=
ren unserer Zeit, an deren scharfe Zähne sich die Umwälzun=
gen unserer Erde aus präadamitischer Zeit nicht heranwagten,
ganz langsam im stillen Wasser am Ufer umherschwammen,
oft kaum zu unterscheiden von grauschwarzen Baumstämmen
oder vom Schlamme des eben bloßgelegten Ufers. Elf sol=
cher Ungethüme zählte ich einmal auf einem Raum weniger
Klaftern zusammengelagert.

Der nächste Morgen war nebelig und feucht, beinahe
möchte ich ihn feuchtkalt nennen; denn wir hatten nur

24° C. Immer größere Prayas kamen zum Vorschein; immer lebhafter wurde der trockene Strand; immer häufiger wandelten die langbeinigen Tuijuijos, jene Mycterien, auf demselben umher. In langen Ausdehnungen lag der Solimoëns vor uns, so ausgedehnt, daß er uns noch am 25. Juli das Phänomen eines Wasserhorizonts darbot, immer noch ein Meer süßen Wassers im fernen Westen! Wir sahen zwei kleine verlassene Flöße an einer Praya gestrandet liegen, Flöße, die eine ganz eigene Bedeutung haben.

Am Huallaga, jenem peruanischen Nebenfluß des Solimoëns, befindet sich ein gewaltiges Salzsteinlager, welches für die ganze Gegend, namentlich für die Einsalzung der Pirarucu von großer Wichtigkeit ist. Man bringt das Salz auf breiten Flößen, auf denen man wieder eine mehrere Fuß über dem Floß erhabene Unterlage gemacht hat, den Fluß hinunter bis zu brasilianischem Boden, wo man das Salz abladet und dann das Floß seinem Wellenschicksal überläßt. Ueber den Huallaga selbst werden wir weiter unten noch einiges sagen.

Um 4 Uhr nachmittags passirten wir ein auf dem südlichen, rechten Ufer des Solimoëns liegendes Vorwerk Capacete, wo etwa zehn Häuschen nebeneinander liegen mochten, eine sehr urzuständliche Anlage, welche noch eine schaffende und fördernde Hand verlangt.

Gleich nach 7 Uhr, als schon die volle Nacht eingetreten war, sahen wir südlich von uns die Mündung eines Flusses aus dem dunkeln Ufer hervorschimmern, die Mündung des Grenzflusses Javary, und bald darauf auf der entgegengesetzten Seite auf einer hoch liegenden Lichtung Fackeln und Laternen glänzen. Unser Dampfer hielt näher an das Ufer heran; der Dampf brauste heraus, und der Anker rollte in die Tiefe hinunter. Ich war am fernsten Westpunkt meiner Reise, an ihrem Endpunkt angekommen; wir anferten unter Tabatinga, nachdem ich von Pará bis dorthin ziemlich genau 500 deutsche Meilen Flußschiffahrt gemacht hatte.

Und da nahm es mich selbst wunder, daß bei dem gewaltigen Fortströmen des riesigen Flusses meine Barometermessung ein so geringes Resultat seines Gefälles gab. . Ich hatte in Bahia und Pernambuco und nachher noch wieder in Pará mein Aneroidbarometer genau beobachtet.

Es ist ja bekannt, daß, während Barometerstände im Norden mit einer erstaunlichen Leichtigkeit auf- und absteigen, am Aequator und besonders in nächster Nähe der Küste eine höchst auffallende Regelmäßigkeit stattfindet, die jeden Beobachter in Erstaunen setzt.

In Bahia und Pernambuco stand mein Barometer morgens um 10 Uhr 15 Minuten auf 75,9 — am Nachmittag 4 Uhr 15 Minuten auf 75,5 der französischen Meterscala. In Bahia war dieser Stand ein ganz klein wenig niedriger, denn ich wohnte dort etwa 40 Fuß höher als in Pernambuco. In Pará, auf dem unmittelbaren Wasserniveau in unserer Kajüte gab mein Barometer um 10 Uhr 15 Minuten 75,96. In derselben Kajüte ergab es auf dem Amazonenstrom unter der Höhe von Tabatinga um dieselbe Stunde und Minute 75,56, ein Ergebniß, woraus sich nach meiner Rechnung ein Gefälle des Stroms von Tabatinga bis Pará von kaum 300 Fuß herausstellen würde. Meine Berechnung mag falsch sein, meine Beobachtung ist es nicht. Bei dieser Beobachtung in Tabatinga war mir noch das auffallend, daß, während an der Meeresküste mein Barometer zwischen 10 Uhr 15 Minuten und 4 Uhr 15 Minuten mit wunderbarer Regelmäßigkeit durch volle vier Striche meines Instruments hin- und herging, es das in Tabatinga nur durch drei Striche that, aber ebenfalls mit voller, unerschütterlicher Gleichmäßigkeit, sodaß man an beiden Stellen nach dem Barometerstand einigermaßen die Zeit hätte bestimmen können.

Sechstes Kapitel.

Tabatinga und die peruanische Grenze. — Handel daselbst. — Rückkehr über S.-Paulo und Teffé nach Manáos.

——— ——— ———

Kaum waren wir zu Anker gegangen, als verschiedene Canots vom Ufer zu uns herankamen. Bald hatten sich etwa 16 Menschen in unserer Kajüte eingefunden, Brasilianer, Peruaner, Franzosen; ein Ungar fand sich ein, ein Deutscher oder eigentlich ein Rigaer, in Gumbinnen erzogen, ein Nordamerikaner und verschiedene andere. So hatte die neue Menschengruppe mit Bärten von allen Farben, vom Fuchsroth bis zum tiefen Schwarz, einen allerdings interessanten, aber keineswegs angenehmen Anstrich an sich; sie erinnerte mich an mehr als eine Grenzgruppe am Uruguay. Als wir nun an unserm gemeinsamen, hellerleuchteten Theetisch saßen, hatte ich reichlich Gelegenheit, physiognomische Studien zu machen, und unaufhörlich warf ich mir die Frage auf: „Was kann doch nur all diese Menschen an diese fernen Grenzen zusammengeführt haben?"

Falsches Geld, verbotene Sassaparillausfuhr, das Verunglücken von zwei Canots, politische Verflatschungen bildeten das Theegespräch; eine oder andere Mordgeschichte kam auch vor, bis nach 10 Uhr das ganze Corps sich verzog und an das Ufer zurückkehrte.

Lange kämpfte am folgenden Morgen die Sonne mit den Nebeln, welche Land und Fluß bedeckten, ehe das Panorama im fernsten Westen meiner ganzen Reise zu erkennen war und meine gespannte Aufmerksamkeit befriedigte. Einen andern Anstrich hatte vor allem der Solimöens, der vom Javary aufwärts, also in Peru, Maranhão genannt wird, angenommen. Zwar bekundete er noch immer den mächtigen Süßwasserstrom, indem er in stillen, grauen Wirbeln und in bedeutender Tiefe dahinschoß; aber seine Breite war höchst bedeutend zusammengeschmolzen; wir schätzten ihn nicht über 300 Klafter breit bei 30 Klafter Tiefe. Am Ufer selbst lagen etwa 10—12 große Canots oder Igarités. Eine seltsam aussehende Menschenmenge, etwa 30—40 Köpfe, stand am Ufer und ging ab und zu, einzelne Waarenballen bringend und forttragend.

Etwa 30 Fuß hoch über dem Strande lag nun Tabatinga selbst, ein leibhaftiges Maimatschim of the far west. Vor einem Soldatenquartier von unbedeutender Größe, welches indeß reichlich groß genug ist für die 36 Mann Besatzung, stand ein Flaggenstock, links von ihm eine Kanone, im Jahre 1714 in Genua gegossen, rechts vom Stock eine leere Laffette, zwischen beiden eine ungemein gutmüthig aussehende Schildwache in der Uniform der Unschuld, in weißen Beinkleidern und weißer Jacke. Dicht daneben lag noch ein Karavanserai, welches wir gleich genauer ansehen werden. Dann kam ein großer, grüner Platz, auf dem 10—12 Ochsen weideten; eine höchst kleine Lehmkirche stand an demselben, ein einfaches Commandantenhaus, ein größeres, noch im Bau begriffenes, — dazu noch einige, den Platz an verschiedenen Stellen einfassende, um Hülfe schreiende Lehmwohnungen und ein neues, nettes, noch nicht fertiges Haus im Hintergrunde des Platzes; — dazu noch hier und dort ein einzeln liegendes Lehmhaus mit Strohdach, — und um das Ganze der grüne Wald als uneinnehmbarer Festungswall, — das war das Bild, was mir die „Grenzfestung Tabatinga" bot, als ich am Morgen des 26. Juli vom Flusse hinaufstieg und beim Herrn Mendonça, einem meiner Mitpassagiere, der mich eingeladen hatte, bei ihm zu wohnen, mein Quartier nahm.

Herr Mendonça aus Setubal, jung und mit regelmäßiger Erziehung nach Brasilien gekommen, hatte ein ansehnliches Handelsgeschäft an dieser letzten Grenze angefangen, in welchem alle sonstige Lebensbequemlichkeit und Annehmlichkeit aufhörte. Das Waarenmagazin bildete eine ziemlich große Scheune; ringsumher lagen Ballen von Waaren; in der Mitte stand ein großer Tisch, an dem die Comptoirgeschäfte abgemacht wurden, die Bücher geführt, gefrühstückt, Mittagsessen gehalten und Thee genommen ward. Einige Hängematten hingen zwischen den Ballen für den Hausherrn, seinen Associé, einen Commis und die Gäste umher. Zwei Bänke, ein Stuhl und mehrere kleine Kisten bildeten Punkte zum Sitzen, wenn es auch nicht immer ganz leicht war, auf dem ungleichen Lehmboden einen festen Punkt zu finden zur Anbringung der Bank und des Stuhls.

Dazu war im Magazin ein wunderliches Gehen und Kommen, ein zwar nur kleines, aber ebenso originelles Bild, als Kiachta in Sibirien oder eine chinesische Factorei darbietet, wenn eine besondere Handelsbewegung dort stattfindet.

Um diese sehr seltsame Handelsbewegung in Tabatinga etwas zu erklären, muß ich hier einiges über die dort vorherrschenden geographischen und commerziellen Bedingungen reden.

Wie sehr auch der Amazonenstrom nach seiner Hauptmasse und Ausdehnung ein brasilianischer Strom genannt werden kann, so nehmen doch fast sämmtliche spanische Provinzen oder vielmehr Republiken im Norden und Westen von Brasilien an seiner Bildung theil und schicken dem Strom Flüsse zu, auf denen mehr oder minder Handel und Schifffahrt getrieben wird.

Schon bei Gelegenheit des Rio=Negro haben wir gesehen, wie von seinen Nebenflüssen, dem Rio=Içana und Xié aus ein leichter Zusammenhang mit der Republik von Venezuela stattfand, ohne daß eine Schiffahrt von einiger Bedeutung einzuleiten wäre, da der Rio=Negro selbst nur bis S.=Izabel, wo er eine stürmische Cachoeira bildet, schiffbar ist, während sein vorzüglichster Nebenfluß, der Rio=Branco, ruhigeres Fahrwasser bietet bis zu den Grenzen der Guianas.

Zwischen dem Rio=Negro und dem Solimöens bildet der Rio=Japura ein seltsam gegliedertes Wassersystem. Er entspringt östlich von den Cordillerenzügen des Hochlandes von Popayan, an deren nordwestlichem Abhang der Magdalenenstrom entsteht und in ziemlich nördlicher Richtung dem Karaibischen Meere zufließt, während der Japura gegen Ostsüdost seine Richtung nimmt und sich, wenn er eine Zeit lang in fast rein östlicher Richtung auf brasilianischem Gebiete fortgeflossen ist, seltsamerweise in viele Arme theilt und mit ihnen auf kürzerm oder längerm Wege den Solimöens aufsucht, ja selbst auf weitern Umwegen den Rio=Negro erreicht, — Wasserverbindungen, die mich immer an das eigenthümliche Zusammenhängen des Rio=Negro mit dem Orinoco mittels des Cassiquiare erinnern, wenn auch am Cassiquiare manches abweichend sein mag.

Kurz vor seinem Eintritt in das brasilianische Gebiet ist der Japura durch eine Cachoeira für eine Schiffahrt gegen die Cordilleren hin verschlossen. Die Arme aber, die der Fluß polypenartig durch das zwischen dem Rio-Negro und dem Solimöens liegende Waldland hindurcherstreckt, sind an ihren Einfassungen so ungesund, daß sie von allen Nebenflüssen des Amazonenstroms am wenigsten besucht oder vielmehr am meisten vermieden werden.

Viel günstigere Bedingungen bietet der Rio-Iça. Als Rio-Putumayo entspringt er am Fuße jener Schneecordilleren, hinter welchen der Vulkan von Pasto herausragt, und fließt parallel mit dem Japura dem Solimöens zu, welchen wir ihn bei S.-Antonio haben erreichen sehen. Von diesem Vereinigungspunkt an soll der Fluß bis zu den Cordilleren hinauf schiffbar sein, sodaß man vom Putumayo aus in viertägiger Landreise die Stadt S.-Juan de Pasto erreichen kann.

Vom Quetendama herab aus der mächtigen Serra von Choco, wo in einem berühmten Sturze von 1200 Fuß Tiefe sich Bergwasser in die Ebene hineinbegeben, entspringt der Rio-Napo. Er fließt parallel mit den beiden genannten Flüssen dem Amazonenstrom zu, den er erreicht, bevor dieser das brasilianische Territorium berührt. Auch der Rio-Napo bietet einer zukünftigen Schiffahrt schöne Strecken dar, indem er bis zum Ort S.-Roza befahrbar ist, während ein nördlicher Arm des Flusses wegen seines Goldreichthums schon mannichfach die Aufmerksamkeit von einzelnen Abenteurern und Gesellschaften auf sich gezogen hat.

Wir müssen nach diesem flüchtigen Ueberblick einiger Cordillerenflüsse zum Amazonenstrom, zum Solimöens zurückkehren, der, wie ich schon sagte, vom Javary aufwärts Maranhão genannt wird.

Wenn auch die augenblickliche Dampfschiffahrt an der brasilianisch-peruanischen Grenze endet, so ist der Maranhão weit davon entfernt, nicht weiter hinauf schiffbar zu sein. Vielmehr ist er schon bis über die Mündung des mächtigen

Ucayali hinaus, wo der Ort Nauta einen bemerkenswerthen Handelspunkt auf dem linken Ufer des Maranhão bildet, von der brasilianischen Dampfschifffahrtslinie contractmäßig befahren worden, von wo denn zwei kleine peruanische Dampfer einen weitern Dienst auf dem Ucayali thun sollten, sodaß die alte Incastadt Cusco dem Atlantischen Ocean näher gerückt worden wäre, als sie dem Stillen Meere ist. Wirklich kamen auch zwei Dampfer in einzelnen Stücken von den Vereinigten Staaten; wirklich gingen sie nach einem wenig interessanten Etikettenstreit zwischen Brasilien und Peru den Fluß hinauf bis Nauta. Aber dort ließ man sie, ohne daß sie auch nur eine einzige Fahrt gemacht hätten, liegen und verkommen, und die brasilianische Dampfschifffahrtslinie ist seitdem bis auf Tabatinga eingeschränkt worden, wo jener eigenthümliche Handelsaustausch zwischen Brasilien und Peru, den ich oben andeutete, stattfindet.

Gehen wir aber den Maranhão über Nauta und den Ucayali hin noch weiter aufwärts, — denn noch immer ist der Strom schiffbar, — so treffen wir mit Uebergehung einiger weniger bedeutender Zuflüsse wieder zwei wichtige Cordillerenwasser, die, von ganz entgegengesetzten Seiten kommend, ziemlich an gleicher Stelle den Maranhão erreichen, den von Süden kommenden Huallaga und den von den Wurzeln des Chimborasso und Sangay entspringenden Rio-Pastaça.

Beide bilden den ersten bedeutenden Zufluß des aus den Cordilleren heraustretenden Maranhão. Doch ist der Maranhão selbst noch über diese beiden großen Nebenflüsse hinauf schiffbar bis zur Enge vom Pongo, unterhalb S.=Borja, wo der Strom im wilden Wassertoben zwischen schroffen Abhängen wie aus einem Felsenthor hervorbricht und so der Schifffahrt ein Ende macht. Zwar ist der Fluß oberhalb der Cachoeira noch bis Jaen de Bracamoros zu befahren, doch kommt diese Strecke hier nicht weiter in Betracht.

So haben wir denn einen Strom vor uns, der durch etwa 28 Längengrade hindurch ohne Schwierigkeit schiffbar ist, Längengrade, die wir ziemlich durchweg auf 15 geographische Meilen veranschlagen können; denn trotz aller Windungen, die der Monarch unter den Flüssen macht, bleibt er dennoch ganz constant zwischen dem Aequator und dem 5.° südl. Br. Wir können die Länge dieser schönen fahrbaren Wasserstraße immer auf 7—800 geographische Meilen veranschlagen. Meines Wissens findet sich nichts Aehnliches in der Geographie der Länder und Flußgebiete.

Auf eine weitere geographische Verfolgung des Amazonenstroms über Jaen de Bracamoros hinaus durch sein Cordillerenthal bis zum See Lauricocha kann ich mich hier nicht weiter einlassen. Auch ist manches von diesem Theile des Flusses wenig untersucht.

Wie mannichfach nun auch die Wasserstraßen sind, welche vom Solimoëns und Maranhão aus zu den Cordilleren hinführen, wie bedeutend auch der Ucayali und der Maranhão selbst unter ihnen erscheinen und letzterer besonders den Vorzug vor den andern haben möchte, so ist dennoch eine Straße ganz besonders bemerkenswerth; ja sie gibt eigentlich der ganzen Schifffahrt über Tabatinga hinaus ihre Bedeutung.

Die bedeutende peruanische Provinz Mainas, oder nach neuerm Ausdruck Provincia do litoral de S.-Loretto genannt, hat einen sehr beschwerlichen Weg über die Cordilleren zum Stillen Ocean. Die Hauptstadt Moyabamba hat deswegen schon seit einiger Zeit Verbindungen mit dem Osten in das Gebiet des Amazonenstroms hinein angeknüpft und bezieht Waaren von Pará, wie der Ort denn mannichfache Naturproducte und Industriesachen nach dort hinabschickt.

Zum Mittelpunkt des dadurch entstehenden Austausches zwischen einer bedeutenden peruanischen Provinz und der brasilianischen Provinz Pará schien Nauta, dem Einfall des Ucayali in den Solimoëns fast gerade gegenüber, sich gestalten zu wollen. Die brasilianischen Dampfschiffe gingen bis dort, aber Peru kam ihnen, wie das contractmäßig stipulirt war, mit seinen Dampfbooten nicht entgegen, und so beschränkte sich die Fahrt der erstern nur auf Tabatinga und gab die Weiterreise in Peru hinein ganz auf, wie ich das schon vorhin angeführt habe.

Aber der eingeleitete und bestehende Handel konnte nicht aufgegeben werden. Und da die brasilianische Linie, welche alle zwei Monate ein Dampfboot von Manáos nach Tabatinga hinaufschickt, mit großer Regelmäßigkeit verfährt, so bildet das Ankommen des Packetschiffs eine eigenthümliche Krisis im Leben der Handelsleute von Peru und von Tabatinga.

In den letzten Tagen vor Ankunft des Dampfboots kommt ein Igarité nach dem andern den Solimoëns hinunter; sie bringen Chilehüte und Sassaparille. Auf dem todten Ufer am Fort beginnt eine eigenthümliche Lebendigkeit. Zehn, zwölf und noch mehr Fahrzeuge liegen längs des Strandes. Die Bemannungen derselben, peruanische Indianer von riesigen Kräften, schlagen am Ufer ihre Zelte nachts auf, während die Händler selbst in einem „offenen Hause der Nation" unter ihren Mosquiteiros ihr Lager machen und dort in wunderlichen Gruppen einquartiert sind ganz nach Art der orientalischen Karavanserais.

Wenn nun das Dampfboot kommt, so gehen die Peruaner sogleich an Bord, um zu sehen, wer kommt und was er mitbringt. Am folgenden Tage geht dann der Handel selbst los mit voller Lebhaftigkeit; denn das Dampfboot bleibt nur drei Tage, in welchen alle Geschäfte abgemacht werden müssen.

Da wird nun fast gleichzeitig gelöscht und geladen; der englische Baumwollenballen weicht dem Packen Chilehüte, und die Sassaparillerolle verdrängt das Weinfaß. Man redet, wenn auch nicht über 20 handelnde Personen zusammenkommen mögen, spanisch, portugiesisch, englisch, französisch und selbst deutsch; man feilscht und dingt auf die tollste Weise, und zuletzt wird man noch am pernanischen Metallgeld uneinig; denn es ist so verfälscht, so ganz falsch zum Theil, daß man in Tabatinga sehr auf seiner Hut sein muß beim Empfangen von Metallgeld aus Peru, welches überhaupt keinen guten Ruf am Amazonenstrom zu besitzen scheint.

Unterdessen schleppen die peruanischen Indianer, Menschen von athletischen Proportionen, Packen und Kisten vom Flusse hinauf und Ballen und Rollen von Sassaparille und Tucummaqueiras wieder hinab. Sie sprechen Kidschnab und Inka durcheinander, dazu noch manchmal ein eigenes Giria, sodaß, wer nur europäische Sprachen spricht, bei ihnen völlig zu kurz kommt. Ein Curaca, oder Oberst über fünfhundert, leitet sie und kommt dafür auf, daß sie sich ordentlich betragen. Und das thun sie auch; sie sind stille, vergnügte Leute und mit wenigem zufrieden, bekleidet mit einem Beinkleid und einer hemdartigen, weiten Jacke, gewöhnlich von braunem Stoff, also ganz chinesisch.

Außer diesem Treiben kamen nun auch noch Besuche zu mir in das Magazin des Herrn Mendonça. Ein guter, freundlicher Vicar kam; der Commandant João Evangelista Neres da Fonseca und verschiedene Spanier; dazu noch ein amerikanischer Bibelcolporteur und Handelsmann, der vor einiger Zeit einen Indianer todt geschlagen und in Tabatinga zum Aergerniß verschiedener Leute Bibeln abgesetzt hatte. Und so noch eine Reihe von verschiedenen Leuten von deutlichem oder undeutlichem Charakter, alles bunt durcheinander, eine echte, classische Grenzgruppe.

Mit Sonnenuntergang war die Geschäftszeit vorbei, und der Handelstisch ward mit dem Mittagsessen besetzt. Schildkrötengerichte spielten dabei die Hauptrolle. Frisches Fleisch ist in vielen Monaten oft in Tabatinga nicht vorhanden. Die auf dem Platze weidenden Ochsen und Kühe gehören der Kirche, und man schlachtet nur bei ganz besondern Gelegenheiten. Doch ißt sich das Schildkrötenfleisch in seinen verschiedenen Formen und Zubereitungen ganz gut, und man schlägt sich schon damit durch. Dazu tranken wir einen sehr schlechten Wein aus Cette und einen ausgezeichneten Süßwein aus Setubal, der den ganzen peruanischen Handel anzog.

Am Abend nahmen wir Thee beim gastfreien Commandanten. Der ganze peruanisch-brasilianische Handel war daselbst. Der Commandant hatte eine Frau mit sieben Kindern, und es wurde eine lebhafte Conversation geführt im freundlichen Familienhause.

Am folgenden Morgen nach meiner Ankunft machte ich meine Gegenbesuche; denn die Etikette der Welt hört auch hier noch nicht auf. Im Karavanserai war ich, dem originellsten öffentlichen Hotel, was ich in meinem Leben gesehen habe, — beim Geistlichen, wo ich einiges mir aufzunotiren versuchte, aber so von Mücken verfolgt ward, daß ich zuletzt wie ein Verzweifelter davonlief, — beim Commandanten und zuletzt noch bei einem Herrn, der mir tags vorher — seine Visitenkarte geschickt hatte, — alles an der peruanischen Grenze in Tabatinga.

Um allem Handel und aller Höflichkeit zu entgehen, flüchtete ich mich gern ein Endchen in den Wald hinein und versuchte einen Spaziergang.

Freilich kann man um Tabatinga herum eigentlich keinen Spaziergang machen, denn der Wald zieht sich dicht um die Lichtung des Ortes herum. Doch soll ein Landweg von

Tabatinga nach dem nahen peruanischen Loretto führen. Ein anderer Fußsteig führt zu einem kleinen, silberklaren Wasser hinab, welches den Ort mit schönem Trinkwasser versorgt. Ich fand dort ein liebliches Asyl, recht an den Grenzen der Menschheit, welches ich nur mit einem großen Magoary (grauen Reiher) theilte. Dort im Walde fielen mir am meisten die großen Solaneenbäume auf. Ich hielt die dicken, mit kräftigen Stacheln besetzten Stämme erst für Bombararten; denn sie waren 16—18 Zoll im Durchmesser. Als ich aber zu ihnen hinaufsah, entdeckte ich die schöne, blaue Solanenblüte und das halbwollige, tiefgezähnte Blatt. Auch einige Melastomenstämme fand ich über das mir sonst bekannte Maß hinausgewuchert, besonders jene auch bei Tessé wachsende wunderhübsche, weißblumige Melastomee mit dicken, succulenten Blüten, die Staubfäden nicht gehörnt — eine seltsame Ausnahme — und mit ziemlich großen, gelben, angenehm schmeckenden Früchten, welche mich an Blakea triplinervis erinnerten. Stattlich wuchs hier auch mit Alpinien um die Wette das elegante Pfeilgras; doch sollte ich das am folgenden Tage in seiner vollen Entwickelung und in nächster Nähe sehen.

Wir hatten am folgenden Tage eine kleine Canotfahrt eine halbe Meile den Fluß hinauf verabredet, welche wir auch ausführten, um das letzte brasilianische Gehöft zu besuchen.

Dicht unter dem Walde fuhren wir hin, an welchem eine halbverwachsene Lichtung eine ehemalige Aldeia der Ticunas bezeichnet. Doch ist alles wieder verödet. Die Indianer zogen sich zurück vor der rauhen Arbeit ihrer portugiesischen Zwingherren; und nur einige wundervolle Popunhapalmen bezeichnen die Stelle, wo eine beginnende Cultur aufdämmerte im fernsten Westen.

Weiter hinauf und gerade an der Grenze liegt denn

S.-Antonio, eine kleine, ganz nette Anlage von einem alten Portugiesen, dem ein fleißiger portugiesischer Schwiegersohn zur Seite steht. Nutzholz, Sassaparillegewinn und einige Viehzucht ernährt die Besitzer. Auch hier steht in schönen, hohen Exemplaren die edle Pirijáopalme oder Popunha, sorgsam gepflegt, wie die Kokospalmen am Meeresstrande, wegen ihrer mehligen, nährenden Früchte und wie jene angesehen als ein Baum des Friedens, des Segens und der Gastlichkeit.

Das Merkwürdigste auf der kleinen Pflanzung von S.-Antonio aber war mir der alte Besitzer, Joaquim Gomez das Neves. Als er hörte, daß ich in Rio bekannt wäre, fragte er mich sehr angelegentlich, ob der Dr. Riedel noch lebte, und erzählte mir nun, daß er als Führer bei der bekannten von Langsdorf'schen Expedition gewesen und besonders dem Dr. Riedel bei dessen Untersuchung des Madeira gedient hätte. Auch meines verstorbenen lieben Freundes Moritz Rugendas erinnerte er sich mit großer Theilnahme, sodaß ich gern einige Minuten länger beim Alten blieb, als wir anfangs vorhatten.

Seltsam genug aber erschien es mir, daß mir der letzte Mensch im fernsten Westen von Brasilien so mannichfaltige Reminiscenzen an liebe Freunde erwecken sollte, die nach gemeinschaftlicher Reise vom Schicksale wieder so weit auseinander gesprengt worden waren.

Beim Herabsteigen von der Klärung der Besitzung bekam ich noch einen Begriff von dem ungeheuern Anschwellen des Stroms zur Zeit seiner vollen Flut. Ziemlich oben am Abhange, reichlich 20 Fuß über dem Spiegel des Wassers, lag ein Floß, auf welchem Indianer vor wenigen Wochen dem alten Neves und seinem Schwiegersohn Sassaparille gebracht hatten. Man hatte es dort angebunden und dann als werthlos liegen lassen. Trotz der Höhe aber, an der es lag,

sagte mir der Portugiese, würde der Fluß noch fast ebenso
viel fallen. Es sind das wahrhaft ungeheuere Wechsel in den
Wasserständen. Nie aber war auch der Strom so hoch ge=
schwollen gewesen als im Jahre 1859, wo ich ihn besuchte.

Nur bei so mächtigem Nachlassen eines Wasserdruckes be=
greift man, daß von einzelnen Waldbarancos weite Strecken
von 40—60 Fuß Dicke und ebenso viel Höhe mit dem Walde
auf ihnen in den Strom hinabstürzen und gar oft die ge=
rade unter ihnen Dahinfahrenden in den Abgrund reissen
und dort verschwinden machen, ohne daß eine Spur davon
wieder zum Vorschein kommt.

Fast ebenso tückisch sind einzelne Sandbänke am Flusse
zur Zeit der sogenannten Prayas. Sicher und wohlgemuth
sind manchmal die Leute auf ihnen mit dem Trocknen der
Pirarucu oder mit Gewinnung der Manteiga de tartaruga
beschäftigt, bis der plötzliche Ruf: Embarca! Embarca!
alle mit ihren Geräthschaften zum Canot hintreibt. Die
Sandbank fängt nämlich an zu wanken und langsam zu
versinken; sie scheint im Flusse zu schmelzen und ist bald ganz
verschwunden in einer Tiefe von vielen Klaftern.

Beim Hinabfahren von S.=Antonio nach Tabatinga sah
ich nun an einem Waldvorsprunge das schon oft erwähnte
Pfeilgras besonders hoch wachsen. Ich ließ ein Exemplar
abhauen und fand die Länge des nackten Halmes bis zum
zweizeiligen Blattfächer 28 Fuß hoch und die ganze Stamm=
bildung den Bambusen vollkommen ähnlich, — vielleicht von
allen Gräsern dasjenige, welches die Verwandtschaft mit den
Palmen auch im Habitus am meisten herausstellt.

Der kleine Wasserstrich, den wir durchfuhren, ist deswegen
bemerkenswerth, weil er einen Theil der Grenzlinie zwi=
schen Peru und Brasilien bildet.

Vom 11.° südl. Br. an bildet der Javary die Grenze
zwischen beiden Staaten. Von seiner Mündung geht dann

die Grenzlinie gerade nördlich. Da nun Tabatinga oberhalb der Javarymündung liegt, so haben einige gemeint, daß die Grenzbestimmung unsicher und für Tabatinga fraglich sei. Das ist sie keineswegs. Wer mitten im Strom zwischen dem Javary und Tabatinga vor Anker liegt, sieht abends den Nordstern gerade mitten über dem Flusse aufwärts stehen. Oberhalb S.=Antonio macht der Strom eine Wendung westlich, wo die Grenze in den Wald einschneidet. Dann macht der Solimoens ein ziemlich bedeutendes Ende in gerader Richtung gegen Norden aufwärts, wo Loretto liegt. Dieses ist ganz rein peruanisches Eigenthum. Tabatinga aber ist unbedingt brasilianisch.

Die von Süden nach Norden streichende Grenzlinie schneidet den Rio=Japura gerade in der Mündung des Rio=Apapuri in den Japura und geht durch den Aequator hindurch bis auf die Breite der Grenzfestung S.=Carlos am Rio=Negro, wo jene Grenzlinie sich östlich wendet.

Die Peruaner behaupten, daß die Grenzlinie unmittelbar an und hinter Tabatinga vom Flusse in den Wald hineingehe. Das ist aber falsch. Unbedingt gehört S.=Antonio, jenes letzte Gehöft, mit seinem ganzen Gebiete noch zu Brasilien. Wer sich, wie schon gesagt, darüber belehren will, der bleibe in einem Canot an sternenhellem Abend mitten im Strome liegen und schaue nach dem Nordstern, dem unwandelbaren, und die Grenzlinie ergibt sich dort ganz von selbst.

Sonst wäre von Tabatinga kaum etwas weiteres zu sagen. Die wenigen dort in einem oder zwei gemeinschaftlichen Ranchos zusammenwohnenden Ticunas, deren wunderlichen Haushalt ich besuchte, bieten ganz dieselben Anschauungen wie alle andern Tapuis. Es sind stille, indifferente Leute, ganz wie ihre Nahrung — Fische und Schildkröten — das mit sich bringt. Der Geistliche, der sie überwacht, gab ihnen das beste Zeugniß. Doch sind diese Curumis (Menschen) ebenso faul wie alle andern am Amazonenstrom, und etwas Bedeutendes wird nie aus ihnen.

Eines höchst originellen Hausraths muß ich bei ihnen noch erwähnen, dessen Nutzen unverkennbar ist. In Tabatinga wimmelt es von Ratten, welche sich dort an der Grenze, als einem kleinen Stapelplatz, zusammenfinden, um von Pirarucu u. s. w. zu leben. Die Ticunas aber haben keine Schränke, um ihre kleinen Proviante zu wahren vor den Banditen, welche mir viel heller vorkommen als die gewöhnlichen Ratten. Wenn sie ihre kleinen Vorräthe auch an Tucumfäden aufhängen, so klettern die Ratten dennoch an den Wänden und Dächern umher und steigen am Faden zum Proviant wieder hinab. Da greifen denn die Ticunas zum allereinfachsten Mittel. Sie durchbohren ein Schildkrötenschild gerade in der Mitte, sodaß es horizontal an einem durchgezogenen Stricke hängt. Unter diesen Schutzdeckel hängen sie den geringen Eßvorrath auf. Die Ratten können nun zwar am Dache hinauf und an dem Strick weiter bis zur Schildkrötenwölbung hinabklettern; von dort aber rutschen sie, sowie sie sich dem Rande nähern, herab und fallen zu Boden, ohne an den Proviant kommen zu können. Das Verfahren ist ungemein probat.

Noch ein anderer Einwohner von Tabatinga war mir höchst bemerkenswerth, wenn ich auch nur vier Individuen davon sah.

Das ist eine schwarze, metallglänzende Psophia mit weißer Kreuzgegend. Die Psophia, die ich im Oberland von Sta.=Catharina, bei der Estancia dos Indios antraf, war fast weiß mit silbergrauen Flügeln und ebensolchem Metallschimmer. Die Species in Tabatinga aber war dunkel schwarz und der nach innen auf dem Kreuz aufliegende Theil der

16*

Flügel schneeweiß, sodaß ein weißer Schild mit scharfer Abgrenzung auf dem Kreuz zu liegen scheint, wodurch dieser seltsame Waldvogel vollkommen gekennzeichnet ist. Die Federn sind ungemein locker und wenig zusammenhängend, ja der Bart der Federn ist ziemlich haarartig, sodaß das Thier beinahe einem kleinen Kasuar gleicht.

Am seltsamsten ist sein Geschrei. Er schreit vier bis fünfmal ziemlich gellend auf, doch nicht mit einer Exspiration, sondern mit einer Inspiration, wobei sich der ganze Vogel dick aufbläht. Dann läßt er den Schnabel offen, und die eingeathmete Luft streicht mit einem lauten, langgedehnten Knurren wieder heraus unter so vollkommen tympanischem Geräusch, daß sie aus den Eingeweiden zu kommen scheint. Und wirklich ist dem beinahe so. Selbst die Einwohner von Tabatinga sagten mir, daß die Thiere eine lange, gewundene Luftröhre hätten, die längs des Bauches bis tief nach hinten ginge, eine Beobachtung, die vollkommen richtig ist. Der Vogel heißt Jaquimi bei den Eingeborenen.

Am 28. rüstete sich nun alles zur Abreise. Der „Tabatinga" ward beladen, sodaß er kaum aus dem Flusse herausschaute. Auch die Peruaner, die mit ihren Canots den Fluß von Peru heruntergekommen waren, luden Waaren ein, um wieder nach Peru hinaufzugehen. Unter diesen den Fluß noch weiter hinaufgehenden befanden sich auch einige meiner Reisegefährten, ein Franzose, ein Brasilianer und besonders ein Spanier, Herr Murietta aus Biscaya, ein höchst bescheidener, wohlerzogener Mann, wie man solche nicht überall trifft.

Seit einiger Zeit ansässig in Moyabamba, gab er mir mannichfaltige Belehrung über das dortige Leben und die Handelsverhältnisse.

Letztere bieten ungemeine Schwierigkeiten. Da kein Dampfboot mehr nach Nauta geht, so beginnt schon in Tabatinga eine mühsame Canotschifffahrt unter Beschwerden, Entbehrungen und Gefahren aller Art. Nach vielen Wochen erreicht man den Huallaga, welchen man bis Yurimaguas hinauffährt. Hier mündet der Paranapura in den Huallaga. Diesen geht man dann hinauf, bis er sich in zwei Arme theilt, den nördlichern, Yanayacu, und den südlichern, Cachiyacu. Letztern verfolgt man bis zum Ort Balsaporto.

Von dort beginnt nun die größte Schwierigkeit. Maulthiere hat man nicht. Sie würden auch auf einzelnen Gebirgsstrecken gar nicht fortkommen. Nur Menschen können noch jene Pfade wandern. Die Indianer der Gegend dienen für eine bestimmte Tare als Lastträger. Sie tragen 78—80 Pfd. über die Gebirge. Zu einem Waarentransport gebraucht ein Kaufmann oft 3—400 Indianer.

Hier ist der berüchtigte Paß von Pumayacu. Das „Löwenwasser" — Pumayacu — tobt in einem brausenden Wasserfalle hinab in schwindelnde Tiefe und läßt auf nassem Felsgrat nur 16—18 Zoll Breite zum Durchgehen. Mit bloßen Füßen betritt man den Weg; und wenn sich Neulinge unter den Wandernden befinden, so bekommen sie in jede Hand einen Strick und werden so von Indianern geleitet. Doch sollen viele schon dort umgekehrt sein. Man erzählte mir von einem Reisenden, der zwar die Schrecken, die die wilde Natur einflößt, überwand, aber hinterher davon verrückt ward. Selbst muthige Reisende sind dort wieder umgekehrt.

Nach einer Wanderung von fünf Tagen erreicht man Moyabamba. - Wer von dort weiter westlich will, geht über Chachapoyos, passirt den Maranhão bei Balzas und geht über Caramarca in den Hochcordilleren nach Trurillo hinab. Von Chachapoyos an findet man schon Maulthiere und leichtere Reise.

Das war mein Reiseplan noch in Pernambuco. Doch

verboten mir die drohenden politischen Unwetter aus Europa und freundliche Familiennachrichten eine längere Trennung von Europa. Zudem ist Peru, seitdem man dort die Sklaven freigelassen hat, ein Banditenland geworden, wo man vor Räubern keineswegs sicher ist, zumal in Gebirgsgegenden, in denen edles Metall vorkommt. Man kann dort ziemlich bei jedem Reisenden Metallwerth voraussetzen, und wenn er nicht in größerer Begleitung reist, so kann er seine Reise theuer genug bezahlen. In der Nähe von Lima soll es nicht besser sein.

Um 6 Uhr abends sollten wir mit unserm Tabatinga wieder aufbrechen. So schaffte ich denn meine Sachen, eine hübsche zoologische Sammlung von 300 Exemplaren, Waffen u. s. w., an Bord und mich selbst dazu.

Letzteres aber war gar nicht so leicht. Freilich ist Tabatinga nur klein; aber der ganze Ort und dazu noch die Peruaner, begleiten die Davonreisenden bis auf das Schiff. Der Commandant, der Geistliche, die Kaufleute, alles ging mit. Beim Scheiden trat man sich auf die Füße, erwürgte sich in Umarmungen und drückte sich wund. Nachdem dadurch die Abfahrt um eine volle Stunde aufgehalten war, flog nach der allerletzten Abschiedsvorstellung und dem definitiven Davonrudern der Begleitenden und Rückkehr ans Ufer, der Dampfer den Strom abwärts. Am folgenden Morgen wollten die Peruaner ebenfalls aufbrechen, um gegen die Mitte des October, also in 10—11 Wochen, Moyabamba zu erreichen. Und für volle acht Wochen bildet die Grenzfestung Tabatinga einen todtenstillen Kirchhof, den einsamsten Verbannungsort.

Mit Dampf und Strom liefen wir 14 Knoten und erreichten schon am nächsten Morgen S.-Paulo, und in der folgenden Nacht Tonantins, ohne in den kleinen Fluß einzulaufen, sodaß wir während der Nacht weniger vom Ungeziefer litten.

Eine besonders hübsche Scene bot uns am folgenden Nachmittag (30. Juli) der Juttay. Ich weiß nicht, aus welchem Grunde unser Commandant eine kleine Meile den Fluß hinauflief. Kaum irgendwo konnte man dichtern Wald und prächtigere Javaripalmengruppen sehen. Manche Palmenwedel ragten hoch über dem dichten Waldgebüsche hervor, so luftig und leicht, wie man keine andere Pflanzenform finden kann. Auch wundervolle Euterpen kamen vor, in der Belaubung den Inajapalmen ganz ähnlich, ein zierlich flatterndes Grasparenchym auf langsam sich wiegendem Säulenschaft.

Wir hielten vor einem neuen Gehöft. Aber kein Mensch kam zum Vorschein. Wahrscheinlich waren die indianischen Bewohner aus Schrecken vor dem Dampfboot, was sonst nie in diese Gegend kommt, in den Wald hineingelaufen. Etwas weiter unterwärts und auf der entgegengesetzten Seite gingen einige kleine Nebenflüsse in das dichte Gebüsch hinein. Unser Steuermann ging mit einem Passagier aus Tonantins, um dessen willen die ganze Procedur im Juttay vorgenommen zu sein schien, einen dieser kleinen Flüsse hinauf, während ein Canot aus einem andern Waldwege, einem Igarapé, kam, um einige Fracht zur Mitnahme zu bringen, welche jedoch nicht angenommen werden konnte. Wunderlich genug erschien es mir, daß selbst in jenen einsamen Revieren Menschen wohnten.

Unterdeß kam über der tiefen, stillen Wald- und Flußeinsamkeit ein dunkel schwarzes Gewitter langsam einhergezogen. Schon goß es in Strömen, als unser Boot zurückkam. Kaum hatte man Zeit, das kleine Fahrzeug aufzuhissen, als ein gewaltiges Donnerwetter losbrach. Langsam zogen die Wolkenmassen über uns hinweg; wir liefen den Juttay hinunter und bald befanden wir uns wieder in einer heitern Nacht mitten auf dem Solimöens und in haftiger Stromfahrt.

Mitten in der Nacht erreichten wir Fonte Boa und verließen es vor Tagesanbruch. Der 31. Juli war besonders schön. Schon zu oft habe ich von dem kleinen Treiben der braunen Menschenwelt auf den Prayas, von der Thierwelt in der Luft und im Wasser und dem stillen Pflanzenleben am Waldesrande geredet, als daß ich noch einmal erzählen dürfte, wie alles im schönsten Verein am klaren Sonntagsnachmittag sich darstellte. Wir liefen in einen langen, schmalen Parana ein, der wie eine Wasserallee im Walde sich ausdehnte. Rechts von uns bildete das Ufer hohe Barancos von buntfarbigem Thon, oft 70—80 Fuß hoch. Fernhin schimmerten die schrägen, fast lothrechten Abhänge, über denen der Wald weit hinaushing. An manchen Stellen waren mächtige Thonmassen mit großen Waldparcellen halb hinuntergerutscht und hingen schräg mit schräger Richtung der Baumstämme über dem brausenden Flusse. Ganze Massen anderer Bäume lagen im Wasser, oben noch aufgehängt an kräftiger Wurzel, während die noch grünen Kronen, um deren Häupter eben noch Gewitterstürme getobt hatten, von den Wellen entblättert wurden.

Dieser wundervolle Parana führte uns denn in jenen schmalen Kanal, der in den Teffé mündet, wie ich desselben bei der Abfahrt von Teffé oder Ega schon erwähnt habe.

Eben ging die erste Mondessichel hinter der schönen Lagune des Flusses Teffé unter, als wir vor Ega ankerten. Sogleich schickte die freundliche Familie des Juiz de direito Grüße an Bord, aber auch die traurige Nachricht, daß das jüngste Kind bald nach unserm Fortgehen von Ega den Fluß aufwärts gestorben wäre und daß mehrfache Erkrankungen die Familie heimgesucht hätten.

Ich ging sogleich mit unserm Commandanten an das Land und traf die Familie in sehr betrübter Lage. In dem miserabeln Hause, aus dem man in Deutschland höchstens einen leiblichen Viehstall hätte machen können, war der Familienvater selbst, nicht eben erfreut über den [un]geschickten Misgriff der Regierung, kränkelnd geworden und hatte Blutspucken bekommen. Die Frau weinte bitterlich. Die Kinder lagen in ihren Hängematten und Betten und jubelten laut auf, als sie meine Stimme hörten; denn wir waren in Manáos und auf der Reise sehr gute Freunde geworden.

Im erbärmlichen Orte selbst war eine endemische Krankheit ausgebrochen. Die Leute bekamen Brechdurchfall, eine Art von Cholera ohne Heftigkeit. Doch starben immer einige Menschen an dem Uebel. Am 30. Juli waren drei Personen gestorben von 900 Einwohnern. Die Wasser waren höher denn je gestiegen. Bei ihrem Zurücktreten brechen immer Fieber aus, — desto heftiger, je höher die Flut gestiegen war, ein Uebelstand, der am ganzen Flusse schmerzhaft empfunden wird.

Dazu fehlte es an allen Arzneien, an allen ordentlichen Nahrungsmitteln, an aller ordentlichen Wohnung, — an allem. Dennoch wäre ich gern in Teffé geblieben, um zu helfen, hätte man irgend im geringsten meine Hülfe gewünscht. Der Municipalrichter aber war ein homöopathischer Flibustier, und ich hätte mich mit jeder ärztlichen Hülfsleistung nur lächerlich gemacht. So drang ich mich denn den Leuten nicht auf. Unser Freund, der Juiz de direito, aber beschloß, um weder seine Frau, noch seine Kinder, noch endlich sich selbst einer ministeriellen Ungeschicklichkeit zum Opfer zu bringen, wieder mit uns nach Manáos hinabzugehen.

Mehr als gern gewährte unser Commandant dem wackern Familienvater einige Morgenstunden des folgenden Tags, um sich mit Kindern und Effecten einschiffen zu können. Mir war der kleine Aufenthalt ebenfalls sehr lieb, denn ich hatte noch einige Waffen und Industriesachen von Indianern zusammenzubringen und hatte zu gleicher Zeit eine Einladung zu einer Kindtaufe bekommen im Hause eines Oberstlieutenants, an den ich von Manáos einen Brief mitgebracht hatte.

Herr José Monteiro Chrysostomo, offenbar von indianischem Ursprunge, war der reichste Mann im Orte und wohnte im einzigen Stockwerke, welches sich daselbst findet. Er hatte ein Vermögen von 40000 Thlrn. und mit einer freundlichen, wohlgenährten Frau bereits neun Kinder, von denen das jüngste eben getauft werden sollte. Doch hatten die Leute schon zwei verheirathete Töchter, von denen die älteste, 20 Jahre alt, eine hübsche, höchst angenehme, halbindianische Erscheinung bildete. Die junge Frau hatte mit 12 Jahren geheirathet, hatte mit 13 Jahren ihr erstes Kind bekommen und war Mutter von sieben Kindern, von denen jedoch drei gestorben waren. Das hübsche, gebräunte, jugendliche Gesicht der Frau ließ mich wirklich an der Geschichte zweifeln; doch mußte ich sie, nachdem mir alle Anwesenden dieselbe als wahr versichert hatten, schon glauben, zumal angesichts der Kinder, die dem im Zimmer umherlaufenden Onkel weit über den Kopf gewachsen waren und ihm einmal eine tüchtige Maulschelle gaben.

Als ich nun lachend zur jungen Frau sagte: „Und Sie schämen sich gar nicht, mit 12 Jahren geheirathet zu haben?" da schämte sie sich so anmuthig, daß ihr gewiß jedermann, auch der strengste Puritaner, diese jugendliche Evasünde vergeben haben würde.

Die jungen Frauen, die bei der Kindtaufe zugegen waren, hatten, trotz einer leichten Schüchternheit und Befangenheit, dennoch hinreichende Erziehung, um sich im gesuchten Festanzuge vollkommen taktgemäß zu benehmen. Freilich bildeten die schönen braunen Schultern und zierlichen haselnußfarbigen Arme, sowie die dunkeln, feingeschnittenen Gesichter einen seltsamen Gegensatz zu den hellen, französischen Stoffen der Kleider. Und als man nun auf das Wohl des eben getauften Kindes trank und ich die Champagnergläser mit dem perlenden Wein an den reizenden indianischen Lippen sah, konnte ich mich einigen Lächelns nicht erwehren. Wie weit liegt nicht auch die Champagne vom Gebiet der Ticunas entfernt!

Gegen Mittag sammelte sich wieder alles an Bord zusammen. Auch die Familie des Herrn Dr. Estellita Cavalcante kam; man richtete sich so gut ein, wie es ging; wir waren 20 Passagiere. Ich kam noch am besten davon, denn ich behielt meine kleine Cabine allein für mich als ein besonders Empfohlener.

Die ganze braune Familie des Oberstlieutenants kam noch an Bord, um sich von der abreisenden Familie zu verabschieden. Es waren gewiß im ganzen 16 Personen; denn ein großer Dienststat muß immer mitgehen. Sie bildeten eine schöne, saubere, braune Menschengruppe, die in ihrer stillen, bescheidenen Weise höchst anziehend war und ebenso geräuschlos Abschied nahm, als sie gekommen war. Was würde Europa zu diesen Indianerinnen gesagt haben?

Dann gingen auch wir in brausender Fahrt weiter im „schwarzen Wasser", welches in scharfer Grenzlinie neben dem grauen Wasser des Solimoens dahinlief, bis ersteres von letzterm ganz verschlungen ward. In der Nacht des 1. August erreichten wir Coary und liefen von dort vor Tagesanbruch aus. Immer mächtiger wurde der Solimoens, immermehr einer zusammenhängenden Kette von Landseen ähnlich.

Am Morgen des 3. August lief der Tabatinga noch in grauem Wasser. Plötzlich befand er sich auf schwarzem Element. Wir waren im Rio-Negro und warfen gleich nach 8 Uhr Anker vor dem freundlichen Manáos, wo ich, in hohem Grade zufrieden gestellt von meinem Ausflug bis zur peruanischen Grenze, ans Land ging und mein altes Wohnquartier im Agenturhause der Amazonen-Compagnie wieder in Besitz nahm.

Bei meinem Scheiden von unserm Dampfboot gab mir der freundliche Commandant Nuno Alves Pereira de Mello Cardoso, ein brasilianischer Seeoffizier, der mir auf der ganzen Reise alle nur möglichen Zuvorkommenheiten bewiesen hatte, noch ein Verzeichniß der Distanzen zwischen den einzelnen Punkten am Solimöens, nebst deren Längen und Breiten folgender Art:

von Manáos bis Coary ungefähr 108 Leguas od. 324 engl. Meilen
= Coary   = Teffé   =   46 = = 138 = =
= Teffé   = Fonte Boa =   58 = = 174 = =
= Fonte Boa = Tonantins = 63 = = 189 = =
= Tonantins = S.-Paulo = 40 = = 120 = =
= S.-Paulo = Tabatinga = 50 = = 150 = =

365 Leguas   1095 engl. Meilen
= 274 geograph. Meilen.

Was die Längen und Breiten betrifft, so liegt:

Manáos   3° 3' südl. Br., 317° 31' Ferro.
Coary   4° 22' =   = 313° 59' =
Teffé   3° 39' =   = 312° 21' =
Fonte Boa 2° 30' =   = 310° 40' =
Tonantins 2° 41' =   = 309° 4' =
S.-Paulo 3° 44' =   = 308° 6' =
Tabatinga 4° 32' =   = 307° 6' =

Siebentes Kapitel.

Rückkehr von Manáos nach Pará und Pernambuco. — Irrfahrt zum Rio=da=Madeira. — Serpa. — Noch einmal Pará. — Colonie daselbst. — Die Zwischenhäfen. — Ankunft in Pernambuco.

Da das nächste Dampfboot erst in fünf bis sechs Tagen zu erwarten war von Pará und erst am 11. oder 12. August wieder von Manáos nach Pará abging, so glaubte ich diese Zwischenzeit benutzen zu können zu einem längst projectirten Ausflug vom Rio=Negro nach der Aldeia von Pantaleão, wo am kleinen Rio=das=Uautas, oberhalb der Mündung des Rio=da=Madeira der zahlreiche, große Stamm der Muras eine Hauptniederlassung bildet.

Der freundliche Vicepräsident, Herr Miranda, kam mir in meinem Vorhaben auf das zuvorkommendste zu Hülfe. Der Director der öffentlichen Bauten, Herr Braulio Pinto, stellte mir ein Canot zu meiner Disposition mit der dazu gehörigen Mannschaft; Proviant auf einige Tage ward angeschafft, und ich konnte meine Abreise von Manáos nach Pantaleão, um von dort dann nach Serpa zu gehen und mit dem von Manáos kommenden Dampfboot nach Pará weiter zu fahren, auf den 5. August morgens 6 Uhr festsetzen.

Zur rechten Zeit war ich am Ufer; aber meine braune Gesellschaft war noch nicht angekommen. Ich wartete eine halbe Stunde, eine, zwei Stunden; aber meine Montaria, mein „Fuhrwerk", kam nicht. Endlich machte ich ausfindig, daß Boot und Mannschaft sich davongemacht hatten. Und nun erfuhr ich, daß die Flußmacht der Präsidentschaft nur in einem einzigen Canot bestände und das mir von Herrn Braulio gestellte Canot eben nur gemiethet wäre. Als ich diesen Herrn nun ein wenig zur Rede stellte über den Vorfall, — denn am Ende mußte er doch wissen, was er mir auf Befehl des Präsidenten an Boot und Mannschaft stellte, — zuckte er die Achseln und sagte, da könne er nichts dafür.

Der unermüdliche Major Tapajoz, der mir schon so manchen freundlichen Dienst geleistet hatte, half mir auch hier aus der Noth. Er hatte ein Canot unter Wasser liegen, was hinreichend erschien zur Expedition nach Pantaleão. Er ließ es ungesäumt flott machen, mit einem kleinen Palmendache versehen, und schon wollte ich mit drei Indianern des Herrn Braulio, von denen einer des Wegs sehr kundig sein sollte, abstoßen, als das Canot sich bedeutend leck zeigte. Auch hielt es nur eben einen Fuß Bord über Wasser, sodaß ich bei schlechtem Wetter allerdings mit dem kleinen Fahrzeug mitten im Amazonenstrom Gefahr gelaufen wäre.

Und das hatte Herr Guimarães, mein freundlicher Hauswirth in Manáos, schon eingesehen. Als ich unwillig vom Ufer nach Hause zurückkehrte, hatte er vorsorglich schon einen Brief an den Herrn Miranda geschrieben, um für mich „das Canot der Regierung" zu requiriren. Das ward mir denn auch zugesagt und war nach einer Stunde reisefertig. Die Bemannung von drei Indianern war freilich sehr schwach, doch ging es den Strom abwärts, und mir schienen zwei Ruderer und ein Steuermann vollkommen genügend, wenn sie nur den Weg nach Pantaleão kannten.

So kam ich denn endlich gegen 11 Uhr fort. Langsam fuhr mein grün angestrichenes „Herrenschiff" unter der lieblichen Höhe von Nossa Senhora dos Remedios hindurch und quer an der Mündung des Igarapé von Manáos vorbei, als ich dort noch gerade vor dem Hause der Educandos eine Freude hatte. Die kleinen Musiker hatten mir, als ich sie besuchte, einen Marsch, von ihrem Lehrer componirt, besonders hübsch vorgespielt. Ihr Lehrer hatte mir diesen Manáosmarsch für alle Stimmen ausgeschrieben und mich eingeladen, noch einmal die kleinen Kerle am Vorabend meiner Abreise zu hören, wo sie mir zum Abschied ihren Marsch geblasen hatten. Ich hatte als Dank der kleinen Künstlerbande eine Gratification gemacht, worüber sie sich gefreut hatten.

Als ich nun am Igarapé ihres Hauses vorbeifuhr, bliesen sie, sowie mein grünes Canot um die Waldecke bog, mir noch einmal ihren Marsch vor; die Ruderer hielten ein bis der Marsch aus war und der Rio-Negro uns langsam vorbeigetrieben hatte. So schied ich mit Musik vom friedlichen Manáos am Rio-Negro. Es hat mir sein bleibendes Bild in der Seele zurückgelassen.

Langsam kam ich bis zu der Mündung des dunkeln, spiegelglatten Flusses, der sich in östlicher Richtung, selbst Ost zu Nord, in den Amazonenstrom ergießt. Hier ist auf dem nördlichen Ufer eine wunderhübsche, stille Bucht mit schönen Waldhügeln, in welcher Gegend die Amazonen-Compagnie es versucht hat, mit portugiesischen Einwanderern eine Colonie anzulegen.

Einzelne Uferhäuser, und selbst ein größeres Gebäude nebst einigen Lichtungen am Walde machen die Stelle vollkommen kenntlich. Doch haben sich sämmtliche Einwanderer bis auf einige wenige fortgezogen von der Stelle. Der kleine Gewinn genügte ihnen nicht an einem Strome, der in seinen ungemessenen Uferräumen große Schätze zu enthalten schien.

Der Landessprache kundig suchten sie die einzelnen am Amazonenflusse gelegenen Ortschaften auf, um in ihnen es mit dem Kleinhandel zu versuchen.

Eine lange Insel liegt gerade in der Mündung des Rio-Negro, sodaß ein schmaler Wasserstreif des Amazonenstroms zwischen dieser Insel und dem Rio-Negro dahinbraust und man wol sagen kann, jene Insel läge schon im Amazonenstrom selbst und nicht mehr im Rio-Negro.

Dieser Umstand ruft ein recht interessantes Doppelphänomen, zumal bei Windstille hervor. Spiegelglatt und scheinbar stromlos liegt der Rio-Negro da. An seinem Außenrand aber rennt in unruhigen Wirbeln und krausen Wellen der Amazonenstrom vorbei. Ich kann das seltsame Phänomen nicht treffender bezeichnen, als wenn ich an die Zeit erinnere, wo auf nordischen Strömen das Eis schmilzt. Auf dem thauenden Eise steht zwar schon Wasser; aber es ist spiegelglatt. Am Rande jedoch nagt und frißt und braust das vom Joch schon völlig freie Element. Das gibt auch ein eigenes Klingen und Bewegen. Fast unter dem Aequator kam mir diese Erscheinung des abziehenden Winters in den Sinn. Die Aehnlichkeit war auch zu frappant.

Dann fließt das „schwarze Wasser" des einen Flusses ungemischt neben dem aschgrauen des andern nach Osten weiter, bis nach einigen Meilen parallelen Laufs letzteres den schwarzen Strom ganz verschwinden macht.

Mit beiden Wassern trieb denn auch mein Canot, kaum gerudert von meiner braunen Besatzung den mächtigen Strom hinunter, oft gerüttelt und vielfach aufspringend in den Wirbeln und Strudeln des überall bewegten Wassers. Wir suchten fast immer die Mitte des Flusses zu behaupten, wo der Strom am stärksten eilt. Gegen Sonnenuntergang jedoch legten wir am Walde an. Meine Tapuis machten ein Feuer, um ihre Pirarucu zu braten, während ich mein

kaltes, sehr frugales Mahl hielt und mich dann am Walde
ergötzte.

Gerade stand auf dem feuchten, kaum einen Fuß aus dem
Wasser hervorragenden Uferrand ein mächtiger Waldbaum,
rings umstrickt von Schlingpflanzen aller Art. Am auffallend=
sten an ihm aber waren seine gigantischen Wurzelbreter.
Schon 16 Fuß über dem Boden gingen sie vom Stamme
schräg herab, eine Menge von Falten, Buchten und Winkeln
bildend, sodaß eigentlich gar kein Stamm mehr da war, son=
dern der Baum aus einer Menge am Innenrande verwach=
sener dicker Breter bestand, Sapupemas genannt, aus denen
die Indianer sehr geschickt ihre tellerrunden Ruder zu schnei=
den wissen.

Nach unten gehen solche bretartige Strebepfeiler dann in
eine Menge von Wurzeln über. Bei jenem Waldbaume
jedoch hatte die überschwemmende Flut das Erdreich unter den
weit hinlaufenden und hundertfach ineinander verschlungenen
Wurzeln fast ganz weggespült. Auf tausend Füßen schien
der mächtige Stamm zu stehen. Wie auf einem eisernen
Rost konnte ich trockenen Fußes auf dem Netzwerk der Wur=
zeln rund um den Stamm herumwandern und mir alle seine
Schlupfwinkel besehen. Wenn ich an einem oder dem andern
Strange der um den Stamm herumhangenden Lianen zog,
so rauschte es 70—80 Fuß hoch über mir in der vom Walde
versteckten Baumkrone. Wer so am Rande des Riesenstroms
hoch oben im dichten Walde das Rauschen hört, denkt gar
leicht an das Anziehen der Betglocke oben im Thurme, wenn
es Sonnenuntergang ist und Ave=Maria läutet, the hour of
prayer!

Aber meine drei Braunen waren fertig und wir fuhren
weiter. Der sinkende Abend, die tiefe Einsamkeit zwischen
den Wäldern des weiten Stroms und der nicht angenehme
Umstand, daß meine drei Leute vielfach sich ihre lingua geral

zuflüsterten und offenbar etwas vorhatten, was ich nicht verstehen sollte, stimmte mich ernst. Wer der Natur in ihrer von keiner Cultur gezügelten Ungemessenheit und den von keinem Gefühl für Recht und Unrecht lebhaft durchdrungenen Naturmenschen nie gegenübertrat, begreift vielleicht nicht, wie jemand sich ganz allein, ohne alle Spur von Waffen, mit drei Indianern, die in jedem Waldwinkel zu Hause sind und nicht einmal portugiesisch reden können, in ein Boot setzt, um eine mehrere Tagereisen vom nächsten Culturpunkte abgelegene Indianeraldeia aufzusuchen.

Ich legte mich, vielleicht etwas befangen, auf den Boden meines Boots und sagte dem Steuerer, er möchte mich wecken, wenn etwas vorfiele. Ich schlief ein. Nach einigen Stunden erwachte ich wieder. Meine Mannschaft schnarchte ein ruhiges Trio; unser Boot trieb mitten im Strome. So schlief ich denn weiter ohne irgendwelche Sorge.

Ein leiser Donner weckte uns alle zur selben Zeit. Hell leuchtend stand das schöne Sternbild des Orion über dem Rande einer dunkeln Gewitterwolke. Langsam stiegen beide höher. Als eben der Morgen dämmerte, drohte das Gewitter einen vollen Ausbruch; und einem solchen war mein Schifflein keineswegs gewachsen. Wir ruderten dem Walde zu und blieben dort an einem Treibholzstamme liegen, bis das Wetter vorüber und wir ziemlich naß geworden waren. Die unangenehme Fahrt im Morgengrauen konnte fortgesetzt werden.

Desto herrlicher kam der Tag. Ein kühlender Nordost brach etwas die Glut der Sonne; beide trockneten uns bald wieder aus, und ich konnte mit Behagen zu den fern liegenden Waldufern hinüberblicken, an deren Rändern das Thierleben immer mehr und mehr seine bewegten Formen zeigte.

Je mehr nun wilde Enten dahinflogen, je mehr Araras die Luft durchzogen, je zahlreichere Affenscharen aus dem

Walde herausbrüllten, desto wilder wurden auch meine drei Indianer. Sie vergaßen Ruder und Steuer, und unter einem vielfach wiederholten: „Oh, oh, oh!" begleiteten sie mit funkelnden Augen und offenen Nüstern jedes davoneilende Wild. Besonders aber geriethen sie in eine Art von Verzweiflung, wenn in nächster Nähe unsers Boots eine große Pirarucu hoch aus dem Wasser heraussprang oder der Kopf einer Schildkröte sichtbar ward, oder einzelne Lamantine, jene sonderbaren Cetaceen, ihre Schnauze schnüffelnd zeigten. Nur über solche Gegenstände hatten sie sich etwas zu sagen; immer hörte ich in ihren Gesprächen die Wörter pira, tracaja, tambaqui u. s. w., bis sie sich denn gegenseitig trösteten, oder ich ihnen manchmal einen Schluck Branntwein gab, den ich, drei Flaschen voll, nur für sie mitgenommen hatte. Nur einer von ihnen sprach etwas gebrochen portugiesisch. Wenn ich aber fragte: „Wollt ihr Branntwein trinken?" so konnten sie alle drei sehr deutlich sagen: „Ile bom!" Schlimm genug, daß Branntwein das einzige Mittel ist, womit man diese Menschen zu einiger Arbeit anhalten kann, und daß sie selbst es „gut" nennen.

Am Nachmittag erkannte der Indianer, den mir Herr Braulio als einen des Wegs kundigen Menschen mitgegeben hatte, in der Ferne die Mündung des Rio-das-Uaulas oder Otas, und wirklich liefen wir bald in einen herrlichen, fast ganz stromlosen, etwa 1000 Klafter breiten Fluß mit klarem, schwarzgrünem Wasser ein, welcher sich offenbar noch in einem Zustande von Aufstauung befand; denn noch immer war der Amazonenstrom hoch genug, um das Ablaufen der Wasser aus seinen Zuflüssen zu verhindern. Diese Aufstauung — Represa — schien mir am Rio-das-Otas, welcher einige Meilen oberhalb des mächtigen Madeira in den Amazonenstrom fällt, doch auffallend groß. Der kleine Fluß, der wenigstens als solcher auf den Landkarten steht und mir als

ein solcher bezeichnet worden war, erschien mir ein unabseh=
barer Landsee und für einen unbedeutenden Nebenfluß unge=
heuer groß und breit.

Nach einer kleinen Rast und Haltung unsers Mittags=
mahles ruderten die Indianer, froh mit mir, dem ersten
Endpunkt unserer Canotfahrt so nahe zu sein, den herrlichen,
breiten Strom hinauf. Einige Canots zogen in der Ferne
bei uns vorüber, ohne daß wir sie anredeten. Das Tachi
blühte in prachtvoller Menge längs des dunkeln, spiegelglatten
Wassers; allüberall regte sich das Thierleben im Walde,
unter dem wir hindurchfuhren. Ein wunderbarer Abend=
schatten senkte sich herab auf den schwarzen Fluß und die
Geheimnisse seiner dichtbewachsenen Ufer, wie sehr auch der
Abendhimmel von der Mondessichel erleuchtet schien.

Um 9 Uhr machten wir Feierabend und banden unser
Canot an einen Baum fest. Aber in demselben Nu waren
wir auch von Carapaná so übersäet, daß es im eigent=
lichsten Worte nicht auszuhalten war. Solche Mückenscene
ist wirklich arg. Die Thiere stechen durch Beinkleider und
Jacken hindurch, des Gesichts und der Hände gar nicht zu
gedenken.

Eine halbe Stunde versuchten wir vergebens einzuschlafen.
Die Neckerei ward zu einer wirklichen Plage, einer förmlichen
Qual. Die Indianer sahen nur einen Ausweg, nämlich
mit vereinter Kraft noch drei Stunden zu rudern und Pan=
taleão gleich nach Mitternacht zu erreichen, wo wir doch
wenigstens ein Obdach beim Director Lopez Braga finden
konnten.

Mit großer Schnelligkeit flog nun unser Canot den
Strom hinauf. Je ungeduldiger meine Leute wurden, je
näher wir dem Ziele kamen, desto heftiger ruderten sie. Von
Mitternacht an lauschten wir nach allen Seiten hin; aber es
wollte nichts erscheinen, was an eine Aldeia erinnert hätte.

Selbst der Wald schlief ein. Eine vollkommene Todtenstille umgab uns, nur vom Schnaufen meiner Ruderer unterbrochen.

Immer weiter flogen wir; immer wüthender ruderten die Indianer; aber noch immer kein Haus, noch immer kein Hundegebell, kein Hahnenruf. So ging es die ganze Nacht hindurch, ohne Rast, ohne Ruh; Gott mochte wissen, wo dieses Pantaleão geblieben war. Ein Waldzauber schien es verschlungen zu haben.

Da kam denn endlich ein leises Tagesgrauen in unsere Nachtfahrt hinein, und zu unserer Freude sahen wir in der Ferne ein Canot mit zwei Indianern und einer Indianerin, die im Halbgrauen des Morgens Schildkröten schießen wollten. Wir erreichten sie, und meine Indianer fragten schon aus der Ferne in lingua geral nach Pantaleão. Der eine fischende Indianer gab eine Antwort, die meinen drei Leuten einen lauten Ausruf eines Mißfallens entlockte.

Selbst neugierig fragte ich jetzt den einen der Fischer, der der Herr des Canots zu sein schien, auf portugiesisch:

„Wie weit ist es noch von hier bis zur Aldeia Pantaleão?"

„Zwei Tagereisen, Herr", erwiderte der Gefragte in klarem Portugiesisch.

Ich glaubte, der Gefragte wollte einen Scherz machen, und fragte nochmals; aber ich erhielt dieselbe kalte Antwort; unbedingt trieb der Mann keinen Scherz.

Jetzt kam mir wie ein Blitz ein Gedanke. Schnell fragte ich meinen Fischer weiter:

„Wie heißt der Fluß, auf dem wir uns befinden?"

„Der Rio=da=Madeira, mein Herr", sagte der Gefragte in demselben indifferenten Ton, — „in fünf Tagen können Sie Borba erreichen!"

Sehr angenehm! Jetzt war mir die ganze Geschichte

klar. Mein Pilot erzählte nun dem Indianer, der etwas portugiesisch redete, in der lingua geral, damit dieser mir es wiedersagen sollte, daß er einmal vor vier Jahren nach dem Rio-das-Uautas und Pantaleão gewesen wäre und in Manáos gehofft hätte, den Weg wieder auffinden zu können. Da nun der Strom im Fallen sehr stark lief, so waren wir in der ersten Nacht, in der wir alle schliefen, viel weiter getrieben, als die Indianer vermuthet hatten, sodaß mein Wegweiser die Mündung des Rio-da-Madeira für die vom Uautas genommen hatte. Er setzte sehr naiv hinzu, daß er sich freilich schon gestern im stillen genug darüber gewundert hätte, daß der Rio-das-Uautas unterdeß so breit geworden wäre.

Im stillen wünschte ich vor allen Dingen den Herrn Braulio und seinen Wegweiser wer weiß wohin; denn nun war an Pantaleão, wenn ich nicht das Dampfboot in Serpa verfehlen wollte, nicht mehr zu denken. Zudem konnte ich mich ja auf nichts mehr verlassen. Es hätte bei der Bornirtheit meiner Indianer sein können, daß sie nicht einmal Serpa auffänden.

Da fragte ich denn den Fischer, wann ich die Mündung des Madeira erreichen könnte. „In acht Stunden", hieß es. Von dort konnte es, wie ich aus meiner Reise von Serpa nach Manáos wußte, kaum vier Stunden bis nach Serpa hinüber sein. Zudem half der Strom mit. Und so ließ ich denn ohne weiteres umwenden. Denn hätte ich einige Minuten damit zubringen wollen, meinen Piloten einen Esel, einen Ochsen oder Tapihira — eigentlich Ante oder Tapir — zu schelten, so würde ihn das nicht im geringsten afficirt haben, indem viele Indianerstämme sich nach Thieren nennen, Araras, Coatis, Tatus und selbst Tapihiras, gerade wie in Deutschland sich ja auch einzelne Familien nach Thieren nennen, Fuchs, Bär, Hase und sogar Schneegans, der vielen

Wölfe gar nicht zu gedenken, die selbst berühmte Individuen geliefert haben.

Mit viel weniger Hast, als wir am Nachmittage vorher und in der Nacht den Fluß hinaufgeeilt waren, strichen wir den Rio-da-Madeira wieder hinunter, obwol den Indianern die Geschichte im höchsten Grade gleichgültig war. Ja es kam mir vor, als ob mein Wegweiser gleich beim Einlenken in den Madeira seinen Irrthum erkannt hätte, ohne ihn, aus Furcht vor mir, eingestehen zu wollen.

So erreichten wir am Nachmittag die Mündung des schönen Flusses, wenigstens die Stelle, von wo aus, wenn man den Strom hinabblickt, seine Wasser den Horizont bilden und man vom Flusse aus scheinbar in das offene Meer hinaussegelt. Ein frischer Nordostwind ward uns hier höchst lästig. Er trieb kurze, nicht unbedeutende Wellen gegen uns an, und mein Canot wühlte wol zwei Stunden hindurch mit dem Schnabel in Schaum und Spritzwasser. Indeß ward der Wind bald wieder ruhiger; doch überzeugte ich mich vollkommen, daß ich mit jenem kleinen Canot, welches mir Herr Tapajoz in Manáos freundlich genug stellte, gewiß nicht durchgekommen wäre.

An der Mündung des Madeira und recht mitten in derselben wiederholte sich ganz das oben beim Rio-Negro erwähnte Phänomen des heftigen Kampfes zwischen zwei Wassermassen von ungleicher Bewegung und ungleicher Färbung. Fast möchte der Kampf am Madeira noch lauter und heftiger sein. Weithin hört man das Branden der Fluten und Wirbel, und könnte ohne Kenntniß dieses Phänomen an einen nahen Wasserfall denken.

Herrlich that sich nun der Amazonenstrom vor mir auf, wirklich ein dahinströmendes Süßwassermeer. Schneller zog mit seinem Laufe auch meine Montaria dahin; und als die untergehende Sonne auf das ferne Ufer im Nordosten ihre scharfen, letzten Strahlen warf, konnten wir Serpa erkennen. Doch war es schon vollkommen Abend geworden, als ich die etwa eine Viertelstunde oberhalb Serpa am Amazonenstrom gelegene sogenannte „Colonie" erreichte, wo ich das Dampfboot auf seiner Rückreise von Manáos nach Pará abwarten wollte. Herzlich froh war ich, als ich aus meinem Canot an das Land stieg.

In der Colonie war schon alles still geworden. Der Director der Anstalt war nach Serpa gegangen. Ich schickte einen Schwarzen dorthin, und nach einer halben Stunde schon war ich auf das zuvorkommendste von Herrn Moritz Becher empfangen und einquartiert und schlief köstlich nach meiner Irrfahrt auf dem Madeira.

Am folgenden Morgen (8. Juli) läutete mich um 6 Uhr eine Glocke wach. Das Leben in der Colonie begann, und mit seinem Beginn konnte ich einen Ueberblick über das Unternehmen gewinnen, was hier in neuester Zeit begonnen ist.

Als der mächtige Pulsschlag der Amazonenarterie, die Dampfschiffahrt, auf dem Strome begann, stellte sich bald die Nützlichkeit, ja Nothwendigkeit heraus, neben dieser ersten, weit ausgreifenden Anregung zum Fortschritt auch industrielle Thätigkeit hervorzurufen und selbst für einigen Ackerbau zu sorgen.

Wer mir auf meinem Wasserwege gefolgt ist längs des Amazonenstroms, wird auch mit mir vor allem von einer Erbärmlichkeit sich überzeugt halten, von der Erbärmlichkeit aller Bauten, von den Kirchen abwärts bis zu den letzten Indianerhütten. Hier war und ist alles erbärmlich und recht eigentlich traurig, so traurig, wie man nicht leicht irgendwo in der Welt Winkel finden möchte, denen man den pomphaften Namen von Marktflecken und Städten gibt.

Vor allem Backsteine und Dachziegel zu schaffen, Breter und Balken zuzuschneiden, mußte als erster Beginn, als erste

Pflicht zu betrachten sein. Nirgends konnte eine Anlage zur Beschaffung dieses nothwendigen Materials besser gelegen sein als bei Serpa; dem alten Itacoatiara.*)

Der Ort und seine nächste Umgegend liegen hoch genug, um vor allen, selbst undenkbaren Flußanschwellungen vollkommen sicher zu sein. Dem Städtchen schräg gegenüber öffnet sich der gewaltige Rio-da-Madeira, jener Strom von gewaltigen Dimensionen, dessen Holzreichthum vorläufig als unerschöpflich anzusehen ist. Dazu ist Serpa, als Anlegepunkt des Dampfboots, das natürliche Handelsdepot für den weiten Fluß, für Borba und Crato und bis über die letzten Cachoeiras hinaus, so weit nur Handel und Wandel dringen können.

In einer Fahrt von 12 Stunden erreicht das Dampfboot von Serpa aus die Hauptstadt Manáos am Rio-Negro. Hier treffen wieder zwei mächtige Strömungen zusammen, der Solimoëns und der Rio-Negro, sodaß man wirklich sagen kann, von Serpa aus beginnen die gewaltigen Verzweigungen des Amazonenstroms.

So ward kaum eine Viertelstunde oberhalb Serpa, gerade da, wo ein kleiner Nebenfluß des Amazonenstroms in einen hübschen Landsee hineinführt, eine kleine Industriecolonie angelegt.

Ein großer Platz ward vom Walde befreit, zu einem vollkommen trockenen, festen und gesunden Erdplatz, Terreiro, umgeschaffen, und nun in breiten Zwischenräumen und genau nach der Schnur gemessen, in fünf viereckigen, guten, weiß

---

*) Itacoatiara genannt von einem bunten (coati) Stein (ita), der dort im Strom liegt und bei niedrigem Wasserstande bloßgelegt wird. Es sind Figuren auf ihm eingezeichnet und später Zahlen hinzugefügt. Coatiar heißt sich bunt anmalen wie ein Coati; tatuar sich anmalen wie ein Tatu oder Armadill, tatuiren, corrumpirt tätowiren.

angestrichenen Gebäuden für 20 kleine Haushaltungen Wohnungen eingerichtet. Auch entstanden mehrere lang ausgedehnte Gebäude zu administrativen Zwecken, zur Aufstellung einer großen Dampfsägemaschine und einer locomotiven Dampfmaschine zum Zuschneiden und Pressen von Dachziegeln, Backsteinen und andern Thonarbeiten für Constructionen aller Art.

Ordnung und wohlthuende Nettigkeit zeigt sich überall im Aeußern dieser hübschen Anlage, deren hoher Dampfschornstein seltsam überraschend vor dem Urwald herausragt und wie ein Finger es dorthin schreibt: Hier Fortschritt, hier Europa!

Und da haben denn auch vier Weltheile ihr Contingent zur Belebung der kleinen Welt bei Serpa gestellt. Englische und nordamerikanische Ingenieure, einige deutsche Magazinaufseher, 26 chinesische Arbeiter, eine Reihe von Negern und mehrere Indianer und Indianerinnen treiben, jeder in seiner Sphäre, dort ihr geschäftiges Dasein hin und her, eine Population, welche, wenn je eine Ortschaft den Namen verdiente, recht eigentlich eine kleine Welt genannt werden muß.

Zum Chef des Ganzen hat der richtige Takt des Barons von Maua, dieses wirklich großartigen und doch so bescheidenen Mannes, welchem in der Gegenwart Brasilien unverkennbar seine besten Impulse und Lebenspulse verdankt, einen wackern, wohlerzogenen Deutschen eingesetzt.

Herr Moritz Becher, ein deutscher Ingenieur und Offizier, der als solcher den schleswig-holsteinischen Krieg mitmachte und mit dem Zusammenbrechen der dortigen Verhältnisse Europa verließ und sich dem Militärzuge nach Brasilien anschloß, ward, als die angeworbenen Truppen sich zum größten Theil auflösten, nach dem Amazonenstrom geschickt, um die Direction der industriellen Colonie bei Serpa zu übernehmen. Von einer guten, selbst ausgezeichneten Familie abstammend,

— sein Onkel ist der aus der letzten deutschen Ritter- und Minnesängerzeit so bekannte Binzer, — zeigt er auf den ersten Blick den Mann von abgerundeter Erziehung und gehaltener Sittlichkeit, wie sie zur Leitung einer neuen aus den verschiedensten Elementen zusammenfließenden Anlage so unumgänglich nothwendig sind.

Ich besuchte mit ihm das neue Etablissement. Eben wurden große Toros, Cederblöcke, eingespannt. Dann fing die Maschine an zu sausen, und die Sägen fraßen sich hinein in die hellbraunen Stämme, die sich in schöne, breite, vollkommen gleichmäßige Breter verwandelten.

Der ganze Abhang bis zum Fluß hinunter lag voll von Baumblöcken, die zum Zersägen zu Bretern fertig waren. Wunderbarerweise hat man, was in Europa unglaublich erscheinen möchte, noch nie, um solche Baumblöcke zu erhalten, einen frischen Baum gefällt. Aus den natürlichen Holzlagern, die der fortwährend an seinen Ufern wühlende und auch wieder aufbauende Strom überall längs seines Strandes bis in seine fernsten Nebenflüsse hinauf gebildet hat, sucht man sich das beste Nutzholz aus. Oft scheinen die Stämme, die manch Jahrhundert schon so gestrandet daliegen, äußerlich verwest zu sein. Aber ein Kennerauge entdeckt gar leicht den gesunden Kern. Kaum braucht die äußere Schicht in vier Seiten abgesägt zu werden, so zeigt sich das treffliche, gelbbraune Kernholz. So kann noch manch Jahrhundert hingehen, ehe das schon astlose und der Wurzeln beraubte Holzlager in der Nähe von Serpa, am Madeira, am Solimoëns abnehmen möchte; denn alljährlich ersetzt sich bei neuem Anschwellen des Stroms der Abgang des Holzvorraths.

Besonders werden Amyrideen, unter dem Namen der gelben und rothen Ceder zerschnitten, dazu die Stämme von Masserandúba, Macacauba, Itauba, Holzarten von größerer

Dichtigkeit als die Ceder, die wol den Leguminosen, Sapotaceen oder selbst Amyrideen angehören. Seien sie aber von welcher Familie sie wollen, in kurzer Zeit steigen diese aromatisch riechenden Holzarten (mit Ausnahme einer Laurinee, die ganz wie Menschenkoth furchtbar stinkt) in glänzenden Bretern zur Verschiffung nach demselben Fluß wieder hinab, aus dem sie in schmuzig schwarzgrauen, scheinbar halbfaulen Blöcken, mit einer Rinde von Schlamm und Morast umgeben, herausgestiegen waren.

Unmittelbar neben dieser Sägemühle werden nun Backsteine und Dachziegel von der allervorzüglichsten Qualität gebacken. Die Steine klingen bei ihrer schönen Härte wie Glocken und sind dennoch im Verhältniß zu andern Productionen derart ungemein billig.

Diese beiden Fabrikate, Bausteine und Breter bilden schon jetzt einen Abgangsartikel von der allerbesten Art. Und wenn einmal die Zeit kommt, wo sich die Regierung und das Volk davon überzeugt haben werden, daß die Gotteshäuser am Amazonenstrom keine grauen, mit Stroh bedeckten Schweineställe sein dürfen, daß man nicht das Recht hat, Regierungsangestellte in Löchern wohnen und umkommen zu lassen, wie ich das z. B. in Teffé selbst gesehen habe, wenn man sich erst schämen wird, selbst in diesen lehmfarbigen Sudelbaracken zu wohnen und das Convolut von solchen Sudelbaracken Städte zu nennen, dann erst wird man die hohe Bedeutung der Colonie bei Serpa anerkennen, und sie selbst den bedeutenden Gewinn abwerfen, den man von ihr erwarten darf, während sie jetzt noch manche Unkosten und viele Mühe macht.

Solange man aber von oben herab dazu nicht mithilft, solange man in Rio forthockt und dort dem ersten Tenor und einer arroganten Primadonna ein Opernhaus für 2—3000 Contos baut, Sängerinnen und Tänzerinnen enorme

Summen zahlt und dafür am Amazonenstrom das Haus des Herrn wie ein Hundehaus aussehen läßt, solange man sich in der Hauptstadt in den vornehmthuenden Sphären in einer ungründlichen Halbgelehrsamkeit bewegt und von der bedeutenden Illustração redet, während am Amazonenstrom alles verdirbt und schon längst verdorben wäre, wenn der Baron von Mana nicht dort Handel und Wandel in Bewegung setzte: solange das so fortgeht, ist alles umsonst, alles vergeblich am Amazonenstrom, selbst die hübsche, so glücklich angelegte kleine Industriecolonie bei Serpa.

Gerade als wir die Coloniegebäude durchwanderten, kam das Dampfboot Solimõens mit seinem Commandanten Catramby den Fluß herauf auf seiner Fahrt von Pará nach Manáos, und legte vor Serpa unmittelbar an das Ufer an.

Das Dampfboot Solimõens ist ungefähr 200 Fuß lang und im Muster eines amerikanischen Flußdampfers gebaut. Die ungeheuern Räder werden von Hochdruckmaschinen, die leider manche Gefahr bieten, in Bewegung gesetzt. Die Maschinen befinden sich auf dem Verdeck. Oben darüber hinweg ist eine mächtige Etage von Holz aufgebaut. Ein breiter Salon von 60. Fuß Länge bildet den zwar luftigen, aber dennoch sehr heißen Wohn- und Speiseraum. Ringsum sind dann kleine Kajüten, geräumig genug für je zwei Passagiere. Hinter dem Saale ist noch am Ende dieser Etage ein hübsches Damenzimmer. Um die ganze Etage läuft eine breite, oben bedeckte Galerie, eine Veranda, herum und bietet einen angenehmen Aufenthalt und langen Spaziergang trotz Regen und Sonnenschein, beide gleich lästig bei Reisen auf dem Amazonenstrom.

Wir besahen uns das Schiff, welches mit seinen beiden nebeneinander stehenden Schornsteinen und seinen ungeheuern Räderkasten wie ein Unthier aus der Urzeit, wie ein schwimmendes Kapnotherium mit großen Hörnern aussah und alsbald anfing, aus seinen Eingeweiden eine Menge von Säcken, Ballen, Kisten und Kasten auszuspeien. Rings war meine neue antidiluvianische Thierspecies von Igarités und Canots umgeben; möglichst schnell wurde alles unter anscheinendem Wirrwarr ausgeladen; der ganze Breterkasten erbebte zusammen unter dem Dröhnen des Packenwälzens, bis sich die Springflut der Handelsgeschäftigkeit langsam verlief und der Solimoëns seine Fahrt bis Manáos fortsetzte, von wo wir ihn am 12. August morgens in aller Frühe zurückerwarten durften.

Nun besah ich mir Serpa ein wenig. Unverkennbar trägt der kleine Ort, eine Villa, die Spuren eines mehr und mehr erwachenden Lebens an sich. Eine Reihe hübscher, geweißter, mit neuen Dachpfannen gedeckter Häuser enthält wohlgeordnete Magazine und offene Handelsläden, sodaß man wirklich nicht begreift, wie so viele „Kaufleute" nebeneinander bestehen können, ohne daß man eigentlich Kunden sieht. Diese Kaufmannschaft besteht großentheils aus Portugiesen und hellen Brasilianern, von denen die meisten mit einer Indianerin zusammenleben, sodaß es auch hier von gemischten Kindern wimmelt.

Was nicht von einem „Negocio" in einem weißen, mit rothen Dachziegeln bedeckten Hause lebt, bildet nun auch in Serpa eine kleine, ruhige und von des Lebens Drangsalen und Freuden wenig angefochtene Tapuiwelt, welche in grauen, mit Palmstroh bedeckten Häusern wohnt und lediglich von Pirarucu und Tartaruga sich ernährt. Viele junge Tapuimädchen und Frauen scheinen von der an Zahl offenbar überwiegenden Männerwelt selbst bis zur Colonie von Serpa hinaus zu leben, Verhältnisse, die bei solchen kaum beginnenden Culturzuständen schwer zu vermeiden sind.

Auf einem großen, mit hohem Gras bewachsenen Platze steht eine für Serpa ausreichende, weiß angekalkte und mit

Dachziegeln belegte Kirche, welche doch wenigstens anständig aussieht und von den Leuten von Teffé und S.-Paulo im Bau nachgeahmt werden sollte. Auch eine Camara municipal mit einer Cadéa (Gefängniß) zeigte man mir, ein Haus zweiter Klasse. Auch einen Geistlichen lernte ich kennen, konnte aber trotz der Villa von Serpa und der nahen Colonie keinen Arzt entdecken. Homöopathen sind alle Einwohner und kennen allerlei Mittel und Wege, um sich zu curiren. Aber in rechter Noth sind hier doch Hunderte von Menschen aus Mangel an einem tüchtigen Arzt, Wundarzt und Geburtshelfer, wie selten letzterer auch nöthig ist.

Auch mit dem Rechtsverhältniß scheint man in Serpa noch nicht recht im Klaren zu sein. Politische Streitigkeiten und Gevatterschaften kommen ebenfalls vor. Man haßt sich, verfolgt sich, und versöhnt sich nie; und das schöne Wort Viribus unitis kann Serpa keineswegs unter sein Stadtwappen, wenn es ein solches hätte, setzen.

Doch erschienen die einzelnen Kaufleute, soweit ich sie kennen lernte und mit ihnen mich unterhielt, mir gegenüber freundliche, ordentliche Leute zu sein, womit ich aber keineswegs ein definitives Urtheil über sie gefällt haben möchte.

Von Serpa führt ein Fußpfad etwa eine Viertelstunde lang durch das aufgehauene, aber mit Unkraut bereits wieder vollkommen bedeckte Feld zur Colonie, wodurch letztere ungemein leicht mit Serpa zusammenhängt und dem Orte unverkennbare Vortheile gewährt. Man hat dieses Feld mit Baumwolle zu bepflanzen gesucht; doch hat das nicht gehen wollen. Am Amazonenstrom will nun einmal bis dahin kein Landbau gedeihen, keine Viehweiden ausgedehnter Art entstehen. Mangel an frischem Fleisch, an Schlachtvieh ist in Serpa in hohem Grade drückend, und die Spuren der Chlorosis, die ich ganz besonders dem Mangel an succulentem Fleisch größerer, warmblütiger Thiere zuschreibe, malen sich auf zahlreichen Gesichtern im Orte und selbst in der Colonie ab.

Da bleibt noch unendlich viel zu thun und zu sorgen übrig. Und ehe solch Thun, solch Sorgen seitens der öffentlichen Verwaltung nicht ein ernstes, anhaltendes, treues ist, darf man ja nicht daran denken, irgendwelche Vergrößerung der Einwohnerzahl um Serpa hervorrufen zu wollen.

Wer kann denn am Ende unter solchen Verhältnissen zufrieden sein? Als ich am zweiten Abend meines Aufenthalts auf der Colonie zu Fuß von Serpa nach Hause zurückging, fing ich mit den Chinesen, die dort miteinander ihre Zopfideen austauschten und von denen zwei schon recht gut portugiesisch redeten, ein kleines Gespräch an.

Selbst diese Chinesen, die doch zum Leben und Gedeihen am Amazonenstrom geboren und prädestinirt zu sein schienen und unbedingt in der Colonie eine vollkommen gute Behandlung genießen, fühlten sich von tiefem Heimweh nach ihrem Macao bewegt. Was soll da erst der Europäer am fernen, alle nur möglichen Entbehrungen und Entsagungen verlangenden Strom sagen? Drängen sich doch selbst die letzten Urzustände bis dicht an die so trefflich angelegte Colonie hinan! Abends, wenn ich allein saß und mir einige Notizen schrieb, hörte ich im nächsten Walde das scheußliche Geheul der Brüllaffen. Zahlreiche, auf den Fußboden meines Zimmers hingelegte Unzenfelle bezeugten die allernächste Nähe dieser schlimmen Feinde. Vor meiner Hängematte lag als Fußdecke das bunte Fell einer Tigerkatze und das der hellgelbgrauen Sussurana oder der hellen, ungefleckten Unze. Ueber mir schwirrten und quickten die Fledermäuse, welche am Amazonenstrom allerdings auch Menschen anstechen und ihnen Blut aussaugen. Das macht sich in der Ferne ganz romantisch, ganz hübsch; aber wer mit Frau und Kind für immer in solche romantische Scenerie hineinziehen soll, den mag das beim Anblick von Frau und Kind zur Verzweiflung bringen, und ich rathe jedem ehrlichen Manne das Experiment ernsthaft ab.

Serpa war mein letztes Standquartier am Amazonenstrom. Mein Aufenthalt am „Strom der tausend Inseln" sollte mit dem Prachtvollsten schließen, was die Natur mir vorführen konnte.

Wir hatten eine kleine Spazierfahrt verabredet, um einen kleinen Landsee mitten im Walde hinter Serpa, dessen stille Reize man mir allgemein pries, zu besuchen. In einer kleinen, leichten Montaria ruderten wir einige Minuten den Amazonenstrom aufwärts und bogen dann in einen Igarapé ein, auf welchem bald der grünende Wald uns umgab.

Es war ein sonnenklarer Nachmittag. Der kühlende Wald mäßigte die Tagesglut; über den grünen, durchsichtigen Baumkronen lag rein und wolkenlos der blaue Tropenhimmel. Einzelne Waldvögel zwitscherten ihre regellosen Lieder; kleine Papagaien zankten sich in den Aesten, längs welcher einzelne Affenscharen mit unglaublicher Leichtigkeit dahinschlüpften, während hoch oben auf den äußersten Zweigen mancher Falke sich sonnte und sein scharfes Auge über den Forst hinstreifen ließ. Ponteberien blühten auf dem dunkeln Wasser; Cassien und Leguminosen anderer Art blühten blaue und gelbe Tinten; eine niedliche weiße Asclepia hing in langen Ranken bis zum Fluß hinunter, auf welchem unsere kleine Montaria immer nur mit einiger Mühe sich zwischen den vom Ufer hineingestürzten Baumpartien hindurchwand.

Aber schon öffnete sich der Wald; schon blickten wir aus dem breiter werdenden Igarapé in den Landsee hinaus, als wir von dem Anblick einer prachtvollen Wasserpflanze angezogen und gefesselt wurden.

Zu beiden Seiten unsers Canots trieb in 10—12 Exemplaren die Victoria regia ihre gewaltigen Blätter und herrlichen Blumen.

Ueber 3 Fuß im Durchmesser hielten erstere. Hellgrün, glatt und kreisrund mit stark nach oben aufgeschlagenem Rand lag das dicke Parenchym auf dem Wasser da, von keiner einzigen Ader durchzogen, wohl aber höchst eigenthümlich über einem dicken, kräftigen Adernetz ausgespannt wie auf einem Rost. Sowie der lange, dicke Blattstiel an das Centrum des Blattes herantritt, theilt er sich in acht bis zehn dicke Adern, welche so völlig außerhalb des Blattes liegen, daß sie mit demselben durch ein Zwischenparenchym zusammenhängen, bis sie, gegen den Rand hin dünner werdend, unmittelbar am Blatt anliegen, untereinander durch kräftige Queradern, welche ziemlich regelmäßige viereckige Räume einschließen, innig verbunden und zusammenhängend.

Während nun das Blatt oben ganz glatt ist im ausgewachsenen Zustande und kaum einige kleine Stigmen von halbdurchsichtiger Natur zeigt, ist die untere Seite, alle Adern und der ganze Blattstiel mit Stacheln übersäet, sodaß man es nur mit großer Vorsicht angreifen kann. Ein mit der Unterfläche nach oben gekehrtes Blatt gewährt einen sehr eigenthümlichen Anblick; noch mehr aber eine Blattknospe, wenn sie eben die Oberfläche des Wassers erreicht. Sie ist einige Fäuste groß und, da das Blatt im Jugendzustande vom Rande nach innen aufgerollt ist, dicht mit Stacheln übersäet gerade wie ein aufgerollter Igel.

Weithin prangte eine hochrothblaue Blüte zwischen den riesigen Blättern. Als ich sie erreichte und ihren Bau betrachten wollte, fand ich ihre ganze innere Tiefe von einer mit den Melolonthen nahe verwandten Käferart bewohnt und vollkommen zerfressen. Zwölf bis vierzehn Thiere trieben ihr vernichtendes Handwerk zusammen. Als unser indianischer

Jacoman sie erblickte, nahm er sie haftig zu sich, denn diese Käfer haben, wie er mir sagte, ungemein beruhigende Kräfte, namentlich gegen Kopfschmerzen. Er kannte den Parasitismus dieser Käferart in der Blüte der Victoria regia so sehr, daß er Herrn Becher um die Käfer bat, noch ehe er sie gesehen haben konnte.

Die Pflanze heißt bei den portugiesisch redenden Anwohnern des Amazonenstroms Forna, da die flachen Blätter mit aufgeschlagenem Rande ganz die Form jener Dörrpfannen oder Oefen — fornas — haben, in denen man das Maniocmehl zu dörren pflegt.

Zuletzt fand ich noch eine vollkommen entwickelte, dem Aufblühen ganz nahe Knospe von der Form einer Artischocke. Nicht ohne einige Mühe — denn auch Blumenstiel und Blumendeckblätter sind stark mit Stacheln besetzt — gelang es mir, ihrer habhaft zu werden, um sie im Hause ruhig zu betrachten. Ich legte sie unter die Bank unsers Boots, und wir fuhren in den oben angeführten Landsee hinein. Wenn nicht Inajapalmen, Javari und Murumuru ihre schönen Häupter über dem Laubwalde hinausgestreckt hätten, man würde den langen, schmalen Landsee für eine holsteinische Waldlagune gehalten haben. Tiefe Einsamkeit und Nachmittagsruhe lag auf dem Forste ringsher, gerade als ob nie Menschen diesen echten Waldsee aufgesucht hätten. Doch fanden wir gleich an seinem Anfange nördlich die deutlichsten Spuren einer ehemaligen Anpflanzung und kamen von dort gar bald zu einem Rancho einer indianischen Familie, in welcher ein portugiesischer Schwiegersohn mit dem alten Familienchef und noch einigen andern Arbeitern vom Holzfällen für die Amazonen-Compagnie, vom Fischfang und höchst beschränktem Landbau lebte. Auch hatte der alte Indianer eine kleine Schmiedewerkstelle und machte eiserne Haken zum An-

18*

geln und Spitzen für Harpunen zum Fangen von Pirarucu und Schildkröten.

Die Leute nahmen uns freundlich auf und gewährten uns arglos einen Einblick in ihr Wald- und Fischerleben nach indianischer Weise, denn hier war der hinzukommende Europäer, jener Schwiegersohn, zum wirklichen Tapui geworden.

Unter einer Veranda saßen verschiedene indianische Weiber mit einer Menge von bronzefarbenen Kindern aus allen Altersperioden und in der unbefangensten Nacktheit. Sie machten kleine Handarbeiten, Hängematten u. s. w., während die Männer das dolce far niente, wozu die Männer am ganzen Amazonenstrom berechtigt sind, trieben. Bogen und Pfeile zum Fischfang, Harpunen mit beweglicher Spitze, Angeln, Ruder u. s. w. bildeten den vorzüglichsten Hausrath, in welchem alles sonstige ganz rudimentär war. Eine der Frauen bereitete uns das Nationalgetränk der Muras, Cácácá genannt, was wir nicht ausschlagen durften. Und da ich auf meiner brasilianischen Reise mich vollkommen daran gewöhnt hatte, alles zu verschlingen, was wilde und zahme Menschen verschlingen, so trank ich auch mit der größten Unbefangenheit diese Kakophonie, ein rechtes τρια καππα κακιστα, und fand es ganz gut. Es wird aus dem Satzmehl der macerirten Maniocmehlwurzel bereitet, und zwar mit dem Saft der Wurzel selbst, welcher eigentlich sehr giftig ist. In der Landessprache heißt dieser Saft Tucupi. Durch eine eigene Art des Kochens verliert er aber seine giftige Eigenschaft und gibt dem schleimigen Gebräu einen säuerlich scharfen Geschmack, welcher mittels der Pimentakapsel zu einem starken Brennen gesteigert wird. Nahrhaft ist das Getränk unbedingt. Doch scheint mir eine unvorsichtige Bereitung desselben immer etwas riskant zu sein. Herr Becher bekam in der Nacht darauf starkes Leibschneiden, ob infolge jenes

Maniocwurzelsaftes, kann ich nicht sagen; gegen Morgen indeß war er wieder wohl. Ich empfand nicht das Geringste nach dem Genuß.

Gegen Sonnenuntergang fuhren wir wieder aus der schönen Waldlagune heraus. Aus dem kleinen Igarapé gelangten wir in den mächtigen Fluß hinaus. Aber der seltsame Duft der Victorien am Eingange zum stillen Landsee schien uns zu folgen. Ich sah nach meiner Knospe, und seltsamerweise hatte diese ein wirklich mächtiges Blütenleben begonnen. Ich hielt eine bereits halb offene Wasserlilie, eine Nymphäa von fast 1 Fuß im Durchmesser in der Hand. Kaum hatte ich, im Hause angekommen, Zeit, sie in ein Wasserglas zu setzen, so entwickelte sie ihre volle Pracht, in merkwürdig schneller Weise.

Auf dem dicken, runden Blumenstiel und dem kräftigen Fruchtknoten — beide mit starken Stacheln dicht besetzt — hatten sich die vier äußerlich ebenfalls stacheligen Deckblätter völlig auseinander geschlagen. Mit ihnen abwechselnd ruhten halb auf ihnen vier schneeweiße Blumenblätter, welche dann einen andern Blumenblätterkranz von acht Blättern, diese einen dritten, ebensolchen, einen vierten und einen fünften, alle schneeweiß und immer alternirend, einschlossen. Diese wundervollen, schneeweißen, den Magnolienblättern ähnlichen Petalen bildeten den offenen Theil der Blume. Nun folgte eine neue Reihe von acht weißen, mit rothen Flecken und Streifen gesprenkelten Blumenblättern, und ein folgender Petalenkranz von acht zarten Purpurblättchen, welche beide letzte Reihen über die Stamina nach innen sich hinlegten und so das Epithalamium der Blüte bedeckten.

Somit zählte ich an der aufquellenden Blüte vier Deckblätter und 36 schneeweiße Mittelblätter, acht weiß und roth gesprenkelte innere und acht purpurrothe innerste Blätter, im ganzen 56 Blätter.

Dann folgten die zahlreichen, dicken, konisch abgeflachten, weißen, an den Spitzen blaupurpurrothen Stamina. Die 30 äußern waren unfruchtbar und dicker als die antheren= tragenden innern. Ihnen folgten in regelmäßiger Kreisstel= lung 171 fruchtbare Staubfäden, jeder nach innen und oben mit zwei Antheren versehen, der ganzen Länge nach ange= wachsen oder vielmehr eingewachsen in das fleischige Filament und überragt von dessen blaurother Spitze. Es folgen noch, als innerste Einfassung der Filamentenkränze, 34 kürzere, dicke, fleischige, filamentartige Fortsätze, und nun blickt man in die innerste Höhle der Blume hinein. Ringsum ist diese Höhle von einem aus 34 fleischigen Trabekulen gebildeten Gesimse, den Trägern der eben beschriebenen 34 filamentarti= gen Fortsätze, eingefaßt.

Auf der napfförmigen, 2 Zoll im Durchmesser haltenden, kreisrunden Oberfläche des Fruchtknotens, in deren Mitte eine pyramidenförmige Säule über einen halben Zoll herausragt, liegen, ausstrahlend von dieser Columella, 34 Stigmen als ganz leichte Erhebungen mit feiner Spalte. Sie führen in 34 Loculamente, von denen jedes mehrere längliche, an den Scheidewänden anhängende Eichen enthält.

Wunderhübsch ist nun noch der Luftapparat der Blume. Durch den ganzen Blumenstiel laufen vier ins Kreuz gestellte Luftröhren. Mit diesen abwechselnd laufen wieder je zwei Tracheen dicht nebeneinander hin, von viel kleinerm Lumen als die vier ersten. Zwischen diesen dünnern Luftrährenpaaren liegen, mit ihnen einen Kreis bildend, wieder vier Paare noch dünnerer Luftröhren. Alle steigen nebeneinander in den Fruchtknoten hinein und bilden dort in der schwam= migen Substanz eine Menge kleiner Luftzellen. Wenn aber beim Reifen der Kapsel die Samen anschwellen, die Kapselloculamente sich ausdehnen und jene Marksubstanz zusammengedrückt wird, so entweicht die Luft, welche die

Blume auf dem Wasser trug, und die Kapsel sinkt in die Tiefe zurück.

Schon um Mitternacht begann die liebliche, kaum zur vollen Pracht aufblühende, duftige Victoriablüte zu welken. Am folgenden Morgen waren die weißen Blätter ziemlich welk und hatten einen leisen rothen Anflug bekommen, sodaß die ganze Blume aus einer weißen Wasserrose eine rothe geworden war.

So gewährt die Blüte der Victoria regia, wenn man die Pflanze unerwartet am stillen See trifft, dem Reisenden und Untersucher wegen der Pracht der Erscheinung, der Sinnigkeit der Anordnung und der Reinheit der Farben nebst dem duftigen Wohlgeruch einen Naturgenuß, eine Herzensfreude, die wahrlich selten ist und die derjenige, welcher die reizende Nymphäenkönigin der Tropenwelt in europäischen Treibhäusern nach der Heimat und den trauten Freundinnen am See des fernen Landes schmachten sieht, nimmermehr nachempfinden, ja nicht einmal ahnen kann.

Und so gewährt sie auch dem, der den poetischen Klängen in der Natur gern lauscht, — und diese schallen überallhin durch den herrlichen Kosmos, — einen lieblichen, elegischen Wohllaut. Das strenge Dornengewand der jungfräulichen Knospe, ihr plötzliches Aufblühen beim Sonnenuntergang, das reine Weiß der duftenden Blume, der hellrothe, bis zum tiefen Purpur gesteigerte Farbenschmelz der innersten, das Epithalamium verschämt verhüllenden Blättchen und das schnelle Welken der holden Mädchenblüte, welche sich im Frühroth mit ganz leichtem Erröthen überdeckt findet, und verwelkt wahrscheinlich bald wieder zu Grunde sinkt, um die Frucht zur letzten Entwickelung zu bringen, — sie sind, diese Momente im kurzen Leben der Victoria regia, Blumenlaute, welche vielleicht manches Herz bewegen und in langhallenden Mollaccorden auftönen machen.

Uaupé apona, **Vogelpfanne**, heißt in der Sprache des Waldes die Victoria regia, und man hätte ihr diesen Namen lassen sollen. Denn wenn der Windeshauch des Tages die breite Blattschale überflutet mit einzelnen kleinen Wellen, so finden die Waldvögel, auf dem aufgeschlagenen Rande ihrer Apona sitzend, den vortrefflichsten Platz zum Trinken. Im poetischern Norden würde man nachts die Elfen sich auf dem Blatte der Uaupé apona baden lassen.

Ich war eben mit der Anschauung der schönen, hinwelkenden Knospe beschäftigt, als man mir einen Chinesen brachte, dem eben die Dampfmaschine einen Finger zerquetscht hatte. Ich mußte dem armen Zopfträger die Hälfte des Fingers abschneiden. Und doch war er zufriedener damit, als wenn ich ihm seinen Zopf hätte abschneiden wollen. Schlimm genug ist es aber, daß nirgends in der Nähe ein Arzt ist, und in und um Serpa Hunderte von Menschen allen nur denkbaren Gesundheits- und Krankheitseventualitäten ausgesetzt sind. In den wenigen Tagen meines Aufenthalts in Serpa hatte ich hinreichend Gelegenheit, ärztlichen Rath zu ertheilen, wobei es seltsam genug war, daß ich einen Maschinisten mit kleinen Fußwunden traf, den ich vor 14 Jahren schon einmal, als er elend und lebensgefährlich krank in Rio war, im dortigen Hospital behandelt hatte. Er erkannte mich auf den ersten Blick wieder.

Ich schickte mich an, diesen seltsamen Vorposten der Cultur, Serpa und seine Colonie, letztere ein kleines Wallenstein'sches Lager mit einer Besatzung aus vier Welttheilen, zu verlassen. Bis zum letzten Augenblick gewährte er mir volles Interesse. Als ich zum letzten male von Serpa den Feldweg nach Hause ging, fand ich noch einige Seifenbäume (Sapindus), deren runde Früchte einen höchst eigenthümlichen, schleimig fetten Saft enthalten und ein Surrogat für die

Seife liefern. Doch scheint mir das Surrogat ziemlich dürftig zu sein.

Viel bemerkenswerther war nun noch ein mächtiger Sumaumabaum, den man eben wegen seiner Größe verschont und ganz allein im Felde hatte stehen lassen.

Freilich war er ein Riese. Aber eben, daß man ihn für einen ganz besondern Riesen hielt und deswegen stehen ließ bei seinen keineswegs unerhörten Dimensionen, beweist, daß wol manchmal Reisende die Dimensionen von Bäumen auf den bloßen Anblick hin überschätzten oder im Ausdruck des Maßes nicht genau waren.

Wenn ich den Umfang angeben will, den des Baumes Strebepfeiler über der Erde einnehmen, so ist dieser Umfang 76 Fuß. Doch ist beim Messen dieser mächtigen Sapupemas, wie diese Bretbildungen heißen, kaum die Rede von einem wirklichen Stamm. In der That kann man nur von einem Convolut von Fächern, Winkeln und Einbuchtungen reden, die im schrägen Ansteigen um ihren gemeinsamen Mittelpunkt erst auf etwa 24 Fuß Höhe über der Erde zu einem vollkommen runden, festen Stamm verschmolzen sind. Dort war der Stamm aber gewiß nicht über 5 Fuß dick. Seine Höhe bis zur Krone mag immer 40—50 Fuß betragen. Seine einzelnen Aeste haben die Dicke von mäßigen Baumstämmen, und den Namen eines Waldriesen kann man dem Baume gewiß nicht versagen. Daß er aber mächtiger erscheint, als er wirklich ist, kommt von der gewaltigen Entwickelung seiner Wurzelbreter her. Im langsamen Ansteigen bilden sie eine mächtige Holzpyramide, die unten in ihren fernsten Endpunkten einen Durchmesser von 22—24 Fuß haben mag. Doch kann man solche Holzpyramide mit reinem Gewissen keineswegs für den Durchmesser eines Stammes ausgeben; sie ist nur eine mantelartige Draperie, eine Gewandung des Waldfürsten.

Indessen trägt gerade diese seltsame Holzgewandung des im Zusammentreffen der Falten steckenden Stammes am meisten dazu bei, dem Baume einen ganz eigenthümlichen, wirklich spukhaften Ausdruck zu verleihen. Gerade vollkommen blattlos, zwei untere Aeste von mächtigem Kaliber horizontal weithin ausstreckend, bildete er eine imposante, aber grausige Metamorphose, ein alter grauer König Harald, um den man ringsher die Genossen gefällt und verbrannt hatte. Im ersten matten Glanze des eben aufgehenden Vollmondes sah der starre Stamm, in dessen obersten Zweigen noch das letzte Abendroth glühte, wirklich gespenstisch aus. Dazu fingen im Walde hinter ihm die Affen ihren melancholischen, heulenden Nachtgesang an, und mit starken, schnell wiederholten Schlägen klatschten die Delphine mit ihren flachen Schwänzen laut auf dem Wasser, um sich zu locken. Diese Cetaceen werden, so geht der Volksglaube am Amazonenstrom, in Mondnächten zu Menschen, welche am Lande umhergehen, um andere Menschen, und besonders Frauen zu bethören und mit sich in das Wasserreich zu ziehen, worin die Bethörten ebenfalls zu Delphinen werden. Der Volksglaube geht so weit, daß man mir in Serpa erzählte, es wäre einmal ein einfältiger brauner Polizeisoldat einem Durchreisenden, der sich lustigerweise für solchen peripathetischen Delphin ausgegeben hatte, mit großem Amtseifer, aber auch mit vieler Vorsicht von fern einen ganzen Tag gefolgt, um ihn auf frischer That zu ertappen. Die Delphine im Amazonenstrom scheinen mir übrigens eine eigene Species zu sein.

Steckt aber nicht in einer Vollmondsnacht am Amazonenstrom, in dieser Delphinensage, in der Holzerstarrung eines Waldfürsten und in dem lieblichen Blumenleben der Uaupé apona ein ganzer tropischer Sommernachtstraum und der schönste Text zu einer Wagner'schen Zukunftsoper mit Chören von den grünlockigen Inajapalmen und agitirten Recitativen der am stillen Igarapé umherflatternden Arirambas? Das tiefromantische Wort des Vater Tieck:

> Mondbeglänzte Zaubernacht,
> Die den Sinn gefangen hält,
> Wunderbare Märchenwelt,
> Steig auf in der alten Pracht —

kann immer noch einmal am Amazonenstrom lebendig werden. An Stoff dazu fehlt es dort ganz bestimmt nicht.

Die „mondbeglänzte Zaubernacht" vom 11. auf den 12. August wollte beinahe zu Ende gehen, als mit lautem Spectakel der „Solimöens" unter der Colonie vorbeidampfte und vor Serpa zu Anker ging, — ein Caliban in einer Mirandawelt.

Da hieß es denn aufbrechen und abreisen. Nach wenigen Minuten kamen schon diverse Passagiere vom Schiffe zur Colonie, um das Etablissement zu sehen, besonders aber auch, um Strohhüte zu verkaufen, die sie von Peru mitgebracht hatten.

Letzteres geschah nicht ohne einigen Humor, den ich auf unserer ganzen Reise sich, so oft wir einen Anlegepunkt erreicht hatten, wiederholen sah. Junge peruanische Commis voyageurs, Strohhutjünglinge, von denen sich auf dem Solimöens fünf bis sechs Individuen befanden, warfen sich, sobald nur eine Montaria unter Bord kam, in dieselbe mit einem Packen zusammengelegter Sombreiros. Damit durchliefen sie, hausirende Juden des Westens, die ganze Ortschaft und suchten ihre Waare unter humoristischen Lobpreisungen anzubringen, was ihnen auch ziemlich gut gelang, aber immer einen sonderbaren Eindruck macht, wenn man an die Würde des alten spanisch-amerikanischen Handels denkt.

Um 11 Uhr gingen wir von Serpa fort. Bequem waren die Lokalitäten des Schiffs; aber sie waren mehr für einen kalten Norden als für eine Amazonenstromfahrt berechnet; wir litten sehr von der Hitze. Indeß hatte ich den Vortheil, daß ich eine Kajüte für mich allein bekam und auch auf der ganzen Fahrt behielt, wie viel Passagiere nach und nach sich auch zusammenfinden mochten.

Schon am Nachmittag oder vielmehr im Mondscheinabend erreichten wir Villa-Bella da Imperatriz, aus welcher trotz der „mondbeglänzten Zaubernacht" ebenso wenig zu machen war wie unter der brennenden Mittagssonne des Johannistags, als ich das erste mal dort an das Land stieg.

Am folgenden Morgen schon, am 13. August, sahen wir Obidos vor uns liegen, den schon besprochenen Ort, der mir, nachdem ich die Verödung am Solimoëns erlebt hatte, doppelt civilisirt und angenehm auf seinem luftigen Hochufer erschien und von mir gern noch einmal betreten ward.

Nach wenigen Stunden schon riß die gewaltige Strömung unsern Dampfer mit sich fort, und bald lag der kleine Ort fern hinter uns.

Bei schneller Fahrt von 14 Knoten trat von Moment zu Moment mehr und mehr die Mächtigkeit des Stroms hervor. Weniger dicht am Waldesrand als beim Hinauffahren brauste der Dampfer auf dem grauen Element dahin; alles Waldleben, alle Thiererscheinungen traten ferner, je mehr die Allmächtigkeit des Stroms sich hervorthat und nach mannichfachen Richtungen hin Wasserhorizonte zeigte. So zogen wir bis gegen Abend dahin. Dann bogen wir aus dem breiten Strom in einen schon früher erwähnten Parana ein, der sich in den breiten Tapajoz öffnet.

Eben sank die Sonne unter, als wir vor Santarem Anker warfen. Der schöne Nebenfluß des Amazonenstroms, welcher einem unübersehbaren Landsee glich, glühte im Abendroth; der ganze Westhimmel, die ganze Wasserfläche bildeten ein zusammenhängendes Feuermeer, welches von einzelnen blauen Farbenstreifen durchzogen war und unter dem Hervortauchen zahlreicher Delphine in zitternden Kreisen aufbebte. Friedlich und still lag die Stadt am Rande der Flut. Wir machten einen Spaziergang durch dieselbe und kamen längs des Strandes, an welchem beim Zurücksinken der Wasser sich eine Praya von trockenem Sande gebildet hatte, zum offenen Amazonenstrom, an dessen fernstem Waldrande eben der Vollmond in seltener Klarheit auftauchte. Fast glaubte ich mich auf dem Sandufer des Meeres zu befinden.

Auf dem reinen Sande wimmelte es von Wäscherinnen, Fischern und einzelnen Badegruppen, während Kinder im tiefbraunen Nationalcostüm der vollsten Nacktheit sich im Sande selbst umherwühlten und mit allem andern ein seltsam anmuthiges Bild des Naturlebens im fernen Westen darstellten. Aber der Abend sank tiefer herab. Der alte Commendador Pinto, den wir besuchten, brachte uns in seiner hübschen Montaria an Bord, wo sich neue Mitreisende eingefunden hatten, und so gleiteten wir denn nach flüchtigem Besuche von Santarem am späten Abend aus dem Tapajoz hinaus und verfolgten in der wundervollsten Mondnacht die mächtige Stromgasse gen Osten, die wie ein offenes Meer dalag.

Eine traurige Menschengruppe sah ich am folgenden Morgen, abgesondert von den andern Passagieren, vorn auf dem Verdeck des Schiffes sitzen, — eine Frau, drei Männer und einen Knaben. Alle litten an mehr oder minder heftigen Zeichen der Morphea, jener sogenannten Griechischen Elephantiasis, die in Brasilien so weit verbreitet ist und schon zur Auffindung von manchem gepriesenen, aber immer wirkungslosen Mittel Anlaß gegeben hat.

Ich habe schon bei meinem ersten Besuche von Santarem jenes Costa und seines Mittels Paracary Erwähnung gethan, mit welchem aller Noth der Morphetischen ein Ende gemacht werden sollte. Die Präsidentschaft von Pará schickte drei bekannte Aerzte zur Untersuchung der Vorgänge nach Santarem und Paracary; und nach genauem Examen stellte es sich heraus, wie es auch im „Monarchista Santaremano" am 11. August gedruckt ward, daß die ganze Geschichte eine Schwindelei gewesen wäre, und Costa selbst, der die Regierung um bedeutende Subsidien gebeten hatte, jetzt dringend darum anhielt, man möchte ihn nur von den Kranken wieder befreien, was man denn auch auf alle Weise zu thun suchte, indem man den so grausam getäuschten Unglücklichen freie Passage auf den Dampfbooten der Amazonen-Compagnie gewährte, wohin sie nur immer verlangten.

So zerstreuten sich denn jene Unglücklichen von Paracary und Santarem aus längs des ganzen Amazonenstroms, sodaß die Anwohner des Flusses unangenehm von ihnen afficirt wurden. Fast überall sträubte man sich gegen ihren Aufenthalt; als auch einer dieser Unglücklichen in Villa-Bella oder Prainha blieb, verfolgte man ihn so und trachtete ihm sogar so entschieden nach dem Leben, daß er sich im nahen Walde ein kleines Hüttchen baute und nur bei einzelnen Gelegenheiten sich heimlich in den Ort hineinschlich, um die nothwendigsten Lebensbedürfnisse sich einzukaufen, gerade als ob er im alten Palästina lebte.

Unsern Kranken an Bord ging es natürlich ganz anders. Man hatte ihnen ein hübsches, luftiges Quartier eingeräumt und zeigte ihnen alle Aufmerksamkeit, leistete ihnen alle Dienste; ich habe nicht ein einziges mal bemerkt, daß irgendjemand am Bord ihnen auch nur sichtlich und unfreundlich ausgewichen wäre, wenn auch jeder sich peinlich bewegt fühlte bei ihrem Anblick.

Prainha erreichten wir schon am folgenden Morgen, um es bald und schnell wieder zu verlassen. Von dort an schien der Strom nicht im geringsten weiter gefallen zu sein von seiner Höhe; und in der That läßt sich auch bis dorthin, ja bis Santarem hinauf, wie einige Leute behaupten, in einer periodischen Verlangsamung der Strömung, in einem gewissen Aufstauen des Wassers, eine Art von Flut nach= weisen.

Auch zeigt sich am Walde von Prainha schon in der Vegetation ein gewichtiger Repräsentant des letzten Amazonen= stromabschnitts. Zu herrlichen Säulengängen zusammenge= drängt und an einzelnen Stellen schon einen ganzen Wald bildend, tritt wieder die Meritipalme auf, die stolze Königin des Waldgebiets besonders am Tocantins und Gran=Pará. Ich hatte kurz vorher Gelegenheit gehabt, eine heranwachsende Mauritia in nächster Nähe zu sehen. Ueber 12 Fuß lang war der dicke, saftige und doch so feste Blattstiel, bevor er sich zum Ausstrahlen zu einem Fächer bequemt. Ein Mann müßte schon mit ganzer Kraft anpacken, um ein einziges solches Blatt aufzuheben und wegzutragen. Und von diesen Blättern sind 12 — 20 auf einzelnen Stämmen, während unter ihnen im Kreise 6 — 10 Fruchttrauben hängen, jede bis 200 große, braune Früchte tragend. Aber hochauf ragt dennoch der edle Baum, das vollendete Bild von Ruhe, Ma= jestät und zugleich lieblicher Anmuth, und trägt ungebeugt die gewaltige Last der Krone.

Es sind diese Mauritien mit der Popunhopalme oder Pi= rijáo, mit den verschiedenen Astrocaryen, Javari, Tucuman und Murumuru, mit Inaja und den unendlich schlanken Euterpen doch wol die edelsten Erscheinungen im Walde und am Strome der tausend Inseln.

Am Strom der tausend Inseln! Unwillkürlich drängt sich dieser Ausdruck immer wieder dem Reisenden auf, wenn er den Amazonenstrom hinunterfliegt. Ein Stromarm ver= schlingt sich mit dem andern, einer trennt sich vom andern, einer nach dem andern umfaßt eine Inselgruppe und öffnet einen Süßwasserhorizont nach dem andern, in welchen der von Peru kommende Schiffer immer das Meer zu sehen glaubt, ohne Salzwasser zu finden, und immer von neuem an das alte Wort der Neugier denkt: Mare, an non? Ist das denn nicht das offene Meer?

So trieben wir den ganzen Tag stromabwärts und kamen an jenen schönen Höhenzügen vorbei, welche von Monte-Alegre anfangend sich in der kleinen Serra da velha pobre an die luftigen Tabuleiros von Paru und Almeirim anlehnen. Dann durchschifften wir das Süßwassermeer vor der Mündung des Xingu, wo alles im Strahlenglanze der scheidenden Sonne aufglühte. Hellauf schien der Wald zu lodern; hellauf wallte die flüssige Glut des Stroms. Es dunkelte schon, als wir vor Gurupa hielten. Dort bekamen wir noch über ein halbes Dutzend Passagiere, einen padre reverendissimo mit seiner Concubine und Sohn, Schwägerin und Schwiegermutter, welche in aller Naivetät du vice mit uns die Fahrt fortsetzten. Solche kleine penchants der brasilianischen Geistlichkeit zur Fleischlichkeit dürfen gar nicht mehr auffallen, wie wir wol einmal später Gelegenheit haben werden, diese Herren auf ihren Wegen aufzufinden, die in ihrer Liederlichkeit oft wirklich humoristisch sind.

Gerade um 12 Uhr nachts kamen wir zu jener Stelle, wo mitten in einem langen, schmalen Kanal die Insel Itacoara, jener seltsam gestaltete Waldblock, als Wegweiser den Punkt bezeichnet, von wo aus der Amazonenstrom seinen schmalen Verbindungsarm und mannichfaltige kleine Kanäle dem Gran-Pará zuschickt. Wir verließen den riesigen Amazonenstrom und fuhren auf stillem, dunkelm Wasserpfad mitten im Walde dem Gran-Pará zu.

Die stille Nachtfahrt zwischen dunkeln Waldasylen, in welche der Mond vergebens sein helles Licht zu werfen versuchte, ward für einige Zeit unterbrochen. Wir trafen eine mit Gütern beladene Dschonke, welche untergesunken war und eben nur mit vereinten, rüstigen Kräften vieler gerettet werden konnte. Solche Kräfte aber enthielt nur das Dampfboot; und der Kapitän Catramby glaubte sich der Hülfe und dem Beistande nicht entziehen zu dürfen. Die Arbeit gelang auch, und wir dampften weiter, ohne mehr als einige Stunden verloren zu haben.

Kaum konnte der breite Solimõens durch die Aturia, die schon früher erwähnte Waldenge hindurchkommen. Es schien im Mondschein, als ob er jeden Augenblick links oder rechts den Wald streifen und in dessen Zweigen hängen bleiben müßte. Doch schlüpften wir unangetastet hindurch und fuhren nun einige Morgenstunden in einer fast stagnirenden Kanalwelt. Man hätte wirklich an eine in Wald verwandelte Stadt denken können, ein vegetabilisches Venedig, der Wald durchschnitten von tausend stillen, dunkelgrünen Lagunen, auf denen in bunter Reihe Pontederienpartien umherschwammen, ganz nach Art venetianischer Gondeln.

In Breves war — denn es war der 15. August und Mariä Himmelfahrt — Kirchenfest und eine freundliche Morgenscene, in welcher neben vielen Weißen auch indianisches Volk sein Wesen trieb. In diesem Orte werden am zahlreichsten jene bunt angemalten Thongefäße, die für den Amazonenstrom recht charakteristisch sind, verkauft. Ich erstand eine ganze Menge Schalen und originelle Blumengefäße, während der Dampfer, zum letzten male für unsere Tour, Holz einnahm; und um 10 Uhr ging unsere Reisegesellschaft, nachdem noch einige Passagiere und einiges Vieh eingenommen waren, weiter.

In großartigen Dimensionen öffnete sich dann, nachdem wir die uns nahe stehende Palmenwelt längs der vielfach verschlungenen Kanäle südlich und südöstlich von der Insel Marajó verlassen hatten, der Gran-Pará vor uns. Immer häufiger, immer breiter wurden die Süßwasserhorizonte auch hier wieder, immermehr wurde ich an den offenen Ocean erinnert. Frisch und kräftig wehte ein kühlender Ostwind über den Strom, über die Bahia do Marajó daher. Eine Menge weißer Segel, dort auf kleinern Canots, hier auf größern Igarités, und drüben auf leichtem Schooner mit scharfgeschnittenem Vorbug, glänzten weithin längs der bewegten Fläche, einem kleinen Meer voll von regsamem Handelsleben.

Da nun der Gran-Pará ziemlich lebhaft an Ebbe und Flut theilnimmt, so durften wir uns nicht wundern, daß, als nachmittags ein Stagniren der mächtigen Wasserfläche, deren Strömung uns bisher günstig gewesen war, eintrat und als gegen Sonnenuntergang selbst dieses Stagniren aufhörte und das ganze Süßwassermeer rückläufig ward, wir unsere Fahrt nur langsam fortsetzen konnten und nur kleine Distanzen zurücklegten.

Die Hochfluten im August und September sind an der brasilianischen Küste bedeutend, sodaß das daherrollende Meer seine Bewegungen bis weit in die Ströme aufwärts fortsetzt. Das empfanden auch wir. Sei es, daß die Bucht von Marajó von den fernen Wellen des rollenden Oceans, von dem wir uns immer noch in gerader Linie über 30 geographische Meilen entfernt befanden, angeregt und in Bewegung gesetzt ward, sei es, daß eine vom frischen Ostwind allein hervorgerufene Eigenbewegung die Fläche aufwühlte: aus der anfangs gekräuselten Bucht ward ein aufgeregter Landsee, aus diesem bald ein leichtwogendes Meer. Unser Solimoens, ein nahezu 200 Fuß langes Fahrzeug, fing an, rhythmisch aufund abzusteigen wie ein kleines Boot, während recht unrhythmisch und disharmonisch Kinder und Weiber zu stöhnen und zu schreien anfingen und es bis zum Erbrechen, zur vollen Seekrankheit brachten.

Erst nach Mitternacht kam einige Ruhe in die bewegten

Waſſer und mit ihr einiger Schlaf über die Jammernden und Leidenden.

Als aber die „roſenfingerige Erigeneia" uns weckte, lag der Solimõens· längſt vor Anker vor Belem do Pará. Ein allgemeiner Aufſtand bewegte ſich in allen Ecken und Enden des Schiffs, und der Menſchenknäuel, Weiße und Farbige, Kranke und Geſunde, und allerlei Geſchlecht und Thiere nach ihren Gattungen, wickelte ſich ab ·nach dem Ufer hinüber.

Bald waren denn auch meine Kiſten und Kaſten ans Land gebracht; und noch hatte ich das Haus des Herrn Tappenbeck nicht betreten, als mir deſſen unermüdlich freundlicher Handelsgeſellſchafter, Herr Brambeer, ſchon entgegenkam, um mich, gerade wie ſein bald darauf vom Landhauſe zur Stadt kommender Freund, Herr Tappenbeck, mit neuer Güte und mit der alten Freundſchaft zu überſchütten und zu feſſeln.

Als ein Fremder betrat ich,, als ich von Pernambuco kam, ihr Haus, und ſie nahmen mich wie einen ihnen längſt Bekannten vollſtändig in Beſchlag. Als ich von Cametá zurückkehrte, waren ſie mir liebe Freunde geworden; als ich vom Amazonenſtrom wiederkam, waren ſie mir dieſelben freundlichen, aufopfernden Genoſſen. Und wie viel Freundlichkeit ich auch auf meiner ganzen Reiſe von guten, freundlichen Menſchen genoſſen habe, ſo darf ich es dennoch nicht verſchweigen, daß die beiden genannten Herren Tappenbeck und Brambeer in Belem do Pará unter allen ſich den erſten Platz erworben haben.

Zur Freundlichkeit dieſer Herren bei meiner Rückkunft geſellte ſich denn auch die Freude, gar viele und liebe Nachrichten von Europa vorzufinden, obgleich ein furchtbares Ereigniß vorlag. Da nun einmal Fürſten und Völker nicht hören wollen, obwol zu keinen Zeiten die Vorſehung nachgelaſſen hat zu mahnen und zu ſtrafen Völker und Fürſten, ſo hatte auch neuerdings der Herr ein furchtbares Gericht halten müſſen am Mincio und um Solferino und hatte ſie alle geſchlagen, ſodaß Tauſende von Kaiſerlichen und Königlichen die Gefilde bedeckten. Keine Siegesfanfaren hatten die grande victoire der entſetzten Welt mitgetheilt; ſondern tief gebeugt und beſchämt waren die Treiber der Völker — denn Gott hatte ſie geſchlagen — nach Hauſe gegangen und auf den todten Leibern der Gefallenen war bereits die Friedenspalme, vor allen Palmen doch wol die edelſte und lieblichſte, aufge‐ wachſen.

Und die möge fortwuchern in unſäglicher Fülle, mehr noch wie die Millionen von Mauritien am Gran-Pará und Amazonenſtrom.

Ich brachte noch einmal in Erwartung des Dampfboots, mit dem ich von Pará nach Pernambuco zurückkehren wollte, eine behagliche Woche im erſtgenannten Orte zu und gedachte mit Freude an die Erlebniſſe der letzten Monate, wenn mir auch bei der Schnelligkeit meiner Reiſe und der ungünſtigen Jahreszeit, d. h. dem hohen Waſſerſtande des Stroms, manche weſentliche Erſcheinung an jenem Weltfluſſe entgan‐ gen war.

Beſonders waren mir zwei Thierformen entgangen. Nur ein einziges mal konnte ich, und auch da nur auf Augen‐ blicke, einen jungen Lamantin (Manatus americanus), der in einem Fiſchteiche gefangen lebte, zu ſehen bekommen, wie oft ich auch ſonſt dieſe eigenthümlichen Sirenen des Amazonen‐ ſtroms in ihrem weiten Revier entdeckte, wenn ſie die Schnauze ſchnüffelnd und athmend aus dem Waſſer heraus‐ ſteckten. Selbſt in Manáos, wo das Fleiſch dieſer Fiſch‐ ſäugethiere (peixe boi, Ochsfiſch genannt) als ein geläufiges Nahrungsmittel auf den Markt kommt, ward zur Zeit mei‐ nes Aufenthalts daſelbſt kein Lamantin gefangen. Der hohe

Wasserstand hinderte den Fang der Thiere. Das Thier, was ich in einem Teiche sah, war schwarzgrau mit einzeln stehenden weißen Flecken.

Auch der Poraque oder elektrische Aal Gymnotus war nicht zu finden, obwol er den Leuten sehr wohl bekannt ist als Bewohner stiller Buchten und Landseen. Humboldt's unsterbliche Beschreibung des Kampfes zwischen Pferden und Gymnoten sagt alles über die seltsamen Thiere.

Und endlich wollte es sich auch nicht fügen, daß ich das schnelle Heranströmen einer Springflut, die Pororoca, bei Pará zu sehen bekam, obwol das Phänomen gewaltig genug ist und kleinen Schiffen sehr gefährlich wird. Ich war zu keiner Springflutzeit in Pará.

Zu einem hübschen Ausfluge am Sonntag den 21. August gab mir die Colonie von Nossa Senhora do O' Gelegenheit, ganz in der Nähe von Pará.

Seitdem das Anlegen von Colonien in Brasilien Tagesfrage geworden ist und überall Colonisationsunternehmungen, gute und schlechte, auftauchen, hat man sich auch in der Provinz Pará an solche Unternehmungen gemacht und versucht, unter mannichfaltigen Bedingungen Leute herbeizuziehen, von woher sie immer zu bekommen sein mochten.

Es versuchte denn auch ein Herr José do O' de Almeida, ehemals in der Marine angestellt, jenseit des Guajará, jenes Armes vom Gran-Pará, an welchem die Stadt Pará liegt, auf der Ilha das Onças eine Colonie zu gründen und sie unter den Schutz unserer Lieben Frauen von O' zu stellen, eine Heiligkeitspotenzirung der so vielfach gemisbrauchten Mutter Gottes, deren Grund und Ursachen ich nicht weiter kenne.

Ich segelte bei frischem Winde in einer guten halben Stunde zur Insel hinüber und ward von dem Unternehmer mit großer Freundlichkeit aufgenommen. Die Aussicht von der Colonie ist wunderhübsch. Jenseit des Guajará, der gewiß 3000 Klafter breit ist, liegt die Stadt Pará in ihrer ganzen Länge und Breite und hat ein vornehmes Ansehen.

Was aber die Colonie selbst betrifft, so gewährt sie einen desto kümmerlichern Anblick. Um nun den thätigen Unternehmer, der mit seiner Colonie recht eigentlich pro aris et focis kämpft, denn er hat sein Geld hineingesteckt, nicht zu kränken, will ich die Colonie von Nossa Senhora do O' nach dem Bericht durchgehen, den José do O' de Almeida selbst in der „Gazeta official" von Pará am 20. Juli 1859 kurz nach dem Besuche des Präsidenten Frias de Vasconcellos publicirt hat.

Nach einigen einleitenden Worten des Unternehmers, den wir selbstredend einführen wollen, kommt eine

Topographie des Terrains. Die Lage der Colonie ist malerisch und angenehm, getrennt von der Hauptstadt durch den schönen Fluß Guajará, der hier am Ufer eine kleine Bucht bildet. Als solche ist sie anerkannt von denen, welche sie leidenschaftslos betrachten.

Die Ueberfahrt läßt sich zu jeder Stunde Tages und der Nacht und bei Fluten und Ebben bewerkstelligen.

Diese Leichtigkeit der Schiffahrt befähigt die Colonisten, ihre Producte zu jeder Tageszeit nach dem großen Markt der Hauptstadt zu bringen, ohne viel Zeit für die Arbeit zu verlieren, und gibt ihnen zugleich Gelegenheit, sich mit dem Nothwendigen für ihr Familienleben zu versehen; und sie leben zufrieden und glücklich (contentes e satisfeitos?).

Wahr ist es, daß das Land niedrig ist und den äquinoctialen Ueberschwemmungen ausgesetzt. Dieser Umstand indeß, weit entfernt, dem Ackerbau Abbruch zu thun, der auf jenem Boden getrieben wird, begünstigt ihn und macht ihn noch ergiebiger. Solche Irrigationen, die die Natur auf jenen Ländereien bewirkt, sind mit industrieller Kunst hergestellt in denjenigen Ländern, welche im Ackerbau an der Spitze stehen.

Die Beispiele, die man in Europa in großen Ackerbauanstalten sieht, bestätigen diese Wahrheit. Und verdankt man die reichlichen Ernten, welche man am Rande des Nil hält, nicht den Ueberschwemmungen, welche in gewissen Jahreszeiten dort stattfinden?

Die Erfahrung, welche die auf der Colonie wohnenden Leute machen, bestätigt gleichfalls diese Behauptung. Die fruchtbare Vegetation, welche die Kraft und Fülle dieses Bodens kennzeichnet, ist der kräftigste Beleg von dem, was ich eben gesagt habe. Er ist von kleinen Igarapés durchschnitten, welche als Flußstraßen dienen, und zugleich stagnirende Wasser, welche sich vielleicht irgendwo finden möchten, ableiten. Auf ihnen passiren die Colonisten in ihren Montarias oder kleinen Canoas, wenn sie aus ihren Häusern mit Landesproducten nach der Hauptstadt gehen.

Das Niveau des Landes ist nicht unter dem, auf welchem der Regierungspalast steht, nach ganz genauen, kunstgemäßen Untersuchungen.

Das ist das Feld, auf welchem die Feinde der Colonie die Waffen der Verleumdung schwingen, indem sie das Land für unfähig zu irgendeinem Anbau erklären. Die Ausführung von Cultur und Ackerbau, welche man auf ihm sieht, beweist das Gegentheil.

Ich habe eingesehen, daß der Boden an einigen Stellen sich nicht zu gewissen Anpflanzungen eignet vom Februar bis April jedes Jahres. In den andern neun Monaten blüht alles und trägt Frucht, sowie nur der Samen dem Boden anvertraut ist und Sorge und Eifer stattfinden.

Straßen und Wege. Ich hatte, so berichtet Herr von O' weiter, einige Straßen angelegt, um die Verbindung im Innern der Colonie zu erleichtern; aber der Mangel an Armen, um sie immer rein zu erhalten, hat Gebüsch darüber hinwachsen lassen, welches sie versperrt und unpassirbar gemacht hat.

Diese Schwierigkeit hat mich genöthigt, nur Picaden oder enge Wege durch den Wald zu machen, welche die Verbindungen nach verschiedenen Punkten der Colonie erleichtern.

In den von Igarapés durchschnittenen Gegenden sind diese die Verbindungswege, wie ich schon gesagt habe.

Ackerbau im allgemeinen. Der Ackerbau, welcher in der Colonie stattfindet, entspricht nicht der Zahl der Colonisten, welche in ihr wohnen.

Trotz reichlicher Ernten, welche die in kleinem Maßstab den Boden bebauenden Colonisten halten, ergeben diese Colonisten sich mehr der Industrie, natürliche Producte zu gewinnen. Auf Rathschläge und verständige Anmahnungen, die ich ihnen mache, antworten sie, daß sie als freie Leute thun, was ihnen gut dünkt. Ueberschlägen, welche ich ihnen vorlege, um die Vortheile des Ackerbaues zu zeigen, geben sie nicht hinreichend Gehör.

Wenn Ueberredung nicht die Menschen, welche keine Lust haben zur Arbeit mit Hacke und Pflug, überzeugt, so wird Strenge das noch weniger thun. Schon ist es vorgekommen, daß sich einige Personen von der Colonie zurückgezogen haben, die ich zur Arbeit zwang, um nicht in ihre Indolenz und Herumtreiberei einzustimmen. Was kann ein Director mit Leuten solchen Schlags anfangen? Von der Zeit und Ueberredung zur Arbeit etwas hoffen?

Trotz dieses Uebelstandes wird Ackerbau im großen und kleinen getrieben. Zuckerrohr, Cacao, Reis, Baumwolle, Urucu, Mais sind Pflanzen, welche besonders auf diesem Boden angebaut werden. Wenn auch der Boden besonders sich zur Cultur des Zuckerrohrs eignet, so schickt er sich doch auch zur Pflanzung aller Gemüse- und Industriepflanzen, wenn die Colonisten sich einmal dieser Arbeit hingeben wollen.

Werkstätten. Von den Werkstätten, welche ich — Herr von O' — in der Colonie aufgestellt habe, habe ich kaum die Sägemühle beibehalten. Diese kann ich wirklich nicht unterdrücken wegen des Nutzens, den sie der Colonie gewährt. Sie arbeitet in den Flutzeiten, wenn die Zuckermühle aus Mangel an Material nicht arbeiten kann, d. h. wenn die Colonisten kein Zuckerrohr gebracht haben. Außerdem ist sie eine Wohlthat für die Tagelöhner wegen des Tagelohns, was dieselben mit dieser Werkstatt verdienen.

Außerdem habe ich unterdrückt mit Nachtheil beim Verkaufe von Geräthschaften und Maschinen die Werkstätten von Schmied, Tischler, Drechsler und die Fabrik von Eingemachtem und Liqueurs, weil die Einnahme nicht die Ausgaben deckte; alles ging auf in Tagelohn und Handhabung von Werkstätten und Fabriken.

Außer diesem gewichtigen Grunde hatte ich der Anempfehlung zu gehorchen, welche mir unser angebeteter Monarch machte, ich sollte mich nur mit Ackerbau beschäftigen und alle sonstige Manufactur weglassen, weil er einsah, daß die Verwickelung verschiedener Industriezweige die Entwickelung des Landbaues hinderte.

Solcher gewichtigen Anempfehlung bin ich pflichtschuldigst nachgekommen.

Unterricht und Krankenpflege. Ich habe in der Colonie eine Leseschule gegründet, in welcher der Lehrer von 6 Uhr morgens bis 6 Uhr abends unterrichtete. Sie war offen für die Colonisten beider Geschlechter und jeglichen Alters, sowie für die in der Nachbarschaft der Colonie wohnenden Leute, die sich ihrer bedienen wollten. Von 150 Colonisten besuchten kaum 31 die Schule, und diese auch nur auf meine Nöthigung, die erste Pflicht zu erfüllen, welche alle zu erfüllen haben. Die Schulbesucher, welche sonst nicht lesen konnten, schreiben und lesen heute leidlich.

Als ich nun sah, daß die Colonisten nur zwangsweise die Schule besuchten, ward ich verdrießlich und schloß sie wieder, um eine meinen Wünschen nicht entsprechende Ausgabe zu vermeiden.

In einer eigenen Druckerei ließ ich unter dem Namen „Der Colonist von Nossa Senhora do O'" ein eigenes Journal drucken und herausgeben, mit der Absicht, ackerbauliche und industrielle Verfahren, wie solche in civilisirten Ländern angewandt werden, zu verbreiten und die Colonisation in dieser Provinz zu beleben und anzuregen. Ich mußte aber dieses Unternehmen aufgeben, weil die Einnahme der Unterzeichnungen nicht für die Ausgaben hinreichte und die wenigen disponibeln Hülfsmittel dieses Deficit nicht ertragen konnten.

Der Vortheil, der aus der Veröffentlichung dieses Journals entsprang, war die Entstehung eines Verzeichnisses von Landbauverfahren und industriellen Processen von der größten Nützlichkeit für die Provinz. Die Sammlung, die aus ihnen besteht, ist allen denen zu Gebote, die diese Processe kennen lernen wollen.

Da aber die Typographie durch das Aufgeben des Journals unnütz geworden ist, gehe ich damit um, sie zu verkaufen.

Zwei Krankenzimmer waren vorhanden für die Pflege von Colonisten beider Geschlechter in Krankheitsfällen. Ich mußte sie schließen, weil ich nicht die daraus erwachsenden Ausgaben bestreiten konnte. Solange sie offen waren, habe ich an den Kranken, die in ihnen behandelt wurden, die Mildthätigkeit ausgeübt, die der gute Christ ausüben soll.

Baulichkeiten. Ueber diesen Punkt habe ich nur das zu früher Gesagtem hinzuzufügen, daß, da das Vorhandene an Baulichkeiten zum Betrieb der Niederlassung hinreichend ist, ich keine Bauten weiter gemacht habe. Das Vorhandene ist einfach, ohne Aufwand, aber fest und sicher.

Gesundheit. Die der Lokalität anklebende Krankheit ist Wechselfieber; andere erscheinen und verschwinden nach den Jahreszeiten, wie in allen Lokalitäten. Die an die örtliche atmosphärische Constitution gewöhnten Colonisten zeigen sich robust und widerstehen der endemischen Krankheit. Im gegenwärtigen Augenblick ist kein einziger Colonist krank.

Diese Besonderheit des Krankseins ist der Kriegspunkt gewesen, gegen welchen die Gegner der Colonie zu Felde gezogen sind, indem sie den Platz für unbewohnbar erklären. Sie erinnern sich nicht, daß diese Eigenthümlichkeit, welche überschwemmte Ländereien begleitet, verschwinden wird mit dem Anbau und der Cultur des Bodens, und daß man Ländereien mit ungesunder Beschaffenheit sich hat umwandeln sehen in gesunde und bewohnbare durch Mittel, welche der menschliche Geist in solchen Fällen anwandte.

Schon heute leben die Bewohner dieser Colonie in besserer Gesundheit nach Anbau, Cultur und Wasserableitung, die man eingeführt hat.

Die Erfahrung wird auch ferner diejenigen, welche zur Colonie gehören möchten, von diesem Vorurtheil, worin sie leben, frei machen.

Gottesdienst. Die Kapelle von Nossa Senhora do O' ist nicht fertig, weil ich für andere Nothwendigkeiten aufkommen mußte, die ebenso wichtig sind wie die Danksagung gegen das höchste Wesen. Ich beabsichtige ernsthaft die Beendigung dieses Gebäudes und werde das thun, sobald die Geldmittel es erlauben.

Die Religion, welche die Mehrzahl der Colonisten bekennt, ist die katholisch-apostolisch-römische. Doch zwinge ich niemand, der eine andere Religion hat, der unserigen zu folgen. Ich lasse sie den Befehlen ihres Gewissens nachkommen und ihrer Erziehung, solange sie keine Tempel erbauen. Toleranz in Religionssachen ist eine Nothwendigkeit in Colonien, vorausgesetzt, daß in ihnen verschiedene Nationalitäten und Glaubensbekenntnisse sich finden.

Und nun kommt im Bericht des Herrn von O' de Almeida unter der Ueberschrift „Colonisação" das Bekenntniß, daß das Colonisiren schwer ist; sein eigener „genio emprehendedor", wie er solch Speculationsgelüst nennt, womit die göttliche Vorsicht ihn begabt hat, hat ihn nach ernsten Lectionen von solcher Schwierigkeit überzeugt. Die Provinzialkasse lieh ihm acht Contos de Reïs (etwa 6000 Thlr.), um die ersten Anfänge zu machen mit ausländischen und fremden Colonisten; aber „die angewandte Summe ging verloren mit der Flucht einiger, mit dem Tode anderer". Vivem contentes e satisfeitos, sagte aber Herr von O' erstlich. Darauf wollte er die ebengenannte Summe geschenkt haben; aber das verweigerte man ihm, und nun ging er nach Rio, um beim Kaiser und dem Ministerium Hülfe zu finden. Man machte einen Contract mit ihm, doch hinderte der schlechte Ruf, den das Klima von Pará genießt, die Anwerbung von fremden Colonisten, obgleich mit Agenten, Menschenjägern und Anwerbern viel Geld verloren ging. Auch werden die ausländischen Consuln beschuldigt, daß sie zur Verhinderung von solchen Anwerbungen beigetragen haben und daß die überlebenden Verwandten der Gestorbenen die Zustände, in denen sie sich befänden und welche sie durchgemacht hätten, übertrieben. Vivem contentes e satisfeitos, sagte aber Herr von O' erstlich. Inmitten dieses Wirrwarrs von Inconsequenzen sagt er denn ganz richtig: „Der Süden von Brasilien kann noch günstig für Colonisation sein, weil dort Klima, Ackerbau und Nahrungsmittel denen der Coloniften ähnlich sind. Im Norden jedoch wird die Colonisation, wenn sie nicht unausführbar ist, sehr langsam und schwierig sein."

So sieht sich denn der Mann ohne Muth und ohne Kraft und verlangt dennoch, daß man ihm „verlassene Waisenkinder und arme Leute beider Geschlechter zuschicke zum Colonisiren"! In Rio hatte er 30 Contos (24000 Thlr.) von der Regierung bekommen und nun verlangt er, daß man die daran geknüpften Bedingungen aufhebe und ihm das Geld schenke oder in kleinern Abtragungen abbezahlen lasse.

Wenn ich nun endlich mein Urtheil ablegen soll, so ist die Colonie Unserer Lieben Frauen von O' ziemlich bestimmt mit das Kümmerlichste, was ich gesehen habe auf dem Felde des Colonisirens. Taktlose Wahl des Ortes, taktlose Verfassung im Innern und die allerleichtsinnigste Weise, Menschen herbeizuziehen und zu halten, charakterisiren sie vollständig. Im Grunde ist auch der ganze Sinn von der Colonie wol nur der: der Gründer erkannte in dem Boden auf der Ilha das Onças einen vortrefflichen Zuckerrohrboden. Aber zur Anlage einer Zuckerplantage alten Stils mit Negersklaven hatte er kein Geld. Da ward die Mutter Gottes angerufen und ihr der Schwindel unter dem Namen einer Colonie zugeschoben, an welchem Schwindel der Unternehmer doch noch zu Grunde geht.

Glücklicherweise sind trotz aller Projecte des Herrn von O' nur 127 Menschen in der Colonie, und unter ihnen nur 37 Leute, die im Felde arbeiten. Hoffentlich wird kein Mensch mehr nach diesem kleinen Cayenne hingerathen.

Ich schlug dem Manne vor, die ganze Geschichte an die Regierung abzutreten. Das möchte er auch gern; aber die Regierung gibt wol Geld zu Colonisationsspeculationen, mag aber nicht gern selbst arbeiten in diesem Felde.

Wenn man nun diese Misère mit eigenen Augen ansieht und untersucht im fernen Pará und dann liest, welche Lobrede der alte Marquis von Olinde unterdeß der Colonie von Nossa Senhora do O' in den gesetzgebenden Kammern hält, da kann man sich eines bittern Unwillens nicht erwehren und nur wünschen, daß der gute, alte Marquis endlich unschädlich gemacht werde.

Das Hübscheste drüben auf der Unzeninsel, der Stadt Pará gegenüber, sind die polymorphen Rhizophoren mit ihren langen Keimauswüchsen, — sind luftige, blühende Bignonienranken, prachtvolle Sterculiaccenblüten, eine Schar zarter Pontederien und Sagittarien mit großen, dreiblätterigen Blumen, die wie Schmetterlinge im Winde hin und her sich wiegen.

Um dieser schönen Creaturen willen muß man nach Nossa Senhora do O' hinüberfahren. Das andere ist alles nur Humbug.

Am folgenden Tage nach meiner Excursion zur berühmten Colonie Nossa Senhora do O' kam das Dampfboot Parana, dasselbe, womit ich schon einmal von Rio nach Bahia gefahren war, den Fluß heraufgerauscht. Gleich nach seiner Ankunft erfuhr ich, daß der alte, gemüthliche Santa-Barbara, der mehrfach auch von mir erprobte Seemann, für diese Reise sein Führer wäre.

Es ward alles zur Abreise fertig gemacht. Meine Kisten und Kasten mit manchen hübschen Sammlungen wurden zugenagelt und zugeschlossen, und da gerade der hamburger Schooner Alexander vom Hause des Herrn Tappenbeck beladen ward und nach wenigen Tagen nach dem Kanal, eventualiter Hamburg segeln sollte, so hatten auch bei dieser Gelegenheit meine oft genannten Freunde die große Güte, die Einschiffung meiner Sachen besorgen zu wollen.

Am 24. August begleiteten sie mich an Bord des Dampfboots, und ich nahm Abschied von jungen, wackern Männern, die ihr nordisches, treues Herz in seinem vollen Werthe, seiner ganzen Geltung unter dem Aequator zu bewahren gewußt hatten.

Um 12 Uhr mittags zog der Parana seine Wasserstraße stromabwärts, und gar bald lag das stattliche Belem do Pará weit hinter uns.

Der riesige Fluß, den wir hinabrauschten, öffnete sich in seiner vollen Mächtigkeit. Kaum erkannten wir die Insel Marajó im Nordwesten; immer gewaltiger ward der Wasserhorizont, immer oceanischer das Ansehen des Stroms. Eine Menge kleinerer und größerer Segel versuchten keck und kühn die graue, wogende Fläche in vielbewegtem Seetanze, an dem auch unser Parana, nicht eben zum Vergnügen der mitfahrenden Passagiere, bald lebhaft theilnahm in langsamem Takte.

Ein heftig wehender Nordost und die mit Macht in den Strom hineinbrechende Flut, viel mehr aber noch ein Uebelstand in der Maschine des Dampfboots, den wir nicht erfahren konnten, verlangsamten so sehr unsere Fahrt, daß wir uns beim Hereinbrechen des Abends noch in der Mündung des Flusses befanden. Obwol wir einen ausgezeichneten Lootsen am Bord hatten, so waren wir, da das ferne Ufer des Festlandes bald nicht mehr erkannt werden konnte, genöthigt, mit dem Bleiloth unsern Weg zu tappen, was immer ein ängstliches Reisen ist in Gewässern, deren Grund nicht so meisterhaft genau untersucht ist wie die Nordsee.

Um 9 Uhr abends ward nördlich gesteuert. Um 1 Uhr ward das Sondiren ganz aufgegeben und der Cours nach Maranhão eingeschlagen. Dennoch erblickten wir, als der 25. August heraufgraute aus dem Meere, noch den Leuchtthurm von Salinas hinter uns und wir mußten uns gestehen, daß wir in 18 Stunden Fahrt einen sehr geringen

Weg zurückgelegt hatten. Den ganzen Tag erkannten wir öde, fast ganz unwirthliche Sandufer im Südwesten, die See war leicht bewegt und unsere Gesellschaft fast durchweg schwer seekrank. Erst am 26. August gegen Abend erkannten wir den Itacolumi von Maranhão mit seinem Leuchtthurm, einen Hügel oder Berg, welcher für die vom Norden kommenden Schiffe zur Orientirung dient. Vorsichtig näherten wir uns der breiten, aber gefährlichen Einfahrt von S.=Luiz de Maranhão; die eben angezündeten Lichter von S.=Marcus und Ponta da Area zeigten uns zwar den Weg; aber unser Senkblei warnte uns dringend vor Untiefen, sodaß wir in ziemlicher Entfernung von der Stadt unsern schweren Anker hinabrasseln ließen zu großem Trost und vielfacher Beruhigung seekranker Gemüther auf unserm Schiffe.

In ihrer vollen Großartigkeit that sich am folgenden Morgen, gerade wie bei meinem ersten Besuche, die Bucht von Maranhão vor uns auf. Ein frischer Seewind strich über Land und Meer dahin. Eine dänische Brigg, eine französische Barke und eine Menge kleiner Fahrzeuge flogen, von dahinschießender Ebbe getragen und schräg gegen den Wind aufsegelnd, an uns vorüber, um gleich hinter der Ponta da Area den Sectanz zu beginnen. Eine Sandbank nach der andern that sich auf; bei der Zeit der heftigen Neumondsfluten im August, denen eine außerordentlich niedrige Ebbe entspricht, schien wirklich die ganze Bucht sich in trockenes Land umwandeln zu wollen. Eine lange Sandbank dehnte sich dicht neben unserm Dampfer hin, sodaß unser Parana fast von ihr aufs Trockene gesetzt worden wäre. Das Wrack eines großen Dreimasters, von dem wir bei der vollen Flut nur den einen Mastkorb hatten herausragen sehen, lag so vollkommen auf dem Trockenen, daß einzelne Leute hinzukamen und trockenen Fußes um das Schiff herumspazierten.

Bald begann ein buntes Bootsgewimmel um unsern Dampfer. Große Kohlenboote kamen, um uns mit frischem Brennmaterial zu versehen; mit unglaublicher Gewandtheit warfen die Neger sich die Kohlenkörbe, in welchen die Kohlen herübergeschafft wurden, einander zu; Waaren wurden gelöscht, Farinhasäcke für Ceara eingeladen, Passagiere wurden geholt und gebracht; — das Getümmel nahm kein Ende, wobei es denn höchst lustig war, den Kampf anzusehen, den die Boote mit der ab- und zulaufenden Flut zu führen hatten.

Jetzt erfuhren wir auch, warum unsere Fahrt so langsam und etwas ängstlich gewesen war. Ein unaufhörliches Hämmern in unsern Dampfkesseln verkündete uns, daß einige Tuben derselben gerissen waren, daß man nur mit großer Vorsicht hatte heizen können, eine Vorsicht, die mich an ein anderes kleines Seeabenteuer auf dem kleinen Küstendampfboot Parana auf der Fahrt von Bahia nach Canavieiras an der Küste von Ilheos erinnerte, wo ich all mein Geld verloren hatte, unser Schiff schwer leck war und nun noch ein Tubus sprang und unser fast sinkendes Fahrzeug eine Zeit lang ohne Führung umherballotirte.

Um all der dröhnenden und klirrenden Kesselflickerei zu entgehen und um einige Besuche, ärztliche und sociale, zu machen, begab ich mich ans Land. Noch einmal durchstreifte ich das freundliche Maranhão. In seinem öffentlichen Garten blühten Plumieren und Plumbagineen; am Kasernenplatz glühten die Staubfädenwedel von purpurfarbigen Sterculiaceen herab. Von wo man nur immer auf die schöne Bucht hinabsehen konnte, sah man flatternde Segel; über ihnen kreischten Möven; Reiherscharen zogen dahin, eine ganze Horde von rothen Löffelreihern flog über dem Manglegebüsch umher, ein prachtvoller Anblick, wie es deren nur wenige gibt.

Avé-Lallemant, Nord-Brasilien. II.   20

Nach einigen freundlichen Stunden in einem lieben Familienkreise suchte ich gegen Abend unsern Dampfer wieder auf, nicht ohne einige Mühe, denn die Flut lief mächtig herein aus dem Meere. Erst am folgenden Tage, Sonntag den 28. August, und zwar erst um 6 Uhr nachmittags, gingen wir wieder in See.

Nach zwei recht bewegten Tagen, in denen uns ein bald nördlich, bald südlich vom Osten abweichender Wind entgegenwehte und unsern Dampfer höchst unliebenswürdig schaukeln machte, sahen wir abends spät das Feuer von Ceara, ohne daß wir Anker werfen konnten. Die Nacht war höchst unangenehm; bei dem vielfachen Wenden des Schiffs nahm dasselbe alle möglichen Positionen und Bewegungen an, die erst dann etwas stabiler wurden, als wir uns am folgenden Morgen (31. August) dem etwas gedeckten Ufer nahen und neben einer englischen Barke vor Anker gehen konnten.

Daß Ceara mitten in einer afrikanischen Oase liegt, habe ich schon früher erzählt. Das Salzmeer auf der einen Seite, Sandberge auf der andern und Kokospalmen ringsher waren indeß noch nicht genug, um das libysche Bild zu vollenden. Seit einiger Zeit sind noch 14 Kameele mit ihren respectiven Beduinen angekommen, und man hofft vielen Fortschritt von den neuen Thieren und Menschen, die sich dort sehr gut zu befinden scheinen.

Von allen Seiten her kamen die Sturmvögel der Küste, leichte Jangadas, auf uns los und brachten in unablässigem Kommen und Gehen Säcke mit Kohlen, Kokosnüsse, Hühner und Ladung, unter letzterer sogar ein Pferd, dessen Ueberschiffung ungemein belustigend war. Den ganzen Tag dauerte dieses Hin- und Herfliegen der Jangaden, die oft nur aus fünf Stämmen bestanden; die ganze fernere Fahrt bis Pernambuco sahen wir sie. Scheinbar bald im Wogendrang und Meeresschaum tief begraben, bald ganz losgerissen von der Flut und darüber hinstreichend wie fliegende Fische schwärmten sie überall umher, oft so fern vom Lande, daß die tollkühnen Waräger auf ihnen schwerlich noch Land erblickt haben mögen! Und dennoch fällt nie irgendein Unglück vor mit diesen wunderlichen Argonauten!

Sowie in Maranhão, so kamen auch in Ceara verschiedene Passagiergruppen an Bord, und um 5 Uhr gingen wir in See. Aber ein frischer Wind und vielbewegte See empfingen uns, und die Nacht vom letzten August zum 1. September zur Zeit des Neumonds ließ uns sehr lebhaft empfinden, daß es auch gegen das Cap Roque hinwärts herbstliches Wetter geben könnte.

Doch begann der September mit milderer Miene. Unsere Fahrt in der allernächsten Nähe der Küste, wo die uns entgegenfließende Meeresströmung viel weniger stark war, ward von einzelnen ferner abliegenden Riffs, z. B. den Lavadeiras gedeckt, und nachdem wir die hervorspringenden Punkte Ponta do Mel, do Tubarão und dos 3 Irmãoes gemacht hatten, kamen wir in vollkommen ruhiges Fahrwasser, in einen wirklichen Kanal, dessen Einfassung seewärts freilich nicht gesehen werden kann, denn sie liegt unter dem Wasser, wenige Fuß tief. Dicht vor einem kleinen Oertchen fuhren wir am Nachmittag vorüber, aus dem die Leute neugierig zu uns herüberschauten, und kamen am Abend spät bis vor Torres, einen kleinen Ort nordwestlich vom Cap Roque und nicht zu verwechseln mit dem unter Palmen versteckten und bereits erwähnten Oertchen Toiras, gleich südlich vom Cap Roque. Vor dem erstgenannten Torres mußten wir zu Anker gehen, einmal, weil wir nachts aus dem Felsenkanal längs der Küste nicht wohl hätten hinausfinden können, und dann auch, weil wir doch in der Nacht vor Rio-Grande do Norte,

20*

wo wir die Post und Passagiere aufzunehmen hatten, auf offener See nichts hätten anfangen können.

Dem ruhigen Ankerplatze vor Torres verdankten die Passagiere eine behagliche Nacht und die Dampfschifffahrts-Compagnie einige Tonnen ersparter Kohlen, wofür beide dem alten Santa-Barbara gewiß ihren Dank schuldig sind.

Beim frühen Morgen des 2. September liefen wir weiter, nicht ohne neuen Grund, unserm alten Nereus dankbar zu sein. Nördlich von unserm Wege lag auf einem kleinen, submarinen Riff, welches sich noch auf keiner Seekarte befindet, eine schöne, große Barke. Der Mittelmast war schon umgefallen; sonst schien das stattliche Schiff noch gut zusammenzuhängen. Es war ein österreichisches Wrack, von Antwerpen nach Pernambuco bestimmt. Als das Schiff vor einigen Wochen sich der Küste in der Nacht nahte, hatte es noch tiefes Fahrwasser gefunden; aber schon nach einer Viertelstunde ward es so fest auf die Felsen gesetzt, daß keinerlei Manöver es wieder flott machen wollte. Man hatte sich zum Schiffbruch entschließen müssen. Von dem nahen Rio-Grande do Norte ward Hülfe geschickt, und man barg die freilich havarirte Ladung. Menschenleben kamen nicht dabei um; die ganze Besatzung hatte das Schiff verlassen können und sich nach Rio-Grande do Norte begeben.

Gleich darauf fuhren wir an dem rothen Thonabhange, dem einzigen Kennzeichen des nur wenige Fuß hohen Cap Roque vorbei und hielten, wieder in offener See, vor dem Fort der Heiligen drei Könige von Rio-Grande do Norte. Das Umherschwanken daselbst bis gegen Nachmittag war recht lästig. Am meisten aber waren einige Passagiere zu bedauern, die sich in Rio-Grande in ein Boot eingeschifft hatten, um den Parana zu gewinnen. Sie wurden arg von den Wellen umhergeworfen. Unter ihnen befand sich auch der österreichische Kapitän jener gestrandeten Barke, Lusina aus Fiume mit seiner Gemahlin, ein stattliches, wirklich hübsches Ehepaar von guter Erziehung. Beide hatten ihren Ausflug in die Welt theuer genug bezahlt; das Schiff war ihr Eigenthum und nur zum Theil versichert.

Eine ziemlich schlimme Nacht folgte dem bewegten Tage, weswegen sich denn einige seekranke Damen und schreiende Kinder angenehm erquickt fühlten, als am folgenden Morgen ein ruhiges Fahrwasser unser Dampfschiff aufnahm. Wir befanden uns an der Barre von Parahyba do Norte, wo wieder ein Schiff, ebenfalls eine Barke, unter chilesischer Flagge auf einem Riff festsaß, aber noch gerettet werden zu können schien, wiewol die Mannschaft eines kleinen brasilianischen Kriegsschooners, der unter dem Fort von Capedello ankerte, sich bis dahin vergebens bemüht hatte, das mit Kohlen beladene Schiff wieder flott zu machen. Wir fuhren den Fluß hinauf bis dicht zur Stadt, mußten aber nach einer Stunde schon den Ankerplatz bei ablaufender Flut räumen und bis zum Städtchen Capedello wieder hinunterlaufen, um nicht im Morast liegen zu bleiben. So kam es, daß ich die freilich unbedeutende Stadt von Parahyba do Norte nicht besuchen konnte und auch diesmal nur mit meinem Fernrohre betrachtete.

Capedello, ein Fischeridyll unter dichten Kokospalmen, gewährte uns einen hübschen Ankerplatz und wundervollen Anblick, einen echten indianischen Anblick, der unsere Passagierwelt ans Ufer lockte, ohne daß sie bedachten, daß alle indianischen Scenerien von einiger Entfernung aus betrachtet viel hübscher sind als in nächster Nähe angesehen. Herren und Damen suchten spazieren zu gehen; das ging aber nicht aus Mangel eines guten Wegs. Sie setzten sich unter einen großen Baum, mußten aber wegen der Ameisen sich Stühle kommen lassen. Ich konnte mit meinem Fernrohre vom Schiffe aus allerlei nervöses Zucken bei den Leuten erkennen und bin überzeugt, daß sie von Ameisen und Muenim ganz gehörig gebissen worden sind.

Mit ihrem Zurückkehren von Capedello kamen denn auch bedeutende Mengen von Passagieren von Parahyba, was wir etwa zwei Meilen fern liegen sehen konnten, den Fluß hinuntergesegelt, mercantilische Raubvögel verschiedener Nationen, die sich zu seltsamem Zwecke in Parahyba zusammengefunden hatten.

Das erste Handelshaus daselbst, ein Herr Vinagre (Essig), hatte einen sehr großen, wie es schien, etwas zweideutigen Bankrott von 600 Contos (500000 Thlr.) gemacht. Sowie man das in Pernambuco erfahren hatte, hatten die dabei betheiligten Häuser ihre Agenten hingeschickt, um zu retten, was zu retten wäre; und dadurch schien die Geschichte noch complicirter geworden zu sein. Der ganze Schwarm der Commis voyageurs wollte gerade mit dem Parana zurückkehren und überfiel uns wie ein Heuschreckenheer.

Diese Strichvögel sind nun in Südamerika ebenso lästig wie in Nordeuropa. Wir empfanden ihre Gegenwart auf dem Parana ziemlich unangenehm. In der Kajüte war großes Gedränge; alle Cabinen waren voll, alle Betten in Beschlag genommen. Der Jammerruf eines jungen brasilianischen Ehepaares, was etwas spät an Bord kam und sich ohne Bett befand, rührte mich; und ich trat ihnen meine sehr hübsche Cabine ab, ohne daß ich irgendein Bett dafür fand, was für mich kein Unglück war, denn ein Reisender braucht kein Bett; er schläft auf jeder horizontalen Fläche.

Ein etwas stürmisches Mittagsessen folgte dem stürmischen Andrange der Passagiere, und unsere Abfahrt zog sich so spät hin, daß wir, nachdem wir kaum zum Fort von Capedello herausgekommen waren, sogleich wieder Anker werfen mußten, indem unser Lootse erklärte, es wäre zu dunkel, um das Schiff an den rothen Tonnen vorbei in See zu bringen.

Eine allgemeine Verstimmung mit vielen guten und schlechten Witzen begann. Ihr folgte die originellste Nacht. Alles lag voll von Passagieren; Sofas, Rohrbänke, Tische und Stühle, alles war occupirt. Und dennoch waren noch nicht alle gelagert. Bis spät in die Nacht hinein schlichen einzelne Gestalten im Halbdunkel des langen Saales umher und tappten nach einem Platze, fanden aber alles besetzt. In meiner Jugend spielten wir viel ein Spiel: eine Hälfte der Mitspielenden muß sich auf die heimlich von der andern Partei den einzelnen zugewiesenen Stühle setzen; setzt man sich auf einen verkehrten Stuhl, so wird man fortgeprügelt.

So ungefähr ging es auf dem Dampfboot. Mit großer Aengstlichkeit und Vorsicht setzte sich der eine oder andere auf die Ecke einer schon besetzten Bank oder eines Tisches, um sich dann langsam weiter einzuschmuggeln, bekam aber in der Regel einen sehr demonstrativen Schlag mit der Hand oder eventualiter einen Fußtritt des vom Hospitanten aufgeweckten Schläfers und mußte wieder abziehen. So irrten wol ein Dutzend Leute, jeder einen Nachtsack unter dem Arme, lange zwischen den Schnarchenden oder Fluchenden umher, bis jeder Plan, unter Deck ein Obdach zu finden, aufgegeben ward. Ich glaube, jeder war froh, als es tagte und wir aufbrachen.

Wir gingen in See. Anfangs ging die Fahrt leidlich. Bald aber fing es stark an zu blasen und der Parana tüchtig an zu stampfen. Am Nachmittag kam noch ein höchst interessantes Regenwetter dazu, und es war wirklich kaum zum Aushalten mehr vor Regen und Wind auf dem Verdeck, vor Seekrankheit im großen Saale.

Endlich sahen wir Olinde durch den grauen Regen hindurchschimmern und bald erkannten wir hinter hoch aufschlagenden Brandungen Pernambuco. Der Hafenlootse kam, aber mit dem leidigen Trost, daß wir bis 6 Uhr uns draußen umhertreiben müßten, ehe er das Schiff über die Barre bringen könnte.

Während die seekranken Passagiere darüber in ein Jammern ausbrachen, setzten sich die Gesunden an den Mittagstisch, wo ich — denn ich saß zum letzten male bei meinem alten Commandanten — die Gesundheit vom Kapitän Santa-Barbara trank. Möge es dem alten Schout-by-Nacht gut gehen!

Zwei bis drei mächtige Rollwellen, in denen der Parana fast zum Umwerfen sich wälzte, verkündeten uns, daß wir in den Hafen einliefen. Mitten im Sturm, Regen und Abenddunkel löste sich das Menschenchaos, die meisten etwas elend und blaß, auseinander. Unwillkürlich dachte ich an jenes:

Schämt euch nicht, ihr Blassen;
Weg' ist starker Wiking!

Achtes Kapitel.

Letzter Aufenthalt in Pernambuco. — Rückkehr des Verfassers auf dem englischen Dampfboot Tyne über St.-Vincent und Lissabon nach England und über den Continent nach Lübeck.

———

Mit meiner Rückkehr nach Pernambuco am 4. September war meine brasilianische Reise beendet; und nicht ohne die allerlebhafteste Sehnsucht sah ich der Rückkunft des englischen Dampfpacketschiffs Tyne entgegen, welches, von Europa kommend, wenige Tage vor meiner Rückkehr nach Pernambuco daselbst wie immer angelaufen war und nun nach zehn Tagen, von Rio-de-Janeiro zurückkommend, auch mich dem heimischen Norden wieder zuführen sollte.

Unterdeß schwebten all die gewaltigen, all die lieblichen Bilder, die ich am Amazonenstrom vor Augen gesehen hatte, auf und ab vor dem innern Auge; ja der ganze Norden Brasiliens drängte sich noch einmal zusammen in einen gemeinsamen, großen Rahmen, um mir für mein ganzes Leben unvergeßlich zu bleiben.

Aber doch konnte ich, wenn ich beim Scheiden von dem gewaltigen Lande einen Blick auf diesen Nordtheil von Brasilien zurückwarf, nicht ohne einige Bitterkeit oder vielmehr Verzagtheit das Land ansehen.

Das bedeutendste Stück von Brasilien liegt in der Tropenzone; sein mächtigster Strom, der König unter den Strömen, fließt in seiner ganzen Länge von Tabatinga abwärts zwischen dem Aequator und vier Graden südlicher Breite dem Meere zu und bietet einem geregelten Anbau unendliche Schwierigkeit.

Solange portugiesische Zwingherrschaft zur Arbeit antrieb, solange man Indianer in einer modificirten Sklaverei hielt und sich in hinreichender Menge Neger von Afrika kommen lassen durfte, solange blühte der Ackerbau, die Viehzucht, und Brasiliens Norden entwickelte sich.

Seitdem aber die Indianer als ganz freie Menschen leben, seitdem der Sklavenhandel oder vielmehr die Sklaveneinfuhr von Afrika her verboten ist, — denn Sklavenhandel und Sklaventhum herrscht noch dem Gesetz nach durch ganz Brasilien, — seitdem hat auch die durch gezwungene Indianer und gekaufte Neger hervorgerufene frühere Production und Weiterentwickelung im Landbau mächtige Rückschritte gemacht, Rückschritte, die im ganzen brasilianischen Norden überall unverkennbar sind und mit Schrecken sich geltend machen im Handel und Wandel.

Da bleibt denn nur die rüstige europäische Kraft übrig. Brasilien soll von allen in der Tropenzone liegenden Ländern zum ersten male den Beweis führen, daß mit europäischer Arbeit, europäischen Kräften und mit der Arbeit und den Kräften europäischer Descendenten ein Tropenland angebaut werden könne, während im fernen Osten, in Indien und auf den Sundainseln einheimische Kräfte oder doch die nächsten Nachbarn dieser einheimischen Kräfte sich zur Arbeit regten und die Europäer kaum etwas anderes als die Leitung dieser Arbeit übernahmen.

In Brasilien ist das ganz anders; ich möchte fast sagen, in Nord-Brasilien findet das Gegentheil statt. Hier wollen die Eingeborenen, wie wir die aus früher eingewanderten Europäern, Negern und Indianern zusammengeronnenen und herausgewachsenen Menschenelemente nennen müssen, Europäer herbeiziehen, um die aussterbenden Sklavenkräfte zu ersetzen und Gewinn zu ziehen aus der Arbeit der Fremden. Wenigstens ist das die Meinung derer, die Ländereien in jenen Gegenden besitzen und schon angefangen haben, aus denselben mittels arbeitender Kräfte Nutzen zu ziehen.

Zur Erreichung dieser Zwecke scheinen mir aber, solange die jetzigen Verhältnisse in Brasilien fortdauern, unüberwindliche Hindernisse im Wege zu liegen. Der freie europäische Einwanderer, wenn es deren gibt für den Norden Brasiliens, erkennt gar leicht den Werth seiner Arbeit, mit der man ihn zum Nutzen eines Landbesitzers gebunden halten möchte. Nur auf eigenem, auf seinem Boden will der Ankömmling arbeiten und allein mit seiner Familie die Früchte der Arbeit genießen. Ein im alten Sklavensystem erzogener Landbesitzer aber hat von solchem Streben nach Selbständigkeit bei einem armen Europäer gar keinen Begriff und darf es gar nicht dulden, wenn er inmitten seiner ausgedehnten Ländereien nicht zu Grunde gehen will. Es treten sich hier zwei Elemente gegenüber, die sich nie miteinander versöhnen können, die sich nur im Vernichtungskampfe begegnen. Schlagende Beweise davon haben wir gesehen bei allen Privatunternehmungen, — am Mucuri, beim Unternehmen des Almeida do O' und selbst bei der Colonieanlage an der Mündung des Rio-Negro in den Amazonenstrom.

Dazu kommt noch ein anderer, sehr bedenklicher Umstand. Wenn in Süd-Brasilien ein im ganzen gesundes Klima die dortigen Landstriche den europäischen Einwanderern zugänglich macht und ihre Arbeit segnet, dürfen wir das durchaus nicht in dieser unbedingten Weise vom Norden sagen. Hier ist eigentlich jeder Fluß, jedes ackerbaufähige Land ungesund und feindlich jeder freien Einwanderung von Europa her; hier kann nur mit der allergrößten Sorgfalt, mit der ängstlichsten Vorsicht irgendein Colonisationsversuch angestellt werden oder muß vielmehr, um offen und wahr mich auszusprechen, mit der allergrößten Sorgfalt, mit der ängstlichsten Vorsicht vermieden werden. Man gehe nur die Flüsse und Ströme, die ich nördlich von Rio besuchte, auf und ab; man sehe nur die wenigen Menschen, die sich dort angesiedelt haben, unbefangen an; man erkundige sich nur nach dem, was an Krankheitserscheinungen vorgeht, und man wird sich glücklich schätzen müssen, daß man selbst aus den pestbringenden Wassern lebend davonkommt.

Im weitesten Maße ist das vom Amazonenstrom zu sagen, diesem großen Repräsentanten der brasilianischen Tropenflüsse. Schon in der Stadt Pará, in der doch so vieles zur Aufrechthaltung der Gesundheit geschehen ist, beginnt das Krankheitselend. Von 350 Deutschen, die im Jahre 1836 dort eingeführt wurden, lebten nach einem Jahre nur noch 90 Menschen. Es war eine entsetzliche Sterblichkeit unter ihnen. Dem ungesunden Klima bot eine schändliche Behandlung und vielleicht auch ein wüstes Leben der Menschen selbst die mörderische Hand. Ich konnte von diesen Deutschen auf der ganzen Tour von 500 deutschen Meilen auf dem Riesenstrom nur noch zwei Individuen finden und sprechen. Sie erzählten mir viel Trauriges, viel Empörendes!

Der Stadt Pará gegenüber liegt jene krüppelhafte Colonie von Nossa Senhora do O'! Hier gehen drei Monate rein verloren wegen hoher Gewässer, und zwei andere Monate wegen Wechselfieber unter den Colonisten. Die Leute haben mir das in Gegenwart des Unternehmers Almeida selbst erzählt. Solche Thatsachen sehen höchst ernst aus.

Und wenn nun auch einmal eine Reihe von Coloniepunkten durch Einwanderung angelegt würde, und unter großer Mühe zu einigem Aufblühen gebracht und in einer hektischen Jugendperiode erhalten würde, was wäre die Folge? Eben das, was die Stadt Pará den Europäern allerdings furchtbar macht, das Gelbe Fieber. Von Pará bis Tabatinga bildet der Strom eine ununterbrochene Linie, die den vollsten Anschein von Anlage zum Gelben Fieber, wenn sich auf ihr Leute mit Anlage zu dieser Krankheit finden, hat und immer haben wird.

Und wenn man nun bedenkt, wie es mit der Gesundheitsaufsicht von seiten des Staats, der Regierung aussieht, da übersteigt die Nachlässigkeit, die Gewissenlosigkeit wirklich alle Begriffe. Wo habe ich denn, sowie ich der Stadt Pará den Rücken gewandt hatte, tüchtige Aerzte gefunden? Etwa in Santarem, Obidos, Manáos, Tessé oder Olivença? Und wenn sie für ihre eigenen Landeskinder nichts thun, was würde man für ausländische Niederlassungen thun? Wer die Indolenz einer Verwaltung kennen lernen will, der gehe längs des Amazonenstroms aufwärts!

Mein letzter zehntägiger Aufenthalt in Pernambuco war eigentlich nur ein Abschiednehmen von dem Orte und manchen lieben Menschen, die ich dort kennen lernte. Wenn solch flüchtiges Kennenlernen schon zu einem Ausspruche berechtigt, so sage ich freudig und gern, daß mir die kleine deutsche Menschengruppe, die ich in Pernambuco auffand, den allerbesten Eindruck gemacht hat. Es schien mir ihr Leben und Treiben ein frisches, Natur und Kunst gleich innig liebendes zu sein.

Nicht ohne Sorge hatte ich, je näher die Ankunft des englischen Packetboots von Rio heranrückte, von den Fenstern meines Hotels aus auf die offene See hinausgeblickt. Das herannahende Septemberäquinoctium machte seine wellenerregende und flutenerzeugende Gewalt geltend. Mächtig donnerten die Wogen des Oceans gegen das Riff des Hafens an und schlugen selbst in weißen Schaummassen darüber hinweg. Je näher nun die Zeit des Vollmonds heranrückte, desto höher hob sich auch die Flut und erreichte gerade am 14. September, einen Tag nach dem Vollmonde, ihr Marimum, an demselben Tage, an welchem die Tyne von Rio zurückkehren sollte und wirklich auch zurückkehrte, um vor Pernambuco die Post und Passagiere aufzunehmen.

In bedeutendem Wogendrange der offenen See blieb der große Dampfer eine gute halbe deutsche Meile vom Hafen entfernt vor Anker liegen. Ihn zu erreichen mit offenem Boote war eine höchst fatale Aufgabe, die ich, wenn ich anders nach Europa wollte, lösen mußte. Schon am 4. September, als ich mit dem Dampfboot Parana von Pará nach Pernambuco gekommen war, hatte man mir die Schwierigkeit, im September sich auf dem in offenem Meere ankernden Dampfschiff einzuschiffen, vorgestellt und mir gerathen, mit dem genannten Parana nach Bahia zu gehen, um mit voller Sicherheit im dortigen Hafen das englische Packetboot zu erreichen. Damals hatte ich das für überflüssig gehalten. Als ich aber nun am 14. September die Situation übersehen konnte, bereute ich es, nicht bis nach Bahia gegangen zu sein.

In einem höchst zweckmäßigen Walfischfängerboote mit fünf Mann Besatzung versuchte ich denn gegen 5 Uhr nachmittags mein Heil. Der ganze Binnenhafen war bewegt; doch kümmerte mich das sehr wenig. Als ich dagegen beim Leuchtthurm, an dem die See bis zur Laterne hinaufspritzte, um die Tartarugaklippe herumbog und mich nun im nächsten Augenblicke im wildesten Wogenrollen befand, ward mir das Athmen doch ein wenig beengt, und die nächsten 1000 Klafter Seefahrt, auf der ich von den beweglichen Wasserbergen in den mannichfaltigsten Modulationen auf- und abgeworfen wurde, bildeten einen höchst pikanten Anfang meiner Rückreise nach Europa.

Weiter in die See hinaus erschien mir das Meer nicht so schlimm; aber nun kam eine wirkliche Gefahr, das Anlegen an das Dampfschiff und sein Besteigen. Das riesige Schiff rollte wie ein Stückchen Korkholz hin und her, auf und nieder. Bald schlug der Rand des Radkastens, auf den ich hinaufsteigen sollte, in das Wasser hinein, um sich nach wenig Secunden wieder 12 Fuß hoch in der Luft zu befinden. Bald schrie man mir von oben zu, ich möchte lieber wieder umkehren und gar nicht anlegen; bald hieß es, ich möchte schnell machen, indem gerade ein ruhiges Moment wäre. Ein dickes Tau ward uns zugeworfen. Wenn ich mich daran festhalten wollte, rief mir ein Offizier zu: „Halten Sie sich nicht fest!" Wenn ich es wieder losließ, so flog mein Boot wieder davon. So fehlte es nicht an schreienden Rathgebern; aber eigentliche Hülfe konnte mir nicht geleistet werden.

Eine tüchtige Prallwelle, die, vom Dampfboot zurückschlagend, mein Boot halb mit Wasser füllte und mich total durchnäßte, entschied allen Zweifel. Ich packte, trotz der Interpellation von oben, das mir hingeworfene Tau fest an; es riß mich aus meinem Boote heraus, sodaß ich daran kletternd auf die Treppe am Radkasten gelangen konnte. Bald folgten mir meine Sachen nach, und ich war eingeschifft.

Am Bord vom Dampfboot erfuhr ich denn, warum man mein Kommen mit einer gewissen Aengstlichkeit betrachtet hatte. Unmittelbar vor mir war ein Boot mit Goldkisten zum Werthe von 25000 Pf. St. an das Dampfboot angelangt. Man hatte dasselbe unter den Radkasten gerathen lassen; dort war es in Stücke zerschlagen worden und mit seiner kostbaren Ladung untergesunken. Die Ruderer konnten gerettet werden.

Nach einer unruhigen Nacht sollte am folgenden Tage um 9 Uhr aufgebrochen werden. Der bedeutende Geldverlust aber und der Umstand, daß am 15. September die See etwas ruhiger war, wurden Ursache, daß man uns aufhielt und einen Taucherapparat von Pernambuco herausschickte. Alle Einleitungen zu dem Tauchversuch bewiesen indessen, daß die Kerle, die mit dem Apparat gekommen waren, ihre Sache nicht verstanden, sondern es lediglich auf Prellerei und Rumtrinken abgesehen hatten. Unterdeß kamen noch verschiedene Passagiere, selbst einige Frauen und Kinder an Bord. Man hatte einen Korbstuhl mit Stricken versehen, sodaß er an eine Schiffswinde aufgehängt werden konnte. Dieser Stuhl ward in die nach und nach ankommenden Boote hinabgelassen; das zu transportirende Individuum ward hineingesetzt und festgebunden. Im Nu ward dann die Last, als ob sie in einem Sack Kaffee bestände, aufgehißt und kam auch jedesmal glücklich an Bord, obgleich einige Frauen todtenblaß waren, als sie das Schiff erreichten, und ein Mann ohnmächtig auf eine Bank gelegt werden mußte, um sich dort zu erholen.

So kam alle Mannschaft glücklich an Bord. Und als nun die Taucherzurüstungen zu keinem Resultate führen wollten und das Dampfboot unmöglich länger aufgehalten werden konnte, ließ der Kapitän die Anker lichten.

Blutroth sank gerade die Sonne hinter dem stattlichen Pernambuco unter und sandte zuckende Lichter hoch hinauf an den Westhimmel, als unser mächtiger Dampfer, der eisernen Bande, die ihn diesmal an brasilianischem Grund gefesselt gehalten hatten, los und ledig, in einem weiten Bogen sich wandte und östlich davoneilte mit kraftvollem Räderschlage. Auf dem breiten, schönen Verdeck standen zahlreiche Passagiere, die noch lange hinüberschauten nach dem immer tiefer in den Ocean und die Abenddämmerung hineinsinkenden Continent, — vielleicht keiner mit so ernsten Empfindungen wie ich selbst. Seit dem Januar des Jahres 1838 hatte ich dem Lande fast ununterbrochen angehört, meine beste Kraft, meine besten Lebensjahre in demselben angewandt und gewiß nicht ohne mannichfachen Nutzen aufgeopfert. Seitdem ich im August des Jahres 1857 wieder in Rio von der österreichischen Fregatte Novara ausgeschifft war und ich, selbst vertrauensvoll mit der mir vollständig trauenden brasilianischen Regierung meine Reiseansichten ausgetauscht hatte und meinen Reiseplan ausführte, glaubte ich, wie denn mancher sich in seinem Leben zu einer weiter ausgreifenden Thätigkeit berufen glaubt, ich könnte vielleicht für das weite brasilianische Kaiserreich ein Schützer und Förderer des Besten werden, was dem jugendlichen, aber unter mancher von den Vätern her ererbten Sünde leidenden Staate zu Theil werden könnte, des einwandernden **deutschen** Elements, eines **freien**, von innerer Gesittung gezügelten, von **eigener** moralischer Kraft gebändigten, nicht von veraltenden Sklavenzüchtern und Speculanten **unterdrückten** und **tyrannisirten.** Dafür schien die Regierung mit ganzer Kraft und schönen, ihr zu Gebote stehenden Mitteln auftreten zu wollen, bis es mir aus mehr als einem Ereigniß, mehr als einer Abwickelung verworrener Verhältnisse, mehr als einer ängstlichen Berücksichtigung von privaten Interessen angesehener und übermüthiger Ochlokraten, die meistens die schlimmsten Tyrannen sind, ziemlich klar ward, daß die Zeit der vollsten Freisinnigkeit, des offensten Entgegenkommens, der unbefangensten Aufnahme jenes fremden einwandernden Elements noch nicht gekommen wäre, daß selbst die freie, unverfälschte Bekenntniß des reinen Evangeliums nur im Wortlaut der Constitution des Landes geduldet wäre. Solange Brasilien nicht die Fessel einer sogenannten katholischen Landeskirche brach, blieb der ganze Staat eben ein Kirchenland, eine Kapitanie von Rom, — und zur Förderung solcher römischer Curieninteressen irgendetwas zu thun, dafür hatte ich nie einen Beruf gespürt, ebenso wie ich gegen alle diejenigen, welche zur Förderung ihrer Privat= interessen alle Menschlichkeit mit Füßen treten, nur den größ= ten Unwillen hegen konnte.

Und da konnte ich denn, als das abendliche Leuchtfeuer von Pernambuco und mit ihm die letzte Spur des mir in so vielen Beziehungen lieben und unvergeßlichen Landes in die Flut hineinsank, nicht ganz das Wort des glühenden Freiheitsdichters unterdrücken: „A land of slaves shall never be mine!"

Die Tyne zog unterdeß unverwüstlich ihre Straße durch das ruhig wogende Meer, dessen Bewegungen, nachdem wir die Küste ganz aus dem Gesicht verloren hatten, mäßig und friedlich wurden. Schon am folgenden Tage und jeden Tag mehr gewann ich die Ueberzeugung, daß ich es wirklich nicht besser hätte mit meiner Reise treffen können. Wenn das Dampfboot an Eleganz' und selbst an Schnelligkeit auch manchem andern transatlantischen Fahrzeug nachstehen mochte, so war es doch immer ein tüchtiges, festes Boot von etwa 2300 Tonnen Größe und 315 englischen Fuß Länge, auf dem Verdeck mit hinreichenden Bequemlichkeiten für die 150 Passagiere, denn so groß mochte unsere Zahl wol sein. Ich selbst hatte meine kleine Cabine ganz für mich im obern Corridor, sodaß ich immer frische Luft hatte und von niemand belästigt ward. Die allgemeine Kajüte, der Speisesaal, war geräumig genug für alle. Dazu bot das lange Verdeck, längs dessen man ungehindert vom Steuer bis zum Vorbug gehen konnte, einen wundervollen Spaziergang, während bei Regenwetter der geräumige Zwischendecksplatz allen einen vor= trefflichen Aufenthalt bot. Von peinigender Etikette, über die man wol am Bord solcher Packetboote hat klagen wollen, war keine Spur. Es ward aber auf Sitte und anständiges Betragen gesehen, obgleich das die portugiesischen und brasilianischen Passagiere eben nicht abhielt, das so beliebte Ausspucken auf dem Verdeck der brasilianischen Dampfboote auch auf dem englischen Fahrzeuge zu betreiben.

Zu der angenehmen Haltung, die unmöglich etwas Beengendes für irgendeinen gesitteten Menschen haben konnte, kam nun eine vortreffliche Bedienung hinzu, — die vollständigste Reinlichkeit, die selbst, was das alltägliche Abwaschen des Verdecks betrifft, für früh aufstehende Passagiere etwas langweilig wird, — und ein reichlich besetzter, allen Nationalitäten gerechter Tisch. Morgens ward man mit der Tasse Kaffee geweckt; um 9 Uhr ward compact gefrühstückt; um 12 Uhr ein neuer Imbiß genommen, um 4 Uhr überreichlich zu Mittag gegessen und Kaffee genossen. Um 7 Uhr war Theestunde. Nach dem Thee war dann meistens Quartettmusik, welche nur das mit der berühmten Quartettmusik der Gebrüder Müller gemein hatte, daß vier Menschen zusammen spielten. Sonst war die Musik wirklich kaum auszuhalten. Die Musiker waren die Marqueure des Schiffs.

Unter den 150 Passagieren fanden sich die meisten europäischen Nationen vertreten, und jede Nationalität bildete, ohne sich von einer andern zu trennen, eine kleine zusammenhängende Gruppe. Da war es denn für mich in hohem Grade erfreulich und angenehm, daß auch Deutschland durch mehrere wackere Repräsentanten, die von Buenos-Ayres und Montevideo, von Rio-Grande und Rio-de-Janeiro aus einmal wieder dem heimischen Norden zueilten, auf das allerbeste vertreten war. Ja es wollte mich bedünken, als ob eben unsere deutsche Gesellschaft am Bord der Tyne die beste war. Als solche werde ich sie immer im Gedächtniß behalten.

Doch waren auch unter den andern anwesenden Nationalitäten, z. B. unter den Engländern, ausgezeichnete und hochachtungswerthe Erscheinungen. Ein bekannter englischer Fregattencommandant verrieth außer seiner regelrechten seemännischen Bildung auch andere schöne Kenntnisse, die er in einem längern Aufenthalt an den griechischen Küsten und Italiens Gestaden sich erworben hatte. Auch der von seinem Schiffbruch nördlich vom Cap Roque mir bereits bekannte und als mein Reisegefährte von Rio=Grande do Norte bis Pernambuco auf dem Dampfboot Parana befreundete österreichische Kapitän Lusina und seine Frau befanden sich mit uns an Bord, ein Ehepaar von stattlicher Erscheinung, guter Gesittung und bescheidener Anspruchslosigkeit, das von allen gewiß gern gesehen worden ist.

So war wirklich die ganze Gesellschaft, Männer und Frauen, wenn wir unter den erstern drei bis vier etwas ordinäre Erscheinungen ausnehmen, eine ganz ordentliche und zum Theil selbst ganz angenehme. Mannichfache Gespräche, gemeinsame Spaziergänge, Lectüre, Schachspiel u. s. w. vertrieben der kleinen Welt auf dem großen Dampfboot die Zeit, woran eine Reihe von umhertummelnden Kindern redlich mithalf. Und damit nichts am Bord der Tyne fehlte, was in einer kleinen Welt nothwendig nicht fehlen darf, wollte es uns bedünken, als ob Heine's berühmtes: „Ein Thor ist immer willig, wenn eine Thörin will", auch auf dem weiten Ocean sich bewahrheitete. Leicht, wie Elfentritt nur geht, wandelte zarte, aufkeimende Liebe auf dem Verdeck auf und ab, ein glückseliges Lächeln im Antlitz. Und wenn der Mond über der Meeresstille und glücklichen Fahrt dahinschwebte, hörte man hier und dort leises Flüstern und Kosen, was keineswegs von den Liebesspielen der Tritonen und Nereiden außerhalb des Schiffs herrührte. Seltsames Volk, solch Menschenvolk! Unten im Zwischendecksvorplatz kratzte die

Musik über den glühenden Feueressen des geheizten Dampfboots, aus dessen offenen Pforten man unmittelbar die schäumenden oceanischen Wassermassen vorbeischießen sah; oben auf dem Verdeck brannten fast jeden Abend die beiden Schornsteine, sodaß die Flammen mit dunkelrother Glut oft 6 — 8 Fuß lang emporloderten und ein wirklich unheimliches Schauspiel darboten, welches man manchmal mit den Schiffsspritzen etwas bändigen mußte. Und dennoch spielten sie Hüon und Rezia auf dem Verdeck, dennoch Galop, Polka und Quadrillen im Zwischendeck, diese leichtsinnigen Menschencreaturen.

Wenn kein Feuer ausbricht auf dem Dampfboot, so ist eine Fahrt quer über den tropischen Ocean ziemlich erscheinungslos. Kaum kennt man ein Unwetter auf diesem Theile des Atlantischen Meeres, sodaß man den Verlauf der Reise zwischen Rio und Lissabon mit großer Bestimmtheit vorhersagen kann. Unsere Reise theilte sich, wenn jemand den Fortschritt eines transatlantischen Dampfboots auf der Seekarte verfolgen will, in folgende Abschnitte nach englischen Meilen, wie sie jeden Mittag vom Schiffscommando angeschlagen wurden zur allgemeinen Kenntnißnahme.

Am 16. September waren wir mittags 12 Uhr auf 5° 42′ südl. Br. und 33° 9′ westl. L. von Greenwich, bis wohin uns wechselnde Regenschauer und einzelne Böen verfolgt hatten. Die Insel Fernando de Noronha blieb uns 119 englische Meilen fern. Am 17. September 2° 12′ südl. Br. und 31° 32′ westl. L., bei schönem Wetter. Wir schnitten, immer im Cours von Nordnordost, den Aequator und waren am 18. September 1° 58′ nördl. Br. und 30° 13′ westl. L., eine Länge schmerzlichen Andenkens für mich, indem ich mich unserer 34 Grade westlicher Länge erinnerte, unter welchen unsere Novara auf der Reise von Madeira nach Rio ohne Noth den Aequator geschnitten und deswegen eine Fahrt von 50 Tagen von jener Insel bis Rio gemacht hatte. Dem Kapitän Lusina aber war noch wehmüthiger zu Muthe. Er hatte auch nach Vorgang jener Fregatte im reinsten Patriotismus den Aequator so weit westlich geschnitten und verdankte es diesem Umstand, daß seine Barke Giuseppa nordöstlich von den berüchtigten Lavadeiras dicht am Cap Roque aufrannte und wrack ward.

Am 19. September weckte uns ein Nordwind, der bald in einen Nordostwind, den echten Nordpassat, überging und uns fortan entgegenwehte. Mittags waren wir 6^0 3' nördl. Br. und 28^0 46' westl. L., am 20. September auf 9^0 45' nördl. Br. und 26^0 57' westl. L.

Am 21. September durchschnitten wir jene Meeresgegend südwestlich von den Capverdischen Inseln, in welcher die vom Norden kommenden Schiffe diese Inselgruppe passiren, darauf gern etwas, um einige Länge zu gewinnen, im südöstlichen Cours segeln und dann mit dem später zu erwartenden Südostpassatwind eine südwestliche Richtung nehmen. Diese eigenthümliche Segellinie in den Passatwinden des Atlantischen Oceans bildet, wie mannichfach sie auch nach den verschiedenen Monaten modificirt werden mag, in allen ihren Modificationen dennoch einen höchst constanten Parallelismus. Daher erblickten wir denn auch am Morgen in sehr kurzer Zeit vier verschiedene Schiffe. Die Mittagsrechnung ergab 13^0 38' nördl. Br. und 26^0 10' westl. L.

Am 22. September war morgens unser Reisepublikum zahlreicher als wol sonst auf dem Verdeck versammelt. Wir sollten den Morgen die Insel St.-Vincent und mit ihr den gerade in der Mitte der Packetfahrt liegenden Stationspunkt erreichen, auf welchem frische Kohlen eingenommen werden sollten.

Ich kann hier keine Geographie der Capverdischen Inseln geben. Vor 22 Jahren, im December 1837, hatte ich schon einmal diese öde, höchst interessante Inselgruppe, wenigstens die Inseln Sal und Boa=Vista besucht und kurz darauf ein flüchtiges Bild von diesen veröbeten Eilanden im deutschen „Ausland" gegeben. Ich hatte, wenn ich nicht irre, auch damals des Höhenrauchs erwähnt, welcher fast ganz constant die Inselgruppe deckt und ihre grauschwarze Färbung noch viel düsterer macht, als sie bei heiterm Wetter und unter klarem Himmel sein würde.

Ein Höhenrauch deckte auch die Inseln, als wir am Morgen des 22. September dieselben aufsuchten. Nach unserer Rechnung und allen Beobachtungen mußten wir in ihrer nächsten Nähe sein; der dichte Höhenrauch, der unsern Gesichtskreis ungemein einengte, rieth uns Vorsicht an und ließ unsern Lauf einen Augenblick langsamer werden. Da erblickten wir denn hoch am Himmel einen scharfen, langhin sich streckenden Gebirgsrand, die westlichste Insel S.=Antão. Immermehr Massen tauchten heraus aus dem grauen Dunst, während ein scharfer Wind uns entgegenwehte. Bald erblickten wir auch östlich von uns schroffe, hohe Felsmassen; wir liefen durch einen Kanal und erreichten dann eine von allen Seiten geschützte Bucht auf der östlichen Seite der Insel St.=Vincent, wo wir vor Anker gingen.

Wie mannichfach belebend doch die Anwendung der Dampfkraft über den Erdkreis hin gewirkt hat! Wer dachte früher an die Bucht von St.=Vincent, die öde, freudelose und fast ganz leblose? Kaum ein afrikanischer Küstenfahrer, kaum ein Sklavenhandelsschiff oder ein portugiesisches Kriegsfahrzeug suchte die Bai zwischen den Felseninseln auf. Einen trefflichen Hafenplatz bot sie immer. Von der Insel selbst nach drei Seiten hin geschützt war auch die Einfahrt in diese Bucht gegen Nordwesten hin von der langen, mächtig schroffen Insel S.=Antão vollkommen gedeckt und vom Meere abgeschlossen. Aber sonst bot die Insel nichts Erquickliches.

Lebhaft erinnerte sie mich an die Wüsten von Sal und Boa-Vista.

Doch bot sie uns, als wir ankamen, ein freundlicheres Bild dar, als sie nach dem Ausspruche aller sonst darzubieten pflegte. Es hatte in den letzten Zeiten öfter geregnet. Wie schroff und gezackt nun auch die nach allen Richtungen hin zerrissenen und zerschlagenen vulkanischen Gesteinsmassen herausragen mochten um uns, so hatte dennoch überall da, wo nur irgendeine Möglichkeit zu einer Vegetation gegeben war, ein lichtes, zartes Grün die minder schroffen Abhänge überzogen, jenen Anblick gewährend, den gleich nach weggethautem Schnee das erste junge Korn darbietet. Ein wirklicher Frühling schien auf den öden Klippen erwacht zu sein, aber auch nur, um in regenloser Zeit von der glühenden Tropensonne wieder ausgedörrt zu werden.

Seitdem nun Dampfboote ihre weiter ausgedehnten Reisen um Afrika und selbst Südamerika herum verfolgen, hat man die vortreffliche Lage des Hafens von St.-Vincent zur Anlegung von Kohlenmagazinen vollkommen erkannt. Bald erhob sich eine Reihe neuer, hübscher Häuser und Magazine am todten Ufer, und die mannichfachste Schifffahrt belebte die sonst so stille Bucht. Ein Segelschiff nach dem andern brachte Steinkohlen in die Niederlagen auf der Insel; ein Dampfschiff nach dem andern holte sich von dort neuen Brennvorrath, der den vulkanischen, verbrannten Ausdruck der Insel noch mehr ausprägte; fast schien es, als müßten all diese Kohlen Fragmente der schwarzen Steinmassen selbst sein oder Reste früherer Waldungen auf der jetzt baumlosen Pelagosa.

Auch wir hatten denn mitten auf der Bucht zwischen todten Gesteinsschlacken den Anblick eines höchst eigenthümlichen Lebens, welchem wir freilich nur in einer gewissen Entfernung zusahen; denn unser Dampfer war, als von

Brasilien kommend, gleich beim ersten Gruß in Quarantäne gelegt worden und hißte eine gelbe Flagge auf, freilich zum großen Verdruß aller Passagiere, die gern, um dem lästigen Steinkohlenladen auszuweichen, einen Tag am Ufer zubringen wollten.

Ich gestehe ganz gern, daß ich selbst mit großem Interesse die Insel betreten haben würde. Und dennoch freute es mich, als einen eingefleischten Gelbfiebercontagionisten, daß noch eine Regierung, freilich nach einer sehr harten Lehre, sich von der großen, ernsten Gewißheit, das Gelbe Fieber wäre verschleppbar, vollkommen überzeugt hätte und gegen diese Einschleppung fortan Maßregeln träfe. Die Maßregeln der Behörden in St.-Vincent ließen uns vermuthen, daß wir in ganz gleicher Weise vor Lissabon behandelt werden würden.

Uns blieb also nichts weiter übrig, als vom Verdeck der Tyne aus um uns zu schauen. Das Dampfboot Avon, welches wir auf der Bucht hätten treffen sollen in seiner Fahrt von Southampton nach Rio-de-Janeiro, hatte schon am Abend vorher die Insel verlassen, indem die Tyne mit ihren vergeblichen Goldfischungsversuchen vor Pernambuco fast einen ganzen Tag verloren hatte.

Außer einer kleinen Flotte von Segelschiffen und zwei portugiesischen Kriegsschiffen lag nicht fern von uns eine amerikanische Corvette von kurzen, ungeschickten Dimensionen, woran ich auf der Stelle dieselbe Corvette erkannte, die mit unserer Novara vor Madeira geankert und mit ihr an demselben Morgen südlich abgesegelt war. Weiterhin prangte unter den Flaggen ihrer Nation und der „Dampfschiffahrts-Compagnie des Stillen Ocean" die Bogota, ein stattliches, großes Dampfboot, welchem man durch einen sehr kleinen, aber höchst zweckmäßigen Schleppdampfer einen Kohlenprahm nach dem andern zuschleppte. Kaum hatten wir uns danach umgesehen, als von Norden her durch den Kanal, der

St.=Vincent von S.=Antão trennt, ein englisches Kriegs=
dampfboot hereingebrauſt kam, Anker warf und mit Kanonen=
donner das portugieſiſche Fort begrüßte. Das Fort erwiderte
den Gruß. — Als der Kanonendonner verhallt und der
Pulverdampf verflogen war, kam ein großer, nordamerika=
niſcher Kriegsdampfer, ungeſchickt aber zweckmäßig gebaut,
ebenfalls durch den Nordkanal herein und ging zu Anker.
Da gab es wieder Kanonenbegrüßungen von verſchiedenen
Seiten, mannichfaches Hin= und Herfahren von kleinen
Kriegsbooten unter hübſchen Flaggen mit reinlich gekleideten
Matroſen und vielfaches Herbeiſchleppen von großen Kohlen=
prahmen mit ſchwarzen Bemannungen, deren dunkles, pluto=
niſches Colorit ſeltſam abſtach gegen die hellen Farben jener
Söhne des lichten Helios und der blauen Thalaſſa.
Auf unſerm Dampfer ward nun alles verhängt und ver=
ſchloſſen, was vom Kohlenſtaub beſchmuzt werden konnte.
Mit einer kleinen, höchſt zierlichen Dampfmaſchine auf un=
ſerm Verdeck, von deren Exiſtenz ich erſt dann etwas erfuhr,
als ſie mit ungeheurer Schnelligkeit und dem entſchiedenſten
Ausdruck von Impertinenz einer kleinen, aber wichtigen Per=
ſönlichkeit anfing die Kohlenſäcke aufzuhiſſen, ward unſer
Kohlenvorrath eingenommen. Aber die Concurrenz, die uns
die andern Dampfboote, namentlich die Bogota, als vor uns
gekommen, und der engliſche Kriegsdampfer machten, diente
nicht dazu, unſere Expedirung zu beſchleunigen. Schon gegen
Abend konnte letzterer durch die ſüdliche Ausfahrt wieder in
See gehen. Am folgenden Morgen war auch die Bogota
verſchwunden; dafür ſegelte ein amerikaniſcher Walfiſchfänger
und ein kleineres portugieſiſches Fahrzeug vom Norden daher.
Friſch blies der Wind von Nordoſt; an den öden Felſenge=
ſtaden von S.=Antão und dem wunderlichen Spitzberge mit=
ten in der Einfahrt der Bucht von St.=Vincent ſchlugen
ſchneeweiße Brandungen hoch auf, während ein gelinder Zug=

wind über unsern Ankerplatz dahinstrich). Da wurden denn auch wir von unserm Kohlendunst erlöst. Am Nachmittag war alles fertig, und unsere Thne verließ die stille Bucht.

Eine etwas unruhige See empfing uns schon im Kanal zwischen den beiden Inseln, deren groteske, starre Formen einen seltsamen Gegensatz zum vielbewegten Element bildeten. Augenblicklich verlor sich die grüne Färbung des Meeres und wich der dunkeln, blauschwarzen, ein Beweis, daß der Meeresgrund sich sehr schroff hinabsenkt. So mag es allerdings möglich sein, daß die Bucht von St.=Vincent ein Krater ist, wie solche Bildung sich wol hier und dort findet, z. B. bei den Inseln Paul und Amsterdam, deren eigenthümlich abgerundete Bucht einen kleinen Salzwassersee bildet, wie er mit großer Genauigkeit schon in der Gesandtschaftsreise vom Lord Macartney nach China im Jahre 1792 aufgezeichnet und beschrieben ist. Man will sogar einmal jenen Wasserkrater im wilden Feuerausbruch erblickt haben. So Gott will, wird das der Bucht von St.=Vincent nicht begegnen, wenn auch auf der südlichen Insel der capverdischen Kette, auf Fogo, noch heute vulkanisches Feuer auflodert.

Noch aus der Ferne ergötzten den Schwarm der Passagiere auf unserer Tyne die schroffen Formen der Inseln S.=Antão und St.=Vincent, denen sich noch die fernen Umrisse von S.=Lucia hinzugesellten. Man kann keine wildern, mehr veröbeten Eilande sehen als jene. Lebhaft erinnerten sie mich an den Krater von Madeira, an den Curral das freiras unter dem „rostfarbenen Pic", dem pico ruivo.

Wir hatten in St.=Vincent einige kranke Seeleute vorgefunden und mitgenommen, obwol einer von ihnen fast schon im Sterben lag. Er starb wenige Stunden nach unserer Abreise und ward am folgenden Morgen, während wir beim Frühstück saßen, in das Seemannsgrab versenkt. Nachher erst erfuhren wir den Vorfall; das hinderte aber nicht, daß

nicht abends Kratzmusik im Zwischendeck und zarte Seelen=
musik auf dem Verdeck stattfand; denn süße Liebe denkt in
Tönen. Wer weiß, wie nahe mir mein Ende! Daran schien
trotz des Leichenbegängnisses auch nicht ein einziger zu denken
neben Feuersglut und Meereswogen.

Da war es denn schon am folgenden Morgen, einem
Sonntage, ein allgemeines Entsetzen, als statt der Glocke
zum Gottesdienst die Feuerglocke angezogen wurde und alles
in vollständiger Eile und Ordnung an seinen Posten trat.
Die Spritzenschläuche wurden angeschroben und die Pumpen
fertig gemacht, Decken und Aerte herbeigeholt, — kurz der
volle Apparat in Bewegung gesetzt, um das Gräßlichste, was
auf offener See vorkommen kann, Feuerausbruch auf
einem Packetschiffe mit vielen Passagieren, zu be=
kämpfen. Noch sah man nirgends Feuer auflodern; doch
konnte auch niemand erfahren, wo und wie stark es brennte.
Diese furchtbare Scene, inmitten welcher der Kapitän ruhig
commandirte und die Offiziere, ohne irgendeine an sie ge=
richtete Frage zu beantworten, ihren Dienst thaten, dauerte
wol zehn Minuten, — zehn Minuten voller Todesangst!
Als aber, ehe noch irgendein Feuer zu bemerken war, durch
den chinesischen Tamtam das gellende Zeichen zum Verlassen
des Schiffs gegeben ward und die Matrosen zu den Booten
sprangen, um sie in das Meer hinabzulassen, da wandelte
sich die ernste Scene in eine heitere um; denn damit war
das — Feuermanöver beendet, und die Mannschaften traten
wieder ab. Der Feuerlärm war nur fingirt gewesen.

Gesetzlich soll auf jeder Reise eines transatlantischen
Dampfpacketboots wenigstens einmal eine Löschübung ange=
stellt werden. Wenn ich aber nicht irre, so soll das vorher
den Passagieren heimlich mitgetheilt werden, um unnöthige
Angst zu vermeiden. Wollte unser Commandant seine Passa=
giere für die Theilnahmlosigkeit am Bestattungstage des

Seemanns tags vorher züchtigen, oder ist es nicht nöthig, die Passagiere vorher von dem bevorstehenden Feuermanöver zu benachrichtigen? Kein Mensch von uns allen war benachrichtigt worden, kein Mensch erfuhr während der ganzen Uebung, ob er in der nächsten Stunde verbrennen und ertrinken würde oder nicht. Am allerwenigsten konnten wir an ein bloßes Feuermanöver denken an einem Sonntagsmorgen, wo alles sich zum Gottesdienst vorbereitete. Gottesdienst war nun zwar an jenem Sonntage nicht, aber ich bin dennoch überzeugt, daß alle 150 Passagiere an dem Sonntage, am 25. September, Gott mehr gedankt haben auf dem Verdeck, als wenn in dem Speisesaale Gottesdienst gehalten worden wäre.

Ich bin von jenem blinden Lärm, der eben doch ein entsetzlicher war, im höchsten Grade impressionirt worden. In demselben Jahre, als die furchtbare Katastrophe des Packetschiffs Amazonas im Kanal von England, wenige Meilen von der Küste vorgekommen war und so viele Menschen verbrannten und ertranken, ging auch das Packetschiff Severn von Rio nach Europa. Als es mit 200 Passagieren von Madeira fortgegangen war, wurden die Schlafenden um 1 Uhr in der folgenden Nacht vom entsetzlichen Feuerlärm geweckt zu einer Scene der Todesangst, wie sie kein Mensch wiedergeben kann. Meine ganze Familie, eine kranke Frau, Schwägerin und fünf Kinder waren an Bord. Da schrien alle zu Gott, und Gott half. Ein Mann mit nur einem Arm, aber einem Heldenarm, der Admiral Greenfell, und der nachherige Commandant Strutt waren es besonders, denen man unter Gottes Schutz die Rettung aus Todesangst und Todesgefahr verdankte. Daran dachte ich am 25. September 1859.

Nachdem wir am 24. September um Mittag uns auf $19°$ nördl. Br. und $23° 24'$ westl. L. befunden hatten, ergab unsere Rechnung am Schreckenstage des 25. September

21° 42′ nördl. Br. und 21° 28′ westl. L. Die Luft ward etwas trübe, das Wetter weniger freundlich; und unser Scheiden aus der Tropenzone ward auf ziemlich bewegter See gefeiert. Am 26. September waren wir 24° 12′ nördl. Br. und 19° 26′ westl. L. Viel freundlicher war dagegen der 27. September auf 26° 35′ nördl. Br. und 17° 35′ westl. L. In der Nacht ward Teneriffa passirt. Doch blieb die ganze Inselgruppe der Canarien so weit westlich, daß sie vom Schiffe aus gar nicht bemerkt wurden, obwol ein ziemlich helles, schönes Wetter unsere Fahrt begünstigte. Am 28. September waren wir 29° 23′ nördl. Br. und 15° 16′ westl. L., am 29. September 32° 44′ nördl. Br. und 13° 14′ westl. L., sodaß wir auch die Desertas, Madeira und Porto Santo passirten, ohne sie in Sicht zu bekommen; alles blieb uns westlich liegen.

Einige Regenschauer und Böen störten unsere Fahrt nicht. Die Breite der Straße von Gibraltar und unser Heranrücken an Europa brachte uns zahlreiche Schiffe in Sicht, die uns oft ganz nahe kamen, zumal am 30. September, wo wir uns mittags auf 36° 16′ nördl. Br. und 10° 56′ westl. L. befanden und nachmittags einmal auf einen Blick 11 Schiffe sehen konnten. Kaum konnte man einen anmuthigern Nachmittag auf dem Meere erleben. Das wundervollste Herbstwetter lag auf dem leichtbewegten, tiefblauen Wasser, nur ein Luftzug blähte die Segel der umherschwärmenden Fahrzeuge. Ohne Gefahr hätte des Phöbus Schwiegertochter Halcyone auf schwimmendem Neste brüten können.

Da war denn auch auf unserm Verdeck fröhliches Regen, Reden und Ausschauen. Wir alle sehnten uns nach europäischen Küsten, die uns so nahe sein mußten. Mehr als einmal glaubten einige der Lusiaden unter uns in fernen, leichten Wolkenstreifen den Rand ihres geliebten Portugal zu erblicken.

Doch sollte die Sehnsucht der einen und die von diesen angeregte Neugier der andern, das Wunder der Städte, Lissabon, noch im September zu erschauen, nicht in Erfüllung gehen. Als dagegen der October herangekommen, es war 3 Uhr nach Mitternacht, ward das Feuer von Espichel gesehen und lag bald hinter uns. Mit dem größten Theil der Portugiesen stieg ich auf das Verdeck, um das große Moment, ihr Wiedersehen des geliebten Vaterlandes, mit ihnen würdig zu feiern.

Noch war es vollkommene Nacht. Wundervoll funkelten die Sterne; der Morgenstern strahlte magisches Feuer. Aber vom schönen Portugal war nur ein dunkler, ferner Streif zu sehen. So kamen wir zur Mündung des Tajo; eine starke Flut lief heraus, sodaß wir nur langsam vorwärts kamen und das um so weniger, da unsere Tyne nur mit halber Kraft arbeitete, um nicht vor Tagesanbruch die Barre des Flusses zu passiren und Schaden zu leiden. Eine höchst unangenehme Nachtkühle wirkte auf uns alle etwas deprimirend; selbst die feurigen Lusiaden fanden die nüchterne Position etwas albern und mußten sich hinterher noch über ihren patriotischen Eifer, der sich allerdings im Nachtthau etwas abkühlte, auslachen lassen. Wir befanden uns ganz in jener komischen Stimmung wie Seume's Reisebegleiter auf dem Aetna.

Me thinks, I hear the dogstar bark,
And March meets Venus in the dark,

letzteres nicht ohne Beziehung gesagt auch auf unsere Tyne.

Schwaches, helles Morgenroth und ein gleichzeitiger starker, schwarzer Kaffee brachten aber alles wieder in volle Stimmung und Begeisterung. Während zahlreiche kleinere und größere Fahrzeuge aus dem Flusse herauskamen, liefen wir in die Mündung ein und längs einer Scenerie, die nur an wenigen Punkten in der Welt ihresgleichen finden mag.

Alle Schönheit und Lieblichkeit war auf dem nördlichen Ufer des Flusses concentrirt. Ein stattliches Fort, S.-Julião, gebietet dort Achtung oder redet doch wenigstens von Zeiten einer anerkannten Macht. Darüber hebt sich das fruchtbare Land hoch hinaus, weit überragt vom kecken, wundervollen Adlershorst, dem Palast von Cintra, so luftig und kühn gelegen wie einst Hohenstaufen und das ritterliche Schloß von Hohenzollern. Und nun reiht sich in lieblicher Verkettung ein Landhaus, ein Oertchen an das andere an. Felder und Gärten hören nicht mehr auf, zwar alle schon in Gewandung des Spätherbstes gekleidet, aber dennoch gar freundlich anzuschauen. Noch ein Fort passirten wir, dann ein freieres Ufer, wo eine Menge Zelte für Badegäste aufgeschlagen war, und zahlreiche, trotz des Spätherbstes noch badende Damen in langen Badetalaren seltsamen Mummenschanz trieben und mich an die braunen Najaden des palmenreichen Tocantins erinnerten.

Wir passirten den „Thurm von Belem", ein seltsames, antik modernes Gebäude mit Festungsanlagen, wo wir unser Schicksal abwarteten. Das ward denn sehr bald dahin entschieden, daß die Tyne, als von Brasilien kommend, nicht mit dem Ufer communiciren dürfte. Wir blieben in Quarantäne liegen.

Ein schöner Herbsttag in Lissabon wäre nun allerdings etwas höchst Wünschenswerthes gewesen, und ich beneide jeden Menschen, der dort einige Tage zubringen darf. Aber ein Tag vor Lissabon hat auch seltsame Reize, die wir im vollsten Maße, vom herrlichsten Herbstwetter begünstigt, genießen konnten.

Wir ankerten vor Belem, einer Vorstadt, dem Westende von Lissabon. Hier lag gleich eine alte Klosterkirche am Wasser mit weitläufigen Baulichkeiten, ich denke S.-Jeronymo genannt. Etwas höher hinauf ragte ein aus einer zusammenhängenden Reihe von Häusern gebildeter Palast empor und ganz oben auf dem Gipfel des Berges noch ein unvollendeter Palast von schöner Bauart. Weiterhin lag die Stadt selbst, ein Gewirr von Häusern an und auf einigen bedeutenden Abhängen errichtet, von fern unordentlich und doch ungemein interessant anzuschauen. Am Fuße der Stadt wimmelte es von Schiffen, zwischen denen mehrere Kriegsschiffe zu erkennen waren. Der Stadt gegenüber erschien das schroffe, linke Ufer des Flusses weniger angebaut, zum Theil selbst veröder; und mir fiel es auf, daß ich keine Dampffähre zur Verbindung beider Ufer bemerkte. Ueberhaupt war in allem, was man sehen und bemerken konnte, eine große Nachlässigkeit, Liederlichkeit und Unordnung zu erkennen, die mich lebhaft an die Straße von Messina erinnerte. Und dennoch war dieses weite, mächtige Amphitheater so wundervoll.

Da wir nun nicht in die Stadt hineindurften, kam ein großer Theil der Stadt zu uns. Zahlreiche Boote umzogen unser Schiff. Eine Menge von Obsthändlern bot ihre Waaren feil und schickte uns, wenn den Leuten das gute Geld in ihr Boot geworfen worden war, sehr schlechte Waare. Dicht neben ihnen producirte ein Musikant seine Kunst; weiterhin hatten sich einige Bettler ein Boot gemiethet, um eine gründliche Bettelei längs der Tyne anzustellen.

Hierzu kamen noch zwei große Ballastboote, um unsere portugiesischen Passagiere in die Quarantäneanstalt zu bringen. Auf eins wurden die Sachen gepackt, auf das andere die Menschen selbst, Männer, Frauen, Kinder, alle durcheinander. Das Laden dauerte ungeheuer lange, aber noch viel länger das Abstoßen. Bald war den Kerlen im großen Boote der Wind nicht recht, bald nicht die Strömung. Am

Avé-Lallemant, Nord-Brasilien. II.

meisten aber war es wol auf die Taschen der Reisenden abgesehen. Wenigstens sah und hörte ich, wie ein langes Feilschen und Disputiren unter den Menschen stattfand, was wirklich unerträglich war. In allen Quarantäneeinrichtungen muß Sinn und Verstand sein. In solchen Ballastbooten und ihren Gallegos aber ist kein Sinn und Verstand. Ich kann mir sehr wohl denken, daß man bei starkem Südwestwind mit diesen Schiffen das Quarantänehaus gar nicht erreichen kann. Zu solcher Anstalt gehört nothwendig ein ordentliches Dampfboot, wenn die Regierung nicht Gefahr laufen will, von sich sagen zu lassen, sie habe aus einer Quarantäneanstalt eine Folterbank für Reisende gemacht.

In Lissabon wurden wieder Kohlen eingenommen. Die dazu vom Ufer kommenden Leute arbeiteten ungemein fleißig. In wenigen Stunden war die Arbeit gethan. Doch mußten sämmtliche Arbeiter nach der Quarantäneanstalt hinübergehen.

Ein großes Fahrzeug mit frischen Nahrungsmitteln für uns ward ebenfalls mit vielem Danke acceptirt, besonders wegen seines schönen Obstes, an dem wir uns noch an demselben Tage regalirten.

Um 3 Uhr war wieder alles segelfertig. Mindestens die Hälfte der Passagiere war in Lissabon zurückgeblieben, und unser Verdeck sah ziemlich leer aus, als wir langsam den Fluß wieder hinunterfuhren. Beim Fort S.=Julião empfing uns eine bewegte See, welche uns einen, wenn auch nur sehr schwachen Beweis davon gab, daß die Barre vom Tajo in hohem Grade bewegt sein kann.

In der nächsten Nähe der Küste gingen wir nördlich und genossen noch einmal den Anblick des kühn liegenden Cintraschlosses. Mehrere Schiffe begegneten uns, auch zwei Dampfboote, von denen das eine das Packetschiff zwischen Vigo und Lissabon war. Das andere, ferner im Westen dahinsteuernde schien gar nicht nach Lissabon, sondern nach der Straße von Gibraltar zu gehen.

Gerade um Sonnenuntergang erkannten wir noch weiter innen im Lande das mächtig große Kloster von Mafra, das portugiesische Escurial, nicht viel kleiner als das spanische. Wilder erschien die Küste und weniger fruchtbar die steinigen Erhebungen derselben; mit einbrechender Dämmerung verschwand uns das Land aus den Augen, und die Nacht fand uns mitten auf offenem Meere. Trotz des kalten, feuchten Abends blieb ich dennoch lange auf dem Verdeck. Ein schönes Nordlicht loderte auf am Himmel und machte mitten in der Einsamkeit des Oceans einen wunderbaren, geheimnißvollen Eindruck.

Am Sonntag, dem 2. October, befanden wir uns auf 41° 52′ nördl. Br. und 9° 48′ westl. Länge. Doch ward die Scenerie am Nachmittag etwas nordisch durch einen feuchten, dicken Nebel, durch den man nur wenige Klafter hindurchsehen konnte. Beim regen Schiffsverkehr in jener Gegend ward es nothwendig, alle fünf Minuten die Ventilspfeife schrillen zu lassen, um etwa heransegelnde Schiffe von unserer gefährlichen Nähe zu benachrichtigen. Merkwürdig stark war am Abend das Meeresleuchten. Wir konnten ganze Fischgruppen, die mit uns dahinjagten, vollkommen gut erkennen und die einzelnen hellbelechteten Individuen genau unterscheiden. Einzelne kamen in rascher Fahrt ganz bis zur Oberfläche und bildeten dann einen scharfen, feurigen Strich auf dem Wasser, eine ebenso geheimnißvolle Erscheinung im Meere wie das Nordlicht des vorhergehenden Abends am Nordhimmel.

Ein schöner Morgen weckte uns am 3. October nach einer merkwürdig ruhigen Nacht. Das so übelberufene Biscayische Meer glich fast einem unbegrenzten Landsee, auf dem kaum

22*

einige Wellen langsam und leise auf- und abstiegen. Die Mittagsrechnung ergab 45° 47′ nördl. Br. und 8° westl. L. In dieser schönen ruhigen Situation hatten wir ein seltsames Phänomen. Wir begegneten einem Dampfboot von der höchsten Eleganz und Zierlichkeit, auf dessen Hinterdeck einige Herren in feiner, anständiger Civiltracht standen und uns, da wir uns in nächster Nähe befanden, sehr freundlich grüßten, wozu auch die prächtige Schiffsflagge am Steuer auf- und abgezogen ward. Der Gruß ward von unserm Dampfboot ganz regelrecht erwidert. Aber das Seltsame bei der schönen, wirklich prächtigen Dampfjacht war, daß niemand, selbst nicht unser Commandant, ihre Nationalflagge kannte. Mir schien sie eine modificirte russische zu sein.

Ein trüber Regen schien uns am Morgen des 4. October unsere Fahrt etwas erschweren zu wollen. Doch ward es um Mittag helleres Wetter, als wir uns auf 49° 13′ nördl. Br. und 4° 36′ westl. L. befanden, also mitten im Eingang zum englischen Kanal. Nahe und fern erblickten wir zahlreiche Schiffe, und bald tauchte im Norden auch Land auf, auf welchem am Abend ein Leuchtfeuer brannte, das Feuer von Start-point. Ihm gesellte sich bald ein zweites hinzu, das Feuer von Portland. Aber eine dunkle und nebelige Nacht hinderte unser schnelleres Fortkommen. Wir mußten still liegen und durften selbst am andern Morgen in den ersten Stunden nur langsame Fahrt machen, bis der Tag völlig angebrochen war. Wir befanden uns zwischen der Insel Wight und dem Festlande und erkannten bald die kleine Stadt Cowes. Wundervoll, ja zauberisch schön war die Scenerie um uns, welcher der Herbstschleier keinen Abbruch that. Alles, was man sah an Parks, Gärten, Feldern, an Landhäusern und sonstigen Gebäuden, verrieth Ordnung, Fleiß und Sauberkeit. Fast kam es mir vor, als ob ich noch nie so viel Thätigkeit zu Lande und zu Wasser gesehen hätte, so viel schöne Natur mit so viel nachhelfender, feinerer Kunst vereinigt gefunden.

So zogen wir an den lieblichen Ufern dahin, zwischen zahlreichen Schiffen hindurch, von der kleinen Segeljacht bis zur kühnen Fregatte aufwärts.

Da sahen wir Southampton vor uns liegen, und unsere Fahrt war zu Ende. Langsam und vorsichtig, wie ein Rennpferd nach durchlaufener Bahn in seinen reinlichen Stall zurückgeführt wird, ward die Tyne in den prachtvollen Dock hineingezogen, wo eine ganze Gesellschaft von riesigen Dampfpacketbooten in der friedlichsten Weise zusammenlag, die Oneida, Saronia und andere. Wer hätte vor 50 Jahren an solchen Dampfschiffscongreß gedacht, wofür hätte er ihn gehalten, wenn er die schwarzen Riesenleiber nebeneinander auf dem Wasser hätte liegen sehen?

Nach wenigen Stunden flog der Eisenbahnzug mit uns nach London, nach wenigen Stunden erreichten wir die gewaltige Stadt, eine Strecke über ihren Dächern hinfahrend.

Aber ebenso wenig, wie ich beim Scheiden von Triest etwas Weiteres über Venedig sagen durfte, darf ich es über London thun, in welchem ich nur zwei Tage bleiben durfte.

Der Amazonenstrom und der Menschenstrom durch die Straßen von London! Beides die mächtigsten Strömungen, beide in den entschiedensten Gegensätzen und doch beide so hoch begeisternd.

Wohl hatte der recht, welcher Paris die Stadt der Frauen, London die Stadt der Männer nennen wollte. Wenn je gewaltiges, wuchtiges Männerthum sich kund that in der Welt, wenn je eine edle, allen und allem gerechte Staatsweisheit gefunden wird, so ist London, England, das kleine Eiland, die Wiege davon und zugleich die Arena, der Platz der Thaten, der Beweise davon.

Aber genug. Am 7. October ging unsere kleine deutsche Gesellschaft, die von Südamerika gekommen war, in London auseinander. Mit einem jungen Deutschen und, wie ich selbst, Lübecker eilte ich abends nach Dover. Eine graue, unfreundliche Regennacht brachte uns in ungemüthlicher Verfassung auf dem belgischen Postdampfschiff nach Ostende. In wenigen Stunden durchflogen wir Belgien und zogen freudig ein in deutsche Lande. Aachen und Köln, die beiden deutschen Städte — mögen sie um Gottes willen immer deutsch bleiben — begrüßten wir mit herzinniger Erhebung. Den Dom in Köln hatte ich schon früher gesehen. Neben ihm macht die neue Rheinbrücke einen höchst unschönen Eindruck, und Köln hat an alter Rheinpracht wesentlich durch das Werk verloren.

Am Nachmittag schon flogen wir weiter. Die ganze Nacht, bis 1 Uhr wenigstens, raste die Locomotive mit uns vorwärts, an mancher hellerleuchteten Fabrik vorbei, bei mancher glühenden Feueresse dahin.

Bald rauschte die Elbe vor uns vorbei im goldenen Morgenstrahle. Hamburg glänzte zu uns hinüber. Treue Bruderliebe empfing mich.

Noch wenige Stunden fehlten von dort bis zum traulichen Lübeck und meinen dortigen Lieben. Nach 8 Uhr am Abend des 9. October traf ich daselbst ein und pries des Herrn Gnade und Allmacht. —

Und so sollen alle die, die des Herrn Werke erfahren haben und seine Wunder im Meer, wenn er sprach und einen Sturmwind erregete, der die Wellen erhob, und sie gen Himmel fuhren und in den Abgrund fuhren, daß ihre Seele vor Angst verzagte, daß sie taumelten und wußten keinen Rath mehr; und sie zum Herrn schrien in ihrer Noth, und er sie aus ihren Aengsten führete und stillete das Ungewitter, daß die Wellen sich legten und sie froh wurden, daß es stille geworden war, und er sie zu Lande brachte nach ihrem Wunsch: die sollen dem Herrn danken um seine Güte und um seine Wunder, die er an den Menschenkindern thut, und ihn bei der Gemeine preisen und bei den Alten rühmen.

Nachwort.

Längst ist meine Reise beendet, längst sind die auf derselben zusammengestellten Bemerkungen der Presse und von ihr dem Publikum größtentheils übergeben, und nichtsdestoweniger komme ich in einer Nachrede noch einmal auf meine mühsame Wanderung zu Land und Meer zurück.

Ich selbst darf schon solche Nachrede meinem Reisebericht hinzufügen, nachdem derselbe vom Publikum mit außerordentlicher Nachsicht und dem unverkennbarsten Wohlwollen aufgenommen ist, sobaß darin meine kühnsten Erwartungen übertroffen oder vielmehr meine schüchterne Besorgniß, es möchten auf dem bisher von mir nicht bebauten Felde eines Reisenden nicht mein guter Wille, sondern meine Leistungen beurtheilt werden, vollkommen beseitigt ist.

Nur in einer Beziehung hat sich Leidenschaftlichkeit gegen mich erhoben. Als ich anerkennend und wohlwollend über so manche beginnende und kräftig aufwachsende Colonisationspunkte im südlichen Brasilien geschrieben hatte, glaubten einige darin eine Tendenz, eine Art von Auswanderungspropaganda zu finden, und berührten meine Darstellungen

mit einigem leisen Verdacht, der indeß wieder zu verschwinden
schien, als ich mit Bestimmtheit alle gebundenen Verhältnisse,
Tagelöhnerei, Parceriewesen und Knechtsbedingungen deut=
scher und anderer Auswanderer verdammt und jegliches Pri=
vatunternehmen derart, sei es benannt, wie es nur immer
wollte, als wirkliche, nach allen Seiten hin vergiftende Pest=
beule im frischen, freien Aufblühen und Fruchtbringen deut=
scher Colonisationen auf brasilianischem Boden bezeichnet und
verworfen hatte.

Durch solche offene Erklärung verfiel ich der Kritik einer
andern urtheilenden und in der Presse sich bemerkbar machen=
den Menschenklasse, — der Klasse von Auswanderungsagen=
ten, Colonistenanwerbern und Menschenspediteuren, welche
fürchten mußten, daß einem Theil von ihnen Kopfprämien
und Commissionsgelder, einem andern Theil von ihnen auch
der Name und die äußere Ehre verloren gehen konnte, nach=
dem sie Gewissen und innere Ehre längst eingebüßt hatten,
gerade wie es den ehemaligen Sklavenhändlern auch gegan=
gen ist, die ihrem schwarzen Unternehmen allerlei Lichtseiten
und beschönigende Namen zu geben wußten, Geld damit
verdienten und selbst allerlei Orden und Titel bekamen, bis
die Oeffentlichkeit sie als Sklavenhändler erkannte und
brandmarkte, wie das mit unsern Seelenverkäufern, für
die ich, um sie in das Lerikon der Gaunersprache einführen
zu können, das nicht unebene Wort Nepheschgänger (vom
hebräischen נפש, Seele) vorschlagen möchte, sich heutigen
Tags ereignet und, so Gott will, immermehr ereignen wird,
troß ihrer Diplome und Orden, womit sie sich zu bedecken
verstanden haben mit Täuschung von Universitätsfacultäten
und fürstlichen Häuptern!

Diese Nepheschgänger nun sind ganz besonders auf=
geregt worden und gegen mich zu Felde gezogen, als ich das
elendeste Colonisationsmachwerk, was ich bis dahin getroffen

hatte, die Menschenschlachtereien am Mucuri, am Südrande der Provinz Bahia bis tief in die Provinz von Minas-Geraes hinein untersucht und in der deutschen Presse als das gefährlichste bezeichnet hatte, wohin deutsche Auswanderer geschickt werden könnten.

Die rührige Thätigkeit des Unternehmers, die ungeheuere Ausdehnung des Plans, die Massenhaftigkeit der Hülfsmittel versprachen Raum für viele Tausende von Auswanderern, also schöne Kopfprämien und Commissionsgelder für Anwerber und Auswanderungsspediteure, wie denn ja das Unternehmen vor der Oeffentlichkeit in mancher hübschen Darstellung und durch zahlreiche anziehende Anekdoten von Urwäldern und Botocuden höchst plausibel gemacht war, ganz nach horazischer Regel — late qui splendeat unus et alter adsuitur pannus.

Die heftige Erschütterung des leichtsinnigen Unternehmens, welche durch meinen Besuch und mein Verfahren am Mucuri hervorgebracht war, zog mir eine arge Verketzerung zu. Die trübselige Abwickelung der Geschichte, wie ich sie erzählt habe (I, 322 fg.), war ein Triumph für den Unternehmer und seine Getreuen. Zu beiden Seiten des Oceans ward ich in der Presse arg heruntergerissen, nirgends mehr als in dem deutschen Blatt „Brasilia", welches in Petropolis bei Rio erscheint und zu welchem sich Th. B. Ottoni den Weg gebahnt hatte für eine bedeutende Summe, nachdem ihm in Rio selbst zwei rechtlich gesinnte Deutsche für die Veröffentlichung der Diatribe gegen mich ihre Typen und Druckapparate verweigert hatten. Zur deutschen Ausarbeitung hatte ein Mensch die Hand geboten, der bei geistigen Hülfsmitteln in verschiedenen Laufbahnen schon Schiffbruch gelitten und in zwei Welttheilen bereits seine Ehre verloren hatte, bis er sich denn dem Geschäft des Nephesgebens anschloß und sich dem Meistbietenden verkaufte zu allen möglichen Hülfsleistungen.

Während ich so beschimpft ward, sang die Mucuri-Unternehmung Jubellieder. Aber unsere Landsleute fuhren fort, am unseligen Flusse zu leiden und zu vergehen, während im „Correio Mercantil" von Rio-de-Janeiro rosenfarbige Correspondenzen von dem Gedeihen der Unternehmung aus Philadelphia in monatlicher Wiederkehr erschienen und die Lage der Elenden, die etwa in Rio ruchbar ward, in einer förmlich diabolischen Weise verhöhnten.

Vom Mucuri aus hatte ich, tief empört über den modernen Brutus, einen Brief geschrieben an einen Mann von bedeutender Stellung, mit dem Ausdruck: ich würde meinen Gegner bis zum Schlachtfeld von Philippi bringen. Als ich die Iden des März vom Jahre 1859 auf offener See am Bord des Tietêdampfers mit meinen Leidensgefährten hingebracht, und nun im Mai und Juni Senat, Ministerium und selbst der Kaiser, von schlechtem Rath beeinflußt, neue Subsidien jener Carnificina bewilligt hatten, durfte ich nimmermehr daran denken, daß schon die Iden des nächsten März jene Schlacht von Philippi bringen würden.

Bei dem lebhaften Interesse, welches die traurige Colonisationsepisode in Deutschland erregt hat, will ich meine Mucuri-Geschichte zu Ende erzählen, denn sie ist zu Ende. Bei den lebhaften Angriffen, die Ottoni mit seinen Nepheschgängern gegen mich gerichtet hatte, darf ich die Abwickelung nicht verschweigen, denn sie ist für mich die glänzendste Satisfaction, die ich in solchem Umfange nie erwarten durfte. Bei dem Schatten endlich, den die Entschließungen des Senats und der Regierung vom Mai und Juni 1859 auf manche brasilianische Verhältnisse werfen mußten, ist es meine Pflicht, das ganz kürzlich in Rio-de-Janeiro Geschehene zu erzählen als ein Wort des letzten Verständnisses und einer endlichen Versöhnung nach bitterer, gerechter Fehde.

Um eine klare Ansicht zu geben, wie hartes Elend die in

den Mucuri-Colonien angesiedelten Auswanderer bis in die letzten Zeiten hinein verfolgte, muß ich wieder einige Briefe und Documente publiciren, die mir von dorther zugekommen sind seit der Veröffentlichung vom ersten Bande meiner Nordreise.

So erhielt ich folgenden Brief:

„Hochgeehrtester Herr Doctor!

„Bereits im Frühjahr habe ich durch Herrn Schlobach ein Schreiben an Ew. Wohlgeboren abgesendet, allein es hat den Anschein, als ob dasselbe nicht in Ihre Hände gekommen ist, obwol mir Schlobach versicherte, er wolle dasselbe gewiß besorgen (! — bekommen habe ich es nicht).

„Wir sind noch in demselben Zustande, als wir bei Ihrem Hiersein waren, d. h. in körperlicher Hinsicht; in politischer Hinsicht aber in einem viel hoffnungslosern. Es waren zwar einige Commissionen seitens der brasilianischen Regierung hier, aber sie haben die Colonisten nicht zugelassen. Bei der letztern, ein Herr Dr. Maschate (s. I, 334), habe ich den letztern auf seiner Rückreise nach Rio-de-Janeiro, nebst meiner Frau auf der Straße an meiner Fazende angehalten und ihn gebeten, uns aus der hiesigen Colonie zu befreien. Allein wir erhielten zur Antwort, er wäre nicht beauftragt, uns von hier fortzubringen, sondern nur den Zustand der hiesigen Colonie in der Art zu untersuchen, ob die noch zu verwendenden Gelder angewendet sein würden. Seitdem haben sich die Zustände hier sehr verschlimmert u. s. w."

Und nun folgen im Briefe bittere Klagen, wie sie schon bei meinem Besuche der Colonie vorkamen. Dann fährt der Briefsteller fort:

„Auf diesen Grund und Veranlassung traten 45 Familienhäupter zusammen, um eine Bittschrift an Se. Majestät den Kaiser durch zwei Deputirte zu überreichen; und dieselben sollten am heutigen Tage abreisen. Allein als sie von dem Vicedirector Ernesto Ottoni die Anweisung zur Ueberfahrt erbaten, hat derselbe sie mit den Worten: sie sollten auf ihre Fazenden gehen und arbeiten, abgewiesen. Es ist und geht daraus wiederum klar hervor, daß wir einem grenzenlosen Elend und vollkommener Sklaverei entgegengehen, daß wir Gefangene und aller Mittel beraubt sind, aus unserm hoffnungslosen Zustande zu kommen. Da mein Schwager, der Seifensieder Thiele, gegen Einzahlung von 40 Milreïs (etwa 30 Thlr.) nach vielen Mühen die Erlaubniß erhalten hat, nach Rio-de-Janeiro zu gehen und sich bereits in Sta.-Clara zur Abreise befindet, so versuche ich durch diesen Weg, Sie von unserm Zustande zu benachrichtigen und Sie, obwol Sie schon viel gethan und gelitten haben um Ihrer Landsleute willen, dringend zu bitten, uns und meine Unglücksgefährten womöglich aus diesem Elende zu befreien. Möge Gott Ihnen hierzu Mittel und Kraft verleihen, — das sei unser tägliches Gebet; an Muth und Willen, dies wissen wir schon, gebricht es Ihnen nicht. Im vollen Vertrauen auf Sie grüßt Sie von Herzen

Neuphiladelphia, den 5. December 1859.

der Colonist im Mucuri Julius Gerlach nebst Frau und im Namen seiner Unglücksgefährten."

Aus einem andern Briefe theile ich Folgendes mit:

„Rio-de-Janeiro, den 6. Jänner 1860.

„Mein verehrtester Herr Doctor!

— — — „Wie Sie aus der Ueberschrift des Briefs ersehen, bin ich nicht mehr im gesegneten Mucuri; ich habe von der eisernen Nothwendigkeit gezwungen meine Familie verlassen müssen, um hier eine andere Carrière mir zu schaffen. Alle unsere, auch die bescheidensten Hoffnungen waren sowol durch die Ungunst der Verhältnisse wie der Schicksale zertrümmert worden.

„Die Milhoernte (Maisernte), auf die sich all unsere Aussichten für die Zukunft basirten, war total infolge der anhaltenden Dürre gefehlt; eine dreimalige Bohnenpflanzung ebenfalls; wir ernteten nicht einen Teller voll u. s. w. Das Land schien so erschöpft zu sein, daß der Mais, den wir für dieses Jahr säeten, gar nicht zu werden versprach. Das ist die vielgerühmte Fruchtbarkeit hier, daß nach dreimaligem Pflanzen das Land erschöpft ist. Wir sahen einer traurigen hoffnungslosen Zukunft entgegen; dahin war aller Muth, alle Kraft und Lebensfreudigkeit; bei aller Arbeit, die wir machten, drückte der Gedanke danieder: es ist ja umsonst u. s. w.

„Sie fühlen, verehrtester Doctor, welche Welt von Schmerz, Verzweiflung, Reue für mich darin lag, meine arme Frau vor Hunger, sage vor Hunger, beinahe ohnmächtig werden zu sehen! Ich oder wir vermochten vor Kummer und Heimweh und Hoffnungslosigkeit kein anderes Gebet mehr zu stammeln als: Herr Gott, erlöse uns durch den Tod von diesem Leben!

„Es waren aber noch andere Sorgen, die uns gänzlich zu Boden drückten, — Schulden! Es liegt für mich etwas unaussprechlich Schreckliches in diesem Worte; es ist die drückendste Fessel, um den freien Aufflug des Menschengeistes zu hemmen. Ich mußte sie machen, und zwar bei Herrn Maia auf Monte-Christo (s. 1, 237), um Arbeiter anstellen zu können für den Hausbau und die Roça-Arbeiten, da wir allein nicht fertig wurden, und auch für Lebensmittel, die, besonders Speck, Kaffee und Zucker, sehr theuer waren. Ich muß sie zu 24 Procent verzinsen, und am 20. December 1859 war der erste Posten mit 200 Milreis fällig. Ich hatte zu erwarten, von Haus und Land vertrieben zu werden.

oder unsere Habseligkeiten einzubüßen. Je länger je mehr fühlte ich, daß ich der schweren Landarbeit nicht gewachsen war, daß ich es zu gar nichts bringe. Was blieb mir nun anderes übrig, als mein Glück in Rio zu versuchen? Ich frug Ottoni um die Erlaubniß in Geschäften nach dort zu gehen; meine Absicht zu bleiben sagte ich nicht, und bei ihm war ja keine Hülfe, kein Trost zu suchen. Arme Colonisten haben ja kein Recht zu klagen! Denken Sie sich, ich bin die 9½ Leguas (7 deutsche Meilen) nach Philadelphia, um den Paß zu holen, barfuß gegangen; ich hatte keine Schuhe mehr. Nicht wahr, man bringt es weit hier? Ich dachte mit bitterm Hohnlachen daran, was wol meine Freunde zu Hause, mein guter, alter Vater dazu gesagt hätten, wenn sie mich barfuß und einen Bündel auf dem Rücken tragend gesehen hätten!

„Ich kam den 22. December in Rio an u. s. w. (wo der Briefschreiber eine Lehrerstelle in der Nähe bekommen hat). Nun noch einige Worte über den Mucuri im allgemeinen. Als ich Ende September in Philadelphia war, herrschte unter allen Colonisten im allgemeinen ein Geist des Misbehagens, der Unzufriedenheit; selbst Leute wie Kern, Huber, Schlobach waren niedergedrückt von der Gleichgültigkeit, die Ottoni den Colonisten und ihren Angelegenheiten gegenüber zeigte; er war mehr als vier Wochen in Philadelphia gewesen, ohne daß er nur einen derselben besucht hätte. Die Colonisten am S.-Jacintho (s. I, 243, ganz unten) hatten einen Versuch gemacht, sich als Gemeinde zu constituiren und hatten einen Gemeinderath gewählt, der sich als solchen dem Theophilo präsentirte und den Antrag brachte, er möchte den Colonisten unter gegenseitiger Garantie — alle für einen, einer für alle — ein kleines Anlehen von 10 Contos machen, um daraus unter ihrer eigenen Administration einen Fonds für gegenseitige Hülfeleistung zu bilden. Ottoni lachte ihnen ins

Gesicht, wie's sie mit diesem und andern Gesuchen ab und leugnete selbst Versprechungen, die er in Gegenwart von Zeugen gab, rein weg. Die Colonisten hatten dieses Jahr durchweg tüchtig und viel gearbeitet, und nun begann der Jammer: «Wer soll uns unsere Producte abnehmen? Der Director will sie gar nicht oder nur um Schandpreise, und auf diese Weise kommen wir zu nichts.» Als ich im December hierher reiste, kam eine Deputation der Colonisten vom S.-Jacintho, um im Namen von 47 Familienvätern dem Kaiser womöglich eine Klageschrift vorzulegen, die eine ganze Menge Punkte und Artikel enthielt. Sie wandten sich zuerst an den preußischen Consul, der dann mit ihnen zu Ottoni ging. Ich war gerade anwesend bei der Unterhandlung und mußte mit bitterm Schmerze hören, wie der Consul eben ganz auf Seite von Ottoni war. Letzterer machte allerdings einige Concessionen; ob er sie halten wird? Es ist schade, daß die Klageschrift nicht konnte gedruckt werden; es wäre ein köstlicher Beleg gewesen zu der Vertheidigung von Ottoni Ihnen gegenüber und eine Erläuterung zu den erbettelten Briefen und Ergebenheitsadressen, die seinerzeit veröffentlicht worden sind. Es war selbst in dieser Adresse gesagt, in der Klageschrift nämlich, es seien die Unterschriften vieler Colonisten ohne ihr Wissen und Willen auf die von Kern verfaßte Ergebenheitsadresse gesetzt worden, — Kirsten, Huber und andere seien bestochen worden, um günstig zu schreiben. Man sieht aber aus allem deutlich, welche faule Geschichte die Mucuri-Colonisation ist, oben und unten im Lande. Wäre ich frei mit meiner Familie aus den Fesseln, ich wollte auch ein Wörtchen schreiben. Leben Sie wohl u. s. w.

Böschenstein-Elmiger."

Gerade so, wie mir das Schicksal eine Abschrift des Sachmund'schen Berichts über die Zustände in Sta.-Clara (s. I, 324) zugeführt hat, besitze ich auch eine Abschrift der in den beiden eben copirten Briefen mehrfach erwähnten Bittstellung an den Kaiser.

Diese Bittschrift ist kein von irgendeinem bezahlten Schriftgelehrten abgefaßtes Document. Es ist ein Nothschrei von verlassenen, verrathenen Menschen der untern Stände, die damit einen Verzweiflungsversuch machen, sich aus ihrem Cayenne am Mucuri zu retten. Die Redaction des Blattes ist gänzlich unordentlich und als eine Bittschrift an einen Kaiser taktlos, die einzelnen Constructionen verdreht, die Orthographie zum Theil schauderhaft, sodaß das Blatt jedem, selbst dem Mitleidvollsten, immer noch ein Lächeln abgewinnt neben der tiefen Empörung, die es erregt.

Die Leute erklären, daß sie ihre letzte Habe zusammengebracht, um zwei Colonisten, August Hirle und Heinrich Fricke, nach Rio schicken zu können, welche beide „nicht durch Zureden oder Geschenke sich verleiten lassen zu wollen, damit sie ihre Gewissen nicht verletzen, sondern ihre Obliegenheiten aufs genaueste zu erfüllen, und auch für nichts zu scheuen, sondern nur die reine Wahrheit um ihr künftiges Wohl auszusprechen versprechen, so wahr ihnen Gott helfe zur Seligkeit".

„Wir sind Deutsche", so sagen die unterzeichnenden Familienhäupter, „und von deutschen Agenten verlockt und verleitet worden, uns nach der Mucuric-Colonie zu begeben; es wurde uns vorgespiegelt, daß diese erwähnte Colonie ein wirkliches Paradies sei. Nachdenklich ist dieses aber nicht der Fall; es ist dasselbe umgewandelt und zu betrachten als Hölle.

„Hier kamen wir in der Colonie an frisch, gesund und bei vollen Kräften mit unsern zahlreichen Familien. Leider aber sieht jetzt jeder Familienvater sowie seine Gattin, wenn sie ihre Fazenden betreten, um an ihre Beschäftigung zu gehen, die Grabeshügel ihrer Dahingeschiedenen, und der Muth zur Arbeit geht dahin! Mancher Gatte hat seine Gattin verloren, manche Gattin ihren Gatten und hoffnungsvolle Kinder. Und bei diesem allen sollten wir frischen Muth fassen, um unsere Pflanzungen in gehörige Ordnung zu bringen.

„Dies sei von den Sterbefällen erwähnt! Die noch jetzt Lebenden leiden an Bleichsucht und Herzkrankheiten. Auch für diese ist keine ärztliche Hülfe vorhanden; vielleicht könnten sie transportirt werden und dadurch am Leben erhalten, und manches Leiden vermieden werden."

Somit bitten sie um einen gewissenhaften Arzt und Apotheker, beklagen sich über die vielen nicht gehaltenen Versprechungen der Compagnie, über das schlechte Klima, über die Nahrungsmittel, ausgewachsene Bohnen, wurmigen Speck, Mangel an Kleidung, ungeheure Preise für Sachen, die zu kaufen sind, z. B. 1 Pfd. Speck 25 Sgr., 1 Pfd. Kaffee 12 Sgr., ebenso viel ein Pfund Seife u. s. w., bei völliger Werthlosigkeit der selbst gebauten Producte.

Ferner beschweren sie sich über den Mangel an einem Geistlichen und einem ordentlichen Lehrer. „Wir leben wie im Heidenthum; zwar ist ein deutsches Bethaus errichtet, jedoch fehlt es an einem Prediger u. s. w."

Dann folgt eine sehr entschiedene Zurückweisung „deutscher Bekanntmachungen und glänzender Berichte über die guten Zustände von einem gewissen Adolf Kersten", welcher Berichterstatter in den allerschärfsten Ausdrücken Lügen gestraft wird und auf Geldbedingungen hin seine Berichte nach Deutschland übermacht haben soll.

„Ferner ist ein Bericht von dem Apotheker Kern eingegangen an den Herrn Director der Compagnie nach Rio-de-Janeiro, daß wir uns sollten in gutem Wohlstand befinden.

Dieser Bericht soll von sämmtlichen Colonisten mit eigenhändiger Handschrift bezeichnet sein. Mit nichten! Es ist uns solches nicht bewußt; wir verlangen dagegen, daß uns dieser Bericht in förmlichem Formular vorgelegt wird, um daß ein jeder seinen selbst geschriebenen Namen in Augenschein nehmen kann."

Dieser Widerlegung folgen noch einige Lügenstrafungen von andern Bekanntmachungen nebst Darstellungen verschiedener Nothzustände. Dann fährt die Supplik fort:

„Des letzt hier gewesenen Herrn Advocat Doctor Machado eingereichte Bericht ist nur von der Compagnie abgefaßt worden. Allen übrigen Colonisten ist kein Gehör gegeben. Unser größter Wunsch ist, daß wir aus der Mucuri-Colonie ausgeführt werden u. s. w."

Schließlich kommt noch die Erwähnung, daß einige Colonisten vom Rio-de-S.-Benedicto (s. 1, 285) sich zur Rettung ihrer erkrankten Kinder um einige Beneficien, zu denen sie nach frühern Bekanntmachungen sich berechtigt glaubten, an den Director gewandt hatten. „Er erwiderte dagegen noch, daß er der Bekanntmachung nicht nachgehe, sondern die Gesetze stehen hier in der Mucuri-Colonie in seiner Kraft, und wir wurden auf unsere Gesuche mit einer spöttischen Rede gänzlich abgewiesen."

Dieser Hülferuf an den Kaiser war, wie schon angezeigt ist, von 47 Familienhäuptern unterschrieben. Als ich ihre Namen las, kam es mir wirklich vor, als ob ich viele von ihnen, außerdem daß ich sie am Mucuri gehört und mehrere von ihren Inhabern daselbst gesehen hatte, auch schon irgendwo gedruckt gelesen hätte. Ich durchsuchte einen Packen Zeitungen und Schriftdocumente, jene Mucuri-Angelegenheit betreffend, und fand richtig, was ich gebrauchte.

Im verflossenen Jahre 1859 erschien in Hamburg bei Wilhelm Jowien ein Heft von 29 Seiten: „Berichte, betrefsend die Mucuri-Colonie in der brasilianischen Provinz Minas-Geraes", ohne den Namen eines Herausgebers, obwol sich im Heft selbst unter jeder Anmerkung die Zeichnung: „D. Herausg." findet.

Dieser Herausgeber introducirt sich als einen edeln Mann. Was sollen wir aber sagen, wenn wir S. 5 lesen: „Leute, deren Köpfe von den gewissenlosen Agenten Europas mit glänzenden Vorspiegelungen angefüllt, und die auf das schändlichste von elenden Seelenverkäufern ganz falsch über die hiesigen Zustände unterrichtet waren u. s. w.", und darunter denselben Namen finden, der in jener an den Kaiser abgesandten Bittschrift so schwer verklagt wird?

Nach vielen merkwürdigen Documenten kommt nun in dem bei W. Jowien 1859 von einem anonymen Herausgeber veröffentlichten Heft, S. 17, eine: „Oeffentliche Erklärung von deutschen Ansiedlern in den Mucuri-Colonien", in welcher dem „Verdienst des edeln Gründers" Weihrauch gestreut wird mit Unterzeichnung von 74 Namen.

Dieses muß der Bericht vom Apotheker Kern sein. Und wirklich finde ich gleich auf den ersten Blick 20 Namen, welche unter beiden Documenten stehen. So sammelt man am Mucuri Lobeserhebungen für das „Verdienst eines edeln Gründers" und refrutirt Namen für ein brasilianisches Cayenne!

Wenn ich nun von den 74 Namen jene 20 als „annerirte Namen" abziehe und den Rest persönlich fragte, selbst Kern, selbst Huber, selbst Rihs, ob ihr Gewissen ganz rein war beim Unterzeichnen, ich glaube, gar manche von den Inhabern würden doch roth werden. Und was würde der Doctor Machado Nunez sagen — „Seine Excellenz"; wie Ottoni ihn so gern bezeichnet und wie er auch den wackern von

Tschudi zur Excellenz macht —, was würde der Doctor Machado sagen, wenn er die Verklagungen der Colonisten am Mucuri läse und sich nun vor seinem Herrn, dem Kaiser, rechtfertigen sollte?

Bei zwei Namen des Kern'schen Berichts für den „edeln Gründer" muß ich noch eine kleine Anekdote erzählen, woraus hervorgeht, wie selbst unbescholtene deutsche Firmen in den Mucuri-Schwindel hineingerissen und von der ganzen Geschichte überrumpelt und dupirt worden sind. Diese beiden Namen sind: Reinhold und Otto Sommerlatte, die Söhne eines Schmiedemeisters Karl Sommerlatte aus Schkeuditz; — die unbescholtene deutsche Firma ist die der achtbaren und geachteten Herren Schlobach und Morgenstern in Leipzig.

Diese Firma machte mit dem Sommerlatte den folgenden Contract:

„Zwischen Schlobach und Morgenstern in Leipzig, Mitbesitzer eines Holz- und Schneidemühlengeschäfts in Sta.-Clara in Brasilien einestheils und dem Schmiedemeister Karl Sommerlatte aus Schkeuditz anderntheils ist heute nachstehender Dienstvertrag verabhandelt und geschlossen worden:

„Die Herren S. u. M. engagiren den Schmiedemeister Sommerlatte für ihr Holzgeschäft in Sta.-Clara auf drei Jahre unter folgenden Bedingungen:

1) leisten sie den zur Ueberfahrt nöthigen Vorschuß für das Passagegeld von Hamburg aus;
2) versprechen die Herren S. u. M. dem Contrahenten einen Lohn von 40 Thlrn., schreibe vierzig Thalern, per Monat bei freier Kost und Wohnung;
3) geben sie an den Schmiedemeister Sommerlatte ein Stück Land und zu dessen Bearbeitung einen freien Werktag außer den Sonn- und Festtagen.

Dagegen verpflichtet sich Sommerlatte
1) drei Jahre hintereinander die ihm auferlegten Arbeiten

nach Kräften auszuführen und seinen Posten in dieser Zeit bei einer Conventionalstrafe von 80 Thlrn. nicht zu verlassen;

2) sich den Vorschuß von 75 Thlrn., schreibe fünfundsiebzig Thalern, Passagegeld vom Lohne im ersten Jahre kürzen zu lassen, und

3) allen seinen Versprechungen und Verpflichtungen pünktlich nachzukommen und im Interesse der Herren S. u. M. zu handeln.

„Nach Ablauf der drei Contractjahre steht es dem Schmiedemeister Sommerlatte frei, nach der Colonie Saronia zu gehen, und versprechen die Herren S. u. M., bei der Mucuri-Compagnie dafür zu sorgen, daß er von dort ein Stück Land von 130 sächsischen Ackern verkauft erhält, welches er erst in zwei bis vier Jahren zu bezahlen nöthig hat und überhaupt in die Rechte (!) der übrigen Colonisten tritt nach Maßgabe ihrer Programme.

„Beide Theile erklären sich mit Obigem einverstanden und bekräftigen dieses durch ihre eigenhändige Namensunterschrift.

Leipzig, 19. Mai 1856.

(L. S.)   gez. Schlobach und Morgenstern.
            Karl Sommerlatte."

Nach Verbriefung und Versiegelung dieses wundervollen Contracts gab nun Sommerlatte alles auf und zog mit allem, was sein war, nach Hamburg. Hier machte man folgenden Nachsatz:

„Den Inhaber dieses, Karl Sommerlatte aus Schkeuditz, konnten wir wegen Geldverhältnissen nicht als Arbeiter nach Sta.-Clara annehmen, und haben wir ihn deshalb für die Gesellschaft nach der Colonie Saronia mit Vorschuß engagirt. Wir können jedoch diesen Sommerlatte als tüchtigen Schmied empfehlen und ersuchen den Herrn Vogt, ihn, wenn es geht, für Rechnung der Mucuri-Compagnie mit in Sta.-Clara zu behalten.

Hamburg, 11. August 1856.

gez. Schlobach und Morgenstern."

Sommerlatte konnte gegen die Brechung des Contracts nichts anfangen und zog, mächtig angezogen von der Saronia, nach dem Mucuri. Als ich auf dem Wege von Sta.-Clara nach Philadelphia war, begegnete mir mitten im Walde ein Mann mit einem kleinen Ochsenkarren. Ich grüßte ihn, — es war Karl Sommerlatte aus Schkeuditz. Er war sehr aufgebracht und versprach mir, wenn wir uns allein treffen sollten, einmal seine Geschichte zu erzählen, was er mir im Walde bei flüchtigem Begegnen und in Gegenwart des Dr. Ernesto Ottoni nicht wollte. Später traf ich ihn in Rio, und er erzählte mir eben die Geschichte, die aus seinem Contract hervorgeht.

Er hatte die bitterste Täuschung erlebt. Das „Holz- und Schneidemühlengeschäft in Sta.-Clara" hat entweder gar nicht existirt oder existirte nicht mehr, als ich dort war. Ich habe keine Spur davon erlebt. Doch das ging den Sommerlatte nichts mehr an. Dem war die Saronia verheißen.

Die Saronia am Mucuri ist eine Namenschwindelei. Vielleicht mögen einige lustige Sachsen, einige schlobachs, wie Ottoni im „Correio Mercantil" die ihm von Schlobach und Morgenstern engagirten Colonisten nennt, einmal solche Landsmannschaft Saronia im Sinne gehabt haben; aber über solchen fröhlichen Schwank ist das Ding nie hinausgegangen; es ist ein Seitenstück zum „Holz- und Schneidemühlengeschäft in Sta.-Clara". Der Schmiedemeister hatte nun lange vergebens nach dieser wundervollen Saronia gesucht und war zuletzt desperat geworden, in welcher Desperation er nach Rio ging, um dort consularische Hülfe zu suchen, die er ebenso wenig gefunden haben wird wie die Schneidemühle und die Saronia. Die Söhne aber suchte man für die Kern'sche Ergebenheitsadresse zu gewinnen; durch ihre Doppelunterschrift mußte allerdings ein mucurifeindliches Verfahren des betrogenen Vaters, der ein sehr determinirter Mann zu sein schien, am allerbesten paralysirt werden.

Auch der Fähnrich Mamoré, der neue Commandant der Militärcolonie vom Rio-Urucu war zu Ottoni's Fahne übergegangen. In seinem Bericht an das Ministerium soll er mich, weil ich so viele Elende lebendig fortgerafft hatte, die schlimmste Epidemie am Mucuri genannt haben. Wenigstens erklärte Ottoni das öffentlich in der Zeitung, und er konnte es wissen, weil man ihm, dem mit dem vorletzten Ministerium befreundeten, alle Papiere, selbst meinen an den Herrn Manoel Felizardo gerichteten Brief, vorlegte in der cordialsten Weise.

Allerdings hatte ich in diesem Briefe der Cagliostrogeschichte am Mucuri einen Kampf auf Leben und Tod angekündigt. Allerdings schien im Mai und Juni des verflossenen Jahres für Ottoni der glänzendste Sieg bereitet zu sein, sodaß er wol mit Recht: Navegamos em mar de rosas — wir segeln auf einem Rosenmeer — in der Presse ausrufen konnte; wohl durften deutsche Seelenverkäufer gegen mich auftreten mit frechen Anschuldigungen; wohl durfte namentlich in der deutschen Zeitung „Brasil." von Petropolis nach Ottoni's Daten und unter seinem Namen ein Deutscher — Uhland's „Unstern", aber kein guter, sondern ein schlechter Junge — alles das drucken, was ein Mensch, wie ich schon oben angab, nach verlorener Ehre in beiden Welttheilen drucken läßt; wohl schien für jene alles gewonnen, für unsere armen Landsleute alles verloren zu sein, bis plötzlich auch hier, gerade wie damals am Mucuri selbst bei Ankunft des Tietédampfboots (f. I, 306 fg.) das Schicksal mit eherner Faust dazwischenschlug und demselben Mann, dem ich sein Schlachtfeld von Philippi verheißen hatte, einen Cäsar Augustus entgegenstellte in der mächtigen Person — des Kaisers selbst, gerade um die Zeit der Iden des März! Dies ist die letzte Episode meiner Waldgeschichte vom Mucuri.

Die ungeheuern Vortheile, welche den Bewohnern der Provinz Minas-Geraes nach Ottoni's schwindeluden Versprechungen aus der Mucuristraße erwachsen sollten, hatten dem Mann, dessen ganze Natur zahlreichen Menschenschwärmen am Rio-de-S.-Francisco zusagen mußte, eine große Popularität erworben, sodaß seine Landstraße ihm den sichern Weg zur Senatorenwürde bahnte, wie ich das ja mit großer Bestimmtheit (f. I, 330) ausgesagt hatte.

Schon im Jahre 1857 hatten die Bewohner von Minas in Erwartung der Vortheile, die ihnen aus der Mucuristraße erwachsen sollten, ihrem Landsmann Ottoni hinreichend Stimmen zur Senatorenwahl gegeben, sodaß er als der siebente auf der Candidatenliste figurirte.

Doch muß ich diese Position mit einigen Worten erläutern.

Die Senatorenwürde ist das Höchste, was ein brasilianischer Bürger erreichen kann. Sie ist eine besoldete, lebenslängliche, nicht erbliche Würde. Wenn unter den Senatoren einer Provinz einer durch den Tod ausscheidet, so treten die für die dermalige Legislatur (einen Zeitraum von vier Jahren) erwählten Wähler zusammen und geben ihre Stimmzettel für die Candidaten, die sich zur Wahl aufgestellt haben, ab. Die drei Meistvotirten (die sogenannte lista triplice) werden der Krone dann zur Wahl präsentirt; einen von diesen drei Candidaten muß der Kaiser ernennen, doch kann er ernennen, wen er will.

Das Weitere will ich nun in einer buchstäblichen Uebersetzung aus dem „Correiro Mercantil" wiedergeben, derselben bedeutenden Oppositionszeitung, in der Ottoni seine Mucuri-Correspondenzen immer publicirte und erst vor wenigen Monaten glückselig ausgerufen hatte: „Navegamos em mar de rosas."

Nun aber heißt es plötzlich:

„Rio, 28. April. In den zwölf seit 1848 verflossenen Jahren ist die Provinz Minas unter dem Einflusse der politischen Widersacher des Herrn Theophilo Ottoni geleitet worden. Der Chef oder die Hauptfigur unter diesen Widersachern war der Herr Staatsrath Luiz Antonio Barbosa.

„Es ward die Stelle eines Senators frei. Herr Ottoni, concurrirend mit dem Herrn Barbosa, ward von der Provinz an die erste Stelle der lista triplice gesetzt. Der Triumph des Herrn Ottoni in diesem Falle war eine rauschende Demonstration der Volkssympathie. Aber es schien gut, seinen Widersacher zu bedenken; Herr Barbosa war der Bevorzugte zum Senat.

„Es wäre auch zu viel gewesen, daß derselbe Bürger zwei Auszeichnungen zur selben Zeit genießen sollte, — die eine die der Volksstimme ohne Einmischung der Regierung, die andere die der Wahl ohne Quarantäne.

„Zum zweiten male nahm der Tod aus dem Senat eine der hervorragendsten Erscheinungen fort. Vergueiro, der Volkstribun, welcher durch die Energie und den Adel seines Charakters den Widerwillen der Krone im Jahre 1828 besiegt hatte, ward in das Grab gesenkt. Die Provinz Minas, die eine neue Liste zur Senatorenwahl aufzumachen hatte, stellte wiederum an den ersten Platz den Namen des Herrn Theophilo Ottoni. Aber auch bei diesem male hatte Herr Ottoni wieder die Inconvenienz der Popularität. Bei der Wahl ward ihm Herr Manoel Teireira de Souza vorgezogen.

„Da nun faßte Herr Theophilo Ottoni den Entschluß, der sich für seinen Charakter eignete. Von heute an nimmt er die Stellung eines Unmöglichen an und setzt seine Provinz keinen traurigen Täuschungen mehr aus. Folgendes ist sein Circular, welches er an den Wahlkörper von Minas richtet:

„Hochgeehrteste! Zum vierten male in der gegenwärtigen Legislatur ist der Wahlkörper der Provinz Minas-Geraes zusammenberufen zur Bildung von Senatorial-listen.

„Im Jahre 1857 wurden zwei Stellen besetzt, und obwol ich mich bei der damaligen Wahl nicht direct präsentirt hatte, ward mir doch der Ruhm zu Theil, etwa 800 Stimmen zu bekommen.

„Gewichtige Meinungen gaben mir die sechste Stelle auf der Liste. Doch nahm ich gern die siebente an, ohne weitere Reclamation zu erheben, aus Hochachtung für den ausgezeichneten Mineiro, dessen Name dem meinen vorgesetzt ward.

„Da kam die Wahl vom 21. August des Jahres 1859, bei welcher ich mich um das ehrenvolle Zutrauen der Herren Wähler von Minas bewarb.

„Das Resultat übertraf meine kühnsten Erwartungen. Mir ward der erste Platz auf der allgemeinen Stimmliste zuertheilt; die absolute Majorität der Wähler, die sich zur Wahl eingefunden hatten, fiel mir zu. Ich war der Erstvotirte in 14 Collegien (unter 20 Collegien) und in keinem einzigen Wahlbezirk fehlten mir Stimmen.

„Die Liste ward der Krone vorgelegt, und zum Senator ward erwählt der Herr Staatsrath Luiz Antonio Barbosa, welcher der Zweitvotirte war.

„Als nun die Stelle erledigt war, welche so würdig ausgefüllt worden war vom hochverehrten Patrioten Nicolão Pereira de Campos Vergueiro, appellirte ich von nenem an meine Comprovinzianen.

„Und nicht vergebens! Bei der Wahl am 12. Februar des laufenden Jahres 1860 wurde mir zum zweiten male die Ehre des ersten Platzes auf der lista triplice zu Theil mit dem Vortheil von 174 Stimmen vor dem zweiten und 294 vor dem dritten Bewerber.

„Und so einstimmig offenbarte sich der Wille der Provinz, daß, wenn die Wahl von Senatoren in Cirkeln wie die der Deputirten stattfände, ich den Ruhm gehabt haben würde, der Krone präsentirt zu werden von allen Wahldistricten der Provinz Minas-Geraes, als der erste auf der dreinamigen Liste in 13 Cirkeln, als der zweite in fünf, als der dritte im neunzehnten und als dritter in gleicher Votirung mit einem Concurrenten im zwanzigsten Cirkel.

„In 19 Cirkeln wäre ich also durch die absolute Majorität der Wähler der Krone vorgestellt worden, und nur in einem durch relative Majorität, wo ich übrigens 43 Stimmen von 85 Wählern hatte. Vielleicht ist kein brasilianischer Bürger für eine so große Auszeichnung den Wählern seiner Provinz verpflichtet worden.

„Die endliche dreinamige Liste ward der weisen Betrachtung Sr. Majestät des Kaisers vorgelegt, und gewählt ward der Zweitvotirte, Herr Manoel Teireira de Souza.

„Ich verkenne es nicht, daß von den drei Bürgern, deren Namen der Krone vorgelegt worden sind, ich der obscurste bin und vielleicht derjenige, welcher am wenigsten Dienste dem Lande geleistet hat. Ich verkenne es nicht, daß nach Vorschrift der Constitution die Prärogative der Krone in der Auswahl der Senatoren (aus der dreinamigen Liste) keine Beschränkung hat. Diejenigen sind vorzuziehen, sagt die Constitution, welche dem Staate Dienste geleistet haben; doch steht die Entscheidung der Krone zu.

„Aber wenn der Wahlkörper einer Provinz wie Minas-Geraes mit so großer Dringlichkeit die Wahl eines ihrer Candidaten fordert, — wenn die Wahl dieses Candidaten, weit entfernt davon, der Ausdruck und der Triumph einer Partei zu sein, das Product des allerklarsten freien Willens ist: da scheint der abschlägige Bescheid Geringschätzung zu bezeichnen, womit man Rio-Grande do Sul, Bahia und Pernambuco nicht behandeln würde!

„Von Grund aus ein Mineiro habe ich, wenn mir die Prädicate fehlen, um zum Senator des Kaiserthums erwählt zu werden, hinreichenden Patriotismus, um für den Namen und die Ehre meiner Provinz zu eifern.

„Nicht meine lästigen Bewerbungen sollen es mehr sein, welche zu neuer Kränkung den Wahlkörper der muthigen Provinz Minas-Geraes bloßstellen werden. Was mich betrifft, so genügt mir der Ruhm der drei letzten Wahlen, welche für immer meine Dankbarkeit gewonnen haben. In der Dunkelheit, zu welcher ich verdammt bin, werde ich mich bemühen, so zu verfahren, daß kein Wähler des für mich so denkwürdigen Quatrienniums von 1857 bis 1861 die Stimmen bereuen soll, die er mir geschenkt hat.

„Indem ich also jegliche Bewerbung bei der nächsten Senatorenwahl ablehne, bin ich mit ausgezeichneter Hochachtung und Werthschätzung

Rio-de-Janeiro, 28. April 1860.

Ihr Landsmann und dankbarer Freund
Theophilo Benedicto Ottoni."

Dieses Circular an die leichtbewegliche Provinz Minas von einem Manne wie Ottoni, dem die Revolution auch ein Mittel ist, um zu seinen Privatzwecken zu gelangen, machte in Rio-de-Janeiro beim Abgang des letzten englischen Packetboots (vom 8. Mai) ganz bedeutendes Aufsehen, da sein Sinn sehr verständlich war, und fand bereits im „Jornal do Commercio", der ersten brasilianischen Zeitung, am 3. Mai eine ganz ausgezeichnete Erwiderung, die mit großer Mäßigung, caustischer Satire und ent schiedener Wahrheit geschrieben ist. Sie wirft dem anmaßenden Manne eine Kränkung der Wähler von Minas, Kränkung seiner Mitbewerber, Kränkung der ganzen Provinz und Kränkung des ausgezeichneten Mannes vor, der zum Senator erwählt ward, und fährt dann fort:

„Allerdings wird Herr Ottoni Gründe haben, zu denken, daß er nicht in eine Rubrik gesetzt werden kann mit einem dieser achtungswerthen Namen, wenn es sich um Dienste handelt, die er geleistet zu haben glaubt. Ohne sie gänzlich leugnen zu wollen, so wird der Herr uns doch die Erklärung zugestehen müssen, daß außer seiner unglücklichen Mucuri=Unternehmung wir nicht wissen, welche andere Dienste er geleistet habe.

„Gewiß sind Landstraßen reelle Nothwendigkeiten für das Land; gewiß ist die Einführung von thätigen Armen ebenfalls eine andere Nothwendigkeit, die wir nicht bestreiten wollen. Aber was noch gewisser ist, ist das, daß wir niemals irgendeinem Punkte des Kaiserthums eine Wohlthat angedeihen lassen wollen mit dem Ruin unserer Freunde und der Personen, welche uns ihre Kapitalien anvertraut haben, fortgerissen von unsern verführerischen Versprechungen und unter ungeheuerm Schaden selbst des Staatsschatzes; denn ein solcher Dienst verwandelt sich zuletzt in einen wirklichen öffentlichen schlechten Dienst!

„Das Land gewinnt gar nichts, wenn sich ein Punkt mit dem Ruin und dem Elend eines andern bereichern will. Und wirklich verliert es, wenn die Kapitalien, welche an einem Platze nützlicher sein konnten, nach einem andern hin verwandt werden, wo sie entweder gar nichts einbringen oder gänzlich zu Grunde gehen. In diesem letzten Falle befindet sich unsers Erachtens die Mucuri-Unternehmung, wenn die Regierung nicht bald diese lästige Geschichte auf sich laden will, um nicht total das, was dort verthan worden ist, gänzlich verloren zu sehen.

„Welchen andern Dienst hat der Herr nun geleistet? Wenn es nicht die fortwährenden Begünstigungen sind, die er von allen Verwaltungen des Landes seit zehn Jahren bis heute empfangen hat, wie er es selbst öffentlich eingestanden hat, — wenn es nicht der Geist des Aufruhrs ist, welchen er die Gewohnheit hat, dem Volke einzublasen jedesmal, wenn er in seinen Interessen verletzt ist, wie er das jetzt wieder thut: so sehen wir gar nichts weiter, was ihn über seine beiden edeln Mitbewerber stellen könnte, und noch weniger, was ihm das Recht gäbe auszurufen, daß seine Nichterwählung ein abschlägiger Bescheid sei, welcher eine Kränkung, eine Insultirung der Provinz von seiten der Krone in sich einschließe."

Zuletzt heißt es dann noch, und zwar mit vollem Recht: „In Brasilien gehören, Dank sei es der Großmüthigkeit des Kaisers, keine Namen zu den unmöglichen, wenn sie sich nicht selbst dazu machen. Dazu hätte Herr Ottoni, nachdem er für sein Unternehmen so viele Geldhülfsleistungen von der kaiserlichen Regierung empfangen hat, etwas respectvoller gegen sie sein und nicht mit ihr in der zügellosen Form, wie er es gethan hat, brechen sollen. Und endlich erscheint, indem der Herr von seiner Candidatur zurücktritt, aber das Ehrgefühl von Minas anstachelt, damit er von neuem gewählt werde, das wie eine Art von Zwangsvorschrift, die nie jemand billigen wird."

Und dieser Zurechtweisung stimmen wir mit ganzem Herzen bei. Die Krone hat im vorliegenden Falle nur von ihren Prärogativen Gebrauch gemacht. Aber die Ausübung dieses Rechts hat etwas Vernichtendes und Zermalmendes für einen Mann, der ungeheuere Summen den Leuten abschwatzte, um seine Verwandten zu Vermögen, sich selbst zu Ansehen und einer hervorragenden Staatsstellung zu verhelfen. So Gott will, wird es unter der Leitung der Regierung am Mucuri besser werden! Den Lebenden wird hoffentlich, wenn sie das noch wünschen sollten, freier Abzug gewährt werden; die Todten sind gerächt worden.

So ist denn meine mühsame Expedition längs des Mucuri und mein Kreuzzug gegen die übermüthige Machthaberei daselbst nicht vergebens gewesen. Freilich kam die Strafe, die Rache jener Unthaten etwas spät, — aber sie kam. Und eben weil sie spät kam, trifft sie auch alle diejenigen mit, die sich im Dienste jenes Mucuri-Directors Stellung und Geld verdienen wollten, und das alte bekannte: „Discite justitiam moniti, nec spernere divos", vergessen hatten.

Möge aber diese neue Wendung der ganzen Angelegenheit dazu dienen, eine versöhnende Stimmung in Deutschland anzubahnen und dem jetzigen brasilianischen Ministerium unter seinem ausgezeichneten Ministerpräsidenten Angelo Muniz da Silva Ferraz ein entgegenkommendes Vertrauen zu begründen und zu befestigen.

Gerade dem letztgenannten Staatsmann ist es um sein Vaterland ein rechter, voller Ernst, den er mit ganzer Consequenz zeigt. Hat er doch als Finanzminister dem Mucuri-Unternehmen, welches 240000 Thlr. auf die vom Staate mit 7 Procent garantirte Anleihe von einer Million Thalern hin aus dem Staatsschatz bekommen hatte, jegliche weitere Geldgewährung abgeschlagen, wodurch die Bedeutung der letzten Ereignisse noch viel bezeichnender wird und im Stande ist, wichtige Folgen herbeizuziehen.

Seien diese Folgen nun friedliche oder stürmische, im Kampfe mit schlechten Geschichten und Menschen darf der

Sturm, der Krieg nimmermehr gescheut werden. Tausendmal gibt es Umstände im Leben, unter denen wir unsern Werth nicht nach der Zahl unserer Freunde, sondern nach der Menge und dem Feldgeschrei unserer Feinde abmessen dürfen. Solch ein Zeitabschnitt meines Lebens war auch die Fehde, die ich am Mucuri und seitdem in weitere Ferne hinaus auszukämpfen hatte unter großem Geschrei vieler Feinde und all der Seelenverkäufer, welche damit noch viel Geld zu verdienen hofften und nun statt eines glänzenden Geschäfts — ihre Wechsel protestirt zurückerhalten vom „edeln Gründer des Mucuri-Unternehmens".

Lübeck, 16. Juni 1860.